SCHWEDEN
Libau
Ostsee
Kowno
Königsberg
Insterburg
Danzig
Kolberg
Swinemünde
Grodno
Osterode
Weichsel
Stettin
Bialystok
Frankfurt
Posen
Warschau
Kottbus
Oder
Lodsch
KAISERREICH RUSSLAND
Lublin
Liegnitz
Breslau
Zittau
Weichsel
Kattowitz
Königgrätz
Prag
Krakau
Przemysl
Lemberg
Brünn
ÖSTERREICHISCH-UNGARISCHE MONARCHIE
Linz
Wien
Preßburg
Donau
Debrecen
Budapest
Plattensee
0 50 100 150km
N
S

STEFAN SCHOMANN

Im Zeichen der Menschlichkeit

STEFAN SCHOMANN

Im Zeichen der Menschlichkeit

Geschichte und Gegenwart des Deutschen Roten Kreuzes

Deutsche Verlags-Anstalt

Inhalt

Grußwort des DRK-Präsidenten

Liebe Leserin, lieber Leser,

das Rote Kreuz begeht in diesem Jahr seinen 150. Geburtstag – weltweit und in Deutschland. Im November 1863 entstand im Königreich Württemberg die erste nationale Rotkreuzgesellschaft. Seitdem hat sich die Idee der freiwilligen und neutralen Hilfe für alle Menschen in Not weltweit verbreitet. Mit fast 3,5 Millionen Mitgliedern und rund 400 000 Ehrenamtlichen ist das Deutsche Rote Kreuz Teil der größten humanitären Organisation der Welt. Seit 2003 bin ich DRK-Präsident. In dieser Zeit hat die Beschäftigung mit unseren Werten, unserer Geschichte an Bedeutung gewonnen. So haben wir 2008 eine Studie zur Rolle des DRK in der NS-Zeit vorgelegt. Was bisher fehlte, war eine informative und unterhaltsam geschriebene Gesamtdarstellung zur Geschichte des DRK. Für das Jubiläumsjahr haben wir ein solches Buch auf den Weg gebracht. Der Berliner Autor Stefan Schomann hat diese Aufgabe mit viel Leidenschaft für das Rote Kreuz übernommen. Im Fokus stehen Rotkreuzler, die praktische Arbeit leisten: Pflichtbewusst, mutig und engagiert helfen sie in der Tradition des Rotkreuzgründers Henry Dunant in Not geratenen Menschen. Die Geschichten sind vergnüglich, anrührend, manchmal schmerzhaft und traurig, manchmal auch beschämend für uns als Organisation. Sie zeigen alle, wie stark unsere Idee ist und wie notwendig unsere Hilfe. Stefan Schomann bettet die einzelnen Schicksale und Erfahrungen geschickt ein in die Entwicklung des Deutschen wie des Internationalen Roten Kreuzes. Immer wieder stellt er Bezüge zur sich verändernden gesamtpolitischen Lage wie auch zur Gegenwart her. Der Autor, den ich zu dieser bemerkenswerten Publikation beglückwünsche, hat dafür zahlreiche Zeitzeugenberichte und andere Dokumente herangezogen, die wir in unseren Archiven und Museen bewahren. Aktuelle Fotos von Rotkreuz-Schauplätzen, die Jörg F. Müller für das Buch gemacht hat, und historische Bilder machen das Gelesene sichtbar.

Ich habe das Buch mit Freude gelesen. Mein Fazit: Ich wünsche mir mehr Geschichten von den Menschen im Roten Kreuz. Sie sind die besten Botschafter für unsere Idee der Menschlichkeit.

Dr. rer. pol. h. c. Rudolf Seiters
Präsident des Deutschen Roten Kreuzes

Sehr geehrte Damen und Herren,

150 Jahre Deutsches Rotes Kreuz sind gleichbedeutend mit 150 Jahren Mut zur Hilfsbereitschaft und Einsatz für Notleidende. Als erste der inzwischen 187 Rotkreuz- und Rothalbmondgesellschaften der Welt legte das DRK den Grundstein für humanitäres Engagement, das kulturelle und nationale Grenzen gleichermaßen überspannt und aktuell etwa 3,5 Millionen Mitglieder umfasst. Dazu zählen auch die große Anzahl von Förderern und Ehrenamtlichen, ohne deren Mithilfe die vielen sozialen Dienste in Deutschland nicht möglich wären. Die Allianz ist froh und stolz, das DRK als Partner zu begleiten. Um das DRK und seine Helfer für ihre herausragende Arbeit zu ehren, finden seit Anfang des Jahres 2013 deutschlandweit Festakte und Sonderaktionen statt. Zum Auftakt in Berlin formten 1800 Mitarbeiter und Helfer des DRK ein Rotes Kreuz vor dem Brandenburger Tor. Diese Geste versinnbildlicht nicht nur den Geist des Roten Kreuzes, sondern auch die Zusammenarbeit mit der Allianz. Unsere globale Partnerschaft legt den Schwerpunkt auf Prävention, Wiederaufbau und Katastrophenhilfe. Sie ermöglicht zum einen schnelles Handeln im Notfall. Zum anderen kann die Allianz ihre weltweit 155 000 Mitarbeiter in Spendenaktionen einbeziehen. In den letzten zehn Jahren spendeten sie mehr als zwölf Millionen Euro. Schutz und Hilfe in Notlagen sind die Prämissen, unter denen die erste deutsche Hilfsorganisation und der größte Versicherer des Landes ihre Partnerschaft fortführen, um ihrer sozialen Verantwortung gerecht zu werden.

Der vorliegende Band beleuchtet den langen Weg von den Anfängen der Organisation vor eineinhalb Jahrhunderten bis heute. Dies geschieht jedoch nicht als nüchterne Chronik, sondern anhand von Zeitzeugnissen und Augenzeugenberichten. Die Entwicklung des Roten Kreuzes kann also nicht nur nachgelesen, sondern unmittelbar mitverfolgt werden.

Ich wünsche Ihnen im Namen der Allianz viel Freude bei der Lektüre dieses außergewöhnlichen Jubiläumsbandes.

Bernd Heinemann
Vorstandsmitglied der Allianz Deutschland AG

Liebe Leserinnen und Leser,

das Deutsche Rote Kreuz steht für eine Idee, die heute noch genauso aktuell ist wie vor 150 Jahren: Menschen helfen Mitmenschen, die in Not geraten sind. Ungeachtet von Herkunft, Religion oder Hautfarbe.

Mitmenschlichkeit, Gemeinsinn und Verantwortungsbewusstsein – darauf basiert die größte und traditionsreichste Bürgerbewegung Deutschlands. Und diese Werte teilen auch wir im Volkswagen Konzern. Als Autobauer ist es unser Anspruch, Menschen in aller Welt Mobilität zugänglich zu machen. Unsere Verantwortung als Unternehmen mit über 550 000 Mitarbeitern und hundert Werken in 27 Ländern reicht aber weiter: Wir verstehen es daher auch als unsere Aufgabe, uns für eine gute und ausgewogene gesellschaftliche Entwicklung einzusetzen. In Deutschland genauso wie etwa auch in Südafrika oder Brasilien.

Eine Idee lebt von den Menschen, die sich für sie begeistern. Deshalb unterstützt der Volkswagen Konzern das Deutsche Rote Kreuz dabei, noch mehr Menschen für ein ehrenamtliches Engagement zu gewinnen. Dies steht neben der Stärkung des Rettungsdienstes im Zentrum unserer strategischen Partnerschaft. Und so soll unsere Zusammenarbeit dazu beitragen, dass das Deutsche Rote Kreuz auch weiterhin so hilfsbereit, vital und einsatzstark bleibt.

Im Namen des Volkswagen Konzerns gratuliere ich Ihnen, liebe Mitglieder und ehrenamtliche Helfer, zum 150. Geburtstag Ihres Deutschen Roten Kreuzes. Ich danke Ihnen dafür, dass Sie immer da sind, wo Sie gebraucht werden. Und vor allem wünsche ich Ihnen für die zukünftigen Aufgaben alles Gute und viel Erfolg. Wir im Volkswagen Konzern freuen uns, Sie dabei zu unterstützen!

Prof. Dr. Martin Winterkorn
Vorstandsvorsitzender der Volkswagen AG

PROLOG

> Ungeheuer ist viel. Doch nichts
> ungeheurer als der Mensch.
> SOPHOKLES, *ANTIGONE*

Dies ist die Geschichte einer höchst unwahrscheinlichen Institution. Keiner der fünf ehrenwerten Herren, die vor 150 Jahren in einem Genfer Patrizierhaus zusammenkamen, um über die Gründung von Hilfsgesellschaften für verwundete Soldaten zu beraten, konnte ahnen, wohin die Reise gehen würde. Auch Henry Dunant nicht, der Weitblickendste unter ihnen, eine Ausnahmeerscheinung auf dem schmalen Grat zwischen Visionär und Phantast.

Doch die Bewegung wuchs und gewann mit jedem Krieg und jeder Katastrophe an Gewicht; heute gelten das Rote Kreuz und der Rote Halbmond als die bedeutendste humanitäre Organisation der Welt. Das Deutsche Rote Kreuz war von Beginn an maßgeblich an dieser Mobilmachung der Menschlichkeit beteiligt. Zugleich aber spielte es aufgrund der unheilvollen deutschen Geschichte eine problematische Rolle. Tugend, Tüchtigkeit und Täuschung lagen manchmal beunruhigend nah beieinander.

Angefangen mit Dunants Erinnerung an Solferino *hat die Rotkreuz- und Rothalbmondbewegung einen großen Schatz an Selbstzeugnissen, Tagebüchern und Augenzeugenberichten hervorgebracht. Sie bilden das Herzstück dieses Buches. Ein Kaleidoskop der Weltgeschichte, gesehen mit den Augen der Helfer. Es sind Berichte aus vorderster Front, von Schauplätzen historischer Ereignisse – erzählt von Menschen, für die der Ausnahmezustand der Normalfall war und ist.*

Vor dem Dom von Castiglione erinnert ein Denkmal an die »heldenmütigen Frauen«, die sich gemeinsam mit Henry Dunant der unzähligen Opfer der Schlacht von Solferino annahmen.

KAPITEL 1

»Im Interesse der Wahrheit«

Die Reisen des Henry Dunant

Der Einsatz für die Humanität
ist die Demokratie des Guten.
HENRY DUNANT

Zwischen Kirche und Kanonen: Die erste Adresse des Roten Kreuzes, die Wohnung Henry Dunants in der kleinen Genfer Rue du Puits-Saint-Pierre, im Petersbrunnensträßchen also, sie könnte symbolträchtiger kaum sein. Gegenüber erhebt sich die Kathedrale Saint-Pierre, der Petersdom des Calvinismus. Wenige Schritte weiter lauern unter den Arkaden des Zeughauses fünf blank gewienerte Kanonen. Nebenan, im altehrwürdigen Rathaus, wurde im August des Jahres 1864 die Genfer Konvention unterzeichnet, die Grundlage des modernen Völkerrechts und die Initialzündung für die weltweite Rotkreuz- und Rothalbmondbewegung. Zwölf Staaten einigten sich damals auf diesen Kodex »zur Linderung des Loses der im Felddienst verwundeten Militärpersonen«. Heute haben fast zweihundert Staaten das Abkommen ratifiziert.

In kaum einem anderen Land, in kaum einer anderen Stadt hätte diese Initiative entstehen können. Auch wenn im Folgenden das Rote Kreuz in Deutschland im Mittelpunkt stehen soll – die entscheidende Neuerung der Bewegung war ihre Internationalität. Heute haben in Genf zwei Dutzend Weltorganisationen ihren Sitz, von den Pfadfindern

Henry Dunant im Alter von etwa 35 Jahren: Geschäftsmann, Philanthrop und Schriftsteller. Ein nahezu unbekanntes Porträt aus dem Besitz der Familie.

über den Lutherischen Weltbund bis zur Fernmeldeunion. Sie alle haben sich dem Geist von Genf verschrieben, der mit dem Internationalen Komitee vom Roten Kreuz eine erste Ausprägung fand, die viele andere sich zum Vorbild nahmen. Sogar die zeitgleich gegründete Kommunistische Internationale zog es mit Macht nach Genf. Um Verwechslungen zu vermeiden, bezeichnete sich die Hilfsorganisation schließlich explizit als »Rotes Kreuz«. Bis dahin war sie meist einfach als »die internationale Gesellschaft« oder noch einfacher als »die Internationale« geläufig – es gab noch kaum andere. Die Signalfarbe Rot beanspruchen indes beide Bewegungen bis heute für sich.

Gustave Moynier, nimmermüder Präsident des Komitees, hielt im Juli 1870 ein schwungvolles Plädoyer in eigener Sache: »Was das eigentlich Internationale der Rotkreuzgesellschaften ausmacht, ist dieser Geist der Menschenliebe, der sie herbeieilen läßt, wo immer Blut auf einem Schlachtfeld fließt. Sie sind ein lebender Protest gegen diesen rohen Patriotismus, der jedes Mitgefühl erstickt; sie arbeiten darauf hin, diese Barrieren aus dem Weg zu räumen, die vom Fanatismus und der Barbarei geschaffen wurden.« (Anmerkung des Autors: Bei Zitaten aus historischen Quellen wurde die damals gebräuchliche Rechtschreibung beibehalten.) Nur zwei Wochen später begann der Deutsch-Französische Krieg, in dem der »rohe Patriotismus« fröhliche Urständ feierte, das Rote Kreuz zugleich aber seine erste ganz große Bewährungsprobe erlebte. Nicht von ungefähr wurde Moynier später, noch über die Genfer Konvention hinaus, einer der Väter des Völkerrechts, indem er die Haager Landkriegsordnung vorbereitete.

Bis heute wird Internationalität immer wieder als Patentrezept für Probleme aller Art betrachtet, auch wenn sie sich oft genug nur als deren Erweiterung erwiesen hat. Dennoch darf die Schaffung des Roten Kreuzes als ein Glücksfall der Geschichte bezeichnet werden. Es war die Ära der großen Weltausstellungen, der Hochindustrialisierung und des Imperialismus – der erste Durchlauf der Globalisierung, damals noch mit Europa als Zentrum. Genf wiederum lag in der Mitte Europas. Neben der Lage spielte aber auch die Sprache eine wichtige Rolle. Genf sprach Französisch, die Sprache der gebildeten Welt und der Diplomatie. Doch es gehörte eben nicht zu Frankreich, einer Großmacht, die sofort polarisiert hätte, sondern zur Schweiz, einem kleinen, aber potenten Land, das bereits in sich international war. Die Genfer Konferenzen kamen ohne Dolmetscher aus – die teilnehmenden Ärzte, Pastoren, Minister und Militärs beherrschten ganz selbstverständlich die »Lingua franca« des 19. Jahrhunderts. Zudem war Genf der rechte Ort für Utopien. Jean-Jacques Rousseau hatte hier mit seinem *Gesellschaftsvertrag* die Bedeutung des Gemeinwohls, der Menschenrechte und der Volksherrschaft eingeklagt. »Der eingeborene Widerwille, einen Mitmenschen leiden zu sehen«, galt ihm als Urgrund aller Humanität. Und schon 1830 hatte Jean-Jacques de Sellon in Genf eine der ersten Friedensvereinigungen der Welt begründet. Der Traum der Aufklärung, der Fortschritt der Menschheit durch Vernunft, war Mitte des 19. Jahrhunderts noch ungebrochen.

Heute ist die Altstadt von Genf mit Gedenktafeln nur so gekachelt. Etliche davon erinnern an die ersten Protagonisten, die Gründungsväter des Roten Kreuzes. Da ist die hübsche, bescheidene Villa von Guillaume-Henri Dufour. Dort das etwas klobige Haus Gustave Moyniers, in dem auch Théodore Maunoir als Mieter gewohnt hat. Hier die Avenue Appia, dort Dunants Stützpunkt zwischen Kirche und Kanonen. Einige Treppen tiefer, im Palais de l'Athénée, fand im Oktober 1863 eine internationale Konferenz statt, aus der das Rote Kreuz hervorging. Ein paar Straßenzüge dieser Stadt haben die Weltgeschichte nachhaltiger beeinflusst als manche Königshäuser.

Hier kommt Jean-Henri Dunant am 8. Mai 1828 zur Welt, als erstes von fünf Kindern. Die Eltern sind hugenottischer Herkunft und unterhalten sowohl verwandtschaftliche wie auch geschäftliche Beziehungen nach Frankreich. Vater Jean-Jacques führt in Marseille eine Handelsgesellschaft und ist weit in der Welt herumgekommen: Venedig, London, Lissabon. Die unstete Lebensführung hat Jean-Henri von ihm. Mutter Anne-Antoinette ist dagegen ausgesprochen standorttreu, eine stille, etwas ängstliche Person. Als Ausweis von Weltläufigkeit genügt es ihr, sich der Mode der Anglophilie folgend »Nancy« zu nennen. Später wird auch ihr ältester Sohn der englischen Schreibweise »Henry« den Vorzug geben. Während es Jean-Jacques immer wieder nach Marseille zieht, hütet Nancy Haus und Kinder. Je länger ihr Mann fernbleibt, desto häufiger kränkelt sie. Je mehr sie kränkelt, desto länger bleibt er weg. Schließlich lässt sie fast jeden dritten Tag den Arzt rufen. Dieser beständige Hunger nach Fürsorge muss die Kinder zwangsläufig geprägt haben. Der Älteste gründet später ein Hilfswerk, der Jüngste wird Sozialmediziner.

Eine Familienreise nach Marseille bietet dem achtjährigen Jean-Henri Anlass zu erster literarischer Betätigung: Er führt ein Tagebuch. Das Schreiben und das Reisen werden zeitlebens Passionen, ja Obsessionen für ihn bleiben. Im Rahmen seiner Verpflichtungen als Vormund besucht der Vater das Zuchthaus von Toulon. Eine ungewöhnliche Attraktion für einen Urlaub am Mittelmeer. Doch die Agenda der Familie Dunant folgt nicht touristischen, sondern moralischen Gesichtspunkten. Beständige Wohltätigkeit entspricht ihrem christlichen Selbstverständnis und gehört in ihren Kreisen auch einfach dazu.

Auf »La Monnaie«, dem Landsitz der Dunants oberhalb des heutigen Bahnhofs, verlebt Jean-Henri viele glückliche Tage. Mit prächtigem Blick auf den See und den dahinter aufragenden Montblanc »sowie die Sonnenuntergänge über diesen Gletschern, die den Königen von Sardinien gehörten«. Denn Savoyen, die Alpenregion südlich des Genfer Sees, ist damals noch Teil des Königreichs Sardinien-Piemont. Es wird eine schicksalshafte Rolle in seinem Leben spielen. Mit zwölf Jahren tritt er dann ins Collège Calvin ein. Vom Reformator selbst begründet, besteht die Lehranstalt bis heute; ein erhabener Renaissancebau, der vor Stolz und Standfestigkeit nur so strotzt. Die Mittagspause verbringt der Junge oft bei einer Tante im nahen Petersbrunnensträßchen. Das Haus hat eine kuriose Vorgeschichte: Die Familie hatte es einst erworben, um Jean-Henris Großvater nahe zu sein. Der saß zu dieser Zeit im Gefängnis, nachdem er bei Spekulationsgeschäften sein Vermögen verloren hatte. Verhaftet worden war er auf Betreiben seines Hauptgläubigers – des eigenen Bruders. Als den Enkel später ein ähnliches Schicksal ereilt, erleben die Eltern ein bitteres Déjà-vu.

1842 erscheint sein Name zum ersten Mal im *Journal de Genève*: Der Schüler Jean-Henri Dunant hat eine Auszeichnung in Religionslehre erhalten. Sie wird in einem feierlichen Akt in der Kathedrale überreicht. Diese Kirche auf dem höchsten Punkt des Altstadthügels bewahrt die Genfer Geschichte wie ein Zeitspeicher. Vor allem katholisch geprägte Besucher dürfte sie in Erstaunen versetzen. Denn sie ist leer. Nackt und kahl wie ein Rohbau. Kein Altar, keine Figuren, nicht einmal ein Kreuz. Dabei muss sie, als gotische Kathedrale, einst reich ausgeschmückt gewesen sein. Im Zuge der protestantischen Kulturrevolution aber haben die Bilderstürmer unerbittlich gewütet. Nur das Wort sollte hier gelten und herrschen.

Die hugenottischen Glaubensflüchtlinge waren überdurchschnittlich gebildet und wirtschaftlich erfolgreich; viele entstammten dem französischen Adel. Über halb Europa verstreut, unterhielten sie ein verzweigtes Emigrantennetzwerk. Dieses spezifische Milieu hat nicht nur die Gründer des Internationalen Komitees geprägt, sondern auch bis weit ins 20. Jahrhundert hinein alle seine Mitglieder.

Das Collège Calvin ist für seine hohen Anforderungen berüchtigt; auch Jean-Henri verlässt es schließlich vorzeitig. Gleichzeitig nimmt er erste gesellschaftliche Verpflichtungen wahr und übt sich in wohlgefälligen Werken. Sonntags liest er Straftätern in der Gefängniskapelle aus der Bibel und aus Reiseberichten vor, die zeitlebens seine Lieblingslektüre bilden werden. Bei jemandem wie Gustave Moynier, seinem späteren Weggefährten und Gegenspieler, kann man sich eine derart verwegene Freizeitbeschäftigung kaum vorstellen. Die beiden kennen sich aus der Schule, haben wegen des Altersunterschieds von zwei Jahren jedoch damals keinen näheren Kontakt.

Mit neunzehn schließt sich Dunant der Genfer Evangelischen Gesellschaft an, einer sektenartigen Freikirche, die eine spirituelle Erneuerung der Reformation propagiert. Schon hier fällt er durch seine Beflissenheit auf, bewährt sich als Animateur und macht sich für eine internationale Ausrichtung stark. 1853 erhält die Gesellschaft berühmten Besuch aus Amerika: Harriet Beecher Stowe, die Verfasserin von *Onkel Toms Hütte*. Ihr Roman über das traurige Los der Sklaven rüttelt die westliche Welt auf und trägt in der Folge zur Abschaffung der Sklaverei bei. Fortan hat Dunant sie als leuchtendes Beispiel vor Augen, dass Unmenschlichkeit durch Bücher bekämpft werden kann.

»Der eloquente Herr Dunant«

Mitte des 19. Jahrhunderts formieren sich europaweit eine Vielzahl von Erweckungsbewegungen und Enthaltsamkeitsvereinen. Aus der Genfer Evangelischen Gesellschaft erwächst der Christliche Verein Junger Männer (CVJM), den Dunant mitbegründet. Die jungen Leute organisieren sich selbst, weder Eltern noch Pastoren nehmen Einfluss. Die erste Weltkonferenz in Paris ruft dann 1855 ein »Zentrales Internationales Komitee« ins Leben. Von der föderalen Struktur bis hinein in die Wortwahl werden sich manche Muster bei der Gründung des Roten Kreuzes wiederholen, nicht zuletzt die Entscheidung für den Standort Genf. Freilich wird auch das Muster des Zerwürfnisses wiederkehren: Nachdem er vor allem mit Maximilien Perrot anfangs ein treffliches Gespann bildet, entzweit sich Dunant bald mit seinen Mitstreitern vom CVJM. »Ich mußte ihn mäßigen«, berichtet Perrot. »Schade, daß es ihm an Urteilskraft fehlt! Sonst könnte er ein Juwel für die Union sein, er entfaltet eine erstaunliche Energie.«

Diese Einschätzung könnte ebenso gut von Gustave Moynier stammen; auch beim Internationalen Komitee vom Roten Kreuz sollte Dunants Übereifer mit der Ordnungsliebe und der Methodik ernsterer Gemüter kollidieren. »Beten wir für ihn, denn er wird in dieser Welt Schwierigkeiten bekommen« – mit diesem Satz sollte Perrot sich noch als Prophet erweisen. Gleichwohl werden sich einige Kontakte aus dieser Zeit über Jahrzehnte hinweg bewähren. Dass etwa an der Rotkreuzbewegung von Anfang an auch Amerikaner beteiligt sind, verdankt sich

Dunants Verbindungen aus dem CVJM und der Anti-Sklaverei-Bewegung. Auch die Pastoren Hahn und Wagner, die württembergischen Delegierten auf der Konferenz von 1863, lernt er über die Arbeit im Männerverein kennen.

Die wenigen Porträts aus jenen Jahren zeigen Dunant als einen jungen Mann aus gutem Hause, unbesorgt und selbstzufrieden, ein wenig dandyhaft wirkend. Stets *comme il faut* gekleidet, mit Uhrkette, Querbinder und buschigem Backenbart. Weggefährten bescheinigen ihm Liebenswürdigkeit, Sendungsbewusstsein und soziale Begabung. Manchmal wirke er allerdings auch etwas aufdringlich und eigenmächtig, »der eloquente Herr Dunant«.

Mit Anfang zwanzig tritt er in das Bankhaus »Lullin & Sautter« ein, wobei seine Tätigkeit dort mehr Beschäftigung als Beruf ist. 1853 wechselt er zu einer Tochterfirma, die im Norden Algeriens Landnutzungsrechte erwerben und helvetische Siedler dafür gewinnen soll. Kaufleute, Kapitalgesellschaften, Missionare und Militärs, alle wollen in der neuen Kolonie das große Geschäft machen. Die ganze Dynamik ist den Luftschlössern der New Economy nicht unähnlich. Einige Akteure bringen es zu Macht und Reichtum, viele aber erleiden Schiffbruch. Dunants Engagement in Nordafrika fällt genau in diese Umbruchszeit.

Von Beginn an fühlt er sich in der fremdartigen Umgebung wohl: »Ich bin lebhaft an diesem Kolonisationswerk interessiert und hoffe, bald in dieses Land zurückzukehren.« Die Siedler müssen indes erfahren, dass die Zustände in Algerien nicht so rosig sind, wie die Versprechungen der Agenten es ihnen Glauben machten. Es kommt zu Spannungen mit den Einheimischen, Missernten und Krankheiten machen ihnen zu schaffen. Henry Dunant, wie er sich mittlerweile schreibt, veröffentlicht daraufhin »im Interesse der Wahrheit« zwei Berichte im *Journal de Genève*, in denen er kritischen Behauptungen über das Projekt entgegentritt. Außerdem erwähnt er noch, er habe in Sétif einen jungen Mann aus Schwaben kennengelernt, »dessen Charakter und Leumund vollstes Vertrauen verdienen«.

Hier taucht zum ersten Mal eine Bezugsperson aus Deutschland auf. Jener Henri Nick aus dem Allgäu betätigt sich in Sétif als Getreidegroßhändler und führt zudem eine kleine Bank. Befeuert durch Dunant, wird er später einer der ersten deutschen Rotkreuzmitarbeiter. Beide sind Mitte zwanzig, protestantischen Glaubens und erfüllt von Pioniergeist. Heute würden sie sich wohl als »Expats« titulieren, als junge Fachkräfte, die im Ausland ihre Karriere starten, dabei aber mehrmals im Jahr nach Hause kommen. Bei den römischen Ruinen von Mons wollen sie eine Mühle errichten und Getreide verarbeiten. Sie gründen die Aktiengesellschaft von Mons-Djémila, beantragen eine Konzession für fünfzig Hektar und beginnen mit dem Bau, als hätten sie die Landrechte schon in der Tasche. Nick soll die Erschließung voranbringen, Dunant das Kapital und die Genehmigungen beschaffen. Ein typisches Start-up-Unternehmen jener Jahre – mehr auf Verheißung denn auf Erfahrung gegründet.

Krieg und Wahrheit

Der Zeitpunkt könnte ungünstiger nicht sein. Die internationale Konjunktur bricht dramatisch ein, als im Sommer 1853 ein Krieg beginnt, der ganz Europa nachhaltig erschüttert. Seinen Ausgang nimmt er im sogenannten Heiligen Land. Die russisch-orthodoxe Kirche will mehr Einfluss auf die dortigen Gotteshäuser nehmen, was sowohl der Türkei wie auch Frankreich widerstrebt. Tatsächlich aber geht es vor allem um den Zugang zum Mittelmeer. Das Zarenreich sieht sich einer bunt gemischten Allianz gegenüber, zu der neben dem Osmanischen Reich, England und Frankreich auch noch das Königreich Sardinien stößt. Hinzu kommen etwa zehntausend deutsche Söldner.

Es ist ein Krieg mit deutlich verbesserten, will heißen tödlicheren Gewehren, mit Dampfschiffen und Sprenggranaten, Schreibtelegrafen und Seekabeln, Reportern und Fotografen – der erste moderne Krieg mithin, im Grunde bereits ein früher Weltkrieg, erstrecken sich die

Der Krimkrieg forderte etwa 165 000 Tote. Fast zwei Drittel davon starben durch Krankheiten und Seuchen, durch Hunger und Kälte.

Kampfhandlungen doch von der Walachei bis nach Kamtschatka. Die Schätzungen über die Zahl der Opfer schwanken zwischen 150 000 und 500 000. Einigkeit besteht jedoch darüber, dass ungleich mehr Soldaten durch Hunger, Seuchen und die katastrophale medizinische Versorgung umgekommen sind als im Gefecht. Die neuartige Kampfweise des Stellungskrieges bedingt, dass Massen von Männern monatelang in provisorischen Quartieren und auf engstem Raum leben müssen. Typhus, Skorbut und Cholera wüten in beiden Lagern.

Zum ersten Mal begleiten Kriegsberichterstatter moderner Prägung das Geschehen. Vor allem englische Korrespondenten setzen Maßstäbe. Auf russischer Seite lassen die *Sewastopoler Erzählungen* eines jungen Offiziers aufhorchen: »Sie sehen hier entsetzliche Szenen, sehen den Krieg nicht in seiner schönen und glänzenden Form, mit wehenden Fahnen und Generälen auf tänzelnden Pferden, sondern in seiner wirklichen Gestalt mit Blut, Qualen und Tod.« Der noch unbekannte Autor, Leo Tolstoi, bewährt sich als teilnehmender Beobachter. »Der Held meiner Erzählung, den ich mit allen Kräften meiner Seele liebe, ist – die Wahrheit.« Tolstoi und Dunant haben mehr gemein als nur den Rauschebart im Alter. Beide Männer sind im selben Jahr geboren und gestorben, beide kommen aus der Oberschicht und engagieren sich für Bedürftige, beide führen im Alter ein Eremitenleben mit einer Neigung zum politischen Spiritismus. Vor allem aber haben sie das gleiche monumentale Lebensthema: Krieg und Frieden.

Zum berühmtesten Helden des Krimkriegs avanciert eine Krankenschwester: Florence Nightingale, »die Lady mit der Lampe«. Die Szene, wie sie, selbst krank und erschöpft, mit einem Öllicht durch die Säle geht, um nach den zahllosen Patienten zu sehen, prägt sich ins kollektive Gedächtnis ein. Ihr selbstloser Einsatz hat den Boden für den Aufbau des Roten Kreuzes mitbereitet. Gustave Moynier hat sich auf einem Kongress in London mit ihrer Arbeit vertraut gemacht. Und Dunant bezeichnet sie später gar als »Heilige«. Weniger bekannt ist dagegen seine zweite Kronzeugin aus dem Krimkrieg: Prinzessin Charlotte von

Männer leiden, Frauen helfen – eine archetypische Szene aus dem Krimkrieg, der Florence Nightingale berühmt machte.

Württemberg, Gemahlin des russischen Großfürsten Michael. An der Spitze von über dreihundert Pflegerinnen umsorgt sie unermüdlich Verwundete. Dunant hat sie später selbst getroffen, sie hat ihn in seinem Sinnen und Trachten bestärkt und ist zu einer wichtigen Mittlerin des Roten Kreuzes in Russland geworden.

So reichen denn die Wurzeln der Rotkreuzbewegung noch etwas weiter zurück als nur bis Solferino. Der Krieg am Schwarzen Meer gerät zu einer Generalprobe, bei der die Staaten Europas auf einer abgelegenen Außenbühne jene Manöver einüben, die sie bald darauf auch im Stammhaus durchexerzieren werden. Hätte Dunant – Jahrgang 1828 – einer anderen europäischen Nation angehört, er wäre ziemlich sicher eingezogen worden. Als Schweizer bleibt ihm dies erspart.

Ende 1856 aber, beim Konflikt um Neuchâtel (Neuenburg), soll auch er mobilisiert werden. Die Juraregion besitzt zugleich den Status eines Schweizer Kantons und den eines preußischen Fürstentums. Wenngleich Berlins Hoheitsansprüche nur mehr *pro forma* bestehen, drängen örtliche Royalisten auf Loslösung von der Eidgenossenschaft. Ihr Putsch schlägt fehl, fünfhundert Aufrührer werden gefangen gesetzt. Preußen reagiert und plant den Marsch auf Bern, die Schweiz macht daraufhin mobil. Als Dunant einberufen werden soll, schützt er eine Krankheit vor und bricht schließlich erneut nach Nordafrika auf, um weiteren Schwierigkeiten zu entgehen. Moynier hingegen nimmt als einfacher Füsilier an der »Neuenburgkampagne« teil, unter dem Oberbefehl von General Dufour. Mit Müh und Not kann der Krieg dann doch noch abgewendet werden.

Anleitung für die Löwenjagd

Die Ära des Kolonialismus ist die große Zeit der Forschungsreisenden. Auch Henry Dunant liebäugelt mit dieser Rolle, könnte er so doch seiner Leidenschaft fürs Reisen und fürs Schreiben frönen. Der *Bericht über die Herrschaft von Tunis* (das spätere Tunesien), den er nach seiner

Ankunft in Angriff nimmt, soll sein Gesellenstück werden. Das Land ist von der kolonialen Modernisierung noch nicht betroffen und kommt so den romantischen Vorstellungen des Orientalismus, wie er zu dieser Zeit Mode wird, entgegen. Ein Jahr später wird etwa Gustave Flaubert in Tunis für seinen Roman *Salambo* recherchieren.

Da Dunant sich in Nordafrika eine Existenz aufbauen will, verwundert es nicht, dass er Tunesien vorteilhaft schildert: mit einem äußerst bekömmlichen Klima, einem weisen Herrscher und den besten Datteln der Welt. Neugierig beschreibt er das Leben bei Hofe und gibt allerlei Empfehlungen für seine zukünftigen Leser – vom Couscous-Rezept bis zur Löwenjagd. Tunis erscheint ihm wie ein zweites Genf, modern, geschäftig, mannigfaltig, belebt auch durch zwölftausend Europäer, die sogar eine italienische Oper unterhalten. Der Sklaverei widmet er ein eigenes Kapitel, in dem er die aufgeklärte Haltung des Beys von Tunis mit der schonungslosen Ausbeutung der Farbigen in den Vereinigten Staaten konfrontiert. »Schande über Amerika!«

So wie viele Europäer erlebt Dunant in der Fremde eine ungekannte Freiheit; störende Konventionen fallen weg. Die Tragik seines späteren Ruins besteht nicht zuletzt darin, dass damit auch der Traum von einem Leben in zwei Welten zerstört wird. Der würdige Fes, den er auf allen Altersporträts trägt, ist ein lang nachhallendes Echo seiner Liebe zum Orient. 1857 lässt er den Bericht in kleiner Auflage drucken. Das Buch ist mit dem Vermerk »unverkäuflich« versehen. Als vermögender Privatier will sein Autor sich nicht in die Niederungen des Handels begeben; es soll keine Ware, sondern eine Gabe sein. Im *Journal de Genève* erscheinen gleich zwei Besprechungen: »Ein ausnehmend schöner Band« … »Herr Dunant hat das Zeug zum Schriftsteller.« Durch dieses Werk kann er sich als werdender Kenner des Orients profilieren. Und es eröffnet ihm die Möglichkeit, seiner dritten großen Leidenschaft zu frönen: Er hebt eine Gesellschaft aus der Taufe. Die »Société de Géographie de Genève« bildet ein perfektes Forum für seine Ambitionen und bringt ihm zudem wertvolle Kontakte ein. Vier der späteren fünf Gründer des Internationalen Komitees sind dort Mitglied.

Kurz darauf bringt Dunant eine Huldigung an Napoleon III. heraus, den Kaiser der Franzosen und Neffen Bonapartes. Hintergrund sind seine Algeriengeschäfte. Durch den Tod seiner Tante haben er und seine Geschwister mittlerweile eine beträchtliche Erbschaft gemacht, zu der auch das Haus im Petersbrunnensträßchen gehört. Er bezieht dort eine Wohnung, nimmt eine hohe Hypothek auf und gründet eine Aktiengesellschaft, deren Kapital sich schließlich auf eine Million Franken beläuft. Palmen, Kamele und Berberaffen zieren die Anteilsscheine, die wie Illustrationen zu seinem Tunesienbuch anmuten. Der Erfolgsdruck wächst, die Kosten laufen aus dem Ruder. In der Hoffnung, seine Chancen zu verbessern, erwirbt Dunant sogar die französische Staatsbürgerschaft. Außerdem stiftet er einem Pariser Waisenhaus 40 000 Franken, wohl auch, um dem französischen Staat seine Loyalität zu beweisen. Für jemanden, der geschäftlich derart in Bedrängnis ist, bedeutet das eine fahrlässige Ausgabe.

Am Ende entschließt er sich zu einer verwegenen Aktion – er will den Kaiser sprechen. Ein Machtwort von höchster Stelle könnte die Kolonialverwaltung auf Trab bringen. Die eilig verfasste Huldigungsschrift soll sein Gastgeschenk werden. Dunant stellt sich darin als hundertfünfzigprozentiger Franzose und Bonapartist dar. Er propagiert die Fortführung des Heiligen Römischen Reiches unter französischer Hoheit, mit Napoleon III. als messianischem Führer. In schwindelerregender Unbekümmertheit springt er von Nebukadnezar zu Karl dem Großen und von König Salomon zu Kaiser Konstantin. Selbst wenn diese historische Mission dem Kaiser schmeicheln sollte, tut Dunant sich damit keinen Gefallen, geriert er sich doch offenkundig als Sektierer und Phantast, der von Politik rein gar nichts versteht.

Unter normalen Umständen hätte er wohl versucht, eine Audienz in Paris zu erwirken. Aber genau zu dieser Zeit zieht Napoleon in einen Krieg gegen Österreich. Was Dunant auf die Idee eines zweiten Gastgeschenks bringt: Er will der französischen Armee Getreidelieferungen aus Mons-Djémila offerieren. In Anbetracht des Krieges ein durchaus vernünftiger Gedanke, der seine überstürzte Italienreise fundierter erscheinen lässt, als er selbst sie später dargestellt hat. Mitte Juni 1859 macht Dunant sich auf den Weg: Erst mit der Eilkutsche, dann in einem gemieteten Cabriolet – einer zweirädrigen, halboffenen Kutsche – versucht er, den Kaiser einzuholen. Es wird eine schicksalshafte Reise nach Italien.

Fratelli d'Italia

Die Lombardei ist damals seit anderthalb Jahrhunderten österreichisch. Doch diese Epoche neigt sich dem Ende zu, jenes Europa der Dynastien, in dem die Verbindungen der Fürstenhäuser wichtiger waren als die Nationalität der Untertanen. Spätestens mit den Aufständen des Jahres 1848 wird der Nationalismus zur mächtigsten politischen Kraft. In einem Geheimbündnis sind Napoleon und Camillo Benso von Cavour, Premierminister von Sardinien unter König Viktor Emanuel II., übereingekommen, das Habsburgerreich zu einem Krieg zu provozieren, um auf diese Weise die Einigung Italiens zu erzwingen. Als Gegenleistung soll Frankreich Nizza und Savoyen erhalten. Napoleon III. will sich um jeden Preis Renommee verschaffen, besitzt er doch als Abkömmling eines Usurpators noch weniger Legitimität als sein Onkel. Eine Schlappe für Österreich würde, in Verbindung mit den Gebietsgewinnen, Frankreichs Glorie mehren, und die seinige dazu.

Aufgrund ihrer Lage ist die Schweiz Nachbar aller drei Konfliktparteien – und durchaus selbst Akteur. Ein Regiment der französischen Fremdenlegion ist rein schweizerisch besetzt. Und als sich die Bewohner von Perugia, das zum Vatikanstaat gehört, dem Unabhängigkeitskampf anschließen, richtet die päpstliche Schweizer Garde dort ein Blutbad an. Die Schlüsselrolle aber spielt Savoyen, das seit jeher auch Schweizer Einflussgebiet gewesen ist. Als der Kuhhandel zwischen Cavour und Napoleon schließlich herauskommt, stehen die Eidgenossen kurz davor, in Savoyen einzumarschieren. General Dufour hat bereits den Oberbefehl für den Ernstfall erhalten. Es fehlte nicht viel, und Lehrer und Schüler wären als Feinde aneinandergeraten. Denn während seiner Jugend im Exil hat der spätere französische Kaiser an der Schweizerischen Militärschule in Thun unter Dufour eine Ausbildung zum Artilleriehauptmann absolviert.

Auch nördlich der Alpen verfolgt man den Krieg gespannt. Die Sympathien für Italien werden von der Furcht vor einem Wiedererstarken Frankreichs in Schach gehalten. Immer mehr Politiker und Militärs rufen dazu auf, »den Rhein am Po zu verteidigen«. Der Deutsche Bund steht kurz vor dem Kriegseintritt, wodurch Frankreich eine zweite Front droht. Doch »die unerwartet kurze Dauer des Feldzuges vereitelte die Aussicht auf Beteiligung für unsere Armee«, rekapituliert Generalfeldmarschall von Moltke wenig später, sichtlich enttäuscht.

Ende April 1859 überschreiten österreichische Truppen die Grenze zum Piemont. Nach kleineren Gefechten kommt es am 4. Juni bei Magenta westlich von Mailand zur ersten großen Schlacht. Die Österreicher unterliegen und weichen bis an den Mincio zurück, der im Südosten des Gardasees entspringt. Franzosen und Italiener sammeln sich weiter westlich am Ufer des Chiese. Zwischen den beiden Heeren liegen dreißig Kilometer Niemandsland.

»Mein lieber, einziger Engel«: Beinahe täglich schreibt Franz Joseph an seine Frau Elisabeth in Schönbrunn. Ihre Beschwerden nehmen ihn zusätzlich in Anspruch – der Kreislauf, die Nerven, die Schwiegermutter. Halbherzig übernimmt sie die Schirmherrschaft eines Hilfsvereins und richtet ein Spital für Verwundete ein. Auch schickt sie dem Kaiser modernen Lesestoff wie die Illustrierte *Über Land und Meer*, die später noch eine Rolle spielen wird. Das Vorgehen der Österreicher ist von ständigem Hü und Hott geprägt, unerklärliches Zaudern und überstürzter Tatendrang wechseln einander ab. Auch Napoleon macht trotz seiner Ausbildung beim Schweizer Militär keine glückliche Figur, und nur die Unentschlossenheit des Gegners bewahrt ihn vor einem Fiasko. Mit dem italienischen Oberkommando ist er ebenso zerstritten wie dieses untereinander. Die allgemeine Konfusion betrifft auch die Sanitätsabteilungen. Ein Großteil des medizinischen Materials der französischen Armee ist in Genua geblieben. Manche Regimenter haben überhaupt keine Ärzte, andere noch nicht einmal Krankenpfleger, so dass Militärmusiker für sie einspringen müssen.

Im Ganzen bietet sich das Bild dreier Armeen, deren ärgster Feind die eigene Führung ist. Bei den Italienern ist die Zahl der Desertionen am höchsten, die der Verluste folglich am geringsten. Auch die Österreicher sehen sich mit etlichen Tausend Fahnenflüchtigen konfrontiert, überwiegend Italiener in ihren Diensten. Einer von ihnen wird unversehens eine wichtige Rolle bei der Entstehung des Roten Kreuzes spielen – als Dunants Kutscher, der ihn durchs Kampfgebiet fährt. Wäre der Schweizer einige Wochen früher angereist und hätte beispielsweise versucht, nach der Schlacht von Magenta bei Napoleon vorzusprechen, so wäre die Hilfsorganisation wohl nie entstanden. Zwar ist auch hier die Zahl der Opfer hoch – rund 15 000 Tote und Verwundete –, doch in Solferino wird sie dreimal höher liegen. Vor allem aber können die Verwundeten mit der Eisenbahn evakuiert werden, und mit Mailand liegt eine Großstadt in der Nähe, die über Krankenhäuser und Vorräte verfügt. Dunant hätte dort sicher ebenfalls geholfen – aber die Not wäre geringer gewesen, und er hätte vermutlich auch keine »Erinnerung an Magenta« veröffentlicht.

Feindberührung

Von kleineren Konflikten abgesehen, hat Europa bis dahin vier Jahrzehnte lang keinen Krieg mehr erlebt. Magenta und Solferino werden daher auch zu Laboratorien der Chirurgie, die sich mit neuartigen Verwundungen konfrontiert sieht. Mehrere Schweizer Ärzte eilen nach Italien, um zu helfen. Darunter Louis Appia, einer der späteren Begründer des Internationalen Komitees. Selbst piemontesischer Herkunft, stellt er sich einem Turiner Frauenverein zur Versorgung von Verwundeten zur Verfügung. Innerhalb weniger Wochen sieht er dabei über zehntausend verletzte Soldaten. Auch Hermann Demme, einen angesehenen

Arzt aus Bern, zieht es an diesen »großartigen militär-chirurgischen Schauplatz«, der ihn in seiner Auffassung bestärkt, dass die Lehrbücher umgeschrieben werden müssen: »In den letzten Feldzügen waren die Schusswunden derart in den Vordergrund getreten, dass Verletzungen durch blanke Waffen kaum mehr in Betracht kamen.« Auch wenn noch herkömmliche Vorderladergewehre und Kanonen zum Einsatz kommen, so sind sie doch erheblich verbessert worden, was Reichweite und Treffsicherheit angeht – sofern man dies als Verbesserung anzusehen gewillt ist. Die Franzosen erproben bereits Salvengeschütze, Vorläufer der Maschinengewehre. Zur gleichen Zeit kommen Granaten auf; der Begriff verdankt sich denn auch dem italienischen Wort für Granatapfel. Außerdem erfolgt über Solferino die erste Luftaufklärung der Geschichte. Im unübersichtlichen Hügelland sind alle Beteiligten brennend an den Manövern des Feindes interessiert. Der französische Starfotograf Nadar soll mit einem Ballon aufsteigen, um die österreichischen Stellungen auszukundschaften. Doch der Versuch erbringt nicht viel, und so herrscht auf beiden Seiten Unklarheit über die Position und die Stärke des Gegners, ja selbst über die der eigenen Truppen. Niemand ahnt, dass der Feind nur wenige Kilometer entfernt biwakiert.

Am 23. Juni eröffnet Napoleon seinem Verbündeten Viktor Emanuel, dass er seine Truppen wegen der drohenden preußischen Mobilmachung wohl bald zurückziehen muss. Hätten die Österreicher in ihren Stellungen ausgeharrt, womöglich hätte die Schlacht von Solferino gar nicht mehr stattgefunden. So aber wird sie zu einer der blutigsten des 19. Jahrhunderts. Noch hat Henry Dunant nicht die leiseste Vorstellung von seiner künftigen Mission, doch er hätte sich keinen geeigneteren Konflikt aussuchen können, um aller Welt die Dringlichkeit flankierender humanitärer Maßnahmen vor Augen zu führen.

Der 24. Juni 1859 ist nicht nur einer der längsten, sondern auch einer der heißesten Tage des Jahres. Die Sonne heizt die Ebene auf wie ein Backblech, weshalb die Truppen meist nachts marschieren. Die Franzosen wollen zum Mincio vorstoßen, wo sie die Österreicher verschanzt glauben. Diese wiederum haben sich entschlossen, den Feind am Chiese zu stellen, wo sie ihn immer noch vermuten. Die ersten Einheiten prallen am Morgen gegen halb fünf aufeinander. Binnen weniger Stunden formt sich eine fast dreißig Kilometer lange Front. Insgesamt stehen einander rund 300 000 Mann und 25 000 Pferde gegenüber, auch wenn letztlich nicht alle Einheiten eingreifen. Die Operation im Morgengrauen verläuft unkoordiniert, viele Soldaten sind schlaftrunken. Mit unfreiwilliger Komik bezeugt dies auch ein Ausspruch Napoleons: »Unerwarteterweise sehe ich 100 000 Österreicher auf mich losrücken.« Kettenrauchend verfolgt er das infernalische Getümmel; und auch wenn er sich um demonstrative Abgebrühtheit bemüht, kommt ihm am Ende buchstäblich das Kotzen.

Italiener und Franzosen setzen kampferprobte Einheiten aus dem Krimkrieg ein, dazu Legionäre aus ganz Europa. Aufseiten der Franzosen sind die Zuaven besonders gefürchtet, Berber aus Algerien, die mit ihren roten Pluderhosen und den Quasten am Fes einen exotischen Anblick bieten. Sie stammen just aus jener Region im Atlasgebirge, in der Dunant sein Glück machen will. Auch Österreich bietet Soldaten all seiner Länder auf. Und so tobt zwischen Chiese und Mincio eine zweite Völkerschlacht.

Wie nähert man sich einem Schauplatz, an dem vor anderthalb Jahrhunderten eine Katastrophe stattgefunden hat? Meist werden bedeutende Schlachten in der Nähe unbedeutender Orte geschlagen, an denen sich weder vorher noch nachher viel begeben hat. Nur an diesem einen Tag war alles anders – in Solferino wurde Geschichte erzwungen.

Es ist sicher nicht die schlechteste Methode, mit Menschen zu sprechen, die sich das damalige Geschehen in geduldiger Kleinarbeit erschlossen haben. Menschen wie Luigi Lonardi, der etliche Jahre lang Bürgermeister von Solferino war. Ein ehemaliger Kunstlehrer, ein politischer Quereinsteiger, der Ende der neunziger Jahre ins Amt kam. Es war die Zeit der »Mani pulite«, der sauberen Hände, die in Italien einen Neuanfang in Politik und Verwaltung zuwege bringen sollten. Während die meisten Solferino-Forscher vornehmlich Texte als Quellen heranziehen, hat Lonardi sich als Augenmensch vor allem für die Bilder jener Zeit interessiert und Kupferstiche, Lithographien und Ansichtskarten zusammengetragen. Unter den zahllosen Ausgaben, die Dunants folgenreiche *Erinnerung an Solferino* weltweit erlebt hat, ist die von ihm besorgte Edition die am schönsten illustrierte.

Lonardi lebt am Fuß des Burghügels von Solferino. Anders als im Norden verebben die Alpen im Süden nicht allmählich, sondern gehen unvermittelt in die Po-Ebene über. Nur hie und da schwingen sich ein paar Moränenhügel auf. Der Gletscher, der den Gardasee schuf, deponierte hier sein Geschiebe. Von der mittelalterlichen Burg sind nur mehr Mauern, Wirtschaftsgebäude und eine trutzige Kirche erhalten. Feierlich wie Kerzen ragen dahinter Zypressen auf. Schwalben flitzen um die Häuser, Oleander flockt über die Mauern. Doch wenn Lonardi zu erzählen beginnt, bricht die Idylle. Er weiß genau, wo Napoleons

Feldherrnperspektive: Napoleon III. verfolgt das Kampfgeschehen rund um den Burghügel von Solferino.

Gefechtsstand war, welche Artillerie von welchem Hügel feuerte und wo sich später all die Maler und Zeichner postierten, um die Schlacht in ihren Bildern fortleben zu lassen.

Bei seinen Recherchen ist er nur auf zwei Fälle gestoßen, bei denen Zivilpersonen ums Leben kamen. Dennoch bedeutet der Krieg damals für die Bevölkerung eine Heimsuchung. Die drei riesigen Armeen beschlagnahmen alles, was sie an Vorräten, Nutztieren und Transportmitteln finden. Auf beiden Seiten haben Ärzte und Pfleger mit den Verwundeten von Magenta noch alle Hände voll zu tun. Bei den Franzosen ist derart wenig Verbandszeug verfügbar, dass selbst des Kaisers Tischdecken zerschnitten werden. Ein plastisches Bild vermittelt der Bericht von Pawel Oszelda, eines polnischen Arztes in österreichischen Diensten. Sein Ulanenregiment kommt direkt in Solferino zum Einsatz und richtet in der Kirche am Burghof einen Verbandsplatz ein: »Wir ließen alles heraustragen und mit Stroh füllen. Am Anfang, da drängte sich jeder, damit er etwas zu tun bekam. Gegen drei Uhr aber füllten sich auch noch der Vorplatz und der Kirchgarten. Auf zehn Ärzte kamen mehr als zweitausend Verwundete.«

Am Nachmittag betreut Oszelda ganz allein die Verletzten im Burghof, aus Angst vor den feindlichen Kugeln wagt sich sonst niemand mehr hinaus. Als die Franzosen schließlich zum Sturm ansetzen, muss auch er den versprengten Resten seines Regiments hinterherhasten. An die tausend Verwundete bleiben zurück und erwarten den hereinstürmenden Feind. »Der Rückzug aus Solferino wird mir im Leben unvergeßlich bleiben«, bekennt der junge Arzt. Hätte die Genfer Konvention damals schon bestanden und hätte auf dem Kirchlein eine Rotkreuzfahne geweht, um es als Feldlazarett auszuweisen, die Arbeit des Pawel Oszelda wäre zwar immer noch riskant, aber doch erheblich sicherer gewesen. Vor allem hätte er dann fortfahren können, zu operieren.

Der Kaiser von Österreich dirigiert seine Divisionen vom nahen Cavriana aus, wo er in der Villa Mirra standesgemäßes Quartier genommen hat. Mit ihren Mosaikfußböden, Marmorsäulen und Arkaden vermit-

Mit der Erstürmung des Burghügels durch die französische Armee war die Schlacht von Solferino entschieden.

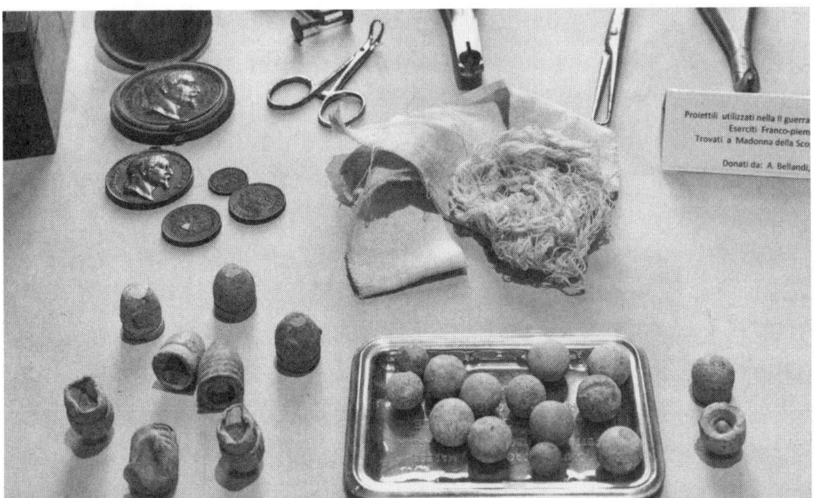

Souvenirs aus Solferino: Kugeln, Münzen, Instrumente, die teilweise auf dem Schlachtfeld selbst gefunden wurden.

telt sie bis heute eine Ahnung von der einstigen Grandezza Italiens. In den Zedern dröhnen die Zikaden. Natürlich kennt Lonardi auch den letzten Befehlsstand Seiner Majestät. Eine Lindenallee führt hinauf zu diesem betörend schönen Ort, den eine romanische Kapelle krönt. Die langen Hügelreihen schimmern im Abendlicht, seidig glänzen Federwolken im hohen Blau des Himmels. Von hier hat sich Franz Joseph und seinen Generälen der klassische Feldherrenblick geboten. Am Ende muss die österreichische Armee sich geschlagen über den Mincio zurückziehen. Napoleon rückt in Cavriana ein, quartiert sich in ebenjener Villa Mirra ein und legt sich schließlich in das Bett, in dem sein Kontrahent tags zuvor noch genächtigt hat. Nicht ohne vorher ein Telegramm an die Kaiserin aufzugeben: »Grande bataille! Grande victoire!«

Zum Jahrestag der Schlacht lebt das Kriegsgeschehen hier wieder auf. Doch die seinerzeit beteiligten Menschenmassen lassen sich unmöglich nachstellen. Selbst Kostümfilme und Historienschinken müssen sich mit einigen Hundert Komparsen begnügen. Die Zahl der damals eingesetzten Soldaten aber entspricht dem Fassungsvermögen der vier größten deutschen Fußballstadien, zum Bersten voll mit Männern. Von der alljährlichen Reanimation in San Martino würde man daher zunächst nur Mummenschanz mit Platzpatronen erwarten. Doch gerade weil hier eine sehr italienische Mischung aus Pathos und Volksbelustigung geboten wird, lässt sich im Rückschluss etwas von der Erbarmungslosigkeit des realen Geschehens erahnen.

San Martino war die Front der italienischen Truppen. Zum Jahrestag nehmen zweihundert Mitwirkende und einige Tausend Zuschauer an einem Abhang Aufstellung. Eine Blaskapelle intoniert die Nationalhymne, die während des Unabhängigkeitskrieges entstand. Unter dumpfen Trommelschlägen rücken die Regimenter mit wehenden Fahnen heran. Sie tragen lange Flinten mit Ladestöcken und Bajonetten, dazu lederne Tornister und Feldflaschen. Garantiert unverwechselbar sind die Bersaglieri mit ihren mächtigen Federbüschen. Die Österreicher ziehen in blütenweißen Jacken, kornblumenblauen Hosen und Husarenhelmen in die Schlacht. Die Kaiserliche Garde nimmt in den Farben der Trikolore Aufstellung. Publikumslieblinge sind die verwegenen Zuaven mit ihren goldbetressten Jacken und den roten Puffhosen.

Dann bebt die Luft und dröhnt die Erde. Kanonen feuern, die Truppen formieren sich, die Kavallerie prescht mit gezückten Säbeln heran. Attacke! Kürassiere und Tirailleure, Freischärler und Cacciatori delle Alpi – sie alle werfen sich mit Ingrimm auf den Feind. Es kracht und qualmt in einem fort; mittendrin erwarten die Pferde seelenruhig das nächste Kommando. Wohl eine Stunde lang tobt so auf historischem Felde die Schlacht. Am Ende triumphiert Italien, und ein Geschwader roter, weißer und grüner Luftballons entschwebt in Richtung Solferino. Danach sind die Tavernen voll und die Krieger ermattet. Alle haben sie mitgesiegt.

Der Tag danach

Zur wohl berühmtesten Passage aus Dunants *Erinnerung an Solferino* gerät jene, in der er den Morgen nach der blutigen Schlacht heraufbeschwört. »Die Sonne des 25. Juni beleuchtet eines der schrecklichsten Schauspiele, das sich erdenken läßt. Das Schlachtfeld ist bedeckt mit Leichen von Menschen und Pferden. In den Straßen, Gräben und Wiesen liegen überall Tote. Die Dörfer sind gezeichnet von den Verwüstungen. Die Einwohner haben sich zwanzig Stunden im Keller verborgen; jetzt kommen sie hervor. Ihr verstörtes Aussehen zeugt von den Ängsten, die sie ausgestanden haben.« Tausende von Schwerverletzten sind auf dem Schlachtfeld verblieben, auf das die Sonne unbarmherzig herunterbrennt. Viele verbluten, krepieren elendig in der Hitze. Über den Feldern hängt jener abstoßende, mit nichts zu vergleichende Geruch, wie nur Kadaver ihn verbreiten. Diebe und Leichenfledderer nehmen Gefallenen und Schwerverletzten Tornister, Waffen und Kleidung ab. Jeder ist sich selbst der Nächste. Auf den Straßen herrscht heilloses Chaos. »Da war eine Confusion von Blessierten, Flüchtlingen, Wägen und Pferden«, berichtet der geschlagene Kaiser Franz Joseph von den Turbulenzen des Rückzugs. Ein paar Tage später stattet er einem Veroneser Krankenhaus einen Besuch ab, »wo dreißig Offiziere liegen, einige amputiert. Sie werden vortrefflich behandelt. Auch die Schwestern leisten außerordentlich gute Dienste. Wenn wir nur mehr bekommen könnten.«

Wie schon während des Krimkriegs, verfolgen auch hier Korrespondenten das Geschehen. Darunter Henry Jarvis Raymond, Mitbegründer der *New York Times*. Am Tag nach der Schlacht berichtet er aus Castiglione: »Die Hauptstraße war voll von Fuhrwerken, Ochsen und Soldaten. Eine Prozession von Verwundeten zog zu einer Kirche, die in ein Krankenlager umgewandelt worden war. Es war der schauerlichste Zug, dem ich je begegnet bin. Einige Gesichter waren von Säbelhieben zerschnitten. Vielen waren die Arme zerschmettert worden, Hunderte trugen die Hände verbunden. Diese Prozession währte von zehn Uhr morgens bis nach Einbruch der Dunkelheit.«

Von Brescia her kommend, trifft auch Dunant am Morgen nach der Schlacht, also am 25. Juni 1859, in Castiglione ein. Das belegen seine Aufzeichnungen und die Überlieferung der Familie Pastorio, in deren Palazzo er damals logiert hat. Sein Kutscher hat ihn zu einem der wenigen Häuser gebracht, die ihm für einen solch vornehmen Herrn geeignet scheinen. In den Tagen zuvor hat die Adelsfamilie ihr Domizil französischen Offizieren zur Verfügung gestellt. Darunter ein gewisser Alphonse Mennessier, Kapitän der Kaiserlichen Garde, dessen Bruder vor Kurzem bei Magenta gefallen ist. Am Morgen des 24. Juni hat er sich eilig von ihnen verabschiedet und ist nicht mehr zurückgekehrt.

Doch schon tags darauf steht ein neuer Gast ins Haus. Er fällt durch seinen hellen Tropenanzug auf. Der durchaus gerechtfertigt ist angesichts der afrikanischen Hitze, die seit Tagen über der Po-Ebene brütet, der aber wohl zugleich seine koloniale Kompetenz betonen soll. Wäre Dunant in Pozzolengo oder Montichiari abgestiegen, er wäre wohl geblieben, was er war – ein kleiner Irrläufer in einem großen Krieg. So aber konnte er Geschichte schreiben.

Der Palast gehört noch immer der Familie. Die derzeitige Hausherrin ist Kunsthistorikerin, ihr Mann lehrt Judaistik in Berlin. Ihre Bibliothek umfasst 30 000 Bücher. Dunants Zimmer ist bis heute fast unverändert geblieben, mit Diwan und Kommode im Empire-Stil, Betschemel und illusionistischer Deckenbemalung. Vom schmalen Balkon aus geht der Blick direkt auf den Domplatz. Der damals mit Versehrten, Sterbenden und Toten übersät gewesen sein muss.

Bis zu diesem Moment, bis zum ungläubigen Blick über das Heer der Leidtragenden, hat Dunant noch den Plan gehegt, beim Kaiser im nahen Cavriana vorzusprechen. Doch nun beginnt sich eine Wandlung zu vollziehen, die den Rest seines Lebens bestimmen wird. Nur zehn Ärzte sind verfügbar, am nächsten Tag gar nur mehr sechs, darunter ein Cousin der Pastorios. Dunant versucht, »gemeinsam mit einigen hiesigen Frauen die Ärzte notdürftig zu ersetzen«. Die meisten sind einfache Landfrauen, doch auch seine beiden Gastgeberinnen packen mit an. Am Domplatz erinnert heute ein Standbild an die »Donne eroiche« von Castiglione, denen das Rote Kreuz seinen ersten Schlachtruf verdankt: »Tutti fratelli!« Sie sind alle Brüder. Im Gefecht zählt die Uniform, nicht der Mensch. Im Lazarett kehrt sich die Perspektive wieder um.

Die Kirche ist in aller Eile zum Behelfskrankenhaus umfunktioniert worden. Die Szenerie gleicht jener, die Pawel Oszelda tags zuvor in Solferino erlebt hat: Die Bänke sind hinausgetragen worden, der Boden ist mit Stroh aufgeschüttet. Dunant verbindet Wunden, besorgt Wäsche, verteilt Suppe. »Bei vielen braucht es nur einen Schluck Wasser, ein Lächeln, ein tröstendes Wort, das ihre Gedanken auf den Erlöser lenkt – und schon erwarten diese Männer tapfer und in Frieden den Moment des Dahinscheidens.«

Als Nothelfer in Castiglione zählt er selbst zur Basis, wie heute die vielen freiwilligen Helfer des Roten Kreuzes. Anschaulich beschreibt er die Energie, die Menschen in einer solchen Grenzsituation zuwächst: »Der sittliche Gedanke, daß das menschliche Leben wertvoll sei, der Wunsch, die Qualen so vieler Unglücklicher zu lindern, die unablässige Aktivität, all dies ruft eine neue, äußerste Tatkraft hervor.« Im selben

Atemzug aber gesteht er seine Überforderung ein: »Jedes Gefühl erlischt angesichts dieser Tragödie. Völlig gleichgültig geht man an Leichen vorbei.« Diese Gleichzeitigkeit von Euphorie und Abstumpfung werden Rettungshelfer aus vergleichbaren Situationen bestätigen. Es ist die notwendigerweise widersprüchliche Reaktion des menschlichen Bewusstseins auf die Konfrontation mit massenhaftem Leid.

Nichts war gefährlicher, als die Schlacht zu überleben. Die damalige Medizin lässt sich mit der heutigen in keiner Weise vergleichen. Die Bedeutung der Antisepsis etwa wird allenfalls erahnt, aber kaum praktiziert. Wegen der Gefahr des Wundbrands sind Amputationen an der Tagesordnung. Da es jedoch noch kaum Schmerz- und Narkosemittel gibt, müssen die Betroffenen den Eingriff bei vollem Bewusstsein erleiden. Zwar experimentieren die Ärzte bereits mit Chloroform, Lachgas oder auch mit dem Pfeilgift Curare, haben diese Mittel aber noch nicht hinreichend unter Kontrolle. Nur einen Stoff gibt es, der zwar nicht den Schmerz, so doch die Panik und Verzweiflung der Verwundeten wenigstens etwas zu lindern vermag: Tabak. »Viele hatten bei der Operation die Pfeife im Mund, und mehrere rauchten noch in dem Augenblick, als sie starben.«

Das Solferino-Prinzip

Am Montag schickt Dunant seinen Kutscher nach Brescia, um Vorräte, Tabak und Verbandszeug zu kaufen. Am Abend besinnt er sich dann doch auf die Audienz beim französischen Kaiser. Als er seine Erlebnisse drei Jahre später zu Papier bringt, erwähnt er diesen eigentlichen Zweck seiner Mission mit keinem Wort. Stattdessen führt er sich als »einfachen Touristen« ein – als hätte er die Schönheiten Oberitaliens ausgerechnet während des Krieges besichtigen wollen. Auch der Abstecher zum Hauptquartier erfolgt scheinbar zufällig: »Gegen sechs Uhr fahre ich aus, um die Frische des Abends zu genießen …« Auf halbem Wege lässt er in Solferino halten. »Ich habe diese Schauplätze in Augenschein genommen. Der Anblick hat mich krank gemacht.« In Cavriana wird er schon am Tor der Villa Mirra abgewiesen. Woraufhin er sich umgehend nach dem Aufenthaltsort von Marschall Mac-Mahon erkundigt, dem militärischen Oberbefehlshaber in Algerien. Die nun folgende nächtliche Irrfahrt auf der Suche nach dem General könnte auch aus Tolstois *Krieg und Frieden* stammen. Sie nähern sich gefährlich dem Mincio und damit den feindlichen Linien, so dass der Kutscher es mit der Angst zu tun bekommt: »Er wurde bei dem Gedanken, so nahe am Feinde zu sein, von einer derartigen Furcht ergriffen, daß ich gezwungen war, ihm die Zügel aus der Hand zu nehmen.« Der Warnschuss eines französischen Postens erschreckt sie bis ins Mark, und als dann auch noch ein versprengter Österreicher den offenen Wagen beschießt, ist wohl nicht nur der Kutscher mit seinen Nerven am Ende.

Patrice de Mac-Mahon empfängt den Gast am nächsten Morgen. Dunant berichtet von den verheerenden Zuständen in Castiglione und setzt sich dafür ein, gefangene österreichische Ärzte zur Unterstützung heranzuziehen. Vermutlich bringt er dann auch seine Mühle und die Getreidelieferungen zur Sprache. Gegen zehn Uhr hält er wieder vor der Villa Mirra, wo er diesmal zumindest bis zum Adjutanten vordringt. Er überreicht ihm seine Huldigungsschrift, an eine Audienz aber ist nach wie vor nicht zu denken. Ob Napoleon das Traktat tatsächlich gelesen hat, ist ungewiss, doch ein Routinebillett seiner Eingabestelle, das ein Bote wenig später überbringt, lässt Dunant daran glauben. Zurück in Castiglione, nimmt dieser sich einen weiteren Tag lang der Verwundeten an. »Ihre Gesichter sind schwarz von Fliegen; ihre Blicke schweifen nach allen Seiten, ohne eine Antwort zu erhalten. Bei einigen bilden Mantel, Hemd, Fleisch und Blut eine schauervolle Mischung. ›Lassen Sie mich nicht sterben!‹ rufen manche und ergreifen mit außerordentlicher Kraft meine Hand; sobald aber die letzte Anspannung erschlafft, brechen sie tot zusammen.« Für andere schreibt er Briefe an deren Angehörige, als Lebenszeichen oder letzten Gruß.

Noch immer fehlt es in Castiglione an fast allem. Erschüttert wendet Dunant sich an die Comtesse de Gasparin in Genf, die er aus seinen religiösen Zirkeln kennt: »Seit drei Tagen sehe ich inmitten unerhörten Leids, wie alle Viertelstunde eine Seele die Welt verläßt. Verzeihen Sie, Madame, aber ich schreibe Ihnen unter Tränen; ich kann nicht fortfahren. Man ruft mich wieder.«

Sein Notschrei wird veröffentlicht: im *Journal de Genève* (unter »Vermischtes«) sowie in der Pariser Wochenzeitung *L'Illustration*. Und schließlich machen sich drei Theologiestudenten und ein Pastor mit Hilfsgütern auf in die Lombardei. Ermutigt durch Louis Appia, helfen sie in den Lazaretten aus und verteilen Zucker, Zitronen, Pastillen. Aber auch calvinistische Schriften – was im katholischen Italien als Missionierung angesehen wird. Am Ende landen sie als Spione im Gefängnis. Auch helfen will gelernt sein. Schon diese erste Mission zeigt, dass gute Absichten allein noch lange nicht zum Ziel führen und dass die Hilfsmannschaften zwangsläufig in die politische und kulturelle Landschaft eines Krisengebiets hineingezogen werden.

Unterdessen fährt Dunant zurück nach Brescia. Auch dort sind Klöster und Kirchen in Lazarette umgewandelt worden. »Ich finde einige meiner Verwundeten wieder. Sie werden jetzt besser gepflegt, aber ihre Prüfungen sind noch nicht zu Ende.« Und dann folgt, auf vier Seiten, die Beschreibung einer Beinamputation, die einem die Haare zu Berge stehen lässt. Insgesamt bleibt er drei Wochen im Kriegsgebiet. Er scheint eine natürliche Autorität als Helfer zu besitzen. Demonstrativ nimmt er sich vor allem der Österreicher an, damit diese nicht vernachlässigt werden. Wesentliche Elemente der Rotkreuzarbeit sind in seinem Einsatz bereits vorgeformt: die Pflege der Verwundeten durch Freiwillige, ungeachtet von Rang und Nationalität, die Neutralität des Sanitätspersonals, die menschenwürdige Behandlung von Gefangenen, die Suche nach Vermissten und die Korrespondenz mit den Angehörigen. Auch Spendenaufrufe und Öffentlichkeitsarbeit gehören schon dazu. Henry Dunants entscheidende Leistung als Vordenker wird es dann, aus dieser intuitiven Praxis eine exemplarische Angelegenheit zu machen und das Prinzip von Solferino auf Kriege aller Art zu übertragen.

Sein Brief an die Comtesse de Gasparin wird in der Literatur gelegentlich zitiert. Doch bezeichnenderweise ohne die Nachschrift, die er noch angefügt hat. Denn sie berührt ein Thema, das in humanitären Angelegenheiten stets heikel war und ist: Es geht ums Geld. »Ich habe um die tausend Francs für Hemden, Zigarren und Arznei ausgegeben. Falls ein Komitee willens wäre, sie mir zu erstatten, wäre ich damit einverstanden; sonst würde ich es eben selbst übernehmen.« Ist das den Biographen vielleicht peinlich? Wirft es einen Schatten auf die Lichtgestalt? Der gute Mensch von Solferino, die Verkörperung des Edelmuts – er hält die Hand auf. Betrachtet man diese Äußerung jedoch im Licht seiner Biographie, kann man sie durchaus als gesunden Reflex der Selbsterhaltung ansehen, der ihm später abhandenkommt. Aus kaufmännischer Sicht war die Aktion ein Fehlschlag. Er hat keine Audienz bei Napoleon erlangt, geschweige denn seine Kolonialgeschäfte vorangebracht. Er hat allen Grund, sein Budget zusammenzuhalten. Wirklich wichtig daran ist jedoch, dass ebendieser Brief wenig später die Keimzelle seiner *Erinnerung an Solferino* bilden wird.

Heute pilgern alljährlich Tausende von Rotkreuzhelfern nach Castiglione, um den Jahrestag der Schlacht zu begehen. Und damit auch den Jahrestag jener Idee, die wenig später den Namen und das Zeichen des Roten Kreuzes tragen sollte. Sie kommen aus Düsseldorf und Rosenheim, aus Rom und Cesenatico, aus Kärnten und Korea. Höhepunkt des Programms ist der Fackelzug von Solferino nach Castiglione. Die meisten Teilnehmer, darunter viele Jugendgruppen, übernachten in einer Zeltstadt. Auf dem Parkplatz gibt sich eine Armada von Rotkreuzfahrzeugen ein Stelldichein. Die Stimmung ist ausgelassen, halb Sommerfest, halb Ferienlager. Trotzdem vermittelt diese Zusammenkunft eine Ahnung davon, wie es in einem Ernstfall zugehen würde. Die Regie hat denn auch Roberto Antonini, Leiter des Katastrophenschutzes beim Italienischen Roten Kreuz. Das Camp verfügt über hallenartige Druckluftzelte mit Stockbetten, fahrbare Generatoren, Ventilatoren mit Sprühnebel, einen Küchenwagen, eine Kommunikationszentrale und einsatz-

Historische Krankenkarre im Rotkreuzmuseum von Castiglione.

bereite Ambulanzen. Das Wichtigste, meint Antonini, sei es, für alle Eventualitäten gewappnet zu sein.

Bei Einbruch der Dunkelheit setzt sich der Konvoi am Burgberg von Solferino in Bewegung. Hochrufe und Trommeln schallen durch die sonst so stillen Gassen. Rot ist die vorherrschende Farbe; nur die italienischen Rotkreuzschwestern setzen mit ihren himmelblauen Kostümen einen farbigen Kontrast. Acht Kilometer lang geht es nun durch leicht gewelltes Hügelland. Langsam erlischt das Himmelslicht, bis nur noch das Lauffeuer der Fackeln zu sehen ist. Seit zwanzig Jahren wird diese Prozession veranstaltet. Eine der Initiatorinnen ist Maria Grazia Baccolo. Sie leitet das Rotkreuzmuseum in Castiglione, das den Weg der Institution von den Anfängen bis in die Gegenwart nachzeichnet. Was auf den ersten Blick wirkt wie die Instrumente eines Folterknechts, entpuppt sich als Besteckkasten eines Feldchirurgen: Skalpelle, Sonden, Gefäßklemmen, Säge. Mit solchen Instrumenten arbeitete Pawel Oszelda im Kugelhagel von Solferino. Das Souterrain beherbergt eine ungewöhnliche Oldtimersammlung: Pferdebahren und Krankenkarren in verschiedensten Ausführungen, mit mannshohen Rädern und ausgetüftelter Mechanik, um Stöße abzufedern. Bis heute verwenden Notfallhelfer fahrbare Tragen, denen die gleichen Bauprinzipien zugrunde liegen. Das Museum verkörpert auch selbst ein Stück Rotkreuzgeschichte: Es wurde 1959 vom damaligen Bürgermeister begründet, der kurz zuvor aus russischer Kriegsgefangenschaft heimgekehrt war, als einer der letzten Italiener. Nur aufgrund einer Postkarte des Suchdienstes vom Roten Kreuz wussten Angehörige und Behörden um seinen Verbleib und konnten schließlich seine Freilassung erwirken. Zum hundertsten Jahrestag der Schlacht rief er dann das Museum ins Leben.

Wenn Häuser ein Gedächtnis haben, so erleben die Gassen des Städtchens jetzt ein Déjà-vu. Wieder ist die Hauptstraße vollgepfropft mit Menschen, wieder zieht eine endlose Prozession vorbei, doch diesmal heiter und gelöst. Auf der Zielgeraden passiert der Zug grüßend das Museum, bevor er schließlich vor der gravitätischen Kulisse des Doms endet, gleich neben dem Palazzo Pastorio, in dem der Gast aus Genf damals logierte. Aus dem spontanen Samaritertum eines Einzelnen ist eine Weltorganisation entstanden, vom gleichen Geist getragen.

Für Rotkreuzmitglieder aus aller Welt wird Solferino am 24. Juni, dem Jahrestag der Schlacht, zum Pilgerziel.

Die Blumen der Erinnerung

Nach 1859 müssen Europas Landkarten neu gezeichnet werden. Österreich tritt die Lombardei ab, und zwei Jahre später ist Cavour schließlich am Ziel: Er wird der erste Premierminister des Königreichs Italien. Auch Napoleons Rechnung geht zunächst auf, der militärische Erfolg verschafft ihm innenpolitischen Rückhalt. Paris wird zur Metropole des Zweiten Kaiserreichs umgebaut und erhält dabei einen Boulevard de Magenta und eine Place de Solférino. Die Donaumonarchie blendet ihr Nationalitätenproblem trotz dieser Niederlage weiter aus. Das Festhalten an der Idee des Imperiums wird Franz Joseph auch persönlich noch teuer bezahlen müssen: Sein Bruder Maximilian wird in Mexiko hingerichtet, seine geliebte Frau Elisabeth ausgerechnet in Genf von einem italienischen Anarchisten erstochen. Als schließlich ein bosnischer Partisan den Thronfolger erschießt, zettelt Österreich einen Weltkrieg an. Von Solferino führt ein langer Weg bis Sarajewo.

Laut Clausewitz ist der Krieg die Fortsetzung des politischen Verkehrs mit anderen Mitteln. Im folgenden Jahrzehnt greifen Europas Regierungen immer häufiger zu diesen anderen Mitteln. Der Krieg in Italien bewirkt eine spürbare Militarisierung des öffentlichen Lebens; Pathos und Propaganda bestimmen den Zeitgeist. Seinen sichtbarsten Ausdruck findet er in den großen Schlachtenpanoramen. Diese Riesenrundgemälde sind die Imax-Kinos der Belle Époque. In eigens dafür errichteten Rotunden verherrlichen sie patriotische Sternstunden. »Die französischen Siege bringen unablässig militärische Gemälde hervor«, berichtet Charles Baudelaire nach dem italienischen Feldzug. Selbst er, der feinsinnige Ästhet, kann sich der »brutalen und gewaltigen Magie« der Schlachtenpanoramen kaum entziehen. Mit Unterstützung Napoleons produziert Jean-Charles Langlois ein zweitausend Quadratmeter großes Rundbild von Solferino, das an den Champs-Élysées aufgebaut wird. Gut hunderttausend Besucher bestaunen es pro Jahr. Wenn es eine Geschichte gibt, die den Widersinn der modernen Kriege versinnbildlicht, dann ist es das Schicksal dieses Malers und seiner Gemälde.

Langlois ist als junger Offizier bei Waterloo verwundet worden und hat sich danach ganz auf militärische Sujets verlegt. 1871 werden während der Belagerung von Paris mehrere seiner Panoramen zerstört. Die übrigen gelangen in seine normannische Heimat, wo sie dann 1944 bei Rückzugsgefechten der Wehrmacht in Flammen aufgehen.

Die beiden eindrucksvollsten Mahnmale aber entstehen in Solferino und San Martino. Am Fuße jenes Hügels, auf dem die Schlacht alljährlich nachgestellt wird, führt ein Kiesweg zu einem alten Bethaus. Es verfügt über alles, was eine Kapelle braucht – Sitzbänke, Weihwasserbecken und einen kleinen Altar mit großem Kruzifix. Das übrige Inventar aber ist denkbar ungewöhnlich: Von der Krypta bis zur Decke sind die Wände mit den Knochen von Gefallenen bedeckt. In der Gruft liegen die Gebeine von 2619 Soldaten, in der Apsis prangen 1413 Totenschädel; ähnlich viele sind es im Beinhaus von Solferino. Bleich und hohläugig lagern sie in riesigen Apothekerregalen, manche unversehrt, andere mit geborstenen Hirnschalen. Der Tod, der große Demokrat, kennt weder Freund noch Feind.

Elf Jahre nach der Schlacht wurden Tausende von Skeletten aus Friedhöfen, Feldern und Massengräbern exhumiert. Einer dieser Schädel muss jenem Kapitän Mennessier gehört haben, der einen Tag vor Henry Dunant im Palazzo Pastorio logiert hatte. Denn nachdem er gefallen war, entspann sich eine bewegende Korrespondenz zwischen den beiden Schwestern und Mennessiers Eltern in Metz. Sie bestanden darauf, dass auch die Gebeine ihres Sohnes in die Gedenkstätte überführt würden. Im Stillen hofften sie, dass dabei noch persönliche Gegenstände zutage kommen könnten, ein Knopf seines Waffenrocks vielleicht oder ein Medaillon. Es sind herzzerreißende Briefe zwischen einem Elternpaar, das sich in tiefer Trauer verzehrt, und den »chères et bonnes Demoiselles«, deren taktvolles Mitgefühl ihnen Halt bietet. Ohne dass beide Seiten einander je begegnen, entwickelt sich über Jahrzehnte hinweg eine sehr persönliche Verbindung. »Ich verbringe mein Leben damit, die Blumen der Erinnerung auszustreuen«, bekennt der achtzigjährige Vater noch in seinem letzten Brief.

Die Namen der gefallenen Österreicher in der Kapelle lesen sich wie ein Querschnitt durch den Vielvölkerstaat der Donaumonarchie: Wenzl Matejka, Lajos Molnár, Anton Haberzettel, Daniel Vlaisavlevic, Antonio Dezente. Jeder dieser Männer kam an einem anderen Ort zur Welt, jeder zu einer anderen Zeit. Gestorben sind sie alle am selben Tag und am selben Fleck. Dieses Kolosseum des Schreckens bildet den makaberen Schlusspunkt der Schlacht. Wohl nur ein Volk von der expressiven Frömmigkeit der Italiener konnte ein solches Arrangement ersinnen. Die Düsternis der römischen Katakomben, die Inbrunst der mittelalterlichen Märtyrerverehrung, der Todeskult des Barock und das Pathos des Nationalstaats, das alles vereint sich hier zu einer Apotheose der Trauer. Die beiden Beinhäuser gerieten so drastisch und so explizit, wie kein modernes Mahnmal es mehr zu sein wagte.

Als der Faschismus in den zwanziger Jahren erneut militärische Themen forcierte, entstand in Solferino ein Museum, das die Hinterlassenschaft der Schlacht versammelt. Wieso blieb ein französisches Soldbuch in Cavriana? Wem gehörten all die geleerten Portemonnaies? Wem die tschechische Bibel? Die überraschendste Attraktion des Museums ist indes seine Hüterin: Anna Maria Cresci. »Ich bin nur eine einfache Frau«, betont sie immer wieder, doch brächte kein Redenschreiber so eindringliche Plädoyers für die Menschlichkeit zustande wie sie. Obwohl sie vom anderen Ende Italiens stammt – mit rollenden Augen erzählt sie, wie sich ihr Vater in den kalabrischen Bergen der Wölfe und Wildschweine erwehren muss –, hat sie sich das Gedenken an Solferino zur Lebensaufgabe gemacht. Mit dem Elan eines Wirbelwinds führt sie durch die Sammlung. Weist auf das unscheinbare Formular zur Requirierung eines Ochsengespanns für den Krankentransport hin. »Tag: *subito*, Uhrzeit: *subito*«. Oder auf das traurige Los des Achille Rufoni, der nach dem unverwundbaren Helden benannt worden war und doch mit fünfzehn Jahren fiel. Sein Vater starb, wie Cresci erzählt, an gebrochenem Herzen. »Ein Soldat ist keine Maschine; er ist immer auch ein Sohn, oft auch ein Vater.« Und dann zieht sie drei unscheinbare Marionetten hervor: zwei Zuaven mit Schießgewehr und Pluderhosen und einen Korporal der Kaiserlichen Garde. Sie sind aus Drahtgestellen und Stoffresten gefertigt, die Gesichter liebevoll bemalt. Ein verwundeter Franzose hatte sie als Mitbringsel für seine Kinder gebastelt, ein Souvenir aus Solferino. Als er seinen Verletzungen erlag, blieben die Figuren im Haus seiner Gastgeber zurück.

Als Reaktion auf den Krieg in Italien wird im Sommer 1859 in Karlsruhe der Badische Frauenverein ins Leben gerufen, ein unmittelbarer Vorläufer des Roten Kreuzes in Deutschland. Ihm steht Großherzogin Luise vor, Tochter des preußischen Königs Wilhelm und der Königin Augusta. Alle drei werden sich zu prominenten Fürsprechern von Dunants Ideen entwickeln. Die Nähe zu Frankreich und die damit verbundene Kriegsgefahr sind überhaupt ein wesentlicher Grund, warum die Vereine des Roten Kreuzes gerade in Baden und Württemberg von Anfang an bemerkenswert aktiv sind. Hinzu kommen die Nachbarschaft zur Schweiz und enge Verbindungen von Henry Dunant und Louis Appia nach Süddeutschland. Anfang 1860 verleiht König Viktor Emanuel sowohl Dunant wie auch Appia den Lazarusorden. Im gleichen Jahr zeichnet Napoleon die Schwestern Pastorio mit Medaillen von der Größe eines Bierdeckels aus. Eine Weile bleibt das Glück ihm hold. Doch elf Jahre nach Solferino wird der Imperator selbst zum Opfer des von ihm geschürten Nationalismus. Die Einigung Deutschlands nach italienischem Vorbild wird sein Waterloo. Woraufhin am Berliner Alexanderplatz ein Sedan-Panorama entsteht.

Festzuhalten bleibt, dass die Popularisierung des Krieges wie das Bemühen um Verringerung seiner »Nebenwirkungen« eine günstige Ausgangssituation für neuartige Hilfsorganisationen schaffen. Und dass das Stichwort Solferino für Europas Öffentlichkeit über Jahre hin zu einem Synonym des Schreckens wird. Von Beginn an spiegelt das Rote Kreuz so auf erstaunlich getreue Art den Geist seiner Zeit.

CTOBRE 1863
OUGE

KAPITEL 2

»Angriffe auf Leib und Leben«

Die Gründerjahre des Roten Kreuzes

Wo aber Gefahr ist, wächst
das Rettende auch.
FRIEDRICH HÖLDERLIN, *PATMOS*

In Dunants Jugend kennt Genf weder Eisenbahn noch elektrische Beleuchtung, und auch wenn vereinzelt schon Dampfschiffe den See befahren, bestimmen doch Ruderboote und Lastensegler das Bild. Um 1860 aber setzt eine stürmische Entwicklung ein. Nie zuvor hat die Welt sich innerhalb einer Lebensspanne derart grundlegend verändert. Die großen Bahngesellschaften, die Banken- und Industrie-Imperien entstehen, und die Staaten Europas wachsen sich durch ihre Kolonien zu Weltreichen aus. Im Alter erblickt Dunant einen Zeppelin, der wie ein Fabelwesen über dem Bodensee auftaucht. Die ersten Postautos durchkurven die Schweiz, während Forscher und Abenteurer schon um die Eroberung der Pole wetteifern. Die Physiker entdecken Röntgenstrahlung und Radioaktivität, und in Bern entwickelt ein wenig ausgelasteter Mitarbeiter des Patentamts die Relativitätstheorie. Während in Zürich ein etwas aus der Art geschlagener russischer Aristokrat unter dem Decknamen Lenin die Weltrevolution ausbrütet. Spätestens, als diese Entwicklung im Ersten Weltkrieg gipfelt, wird offenbar, dass auch die Mächte der Zerstörung in einem Maße fortgeschritten sind, mit dem

Im Genfer Palais de l'Athénée wird das Rote Kreuz im Oktober 1863 als internationale Hilfsorganisation ins Leben gerufen.

die Menschheit – oder zumindest die Menschlichkeit – nicht Schritt zu halten vermag. Die Entwicklungsgeschichte des Roten Kreuzes muss als Teil dieser gewaltigen Dynamik verstanden werden.

1861 bricht der amerikanische Bürgerkrieg aus. Die Debatten darüber rufen bei Dunant die Bilder aus Oberitalien wach. Im Sommer 1862 bringt er seine *Erinnerung an Solferino* zu Papier. Diese Schrift wird alle spätere Rotkreuzarbeit als ein unhintergehbares Manifest begleiten, als erster Anlass und letzter Grund. Immer wieder haben sich, angefangen mit Gustave Moynier, tief berührte Menschen nach der Lektüre darangemacht, »ein wenig Licht in die Welt zu bringen«. Der gut hundert Seiten umfassende Text ist fortlaufend geschrieben. Dennoch lassen sich drei Teile klar voneinander unterscheiden: Der erste rekapituliert die Schlacht, der zweite schildert die Erlebnisse des Autors in Castiglione, und der dritte zieht humanitäre Folgerungen daraus.

Auch wenn Dunant die Schlacht nicht persönlich miterlebt hat, will er möglichst unmittelbar davon erzählen. So führt er einen »Zuschauer auf den Höhen nahe Castiglione« ein, der die Ereignisse in einer Art zeitgeschichtlichen Reportage wiedergibt: »Sie holen sich gegenseitig von den Beinen, zerschmettern dem Gegner den Schädel, schlitzen einer dem anderen den Bauch auf. Es ist ein allgemeines Schlachten, ein Kampf wilder, wütender, blutrünstiger Tiere.« In einer Zeit, in der sich die Fotografie gerade erst entwickelt, ist das wichtigste Medium der Kriegsdarstellung nach wie vor die Sprache. Die gängigen Berichte aber sind mit Pathos gesättigt und beschränken sich meist auf den militärischen Schlagabtausch.

Dunant schreibt dort weiter, wo andere aufhören. Seine Helden sind die Opfer. Indem er den Nimbus des Krieges mit der niederschmetternden Realität in den Tagen danach konfrontiert, entzaubert er ihn gründlich. »Armer Märtyrer, für dich wäre es besser gewesen, wenn dich auf dem Schlachtfeld eine Kugel tödlich getroffen hätte, inmitten jener prächtigen Schrecken, die man den Ruhm nennt!« Dieser Ton wirkt auch deshalb so frappierend auf die Zeitgenossen, weil er in den meisten europäischen Staaten unterdrückt worden wäre. Da Dunant seinen

Bericht jedoch im Selbstverlag und in der neutralen Schweiz veröffentlicht, unterläuft er die Zensur. Als er von seinen Erlebnissen in Castiglione berichtet, gebraucht er die Ich-Form dann häufiger. »Ein junger Korporal ist getroffen. Sein Zustand ist hoffnungslos, und er weiß es selbst. Ich helfe ihm beim Trinken, er dankt mir, und mit Tränen in den Augen fügt er hinzu: ›Ach, Monsieur, wenn Sie doch meinem Vater schreiben wollten, er solle meine Mutter trösten!‹ Kurz darauf haucht er sein Leben aus.« Es sind solch abgründige Szenen, die den Kern der *Erinnerung* ausmachen und den zeitgenössischen Leser berühren. Abschließend plädiert Dunant für »die Gründung von Hilfsgesellschaften für Verwundete«. Auch müsse »eine internationale, rechtsverbindliche und allgemein hochgehaltene Übereinkunft« zum Schutz des medizinischen Personals getroffen werden. Die beiden Grundideen der Rotkreuzbewegung und der Genfer Konvention sind damit bereits festgehalten.

Kleines Buch mit großer Wirkung: Dunants »Erinnerung an Solferino« bewegt die Zeitgenossen tief.

Für rund 2500 Franken lässt er den Band drucken und, wie schon das Tunesienbuch, mit dem Vermerk »unverkäuflich« versehen. Damit stellt er sich in die Tradition der Erbauungsliteratur und beharrt auf seinem Status als Amateur. Die ersten sechshundert Bücher sind »Familie und Freunden« zugedacht, tausend weitere Exemplare gehen schließlich doch in den Handel. Wie jeder Autor spekuliert auch Dunant auf Erfolg. Und zumindest diese eine Spekulation gelingt ihm auf ganzer Linie. Er hält seiner Zeit einen Spiegel vor – und Europa erschrickt vor sich selbst. Neben den Herrscherhäusern mobilisiert das Buch auch den geistigen Hochadel der Zeit. So räumt Charles Dickens dem »travelling amateur« in seiner Wochenzeitung *All the Year Round* eine eigene Serie ein. Auch die Gebrüder Goncourt applaudieren dem Senkrechtstarter – ein seltenes Privileg. Er sei gar »besser als Homer«, weil eindeutiger: »Man verflucht den Krieg.« Und Victor Hugo versteht das Werk als Anti-Kriegsbuch: »Den Krieg hassen zu lehren heißt die Könige hassen zu lehren.« Doch politische Agitation liegt Dunant fern, im Gegenteil, er buhlt um die Gunst der Mächtigen. Ebenso wenig hat sein Anliegen etwas mit Pazifismus zu tun; er sinnt nicht auf Abschaffung des Krieges, sondern möchte die unausweichlichen Folgen militärischer Auseinandersetzungen mildern.

Ein wichtiger Verbündeter bei diesem Anliegen wird ihm General Guillaume-Henri Dufour. »Es ist wohl nötig«, schreibt er dem Autor nach Lektüre der *Erinnerung*, »daß man an so erschütternden Beispielen erkennt, daß der Schlachtenruhm mit Leid und Tränen bezahlt wird. Man ist nur zu leicht geneigt, allein die glänzenden Seiten des Krieges zu sehen und vor seinen traurigen Folgen die Augen zu schließen.« Dufour war einst als junger französischer Offizier verwundet in Gefangenschaft geraten. »Meine Hände und Schenkel bestanden nur mehr aus rohem Fleisch, und mein Gesicht war böse verunstaltet. Ich verbrachte zehn Tage in den Fängen eines Hilfschirurgen und einer unfähigen Pflegerin.« Er weiß, wie der Krieg aus der Verliererperspektive aussieht.

Aufgrund seiner Lebensleistung genießt Dufour über die Schweiz hinaus hohes Ansehen. Seine wichtigste Bewährungsprobe hat er 1847 während des Sonderbundskrieges bestanden, bei dem die katholischen Kantone gegen die protestantischen aufbegehrten. Dass dieser Schweizer Bürgerkrieg noch verhältnismäßig glimpflich verlief, war auch Dufours Verdienst. Die Proklamation an seine Truppen ist bis heute eine der bemerkenswertesten Ansprachen der Militärgeschichte geblieben: »Bleibt mäßig im Kampf, erniedrigt euch nicht zu Rohheiten, die eine Bevölkerung, die man mit Milde zu gewinnen versuchen soll, nur erbittern können. Eine Zerstörung der Kirchen muss verhindert werden. Wenn der Feind geschlagen ist, pflegt seine Verwundeten, als wären es die unseren. Zähmt den Furor der Soldaten nach einem Kampf, schont die Besiegten. Es gibt keine größere Ehre für eine siegreiche Truppe. Wer Hand an einen unschuldigen Menschen legt, macht sich ehrlos und besudelt seine Fahne.« Ein Humanist in Uniform, der den Geist der Genfer Konvention lange vor deren Unterzeichnung lebte. Doch Dufour steht mittlerweile im achten Lebensjahrzehnt. Seine von den Prinzipien der Aufklärung durchdrungene Weltsicht gehört bereits einer vergangenen Epoche an.

Ein weiterer engagierter Leser der *Erinnerung* ist Gustave Moynier, Präsident der Genfer Gemeinnützigen Gesellschaft. Er sucht den Autor nach der Lektüre umgehend auf. Dunant hat kaum damit gerechnet, beim Wort genommen zu werden – seine Anregungen waren im Konjunktiv gehalten. Und nun kommt ein Mann zu ihm, der sie kurzerhand in den Imperativ überführen will. Es sei!

Der promovierte Jurist Moynier entstammt, genau wie Dufour, dem Milieu der Genfer Uhrenindustrie, deren Werte durchaus als Metaphern für seine Persönlichkeit taugen: mit hohen Ansprüchen an sich selbst, verlässlich und exakt bis zur Pedanterie. Sein Vermögen enthebt ihn der Notwendigkeit, einen Beruf ausüben zu müssen. Statt nun aber einem süßen Leben zu frönen, widmet er seine ganze Kraft wohltätigen

Organisationen. Auf der nächsten Versammlung der Gemeinnützigen Gesellschaft versucht er, die Mitglieder für Dunants Ideen zu gewinnen. Die Reaktionen sind zurückhaltend, man könne sich mit einer derart weitreichenden Problematik nicht näher befassen, heißt es. Aber Moynier lässt nicht locker und setzt das Thema bald erneut auf die Tagesordnung: Auf einem im Herbst stattfindenden Wohltätigkeitskongress in Berlin soll die Gesellschaft die Frage einer besseren Versorgung verwundeter Soldaten mit einem eigenen Beitrag zu Gehör bringen.

Die Runde diskutiert lebhaft. Aufgrund seiner Erfahrungen in Norditalien bestätigt Louis Appia die Relevanz des Themas. Der Chirurg Théodore Maunoir, mit dem ihn eine kollegiale Freundschaft verbindet, macht sich ebenfalls dafür stark. General Dufour äußert Bedenken hinsichtlich der Kooperationsbereitschaft der Militärs. Dunant streut ein paar Erläuterungen ein, Moynier erneuert sein Plädoyer. Am Ende werden, wie es bei solchen Versammlungen zu gehen pflegt, diejenigen, die sich zu Wort gemeldet haben, mit der weiteren Ausarbeitung des Beitrags betraut.

Und so kommen diese fünf Männer am 17. Februar 1863 erneut zusammen. Ein Kaufmann, ein Jurist, ein Militär und zwei Ärzte – eine typische Besetzung für die Gründerjahre des Roten Kreuzes. Sie wollen eine Agenda für den im September stattfindenden Kongress erarbeiten und nehmen sich zudem vor, im Oktober eine eigene kleinere Konferenz in Genf einzuberufen. Fortan werden sie als »ständiges internationales Komitee für die Versorgung der Kriegsverwundeten« firmieren. Ständig? Sollen sie nicht lediglich einen Diskussionsbeitrag vorbereiten? International? Sind sie nicht allesamt Genfer Bürger?

Doch der Name bezeichnet nicht den Ausgangspunkt, sondern das Ziel. Maunoir dringt darauf, »daß eine Agitation beginnen müsse, um unserem Standpunkt bei den Souveränen wie bei den Volksmassen zur Anerkennung zu verhelfen«. Henry Dunant, der als Sekretär fungieren soll, entwirft bereits in dieser ersten Sitzung ein Programm, das zentrale Elemente künftiger Rotkreuzarbeit verblüffend konkret benennt: Schaffung freiwilliger Hilfsgesellschaften, bessere Transportmittel, bes-

»Die glorreichen Fünf«: Louis Appia, Henry Dunant, Gustave Moynier, Guillaume-Henri Dufour und Théodore Maunoir

sere medizinische Versorgung, wissenschaftliche Innovationen, Versendung von Hilfsmitteln aller Art. Das Modell solle auch auf den Krieg zur See ausgedehnt werden und auf innerstaatliche Konflikte. Eine Erweiterung auf zivile Aufgaben, etwa im Fall von Naturkatastrophen, sei ebenfalls vorstellbar. Selbst »ein richtiges Museum« denkt Dunant bereits voraus – bevor dieses Hilfswerk auch nur ansatzweise besteht. Besonders am Herzen liegt ihm der Schutz »jeder offiziellen oder inoffiziellen Person, die sich dem Dienst für die Kriegsopfer widmet« – Ärzte, Apotheker, Krankenschwestern. Daraus ergibt sich die Frage, wie man diese Helfer sichtbar kennzeichnen könne. Moynier und Dufour halten eine dezidierte Neutralität des militärischen Sanitätspersonals für nicht durchsetzbar; schon die der freiwilligen Helfer dürfte schwer genug zu erreichen sein.

Dank Dufours Pragmatismus fallen die zehn Punkte des geplanten »Konkordats« kurz und bündig aus. Jedes Land soll eine nationale Hilfsorganisation aufbauen, welche die militärischen Sanitätsdienste ergänzt. Diese Vereine sollen sich in Friedenszeiten weiterbilden und untereinander austauschen, wobei das Genfer Komitee als Schaltzentrale fungieren wird. Im Kriegsfall sollen sie straff organisierte Hilfseinheiten aufbieten, die dem Befehl der Armee unterstellt werden. Auch wenn die meisten Punkte später noch spezifiziert werden – die Grundstruktur des Roten Kreuzes ist damit festgelegt.

Ohne die Unterstützung eines sechsten Mannes aber wären die fünf Gründer kaum zum Ziel gelangt: Johan Basting. Der Leibarzt des holländischen Königs übersetzt die *Erinnerung* ins Niederländische und wird nun zur wichtigsten Stütze bei den Vorbereitungen für Berlin. Die geplante Wohltätigkeitskonferenz, zu der auch Rudolf Virchow und Florence Nightingale ihr Kommen angekündigt haben, ist mittlerweile in eine Mammutveranstaltung integriert worden: den 5. Internationalen Statistischen Kongress. 558 Teilnehmer haben sich angemeldet. Statistik in der Wohlfahrt – das mag auf den ersten Blick befremdlich wirken. Doch damals wird diese neue abstrakte Disziplin nahezu als Zaubermittel angesehen, mit dessen Hilfe Politik und Verwaltung auf die sozialen Umschichtungen und die rapide Bevölkerungszunahme reagieren können.

Auf nach Berlin

Auch Kriege haben eine starke statistische Komponente. Die Zahl der Waffen, der Soldaten, der Toten und Verwundeten fehlt in keiner Darstellung. Auf dem Berliner Kongress widmet sich eine ganze Sektion dem Militärwesen. Er tagt im Preußischen Herrenhaus, dem heutigen Sitz des Bundesrats. In ihrem Hotel unweit der Charité feilen Basting und Dunant bis zum letzten Moment an der Präsentation, die der Holländer ins Deutsche überträgt. Als sie dann in einer offenen Droschke zum Herrenhaus fahren, weht ein Windstoß die Papiere beinahe in die Spree. Der als Referent angekündigte Basting stellt seine Redezeit dem Gast aus Genf zur Verfügung. Diesen ungewöhnlichen Schritt – was hat ein Sanitätsverein mit Statistik zu tun? – rechtfertigt er mit dem Argument, dass die Pflege verwundeter Soldaten die Lebensdauer des Einzelnen erhöhe und damit auch das Durchschnittsalter der Nation. Ihr Vortrag wird mit pflichtschuldigem Beifall aufgenommen, und bei der abschließenden Plenumssitzung wünscht der Kongress ihrer Initiative noch »gutes Gelingen«. Dunant jedoch nimmt die Floskeln für bare Münze und meldet dem Komitee, ihre Vorschläge hätten »breiteste Zustimmung« gefunden.

Die Diskussionen mit Militärärzten aus halb Europa bestärken ihn und Basting darin, dass die Unverletzlichkeit der Sanitätskräfte eine Kernfrage darstellt. Über Nacht lassen sie fünfhundert Rundschreiben drucken, die drei Ergänzungen zur bereits ausgesandten Agenda für die »kleine Konferenz« in Genf beinhalten. Insbesondere den Vorschlag, sowohl das militärische wie das freiwillige Sanitätspersonal von den Kämpfen auszuklammern. Das Berliner Rotkreuzmuseum hält bis heute ein Exemplar dieses Schreibens in Ehren. Denn wie Dunant im Rückblick attestiert, ist »das segensreiche Werk des Roten Kreuzes nächst Genf in Berlin gegründet worden«. Hier hat die entscheidende Weichenstellung stattgefunden. Allerdings nicht auf dem Kongress, sondern, wie oft bei derartigen Veranstaltungen, im Rahmenprogramm.

Über Basting lernt Dunant den Generalarzt Gottfried Loeffler kennen sowie Carl Böger, den Leibarzt des früheren Königs. Die beiden legen Kriegsminister Albrecht Graf von Roon das druckfrische Rundschreiben vor; er empfängt Dunant daraufhin begeistert und versichert ihn allerhöchster Gunst. Tatsächlich wünscht wenig später Kronprinz Friedrich Wilhelm, der Autor der *Erinnerung an Solferino* möge ihm vorgestellt werde. Und schließlich erkundigt sich auch der König – der spätere Kaiser Wilhelm I. – sehr genau nach den Zielen des Komitees. Wie hat Dunant das geschafft? Er weiß es zunächst selbst nicht. Zwar hat er sein Buch an so manches Fürstenhaus geschickt. Doch in den dortigen Hofhaltungen gehen täglich Bücher ein, deren Verfasser sich ein geneigtes Wort ihres Herrschers erhoffen. Wie aber dringt ein Buch wirklich bis zum König vor? So sie gern liest: über die Königin. Wilhelms Gattin Augusta entstammt dem Großherzogtum von Sachsen-Weimar-Eisenach. Durch ihre Mutter ist sie vom liberalen Geist und den musischen Idealen der Weimarer Klassik geprägt. Und sie hatte einen Genfer Hauslehrer, der mit einem Onkel Dunants befreundet war. Eines Tages habe sie das Buch auf einem Tisch in ihren Gemächern vorgefunden. »Ich weiß gar nicht, wer es dort hingelegt hat; ich meine, Pourtalès. Ich war so ergriffen, daß ich es dem König zu lesen gab. Als er es mir zurückgab, sagte er: ›Wir müssen dafür sorgen, dass diese Idee Gestalt annimmt.‹« Pourtalès? Der Name klingt hugenottisch. Mehrere Mitglieder dieser Familie verkehren damals bei Hofe. Sie kommen aus Neuenburg, jenem Schweizer Kanton, der bis zum Scheitern des royalistischen Putsches unter Karl Friedrich Graf von Pourtalès zugleich preußisches Fürstentum war. Auch zu Henry Dunant selbst besteht eine direkte Verbindung: Die Mutter von Maximilien Perrot, seinem einstigen Mitstreiter im CVJM, ist eine geborene Pourtalès.

Zwei Dinge hat Augusta offenbar umgehend erkannt: Dass es sich um ein brisantes und leidenschaftliches Buch handelt, das nach einer Antwort verlangt. Und dass ihr, wenn sie sich die darin vorgezeichnete Aufgabe zu eigen machte, eine bedeutsame Rolle zufallen würde. Denn derartige Hilfsgesellschaften unterstehen traditionell dem Patronat der Landesmutter. Tatsächlich wird die Königin zur wichtigsten Unterstützerin des Roten Kreuzes in Preußen. Ihre Begeisterung allein hätte der Idee freilich noch nicht zum Durchbruch verholfen. Dafür bedurfte es der Förderung des Militärs, für die Dunant sich keinen geeigneteren Zeitpunkt hätte aussuchen können.

In Preußen ist die Modernisierung des Heeres in vollem Gange; sie hat Otto von Bismarck 1862 das Amt des Ministerpräsidenten eingebracht und Albrecht von Roon das des Kriegsministers. Der Staat verlängert die Wehrpflicht und rüstet auf breiter Front auf. Hatte die Truppenstärke im Jahr von Solferino noch 150 000 Soldaten betragen, so wird sie bis 1870 auf 313 000 steigen. Aus Sicht des Kriegsministeriums ist die Einrichtung freiwilliger Hilfsgesellschaften eine flankierende Maßnahme, die auch die moralische Mobilmachung verstärken könnte, weit über militärische Kreise hinaus.

Über das Diplomatische Corps in Berlin geht das Rundschreiben den europäischen Regierungen zu. Einige Fürstenhöfe sucht Dunant im Anschluss an die Konferenz noch persönlich auf – um zu antichambrieren, wie man Lobbyarbeit damals noch vornehm nannte. In Dresden begrüßt ihn Johann I. mit wahrhaft königlicher Höflichkeit: »Was kann ich für Sie tun?« Er befürwortet die Genfer Ideen und gibt, als literarisch gebildeter Monarch, Dunant noch ein wohlgesetztes Wort mit auf den Weg: »Zweifellos würde eine Nation, die sich nicht an diesem humanitären Werk beteiligte, von Europas öffentlicher Meinung in die Acht erklärt werden.« Dunant depeschiert dieses Argument unverzüglich nach Genf und nach Paris, wie er überhaupt unermüdlich flankierende PR-Arbeit betreibt. In Wien und München begegnet man ihm deutlich reservierter – den katholischen Ländern kann eine Initiative aus dem Hort des Calvinismus nicht geheuer sein. Auch Italien und der Vatikan sind zunächst nicht zu einer Unterstützung zu bewegen.

In Stuttgart schenkt man Dunant dagegen umso mehr Gehör. Zwei Pastoren verschaffen ihm das Entree bei Hofe. Feldpfarrer Ernst Rudolf Wagner, den er noch aus der Zeit des CVJM kennt, übersetzt gerade das Solferino-Buch und wird sein Leben lang ein Freund und Anhänger Dunants bleiben. Christoph Ulrich Hahn wiederum, die tragende Säule des Württembergischen Wohltätigkeitsvereins, ist mit Louis Appia befreundet und hat als Vikar einige Zeit in Lausanne verbracht. Prinz Karl Friedrich Alexander, der Thronfolger des Hauses Württemberg, lässt Dunant wissen, dass er »ein ganz besonderes Interesse an der Entwicklung dieser philanthropischen Idee« gefasst habe. Er ist mit Olga, einer Tochter von Zar Nikolaus I., verheiratet, die in Stuttgart schon lange wohltätig wirkt und sich bald auch der Sache des Roten Kreuzes verschreibt. Prinzessin Charlotte von Württemberg wiederum, verheiratet mit einem russischen Großfürsten, hat während des Krimkriegs in den Lazaretten derart aufopferungsvoll gewirkt, dass Dunant sie seither als »Heilige« rühmt. Diesen beiden Frauen ist es maßgeblich zuzuschreiben, dass die Genfer Ideen auch in Russland von Anfang an hochgeachtet sind. Durch die engen verwandtschaftlichen Beziehungen des Hochadels erhält Dunant auch eine Art Zugang zu den Regierenden, wie dies später nicht mehr möglich gewesen wäre. Als geborene Netzwerker und Internationalisten tauschen die Aristokraten sich über neue Entwicklungen aus, bevorzugt natürlich über solche, welche die herrschende Ordnung stabilisieren. Indem sie Militarismus und Humanismus verbindet, trifft die Genfer Initiative einen Nerv ihrer Zeit.

Über Darmstadt führt Dunants Tournee weiter nach Karlsruhe, wo er von Großherzog Friedrich von Baden zuvorkommend empfangen wird, dessen Gemahlin Luise dem dortigen Frauenverein vorsteht. Beinahe berauscht von seinem Siegeszug, kehrt der Sekretär des Internationalen Komitees schließlich zurück nach Genf. Die übrigen Mitglieder des Komitees zeigen sich zwar pikiert, dass Dunant sie mit seiner eigenmächtigen »Berliner Ergänzung« übergangen hat. Doch nun gilt es vor allem, die angekündigte Konferenz in Genf zu organisieren. Erfreulich viele Staaten haben ihre Teilnahme bereits avisiert. Andere werden zwar keine Delegierten schicken, nehmen aber gleichwohl Anteil. So lässt der Großherzog von Oldenburg verlauten, »dass ihm die Bedeutung dieser Versammlung im Interesse der Menschlichkeit« bewusst sei. Kurioserweise bestellt er seinen Hofbaumeister zum Verbindungsmann. Russland schickt gar den Bibliothekar einer Großfürstin nach Genf.

An der Konferenz nehmen schließlich rund dreißig Abgesandte von sechzehn Staaten sowie vier gemeinnützigen Organisationen teil. Vertreten sind Baden, Bayern, Frankreich, Großbritannien, Hannover, Hessen, Italien, Niederlande, Österreich, Preußen, Russland, Sachsen, Schweden, Schweiz, Spanien und Württemberg. Die Verhandlungen finden im Palais de l'Athénée statt, einem klassizistischen Musentempel in der Nähe von Moyniers Haus. Die meisten Delegierten sind Militärärzte, direkt betroffene Fachleute also. Sie, die doch Leben retten sollen, geraten an der Front manchmal selbst in Lebensgefahr. Auch Militärpfarrern wie Hahn und Wagner ist an einer klaren, praktikablen Regelung für den Ernstfall gelegen. Und dass Ernstfälle bevorstehen, daran zweifelt offenbar niemand.

Zu Beginn steckt Dufour den Rahmen ab: »Trotz der Bemühungen der Friedenskongresse wird es, solange die Affekte fortbestehen, Kriege auf dieser Welt geben. Um der Humanität wahrhaft zu dienen, muß man sich, statt der Schimäre nachzujagen, Kriege verhindern zu können, vielmehr darum bemühen, ihre verheerenden Folgen zu verringern.« Moynier sieht in der Schaffung freiwilliger Hilfsgesellschaften zunächst durchaus ein aufklärerisches Projekt: »Indem wir Hilfeleistungen für die Verwundeten einleiten, regen wir durch die Schilderung ihrer elenden Lage das Mitleid an und enthüllen die furchtbare Wirklichkeit eines Krieges. Im Namen der Nächstenliebe sprechen wir offen aus, was die Staatsraison geheimzuhalten für nötig befindet.« Und so erfüllt eine Mischung aus Pragmatismus und Pioniergeist die Teilnehmer, ein illusionsloser Idealismus. Derartige Paradoxien gehören von Anfang an zum Lebenselement des Roten Kreuzes.

Der russische Diplomat Anatolij Demidoff beschwört die Konferenz, sich auch gefangener Soldaten anzunehmen. Er hatte sich während des Krimkriegs für russische Gefangene in Händen der Franzosen und Engländer eingesetzt, hatte ihre Nachrichten übermittelt, ihren seelischen Schmerz und den ihrer Angehörigen erlebt. Doch sein Anliegen wird vorerst vertagt, erst muss Einigung über die Zulassung freiwilliger Helfer zum Sanitätsdienst erzielt werden. Appia schlägt zu ihrer Kennzeichnung eine weiße Binde am linken Arm vor, in Analogie zur Parlamentärsflagge, die in Kriegen die Unverletzlichkeit der Unterhändler sichern soll. Die Markierung mit dem Kreuz wird meist Dufour zugeschrieben, hatte er doch schon bei der Entscheidung für das Schweizerkreuz als Landesfahne Pate gestanden. Jedenfalls ist die neue Institution durch die Umkehrung des eidgenössischen Emblems unschwer als schweizerische Erfindung kenntlich. Das rote Kreuz auf weißem Grund sollte sich zu einem der bekanntesten Markenzeichen überhaupt entwickeln – und zu einem Symbol der Menschlichkeit schlechthin.

Nach vier Tagen verabschieden die Teilnehmer am 29. Oktober eine Resolution, welche die Vorlage des »Konkordats« noch erweitert. So können im Kriegsfall über Genf auch Hilfsgesellschaften neutraler Staaten angefragt werden. Das Internationale Komitee wird vorläufig als Vermittler zwischen den nationalen Verbänden fungieren; weitere Konferenzen sollen folgen. Neben den zehn Beschlüssen formuliert die Resolution auch noch drei Wünsche, die weniger verbindlichen Charakter tragen. Sie sehen im Kriegsfall die Neutralität der Lazarette, der Verwundeten und der Helfer vor. Und dass beide, Orte wie Menschen, durch ein allgemein anerkanntes Zeichen geschützt werden sollen. Zum Schluss erheben sich die Teilnehmer vor dem Autor der *Erinnerung an Solferino*, und Basting bescheinigt ihm und der Gemeinnützigen Gesellschaft, sie hätten sich um die Menschheit verdient gemacht. Nach Ende der Tagung gehen beim Komitee etliche anerkennende Spenden Genfer Bürger ein, darunter auch hundert Franken von Dunants Eltern.

Diese Vorbereitungskonferenz des Jahres 1863 wird als die eigentliche Geburtsstunde des Roten Kreuzes angesehen. Sie nimmt sich vor, dem Krieg Grenzen zu setzen, ihn zu erziehen, indem sie Regeln für den Umgang mit kampfunfähigen Soldaten und kampfneutralen Helfern aufstellt. Salopp gesagt: einen Knigge für Kriegszeiten. Auf Soldaten darf geschossen werden, auf Sanitäter jedoch nicht. Es ist der Versuch, in der lebensfeindlichen Landschaft des Krieges Oasen der Menschlichkeit zu schaffen.

Kaum zurück in Stuttgart, leiten die beiden Pastoren Hahn und Wagner die Gründung des Württembergischen Sanitätsvereins in die Wege. Am 12. November 1863 wird er als weltweit erste nationale Rotkreuzgesellschaft ins Vereinsregister eingetragen. Auch andere deutsche Staaten folgen dem Beispiel der Schwaben. Im Großherzogtum Oldenburg beschließt die Schützengilde am 2. Januar 1864 »die Begründung eines

Vereins zur Verpflegung verwundeter Krieger«. Wie die örtliche Zeitung meldet, habe sich auf dieser Zusammenkunft überhaupt »mannhafter, patriotischer Geist Bahn gebrochen, indem Exercierübungen sowohl an Sonn- als Wochentagen in der Turnhalle abgehalten werden«. Außerdem habe der Verein zu Spenden für Schleswig-Holstein aufgerufen, wo die Spannungen mit Dänemark immer größer würden.

Die erste reguläre Versammlung Anfang Februar ist dann »namentlich von Damen sehr besucht«. Denn wer könnte die Pflege verwundeter Krieger besser besorgen? Auch zwei der fünf Vorstandsmitglieder sind Frauen. Der Verein beschließt, einen Mitgliedsbeitrag zu erheben; mit derart praktischen Fragen hatten sich die vermögenden Genfer Initiatoren bislang noch gar nicht befasst. Die Sitzung findet bereits «in Zeiten drängender Veranlassung zur Tätigkeit« statt – in Schleswig-Holstein herrscht mittlerweile Krieg. Ein Muster, das häufig wiederkehren wird: Die Gründung oder Wiederbelebung einer Rotkreuzgesellschaft kann oft als zuverlässiger Seismograph für bevorstehende militärische Auseinandersetzungen dienen.

Ein Widerspruch in sich

Nicht von ungefähr entsteht diese Bewegung in jener turbulenten Phase Mitte des 19. Jahrhunderts, in der militärische Auseinandersetzungen praktisch Schlag auf Schlag folgen. Wäre sie etwas später aus der Taufe gehoben worden, die nachfolgende vierzigjährige Friedenszeit in Westeuropa hätte ihre Bemühungen wohl bald wieder erlahmen lassen. So aber können die neuen Hilfsgesellschaften in einer raschen Folge von Kriegen ihre Tauglichkeit unter Beweis stellen und den beteiligten wie den nicht beteiligten Staaten die Zweckmäßigkeit einer solchen Einrichtung vor Augen führen.

Der erste Einsatz erfolgt 1864 während des Deutsch-Dänischen Krieges. General Dufour, so vermerken es die Protokolle, »besteht auf der Verpflichtung, zwei Delegierte zu entsenden, einen nach Deutschland und den anderen nach Dänemark, um unseren Grundsatz der Unparteilichkeit und Internationalität zu wahren«. Der erfahrene Militär denkt den Konflikt automatisch von beiden Seiten her und gibt so ein frühes Beispiel für die Bedeutung der Grundsätze.

Der holländische Kartograph und frühere Marineoffizier Charles van de Velde soll das Geschehen auf dänischer Seite verfolgen. Louis Appia, der fließend Deutsch spricht, da er in Frankfurt aufgewachsen ist und in Heidelberg studiert hat, ist als Beobachter für die preußische Seite vorgesehen. Jeder von ihnen trägt einen Kreditbrief über zweitausend Franken bei sich und eine von Gustave Moynier signierte weiße Armbinde mit rotem Kreuz. Außerdem Briefpapier, Skizzenblöcke und einen dicken Mantel.

Weil die gefrorenen Buchten und Flussmündungen ihnen strategische Vorteile bieten, ziehen die Preußen und die mit ihnen verbündeten Österreicher im Winter in den Krieg. Er beginnt am 31. Januar 1864. Eine Woche später wird das Preußische Rote Kreuz gegründet, das zunächst als »Central-Comité des Preußischen Vereins zur Pflege im Felde verwundeter und erkrankter Krieger« firmiert.

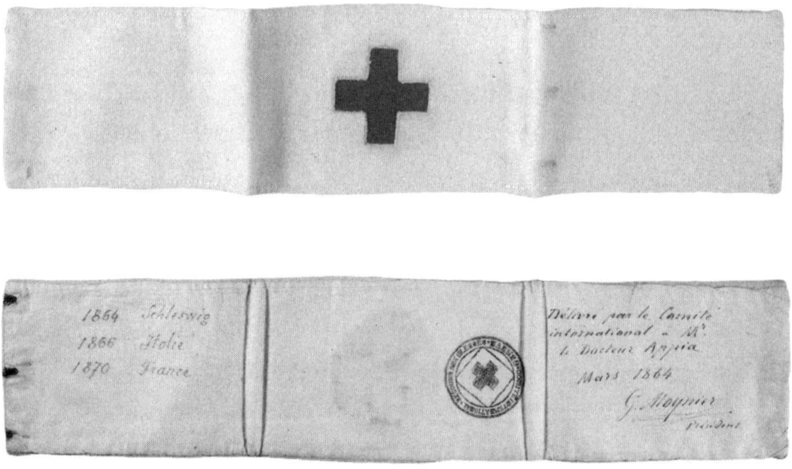

Die Armbinde von Louis Appia mit dem roten Kreuz. Auf der Innenseite links sind die Einsatzorte verzeichnet, rechts ist die Unterschrift Moyniers zu sehen.

Anders als zuvor in Württemberg, Oldenburg und Belgien handelt es sich hier nicht um eine prophylaktische Einrichtung, sondern um eine Gründung während eines laufenden Ernstfalls. Dies erklärt die ungemein rasche Ausbreitung der Organisation, die zwei Jahre später bereits über 120 Unterabteilungen von Düsseldorf bis Königsberg verfügt. Die Mitwirkung daran kann wahlweise als patriotischer Akt oder als humanitärer Einsatz deklariert werden und erweist sich als entsprechend populär. Militaristisch gesinnte Zeitgenossen können so die Kampfkraft der preußischen Divisionen stärken, Menschenfreunde ein Werk der Nächstenliebe tun.

Bei seinem Antrittsbesuch in Berlin nimmt Appia Verbindung zum preußischen Komitee auf, das aus rund zwanzig »Personen in gehobener sozialer Position« besteht. Darunter Innenminister Graf Eulenburg, Staatsminister Graf Arnim-Boitzenburg, der spätere Vizekanzler Graf Stolberg-Wernigerode, Generalstabsarzt Professor Langenbeck sowie die Generalärzte Böger und Loeffler. Louis Appia schlägt »noble Sympathie für unser Werk« entgegen. Eskortiert von einem Oberst macht er sich schließlich zum Kriegsschauplatz auf. Die uniformierte Begleitung lernt er zu schätzen, merkt er doch, dass er als Zivilist inmitten einer Militäroperation ein Mensch zweiter Klasse ist. Anlass genug für ihn, sich Gedanken über »die Würde des Delegierten« zu machen. Auch wenn die Rolle der Rotkreuzgesandten sich in der Folgezeit institutionalisiert hat – und diese heute nicht mehr auf bewaffnete Begleitung zurückgreifen –, ist sie eine komplexe und bisweilen prekäre Angelegenheit geblieben.

Wie das Genfer Komitee, so entsendet auch die Berliner Vereinigung einen Beobachter an die Front. Der angesehene Chirurg Ernst Julius Gurlt soll den Einsatz freiwilliger Helfer studieren. Denn es existieren bereits einige derartige Organisationen, die in aller Eile mobilisiert worden sind. Der Johanniterorden etwa richtet in Schleswig und Holstein fünf Lazarette ein. Auch private Vereine sowie kirchliche Gruppen versuchen sich nützlich zu machen. Bereits die ersten Tage des Krieges lassen die ungenügende medizinische Versorgung offenbar werden:

»Spät am Abend«, so schildert es ein Augenzeuge, »tönte die Trommel durch die Straßen. ›Zweihundert verwundete Österreicher halten vor dem Schloß!‹ In wenigen Minuten war ganz Schleswig auf den Beinen. Von Hunger und Durst gepeinigt, lagen die Verwundeten auf einem Bündel Stroh und zitterten vor Kälte und Schmerz. Decken, Lebensmittel und Erfrischungen wurden herbeigeschleppt. Frauen verbanden die Wunden ihrer Befreier; Mitleid und Dankbarkeit wetteiferten in ihren Herzen.«

Der preußische Hilfsverein erfreut sich regen Zuspruchs. »Aus ganz Deutschland, und selbst aus fremden Ländern, in denen Deutsche wohnen, flossen Spenden«, berichtet Gurlt. »Auch ließ sich das Comité die Beschaffung chirurgischer Instrumente, Rollstühle und vieler Arm- und Beinschienen angelegen sein. Sämtliche Amputierte, einschließlich der Dänen, wurden in Kiel mit künstlichen Gliedern versorgt.«

Während sein Auftrag sich nahtlos in die preußische Militärmaschinerie einfügt, gestaltet sich die Mission der beiden Genfer Emissäre heikler. Gerade ihre Unparteilichkeit macht sie suspekt, und da es keinen Präzedenzfall gibt – ihr Einsatz vielmehr selbst zum Präzedenzfall für künftige Einsätze werden soll –, fällt es ihnen nicht immer leicht, ihr Anliegen begreiflich zu machen. Louis Appia bringt es schließlich auf eine Formel: »Unsere Mission ist es, den Krieg menschlicher zu machen – sofern dies nicht einen Widerspruch in sich darstellt.«

Ein Krieg zwischen Dänen und Deutschen? Aus heutiger Sicht ist man leicht versucht, ihn nostalgisch als eine Art Operettenkrieg anzusehen. Nichts könnte verkehrter sein, es war bitterer, blutiger Ernst. Seine Vorgeschichte ist verworren, nicht zuletzt aufgrund der komplizierten Verwandtschaftsverhältnisse der Herrscherhäuser, die in Bindestrichkonstruktionen wie Auguste Viktoria von Schleswig-Holstein-Sonderburg-Augustenburg beredten Ausdruck finden. (Solche Namensungetüme mag man belächeln, und doch wird niemand anderes als sie später deutsche Kaiserin, als Gemahlin von Wilhelm II.) Zankapfel ist vor allem Schleswig, das zusammen mit Holstein und Lauenburg zu Däne-

»Von Hunger und Durst gepeinigt«: Im Deutsch-Dänischen Krieg richten die Johanniter fünf Lazarette ein, darunter dieses in einem Flensburger Hotel.

mark gehört, allerdings mit teilweiser Autonomie und bei gleichzeitiger Mitgliedschaft der beiden letztgenannten Herzogtümer im Deutschen Bund. Die territoriale Zersplitterung wird vom Nebeneinander der Sprachen überlagert und vom Streit um politische Reformen.

Als Zugeständnis ans bürgerliche Parlament unterzeichnet König Christian IX. eine Verfassung, die Schleswig als integralen Teil Dänemarks miteinbezieht. Was formal eine Verletzung des Londoner Abkommens aus dem Jahr 1852 darstellt, das nach dem ersten Schleswig-Holsteinischen Krieg (1848–1851) den Status der einzelnen Gebiete genau festgelegt hat. Für Preußen und Österreich willkommener Anlass, Dänemark im Namen des Deutschen Bundes anzugreifen. Unter König Wilhelm I. und seinem Kanzler Otto von Bismarck schickt Preußen sich an, das Machtgefüge in Europa zu seinen Gunsten zu verändern. Freilich will es nicht gleich eine Großmacht herausfordern, weshalb es sich im Fall Italiens noch zurückgehalten hat. Für den Anfang käme ein nicht allzu langer Krieg gegen einen nicht allzu starken Gegner gerade recht. Dänemark ist so unvorsichtig, Preußen einen Vorwand zu liefern.

Auch militärtechnisch wird dieser Krieg zu einem Probelauf: Die Dänen setzen eines der ersten Panzerschiffe ein, die Preußen rücken mit modernen Hinterladern und verbesserten Kanonen an, die eine Reichweite von zwei Kilometern haben. Im Zeitalter der Interkontinentalraketen mag das beinahe nostalgisch anmuten. Für die Dänen jedoch bedeutet es eine böse Überraschung, als ihre Stellungen in Düppel (dänisch: Dybbøl) von der gegenüberliegenden Halbinsel beschossen werden, ohne dass sie das Feuer effektiv erwidern könnten.

Nachdem die Angreifer die südlichen Grenzbefestigungen relativ leicht überwunden haben, bilden die Düppeler Schanzen das letzte große Bollwerk auf Jütland. Wie der Plural andeutet, handelt es sich dabei nicht um eine massive Festung, sondern um eine Kette von zehn Erdbastionen, die über eine Länge von drei Kilometern die Halbinsel absperren, dergestalt, dass die Dänen sowohl das Vorfeld wie auch die Zwischenräume unter Feuer nehmen können. Im hofartigen Inneren liegen Mannschaftsquartiere, Pulverkammern und Vorratsdepots.

Anders als in Solferino findet daher in Düppel keine offene Feldschlacht, sondern eine Belagerung statt. Sie zieht sich über fünf Wochen hin. Elftausend Verteidigern stehen mehr als dreimal so viele preußische Angreifer gegenüber, während die Österreicher das übrige Jütland besetzen. Der dänische Kriegsminister befiehlt, »die Stellungen bis zum Äußersten zu verteidigen«. Die preußischen Generäle beharren ihrerseits eisern auf Eroberung: »Sollte es Ströme von Blut kosten, ist es den Preis wert.« Düppel wird zur ersten Materialschlacht der Geschichte, ein blutiges Vorspiel für die weit blutigeren Kriege, die das 20. Jahrhundert prägen werden. »Es hatte etwas mechanisch Destruktives: Kanonen, die auf eine Landschaft einschlugen, als wären es gigantische Dampfhämmer«, resümiert der dänische Journalist Tom Buk-Swienty. Selbst in Sonderburg (Sønderborg) aufgewachsen, hat er kürzlich eine spannende Studie über die »Schlachtbank Düppel« vorgelegt.

Damals wie heute dreht sich über dem Gelände der schwere Propeller einer Windmühle. Sie wird nicht nur zum Symbol des Krieges, sondern des Dänentums schlechthin, gerade weil es sich um ein harmloses

Bauwerk handelt. Doch die Preußen bombardieren es wie eine gegnerische Batterie. Indem sie etwas zerstören, das für Frieden und Nützlichkeit steht, demonstrieren sie das zynische Primat des Krieges.

Für eine Erstürmung müssen die Angreifer ihre Truppen möglichst nahe an die Erdwälle heranbringen. Was die Dänen ihrerseits zu verhindern trachten. Zur wichtigsten Waffe der Preußen wird daher der Spaten. In einem System von Gräben, den sogenannten Parallelen, arbeiten sie sich an die gegnerischen Stellungen heran. Zwar weist der Generalstabschef diese Zumutung erst entrüstet von sich: »Ich bin doch kein Maulwurf!« Doch die Wühlarbeit erweist sich als zielführend. Am Ende verläuft die letzte Parallele keine dreihundert Meter vom Kamm der Schanzen.

In neuer Mission

Während dieser kritischen Phase macht sich Charles van de Velde auf den Weg nach Kopenhagen, wo er mit Politikern, Journalisten und Generälen zusammentrifft. Sein Werben für die Genfer Ideen stößt jedoch weitgehend auf taube Ohren. Die Militärs sehen keine Notwendigkeit, ihre Sanitätseinheiten durch freiwillige Helfer aufzustocken. Schon gar nicht, wenn diese sich soldatische Attribute anmaßten: »Eine Uniform würde ein Hindernis in der Empfindlichkeit der Armee finden.« Vielerorts schlägt ihm klassisches Revierverhalten entgegen: »Die Sanitätsstellen wären auch sehr eifersüchtig hinsichtlich jeder freiwilligen Hilfsleistung, die sich in ihre Arbeit einmischen wolle«, berichtet er nach Genf. Seine Unterredung mit dem obersten Stabsarzt John Rørbye verläuft bezeichnend: Van de Velde bietet an, Ärzte aus Holland zu senden. Wenn man eines ganz bestimmt nicht wünsche, bescheidet ihm Rørbye barsch, seien es ausländische Ärzte, die wegen mangelnder Dänischkenntnisse alles nur behindern würden. »Dann bot ich Hilfe aus Genf an. Er lehnte rundweg ab. Ich unterbreitete ihm die Ideen, wie man bessere Tragen für Verwundete bauen könnte. ›Nein, nein‹, antwortete Rørbye, ›es ist jetzt nicht die Zeit, um sich mit solchen Neuerungen zu befassen.‹«

Mit Bangen fährt van de Velde an die Front. »Granaten und Splitter flogen überall um uns herum. Was für eine Nacht!« Nennt man in Dänemark heute die Stichworte Düppel und Rotes Kreuz, so wird man häufig Hohngelächter ernten. Denn diese eine Begebenheit kennt hier jeder: Im Lazarett von Sonderburg wird in einem fort operiert, amputiert und auch gestorben. Der Mann vom Roten Kreuz kann das geballte Elend nicht mit ansehen und fällt in Ohnmacht. Entnervt ruft der Oberstabsarzt aus: »Schafft mir diesen Zivilisten vom Hals!« Der zartbesaitete Gutmensch, der den Realitäten des Krieges nicht gewachsen ist – das mag im ersten Moment als Pointe taugen. Doch was van de Velde hier zu Gesicht bekommt, könnten wohl die wenigsten unberührt ertragen. Auch er erfährt am eigenen Leibe, was es heißt, im Kampfgebiet zu leben. »Ich sympathisiere mit diesen Menschen und höre den Erzählungen über ihre Liebsten zu, die Tag und Nacht dem Kugelhagel

Preußisches Feldlazarett bei Düppel während des Deutsch-Dänischen Krieges auf einer zeitgenössischen Illustration.

ausgesetzt sind.« Er beschwört das dänische Oberkommando, ihn als Unterhändler ins gegnerische Lager zu schicken, um Listen der Gefangenen und Verwundeten zu erstellen. Van de Velde weiß, dass man ihm im preußischen Hauptquartier Gehör schenken würde, dass sich Louis Appia keine drei Kilometer entfernt ebenfalls um Erleichterungen bemüht, und dass Helfer des neuen Central-Comités bereitstünden. Vergeblich – die argwöhnischen Generäle lassen ihn nicht ziehen.

Insgesamt identifiziert sich van de Velde stärker mit den Zivilisten, Appia stärker mit den Militärs. Was auch daran liegen mag, dass er auf preußischer Seite mehr Anerkennung findet. »Immer nimmt man mich ernst«, berichtet er nach Genf. »Man führt Krieg, man will, daß der Krieg das sei, was er unglücklicherweise sein muß, aber man will auch, daß die Barmherzigkeit herrsche, mäßige, sänftige.« Diese preußische Doppelstrategie wird bis in den Ersten Weltkrieg tonangebend sein.

Die Binde stets am Arm, inspiziert Louis Appia Verbandsplätze und tauscht sich mit Chirurgen aus. Was brauchen Helfer an der Front? Wie transportiert man das Eis, um Entzündungen zu kühlen? Wie beweglich kann, wie solide muss eine Baracke sein? Und wie gelangt der Delegierte von einem Frontabschnitt zum nächsten? Als er deswegen beim Kommandanten in Gravenstein vorspricht, kommt dieser ihm mit Blick auf die Armbinde zuvor: »Ihr Abzeichen genügt mir als Empfehlung. Sie sind hier zum Wohl der Allgemeinheit. Suchen Sie sich einen Wagen aus.«

In Flensburg teilt sich das Central-Comité sein Vorratslager mit anderen Hilfsorganisationen, hält es aber getrennt vom Depot der Armee. Aus ganz Deutschland gehen unzählige Sachspenden ein. Auch der Badische Frauenverein schickt Hilfsgüter, und das Stuttgarter Komitee fragt an, was die preußischen Kollegen benötigen. Zunächst vor allem Lazarettbedarf wie Binden und Kompressen, Laken und Schwämme, Schienen und Spritzen. Parallel treffen Mäntel, Hemden und Schuhe ein, Fäustlinge und Filzsohlen, jeweils zu Tausenden. Und tonnenweise »Viktualien«: Schinken, Erbsen, Fleischextrakt, Zucker, Tabak, Bier.

Hier lernt Appia auch die Pionierarbeit der Johanniter- und Malteserritter sowie der Kaiserswerther Diakonissen kennen, bei denen schon Florence Nightingale den Pflegeberuf erlernt hat. Außer ihm selbst und den preußischen Abgesandten tragen zum Beispiel auch die sechzehn Brüder des Rauhen Hauses, einer evangelischen Sozialstiftung aus Hamburg, das Rotkreuzemblem. Der Siegeszug des Zeichens nimmt seinen Lauf. Was Appia auch daran erkennt, dass der Chef des Generalstabs ihm mitteilt, er werde »für das Sanitätscorps der Armee die allgemeine Verwendung Ihres Armbands beantragen«. Beim Oberkommando geht er mittlerweile ein und aus. Er trifft den Kronprinzen und diniert mit dem achtzigjährigen Generalfeldmarschall von Wrangel, einer lebenden Legende. Der begrüßt ihn jovial: »Und? Was spricht man in Genf?«

Bei aller Unterschiedlichkeit verkörpern Appia wie van de Velde den Prototyp des engagierten Delegierten an der Front. Über 150 Jahre hinweg hat das Rote Kreuz immer wieder solch bemerkenswerte Persönlichkeiten hervorgebracht: vielseitig, welterfahren, fähig und gebildet. Oft machtlos, in schweren Stunden vielleicht auch mutlos, aber nie nachlassend in ihrem Bemühen, »den Krieg menschlicher zu machen«. Allein die Anwesenheit solcher moralischer Instanzen kann eine erzieherische Wirkung ausüben. Sie kann aber auch vollkommen wirkungslos bleiben, sich vereinzelt sogar als kontraproduktiv erweisen.

Die volle Wahrheit?

Neben militärtechnischen Neuerungen kommt im Deutsch-Dänischen Krieg auch ein gerade erst gebrauchsfertig gewordenes Medium zum Einsatz: die Fotografie. Dem preußischen Tross folgt ein Fotograf mitsamt Dunkelkammerwagen, der den Feldzug für die Mit- und Nachwelt festhalten soll. Er schießt Trophäenbilder eroberter Stellungen, nicht unähnlich denen von Großwildjägern. Sie sollen den heldenhaften Sieg zeigen und nicht die blutige Wirklichkeit. So sind die Schanzen mit einem Häuflein triumphierender Männer darauf festgehalten, nicht aber die Gefallenen zu ihren Füßen, die Gräberfelder, die Ambulanzen. Für Einzelreisende wie Appia und van de Velde sind die Kameras und ihre Glasplatten noch zu schwer, die alchemistischen Prozeduren in der Dunkelkammer zu aufwendig. Weshalb sie stattdessen ein altbewährtes Medium nutzen: Sie zeichnen. Nicht anders als die großen Forschungsreisenden skizzieren sie mit geübter Hand, was ihnen begegnet. Sie sind Kriegsberichterstatter im Dienste einer Idee.

Die dänischen Zeitungen attackieren das Genfer Komitee zunächst. Was ist das für eine dubiose völkerrechtliche Organisation, die einen Bruch des Völkerrechts gutheißt? Denn so stellt sich der Konflikt aus ihrer Sicht dar. Wie lässt sich der moralische Anspruch des neuen Hilfsvereins mit seiner politischen Indifferenz vereinbaren? Darüber ist man auch in Genf geteilter Meinung. Gustave Moynier will den Erfolg der Mission nicht durch Indiskretionen gefährden und rückt von seinen anfänglichen Vorstellungen einer offensiven Öffentlichkeitsarbeit ab. Der Feuerkopf Dunant hingegen besteht auf »der Pflicht des Komitees, die volle Wahrheit zu wissen und dann auch auszusprechen, und derart hassenswerte Vorkommnisse zu brandmarken«. Dieses Dilemma zwischen Schweigegebot und Zeugenschaft wird sich wie ein roter Faden durch die weitere Geschichte der Organisation ziehen.

Auf preußischer Seite nimmt Theodor Fontane als »eingebetteter Journalist« am dänischen Feldzug teil. Er legt dabei ein anderes Selbstverständnis an den Tag, als wir es heute erwarten würden. Er berichtet parteiisch, suggestiv, manchmal fast schon schadenfroh. Zu seinem populärsten Kriegsstück gerät die Ballade vom Pionier Carl Klinke, der – einen Pulversack geschultert – beim Sturmlauf auf ein dänisches Bollwerk eine Bresche in die Palisaden sprengt. Die Aktion gelingt, doch Klinke selbst erliegt wenig später seinen Verletzungen. Der Pointe dieses Namens kann Fontane nicht widerstehen: »Da springt von achten einer vor: Ich heiße Klinke, ich öffne das Tor!« – und setzt dem Mann damit ein literarisches Denkmal.

Generell kommen die Opfer in der deutschen Presse zu kurz; in der dänischen nehmen sie naturgemäß größeren Raum ein. Immerhin können die Verluste, so hoch sie auch sind, noch während der Kämpfe beziffert werden. Am 17. März verzeichnen die Preußen 33 Tote, am 12. April die Dänen 29. Und auch wenn nach der blutigen Erstürmung der Schanzen die Gefallenen in Massengräbern beigesetzt werden müssen (»Hier liegen 209 tapfere Dänen ... Hier liegen 100 tapfere Dänen«), das massenhafte, namenlose Sterben, das die Kriege des 20. Jahrhunderts kennzeichnen wird, bildet hier noch die Ausnahme. Die meisten Gedenksteine in den Feldern rund um die Düppeler Schanzen erzählen kleine, traurige Geschichten: »Hier fiel Sergeant Sauermilch ... Hier fiel Gefreiter Lorenzen ... Hier starb Generalmajor du Plat« (auf dem Weg in ein preußisches Lazarett). Noch ist das Schicksal individuell, noch haben die Opfer einen Ort und einen Namen.

Es fällt auf, dass in den zeitgenössischen Berichten kaum Sanitäter vorkommen, wie auch die Heeresfotografen keine Spitäler abgelichtet haben. »Möglicherweise findet sich deshalb so wenig über sie, weil ihre Arbeit für eine breitere Öffentlichkeit tabu war«, vermutet Tom Buk-Swienty, der im Wust der Düppel-Literatur nur eine einzige Aufzeichnung eines Sanitätssoldaten aufzustöbern vermochte. »Mit Henry Dunant als klarer Ausnahme wurde bis zum Ersten Weltkrieg nicht über die Schattenseiten des Krieges geschrieben.«

Es ist eines der historischen Verdienste des Roten Kreuzes, dieses Tabu durchbrochen zu haben. Der Bericht jenes namenlosen Sanitätssoldaten ist weniger durch seine Erlebnisse bemerkenswert als durch seine mechanische, fast geistesabwesende Erzählweise. Die nicht als Gefühllosigkeit zu werten ist, sondern als Symptom des Ausnahmezustands, in den das Bewusstsein der Betroffenen durch solch extreme Beanspruchung versetzt wird. »Bis zur dritten Parallele kamen wir, bald hier, bald dort einen Verwundeten aufnehmend, ihn nach dem Verbandsplatz tragend und wieder zurückkehrend. Wie viele wir so aus dem Feuer haben tragen können, weiß ich nicht. Wir haben sie nicht gezählt. Wir liefen immer zwei und zwei mit einer Bahre.«

Eine weitere Schilderung stammt von dem Krefelder Gefreiten Wil-

Die Schlacht ist geschlagen: Preußische Soldaten posieren nach Erstürmung der Düppeler Schanzen in den eroberten Stellungen.

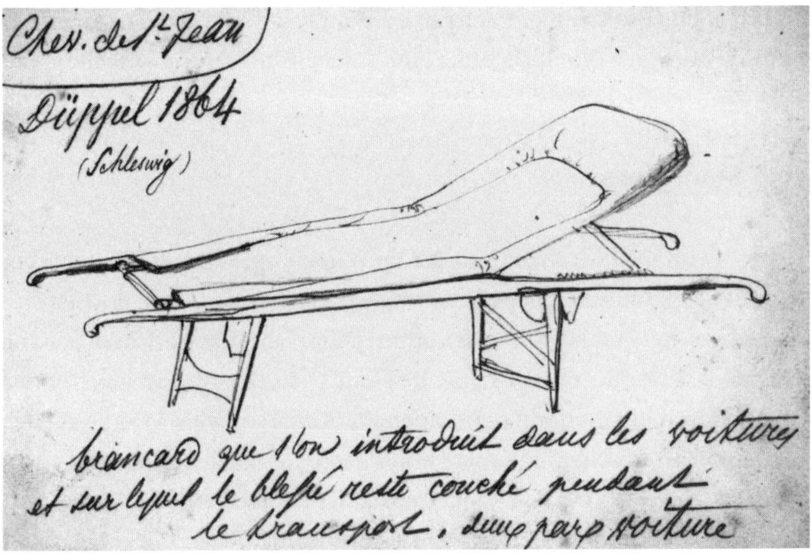

»Wir liefen immer zwei und zwei mit einer Trage«: Skizze von Louis Appia zu einer neuartigen Krankenbahre.

helm Gather: »Auf der Chaussee sah man Züge von Wagen mit Verwundeten, von welchen die Gesichter dermaßen aussahen, daß der Tod schon eine Hauptrolle darin spielte. Wenn man dieses alles gesehen, so muß man sagen, daß es eine grausame Welt ist, die sich jetzt so schändlich gemetzelt und dann wieder bemüht ist, die Wunden zu heilen.« Auch dieses Motiv wird sich durch den Diskurs über das Rote Kreuz ziehen. Während er kämpft, gilt der Soldat als Krieger. Sobald er jedoch verwundet wird, sieht man ihn als Opfer an. Zumindest so lange, bis er wieder kämpfen kann. Es liegt ein Moment von Perversion in dieser Verkettung von Fürsorge und Vernichtung. Das Rote Kreuz lässt sich auch als ein Symptom ansehen für die Ungeheuerlichkeit der Welt.

In den zeitgenössischen Berichten finden die Genfer Emissäre ebenso wie die Sanitäter kaum Erwähnung. Was zählen zwei Mann, noch dazu zwei Ausländer und Zivilisten, in einem Krieg mit Zehntausenden von Beteiligten? Und doch wird dieser erste Einsatz zweier Delegierter sich auf die Wahrnehmung aller künftigen Kriege auswirken. Auch sie öffnen ein Tor, und wenn er es hätte erleben dürfen, als Verwundeter oder Gefangener in einem der nur zu bald folgenden Kriege, hätte vermutlich auch der Pionier Klinke eine solche Einrichtung gutgeheißen.

Apocalypse now

Der 18. April 1864 wird zum Tag der Entscheidung. Seit vier Uhr morgens feuern die preußischen Batterien ohne Unterlass. Die Dänen ducken sich und harren aus. Schlag zehn verstummen die Kanonen. Erst lautlos, dann mit gellendem »Hurra« springen die Deutschen aus den Gräben, rennen die Schanzen hinauf und überwinden die Absperrungen. Während oben die Karabiner krachen, intoniert unten in der zweiten Parallele das Musikkorps unter Leitung von Kapellmeister Gottfried Piefke den *York'schen Marsch*. Beethoven im Bombenhagel.

»Es fällt schwer«, bekennt Buk-Swienty, »sich die Weltuntergangsstimmung vorzustellen, die geherrscht haben muss, als so viele Menschen mit so primitiven Waffen getötet wurden. Auf einem Gelände, das kleiner ist als ein Fußballplatz, lagen bald dreihundert tote und verwundete Soldaten.« Nach etwas mehr als einer halben Stunde ist die Hauptschlacht geschlagen. Die Dänen verlieren an diesem Tag siebenhundert Mann, die Preußen rund dreihundert. Bereits am Nachmittag verkünden Böllerschüsse in Berlin die Siegesnachricht. Wenige Tage später erlebt Appia, wie König, Kronprinz und Kriegsminister im offenen Wagen durch Flensburg fahren, die Generäle im Konvoi hinterdrein. »Viktoria, Viktoria!«, schallt es ihnen entgegen.

Die Hochstimmung mündet in einen patriotischen Dauerrausch. Die Berliner Siegessäule kann gar nicht so schnell gegossen werden, wie Preußen die Kriege führt; bis zu ihrer Fertigstellung kommen 1866 und 1870 zwei weitere hinzu. Jedes der drei Säulensegmente wird mit erbeuteten Kanonenrohren aus dem jeweiligen Feldzug garniert. 1938 wird das Denkmal dann noch um ein viertes Segment aufgestockt, sozusagen als Anzahlung für kommende Kriege.

Sonderburg präsentiert sich heute als ein schmuckes Städtchen mit mittelalterlichem Schloss und malerischen Gassen. Und es wäre noch um einiges schmucker, wenn die preußischen Batterien es damals nicht zerschossen hätten. »Die Menschen flüchteten aus der Stadt wie die Bewohner von Sodom und Gomorrha«, berichtete ein britischer Reporter. »Frauen mit ängstlichen Gesichtern zogen kleine Kinder hinter sich her. Alte Männer bewegten sich furchtsam durch die Straßen. Lange Reihen von Pferdefuhrwerken rumpelten davon.« Die Öffentlichkeit Europas empörte sich über die Bombardierung der Stadt; das Beschießen von Zivilisten erschien ihnen als ein Akt der Barbarei. Noch waren letzte Reflexe ritterlichen Denkens aktiv, noch war der »totale Krieg« des 20. Jahrhunderts unvorstellbar.

Die Schanzen sind heute ein beliebtes Ausflugsziel. Während das übrige Jütland flach und weit ist, zeigt es hier Relief. Die ganze Anlage hat etwas Archaisches, schon Kelten und Germanen schichteten solche Schutzwälle auf. Dünen der Defensive, schwingen sie sich über den schimmernden Buchten der Flensburger Förde auf. Wo damals die preußischen Batterien standen, liegt heute ein Campingplatz. Ein vielstimmiges Vogelkonzert empfängt den Gast, ein Hase nimmt Reißaus, und über einem sumpfigen Graben rüttelt ein Sperber. Die Kinder von Sonderburg haben das Areal längst als Abenteuerspielplatz für sich entdeckt. Das ganze Gelände ist zum geschichtlichen Erlebnispark umgestaltet worden; die keilförmige Architektur des Museums setzt die trutzige Geometrie der Schanzen fort.

Ähnlich wie in San Martino stellen Komparsen alljährlich zum Jahrestag die Schlacht nach. Die Stiefel gewichst, den Hahn gefettet, ziehen sie wie lebende Zinnsoldaten ins Manöver. Einen Tag lang verwandeln sie sich in grimmige Feldwebel oder stoisches Fußvolk. Der Wundarzt ist zur Stelle und die Marketenderin zu vielem bereit. »Aus dieser Niederlage erwuchs das moderne Dänemark«, erklärt ein schnauzbärtiger Füsilier. »Deshalb mache ich hier mit. Auch wenn wir jedes Mal verlieren…« Drastisch erklärt er den Besuchern die Wirkung des dreischneidigen Bajonetts, dessen Wunden kaum je verheilen. Schon beim ersten krachenden Probeschuss zucken sie zusammen. »Ist doch nur Schießpulver«, feixt er. »Ihr seid nichts mehr gewohnt.«

Der vor einigen Jahren verstorbene dänische Kriegsreporter Jan Stage hat immer wieder betont, dass jeder Krieg ein Lehrstück über den Zustand der Welt sei. Wer heute durch Dänemark reist, durch eine vermeintliche Idylle mit Legoland, Leuchttürmen und Waffelbuden, kann diesen fernen Krieg nur unbegreiflich finden. Deutsche Gäste bekräftigen denn auch die harmonische Nachbarschaft. Auf dänischer Seite sind dagegen durchaus Empfindlichkeiten wahrzunehmen, die im Trauma von 1864 ihren Ursprung haben, wenngleich die Wunden der Besatzung während des Zweiten Weltkriegs frischer und tiefer sind.

Seit 2001 nehmen auch deutsche Soldaten alljährlich an der Gedenkfeier am 18. April teil. In Uniform, doch ohne Waffen. »Die Preußen kommen wieder!«, verkündete Dänemarks größte Zeitung prompt. Eine Abordnung aus Ahlen im Münsterland bemüht sich um Aussöhnung mit dem ehemaligen Kriegsgegner; fast zwölftausend Westfalen waren damals als preußische Soldaten in Dänemark einmarschiert. Die Zeremonie findet am Ehrenhain statt. Eine Kompanie des dänischen Heeres nimmt vor den schmiedeeisernen Kreuzen der Massengräber Aufstellung. Zaungäste aus halb Dänemark säumen die Straße. Neben den Soldaten und Soldatinnen der Bundeswehr ist auch der deutsche Botschafter gekommen. Mit Festansprachen, Kranzniederlegung und traurigem Trompetenschall erinnern sie gemeinsam an die mörderische Schlacht. Das Musikkorps voran, setzt der ganze Zug sich schließlich in Bewegung. Im Gleichschritt geht es die Chaussee hinab und weiter durch Sonderburg. Unwillkürlich verfallen auch die mitlaufenden Schaulustigen in den beschwingten Trott der Marschmusik. Sie bewirkt eine Art martialischer Hypnose: Herzschlag und Bewegung werden synchronisiert; man kommt schneller vorwärts und muss weniger denken. Über Jahrhunderte hat das Militär Trancetechniken entwickelt, auf deren betäubende Wirkung jeder Techno-Club nur neidisch sein kann. Männer in einen solchen Zustand zu bringen erleichtert es, ihnen Dinge abzuverlangen, die sie als Einzelne, als Zivilisten, weder tun würden noch tun dürften.

Stramm zieht der Pulk vorbei an den Gräbern, den Schanzen, der symbolträchtigen Mühle. Vorbei auch an einem großen grauen Findling, auf dem eine Nachbildung jener Armbinde mit rotem Kreuz prangt, die Gustave Moynier mit seiner schwungvollen Unterschrift beglaubigte. Es ist der Gedenkstein für Louis Appia und Charles van de Velde, deren Mission es war, den Krieg menschlicher zu machen.

Das Wunder von Genf

Durch Schaden klug geworden, gründen die Dänen noch im Mai 1864 eine nationale Rotkreuzgesellschaft. Es ist die fünfte in Europa. Doch so erfreulich es ist, dass die Genfer Initiative immer mehr Resonanz findet – ohne Frankreich als wichtigster Kontinentalmacht wird sie kaum lebensfähig sein. Und so versucht Dunant unterdessen in Paris einen ähnlichen Durchbruch zu erreichen wie in Preußen. Getragen von einer kaum glaublichen Zuversicht, die Mächtigen in seinem Sinne beeinflussen zu können, tourt er durch die Salons, lässt seine christlichen Verbindungen spielen, bearbeitet die Armeeführung und die Entourage des Kaisers. Ein Erfolg seines Hilfswerks würde ganz nebenbei auch die Chancen seiner Mühlengesellschaft erhöhen.

Im Juni 1864 wird das Französische Rote Kreuz begründet. Es versammelt klangvolle Namen: Baron Dutilh de Tuque, Vicomtesse Carré de Chauffour, Ministre Drouyn de Lhuys. Auch Marschall Mac-Mahon, bei dem Dunant zuletzt in Solferino vorgesprochen hat, wird zu einer führenden Figur der Hilfsgesellschaft. Eine Madame de Staël, Nachfahrin der berühmten Schriftstellerin aus Genfer Familie, fertigt ein Rotkreuztischtuch für die Pariser Salons, das als erste Devotionalie gelten darf, als Prototyp einer endlosen Reihe von Werbemitteln und Geschenkartikeln, die den Weg der Organisation seither begleiten.

In Dunants Situation ist eine Vermischung von Geschäft und humanitärem Engagement nahezu unvermeidlich. Auch personell sind beide Sphären eng verzahnt. General Dufour sitzt sowohl im Komitee als auch im Vorstand der Aktiengesellschaft. In Algerien wirkt Henri Nick als Geschäftspartner, in Paris als »einer der fleißigsten Mitarbeiter« des Hilfswerks. Und während Basting mit Dunant Berlin erobert, offeriert dieser ihm gleichzeitig Aktien der Mühlengesellschaft, die jedoch nach wie vor kaum vorankommt. Die Arroganz der französischen Kolonialbürokratie könnte auch einen geduldigeren Unternehmer als ihn zur Verzweiflung treiben. Gleichzeitig verkennt Dunant die Interessen der Einheimischen, wie er überhaupt die örtlichen Gegebenheiten ignoriert. Nach zahllosen Eingaben und einer Intervention Dufours beim französischen Kabinettschef erhält die Gesellschaft eine Konzession für gut 200 Hektar. Dennoch hat Dunant an der Unternehmung keine rechte Freude mehr. Vermutlich würde er sich zu diesem Zeitpunkt am liebsten in ein »Schattendasein« zurückziehen. Aber er hat viel zu viel investiert – und anderen viel zu viel versprochen.

Für August 1864 kündigt das Komitee schließlich eine Konferenz

»aller zivilisierten Nationen« an, die einen »feierlichen Vertrag« schließen sollen – die Genfer Konvention. Erneut entsenden sechzehn Staaten Vertreter. Bayern, Hannover und Österreich nehmen diesmal nicht teil, Russland schickt erst auf dringliche Nachfrage einen Emissär, der allerdings nicht mehr rechtzeitig eintrifft. Dafür sind Belgien, Dänemark, Portugal und die USA dabei. Dunant hat an Abraham Lincoln geschrieben, der Charles Bowles als Repräsentanten der staatlichen Gesundheitskommission nach Europa entsendet. Die Kommission hat während des Bürgerkriegs ähnliche Funktionen wahrgenommen, wie sie das Rote Kreuz in Europa zu übernehmen beabsichtigt. Auch einige weitere Staaten in Übersee sind in aller Form informiert worden, darunter Mexiko, Brasilien, Persien und Japan. Die Idee zieht Kreise.

Diesmal hat die Schweizer Regierung eingeladen. Da nur Staaten einen völkerrechtlichen Vertrag schließen können, nehmen hochrangige Amtsträger der jeweiligen Länder teil. Es ist die größte diplomatische Zusammenkunft seit dem Wiener Kongress. Sie findet im Rathaus statt, einem Hort der Gediegenheit, geschmückt mit allerlei Fahnen und Wappen. Mit seinen vielen Rampen, Treppen und Gewölben wirkt es wie eines von M.C. Eschers perspektivischen Labyrinthen. Ein Sinnbild für die paradoxen, verwinkelten, nie endenden Bahnen der Politik. Auch die Sitzungen verlaufen vertrackt. Es wird geschachert, gekungelt und geblufft. Verfahrensfragen nehmen mehr Raum ein als die Inhalte. Wichtige Entscheidungen fallen eher auf den Fluren und in den Hotelsuiten als im Sitzungssaal. Mit anderen Worten: Hier findet eine echte internationale Konferenz statt. Genf etabliert sich als diplomatisches Parkett der Welt.

Dunant ist als Maître de Plaisir für das Rahmenprogramm zuständig. Mit dem ihm eigenen Elan organisiert er Empfänge und Festessen, die bisweilen kuriose Formen annehmen: »In der Mitte der Tafel ragte ein gewaltiges Zuckergebäck auf, das eine Festung mit Besatzung darstellte, mitsamt Sanitätspersonal, das die Armbinde trug.« Rotkreuzkitsch ist so alt wie das Rote Kreuz selbst. Gespeist wird in den großen Hotels. Man versteht zu leben: Austern Ostende, Hühnersuppe nach Königin-

»Der verwundete Feind ist kein Feind mehr«: Am 22. August 1864 unterzeichnen die Delegierten die zehn Punkte umfassende Genfer Konvention.

Art, Trüffelkroketten, böhmischer Goldfasan, Rinderfilet à la Richelieu, glasierter Punsch und Mokka-Biskuit. Die Genfer Musikgesellschaft stimmt den Freiheits-Chor aus *Wilhelm Tell* an, auch eine eigens komponierte Kantate kommt zur Aufführung. Eine sommerliche Seepromenade, eine Segelregatta und eine Dampferfahrt sollen die Delegierten in Stimmung bringen.

Am 22. August besiegeln sie die Konvention. Sie besteht, auf schier alttestamentarische Art, aus zehn Punkten, wie sie denn auch in sieben Sitzungen erschaffen worden ist. Ihre Sprache ist klar und wohlgesetzt, wie alle Verlautbarungen des Komitees aus jener Zeit; weit entfernt vom

Funktionärskauderwelsch unserer Tage. Ernst Julius Gurlt fasst ihren Kern wenig später so zusammen: »Der verwundete Feind ist kein Feind mehr, er steht unter dem Schutze des Völkerrechts, ebenso wie jeder, der ihm beizustehen berufen ist; die Feldlazarette sind unverletzliche, heilige Asyle.« Zwölf Staaten unterzeichnen den Vertrag an Ort und Stelle, weitere treten kurz darauf bei. Am Ende scharen sich die Delegierten um den Präsidenten und berühren ihn am Arm. Eine fast magische Regung, bewegt von der eigenen Courage.

Nur zwei Jahre nach Erscheinen der *Erinnerung an Solferino* ist die darin angedachte Idee Wirklichkeit geworden. Ein gemeinnütziger Verein hat die europäischen Mächte an einen Tisch gerufen; fünf Mäuse haben eine Herde Elefanten eingeladen. Und fast alle sind gekommen!

Auch wenn die Regierungsvertreter bei den Verhandlungen durchaus rational und egoistisch agieren, vermeint man selbst bei ihnen bisweilen so etwas wie Gläubigkeit zu verspüren. Fast möchte man von einem Mysterium des Roten Kreuzes sprechen. Die beste Umschreibung stammt denn auch von einem Theologen, von Rudolf Ehlers, dem Mitbegründer der Frankfurter Schwesternschaft: »Es pflegt bei Neuschöpfungen immer so zu sein … Sie sind gleichsam nur Organe einer Idee, welche mächtiger ist als sie selbst.«

In den folgenden Jahren gehen bei Moynier mehrfach geharnischte Protestschreiben ein, in denen Ärzte das Copyright auf die Idee freiwilliger Sanitätsdienste für sich reklamieren. Das Komitee bedauert, keine Kenntnis davon gehabt zu haben. Diese Wissenslücke veranlasst Ernst Julius Gurlt, die Geschichte der militärischen Krankenpflege nachzuzeichnen. Sie gerät ihm zu einem enzyklopädischen Werk von 850 Seiten, ein Beispiel für die staunenswerte Gelehrsamkeit des 19. Jahrhunderts. In der Rückschau auf die Kriege der letzten dreihundert Jahre listet er fast ebenso viele entsprechende Verträge auf. Die »Neutralität« der Lazarette ist *de facto* häufig praktiziert worden, auch wenn das Wort nicht verwendet wurde. Die Abkommen waren fast alle bilateral und galten nur für die Zeit des jeweiligen Konflikts. 1864 aber wissen Europas Regierungen, dass im Ernstfall jeder gegen jeden kämpfen wird.

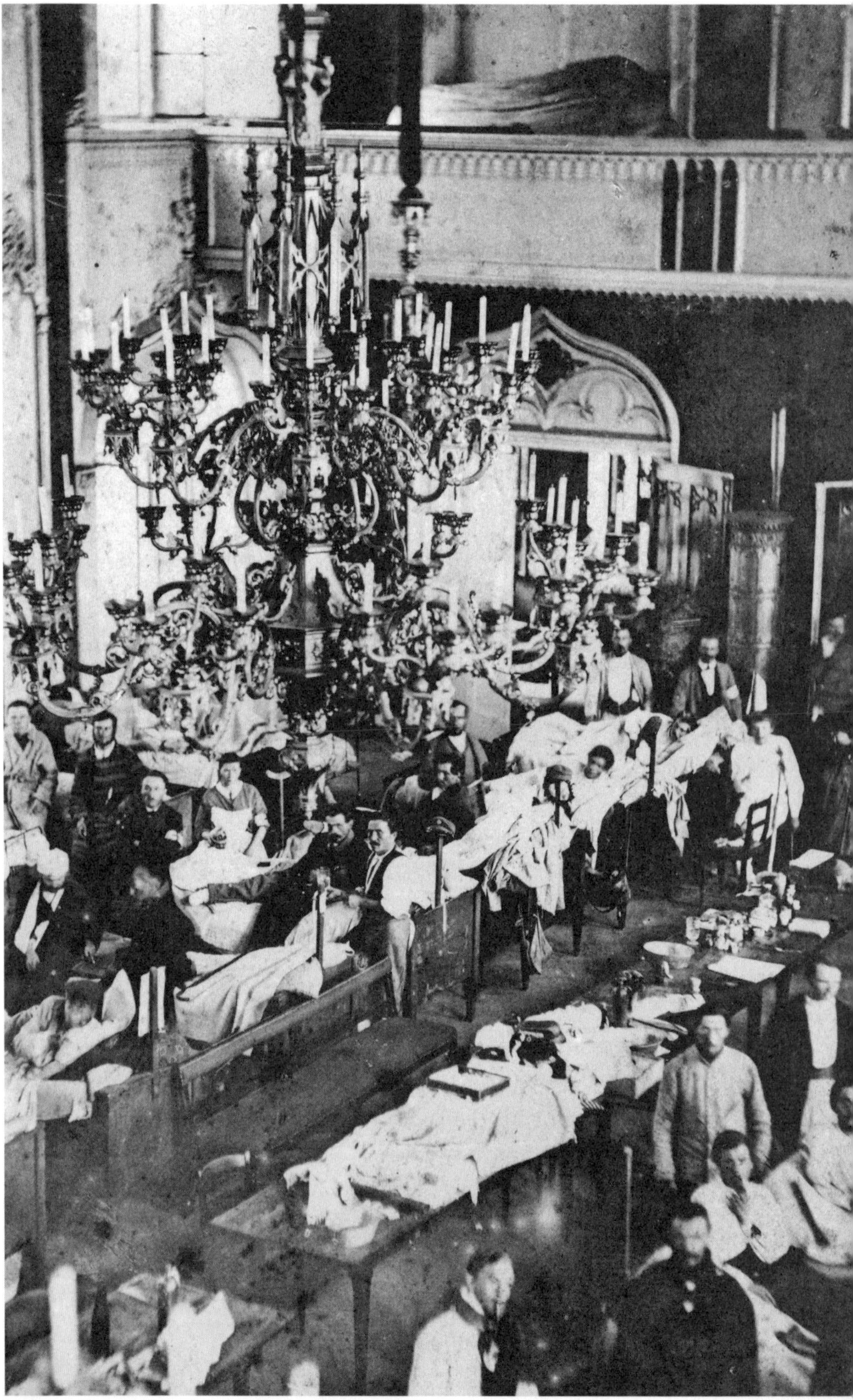

KAPITEL 3

»Rotes Kreuz auf weißem Grund«

Eine Idee macht Karriere

Ja, Frau Gräfin, das ist was. Wenn ein Bataillon ran muß,
was will ich da machen? Ich muß mit. Und baff, da lieg ich.
Und nu bin ich ein Held. Aber eigentlich bin ich keiner.
Es ist alles bloß »Muß«, und solche Mußhelden gibt es viele.
Das is, was ich die großen Kriege nenne.
THEODOR FONTANE, *DER STECHLIN*

Im Frühjahr 1866 ersucht das preußische Central-Comité Gustave Moynier, alle Hebel in Bewegung zu setzen, um »zum Beispiel Österreich« zum Beitritt zur Konvention zu bewegen. »Wir könnten leicht in die Lage kommen, die großartigen Ideen des internationalen Vereins in Ausführung zu bringen.« Die Beachtung der Konvention läge im beiderseitigen Interesse. Hinter diesem Vorstoß verbirgt sich nichts Geringeres als die Ankündigung eines Krieges, verpackt in die geschmeidige Rhetorik diplomatischer Korrespondenz.

Parallel dazu gründen sich Provinzialvereine und Dutzende von Kreisvereinen, deren Formierung zugleich von oben gewünscht wie von unten betrieben wird, als eine Art staatstragender Bürgerinitiative. Mit der Zeitschrift *Kriegerheil* will das Central-Comité, wie die erste Ausgabe vom Mai mitteilt, »auch im Frieden das Interesse an dem großen, ebenso internationalen als vaterländischen Ziele rege erhalten«.

Krankensaal mit Kronleuchter: Während des Mainfeldzugs im Deutschen Krieg 1866 wird die Schrannenhalle in Würzburg zum Lazarett umfunktioniert.

Schon die Juni-Ausgabe bringt dann einen Aufruf des Königs: Preußen marschiert gegen Österreich. Wieder hat sich das Rote Kreuz als historischer Seismograph von erstaunlicher Genauigkeit erwiesen.

Im Deutsch-Dänischen Krieg noch als Bündnispartner agierend, haben sich Preußen und Österreich über die Verwaltung von Schleswig und Holstein zerstritten. Ein Vorwand, um das Kräfteverhältnis zwischen dem Deutschen Bund – unter Führung Österreichs – und dem Königreich Preußen neu zu justieren. Die Gelegenheit scheint günstig, Österreich steckt in einer schweren Finanzkrise, das Verhältnis zum Zarenhof ist trotz verwandtschaftlicher Beziehungen angespannt, ein Eingreifen der Russen also eher unwahrscheinlich.

Die Fronten verlaufen kreuz und quer durch Mitteleuropa: Preußen steht gegen Österreich, Sachsen-Altenburg gegen Sachsen-Meiningen, Bremen gegen Frankfurt, Braunschweig gegen Baden. Viele der beteiligten Staaten sind der Konvention bereits beigetreten, Österreich, Bayern und das Königreich Sachsen jedoch nicht. Andere haben sie zwar unterzeichnet, aber noch nicht ratifiziert, was etwa Württemberg Anfang Juni, wenige Tage vor Ausbruch der Feindseligkeiten, noch eilig nachholt. Preußen wiederum verkündet, dass es die Genfer Beschlüsse ungeachtet des gegnerischen Desinteresses einzuhalten beabsichtige. Egal, wie der Krieg ausgehen wird, die Schlacht um Europas öffentliche Meinung hat es damit bereits halb gewonnen.

Dem Central-Comité wird die Oberleitung für private Hilfstätigkeiten übertragen. Neben Diakonissen aus Berlin eilen auch Borromäerinnen aus Breslau und Franziskanerinnen aus Paderborn zu den Schlachtfeldern. Johanniter- und Malteserritter sind ebenfalls im Einsatz, doch den größten Teil der Einsätze kann die neue Hilfsgesellschaft bereits selbst leisten. Das Hauptdepot in Berlin, Unter den Linden 76, wird mit den erbetenen Sachspenden geradezu bombardiert: Sandsäcke, Bettlaken, Gips, Krücken, Flanell und Chloroform. Auch »Heil- und Labemittel« treffen tonnenweise ein, außerdem Bücher und Schachspiele.

Die junge Elisabeth Lutze hat sich als Helferin gemeldet: »Berge von alter Wäsche wurden sortiert, gereinigt und dann zu Scharpie [aus

Fasern bestehendes Wundverbandsmaterial] gezupft.« Obwohl täglich zentnerweise Material an die Front geht – Hofprediger Ernst Wilhelm von Hengstenberg fügt jeder Sendung noch Bibeln und Gesangbücher bei –, platzt das Depot aus allen Nähten.

Im ganzen Land vollzieht sich eine beispiellose moralische Mobilisierung. Die Ausgaben von *Kriegerheil* werden immer umfangreicher, die Listen der Spender immer länger. Sie reichen von den »Jungfrauen in Versmold« über den Kegelverein in Schöpenburg bis hin zu »Ungenannt in Saarlouis«. Die Kirchenkollekte in Halle trägt ebenso ihr Scherflein bei wie die Israelitische Gemeinde zu Lippstadt. Die Arbeiter der Bonsdorf'schen Glasfabrik machen mit Prinzessin Marianne der Niederlande gemeinsame Sache. Und Herr Ernst von der Beeck in London spendet mit der gleichen Passion wie Bürgermeister Kanitz in Krojanke an der Glomia. Bald können aus Platzgründen nur noch bedeutende Geber genannt werden. Etwa der Bremer Hilfsverein, der 8000 Taler sendet, dazu 1320 Flaschen Rotwein, 47 000 Zigarren, 2000 Pfund

Damenrunde: Weibliche Mitglieder eines bayerischen Hilfsvereins fertigen aus Stoffresten Verbandsmaterial, sogenannte Scharpie.

Zucker und 1000 Pfund Reis. Ein Rittergutsbesitzer übergibt russische Prämienanleihen, ein Ehepaar trennt sich von seinen Trauringen, und Polizeihauptmann Dennstedt setzt den Erlös seiner Denkschrift über *Tierschutz, Pferd und Peitsche* zum Besten der verwundeten Krieger ein. Für die Finanzen ist der Schatzmeister des Komitees zuständig, Kommerzienrat Gerson Bleichröder. Was insofern bemerkenswert ist, als sein Bankhaus durch die Ausgabe von Staatsanleihen zu den wichtigsten Finanziers dieses Krieges zählt.

Alles geschieht unter Hochdruck. »Ein einziger Helfer am Abend des Schlachttages«, mahnt einer der Ärzte, »ist mehr wert wie zehn Helfer eine Woche später. Mit jedem Tag vermindert sich die Arbeit, sie vermindert sich vorzugsweise durch den Tod.« Die Eisenbahn wird nicht nur für die Armee, sondern auch für Sanitäter und Hilfsgüter zum wichtigsten Transportmittel. Doch die Unvorhersehbarkeit der Militäroperationen verursacht Probleme, »weil der, welcher der Hülfe bedarf, nicht weiß, wo er sie findet, und der, der Hülfe bringt, nicht weiß, wo sie am nöthigsten ist«.

Am Nachmittag des 27. Juni 1866 erhält Graf Stolberg, der Verbindungsmann zwischen Militärführung und freiwilliger Krankenpflege, Mitteilung, dass im thüringischen Langensalza 1500 Verwundete ohne ausreichende Versorgung wären. Hannoveraner und Preußen hatten sich dort eine Schlacht geliefert. Bis Mitternacht werden eilends drei Waggons mit Hilfsgütern bestückt. Darunter 1300 Binden, 500 Hemden, 55 Schlummerrollen, ein Schock (fünf Dutzend) Pantoffeln und 130 Matratzen. Mit Ärzten und Pflegern macht sich der Zug auf den Weg. Von Gotha aus geht es im Pferdeomnibus weiter, die Fracht wird auf Fuhrwerke verladen. Nur zwanzig Stunden nach Eingang der Nachricht kommen die Helfer in Langensalza an.

Schulen, Gasthäuser, Tanzböden und Kornspeicher dienen als Notlazarette. Wer Glück hat, kommt in einem Schloss unter; im böhmischen Hrádek (Grottau) werden die Verwundeten in den Gemächern und im Rittersaal bestens versorgt. In Breslau nehmen die Barmherzigen Brüder, die Elisabethinen, das Städtische Hospital und die Israelitische

Kranken-Verpflegungsanstalt Verwundete auf. In Berlin stellt allein die Charité 430 Betten. Noch gibt es weder Rotkreuzschwestern noch Rotkreuzkliniken, so dass Helferinnen wie Elisabeth Lutze sich in den Häusern anderer Träger nützlich machen. Weil sie »immer schon ganz gut Blut sehen konnte«, geht Lutze den Ärzten beim Operieren zur Hand. Außerdem besucht sie zahlreiche Privathaushalte, deren ganzer Stolz die Pflege verwundeter Soldaten ist.

An die Breslauer Studentenschaft ergeht Anfang Juli ein Aufruf zum Samariterdienst. Wenige Tage später brechen hundert Freiwillige aller Fakultäten zu den nahen Kriegsschauplätzen auf. Sie tragen ebenso die Armbinde mit dem Roten Kreuz wie die gut sechzig Feldgeistlichen, zu denen noch Dutzende Hilfspfarrer kommen. Als Gegenleistung für ihre Dienste gewährt ihnen die Armee freie Beförderung, ein Reitpferd, einen Soldaten als Bedienten, freie Ration und freies Quartier.

Der Hilfsverein in Oldenburg schickt nicht nur zweihundert Zentner Lazarettmaterial und Vorräte, sondern richtet auch ein Büro ein, bei dem sich jeder melden kann, »der über einen vermißten Krieger Auskunft wünscht. Zugleich ist die Einrichtung getroffen worden, daß jeder der hier ankommenden Verwundeten Auskunft darüber ertheilt, wen er von seinen Kameraden todt gesehen.« Das Büro verschickt zweitausend Benachrichtigungen. Es sind die Anfänge des Suchdienstes im Roten Kreuz.

Auch in der Donaumonarchie bilden sich patriotische Vereine und Damenkomitees, doch mit den geballten Bemühungen der Preußen ist dies nicht zu vergleichen. Als sich Österreicher und Sachsen bei Königgrätz schließlich geschlagen geben, zieht sich das medizinische Personal – den Vorschriften entsprechend – mit den Truppen zurück und lässt die Verwundeten, wie schon in Solferino, im Stich. Erst fünf Tage nach der Schlacht wird in einem Waldstück ein Verbandsplatz mit Hunderten von Verwundeten entdeckt. Zwanzig davon sind noch am Leben, sterben jedoch, kurz nachdem sie gefunden wurden. Hätten sie unter dem Schutz des Roten Kreuzes gestanden, viele hätten überlebt.

Doch der Kriegsminister lehnt die Konvention ab, und die Militärs fürchten Spionage durch Zivilpersonen. Nichtsdestotrotz macht das preußische Beispiel Schule. Bayern tritt der Konvention noch während des Krieges bei, Österreich folgt nach der Niederlage von Königgrätz. In Italien, das sich mit Preußen verbündet hat, werden nach deutschem Vorbild Sanitätsgeschwader und regionale Komitees gegründet. Louis Appia sorgt für politische Verwicklungen, als er Giuseppe Garibaldis Freischärler begleitet: Darf das Rote Kreuz auch dann aktiv werden, wenn die Kämpfer keiner regulären Streitmacht angehören? Sondern einer Befreiungsbewegung oder einer Fraktion in einem Bürgerkrieg? Diese Frage wird das Internationale Komitee über hundert Jahre hinweg beschäftigen. Erst 1977 wird ein Zusatzprotokoll zur Genfer Konvention auch irregulären Streitkräften unter bestimmten Voraussetzungen einen Schutzstatus zusprechen.

Ende Juli unterzeichnen Preußen und Österreich den Vorfrieden von Nikolsburg. Damit ist auch der Einsatz der Helfer zu Ende. Bevor das Berliner Hauptdepot schließt, veranstaltet es noch eine große Lotterie zugunsten des Vereins. Auf je hundert Lose kommen immerhin fünf Treffer, alles Spenden, vom Klavier bis zur Kuchenschaufel und vom Schimmelhengst bis zum Bücherpaket. Vom Balkon aus verfolgen die Helfer anschließend die Siegesparade. Eine der Zuschauerinnen ist Elisabeth Lutze. »Als König Wilhelm durch das Brandenburger Tor einzog und an unserem Haus vorbeikam, an dem die Fahne mit dem roten Kreuz hing, hielt er an und grüßte mit dem Degen zu uns hinauf. Und wir warfen Kränze und Blumen herab.« Fünfzig Jahre später, mit Mitte siebzig, wird sie als Rotkreuzhelferin im Ersten Weltkrieg noch Nachtwachen auf Bahnhofsstationen übernehmen. Wie eine Klammer rahmen Aufstieg und Fall des späteren Kaiserreichs ihren Lebensweg ein. Aus dem Geist des Militarismus geboren, wird es durch ebendiesen Geist untergehen.

In der Parade zieht zwischen zwei rasselnden Regimentern auch ein Pastor mit, die Rotkreuzbinde am Arm. Aufgrund einer Verletzung muss er von zwei Sanitätern gestützt werden. Von allen Szenen prägt diese sich den Schaulustigen besonders ein. Der Pastor ist seit Menschengedenken der erste Zivilist in einer preußischen Parade – und der erste Verwundete. Auch Henry Dunant ist zur Siegesfeier geladen. Beim Festbankett im Schloss scharen sich alle um ihn. »Es herrschte ein wahrer Dunant-Kult«, befindet Martin Gumpert, einer seiner Biographen. »Es schien, als wäre der Krieg gegen Österreich eine Wohltätigkeitsveranstaltung zu Ehren der Konvention gewesen.« Zur Soiree zwei Tage später streift sich die Königin demonstrativ die Rotkreuzarmbinde über und führt Dunant in ihre Privatgemächer. »Wenn ein Krieg mit Frankreich ausbräche«, vertraut sie ihm an, »so würde man den französischen Verwundeten die gleiche Teilnahme entgegenbringen. Sie dürfen dessen sicher sein.« Hätte Dunant mehr Gespür für die Bedeutsamkeit des politischen Konjunktivs gehabt, er hätte in diesem Augenblick gewusst, dass Europa ein weiterer großer Krieg bevorstand.

»Aber sollten die Hilfsvereine nicht auch in Friedenszeiten wirken?« Köngin Augustas Frage ist rhetorischer Natur, denn ihre Entscheidung ist bereits gefallen. Wenige Wochen später ruft sie den Vaterländischen Frauenverein ins Leben. Unter dem Schirm des Roten Kreuzes soll er »durch augenblickliche Hülfsleistung bei Landeskalamitäten wie Krieg, Feuersbrünsten, Überschwemmungen und Seuchen die Noth erleichtern«. In vielen Städten Preußens bestehen bereits derartige Frauenvereine. Einige gehen noch auf die Befreiungskriege zurück, andere haben sich nach den Aufständen von 1848 in konservativen Kreisen gebildet, wieder andere erst während des Krieges gegen Österreich. Sie alle sollen dem neuen Dachverband als Zweigvereine beitreten. Andere deutsche Staaten gründen ähnliche Frauenvereine.

Die Liste der Gründungsmitglieder in Preußen liest sich wie ein *Who's Who* der besseren Gesellschaft. Die Berliner kennen ihre Namen bis heute aus dem Stadtplan: Frau Kommerzienrätin Borsig, Frau Geheime Kommerzienrätin Mendelssohn, Frau Generalin von Rieben (eine geborene von Bülow), Frau Minister von Roon, Frau Stadtsyndikus Duncker. Als einfaches Mitglied mit einem Monatsbeitrag von fünf

Silbergroschen ist auch Elisabeth Lutze von Anfang an dabei. Der Verein soll als einigendes Band für alle Schichten der Monarchie dienen. Analog zum Militär wird das Rote Kreuz aber vor allem zu einem bevorzugten Betätigungsfeld des Adels, der dort zugleich Loyalität zum Herrscherhaus zeigen kann wie auch Verantwortung gegenüber der Gesellschaft. Bis heute wirken viele Mitglieder adeliger Familien in seinen Reihen. Im Kreis Königsberg ruft Pauline Gräfin Dönhoff, geborene Lehndorff, einen Zweigverein ins Leben, als in Ostpreußen nach einer Missernte eine Hungersnot ausbricht. Für den Frauenverein die erste Bewährungsprobe. Der große Basar im Königlichen Schloss zu Berlin erbringt 70 000 Taler, insgesamt sammelt der Verein innerhalb weniger Monate 375 000 Taler. 8000 Zentner Hilfsgüter gehen ins Notstandsgebiet: Lebensmittel, Saatgut, Brennmaterial, Bekleidung. Eine Welle der Solidarität läuft durch Preußen.

Indem sie den Wirkungsbereich des Roten Kreuzes in die Friedenszeit hinein ausdehnt, schafft Königin Augusta jene Grundstruktur, die der Organisation bis heute ihre bemerkenswerte Anpassungsfähigkeit verleiht – zwischen Hilfe im Krieg und Wohltätigkeit im Frieden. Für diese Doppelstrategie hat sie ein Vorbild in der eigenen Familie: Ihre Tochter Luise, Großherzogin von Baden, hatte bereits 1859 den Badischen Frauenverein ins Leben gerufen. Nachdem der befürchtete Krieg mit Frankreich ausgeblieben war, wendet er sich zunächst der Betreuung von Wöchnerinnen zu. In der Folge schreibt der Verein sich dann auch die Linderung von Notständen und die Ausbildung von Krankenpflegerinnen auf die Fahnen.

Die Schwestern, anfangs noch »Wärterinnen« genannt, erhalten nach Abschluss der etwa viermonatigen Ausbildung ein Zeugnis, ein Geschenk der Großherzogin und ein Etui mit Instrumenten. Während einige sich der Krankenpflege auf dem Land widmen, bauen andere in Karlsruhe eine Pflegestation auf. Sie beziehen ein festes Gehalt, tragen dieselbe Tracht, leben in einer gemeinsamen Wohnung und richten schließlich auch noch ein Kinderheim ein. Wenig später eröffnet eine ähnliche Station in Pforzheim. Von 1861 bis 1917, sechs Jahre vor ihrem Tod, nimmt die Großherzogin Jahr für Jahr an der Christbescherung der Schwestern teil.

Mit dem Badischen Frauenverein beginnt eine spezifisch deutsche Rotkreuztradition, die der Schwesternschaften. Als weltlicher Orden organisieren sie das berufliche wie das persönliche Leben der traditionell unverheirateten Schwestern. »Sie sollen«, wie Luise wünscht, »eine Familie bilden.« Im Juni 1866 stellen sich die rund fünfzig bis dahin ausgebildeten Wärterinnen in den Dienst der Badischen Armee. Zur gleichen Zeit wird der Verein vom Genfer Komitee als nationale Hilfsgesellschaft anerkannt. Da Baden aufseiten Österreichs kämpft, stehen Augusta und Luise sich nun in verfeindeten Lagern gegenüber. Nach dem Krieg überbieten sie sich in schönster Mutter-Tochter-Rivalität in

Krankenwärterinnen um 1870. Links in Festtagstracht, rechts im Arbeitskleid mit Schürze. Die Rotkreuzbrosche gehört bereits dazu.

staatstragender Wohlfahrtspflege. Während für Augusta der vaterländische Charakter im Vordergrund steht, die Verbindung von patriotischer Gesinnung mit nützlichem Wirken für die Allgemeinheit, setzt Luise den Akzent stärker auf den Frauenverein, der die »berufliche Stellung des weiblichen Geschlechtes« ebenso befördern soll wie »das sittliche Denken und Empfinden«. In diesem Geiste unterstützt er nun invalide gewordene badische Soldaten und bedürftige Hinterbliebene und wendet sich ansonsten wieder der Kinderpflege, der Heilanstalt für Augen- und Frauenkrankheiten und der Ausbildung von Krankenwärterinnen zu.

Ein Kartell der Humanität

Neben engagierten Regentinnen gehören ausgerechnet die Militärs zu den eifrigsten Fürsprechern des Roten Kreuzes. Wenn selbst der preußische Kriegsminister für eine Idee Feuer und Flamme ist, wenn ein Hasardeur wie Napoleon III. sie zur Chefsache macht, wenn die Zarenfamilie sich dafür ins Zeug legt – dann dürfte sehr viel mehr im Spiel sein als bloße Menschenfreundlichkeit.

Tatsächlich bietet der Einsatz freiwilliger Helfer den Herrschern und ihren Generälen handfeste Vorteile. So erhöhen sie beispielsweise die Zahl der verfügbaren Kämpfer. In vielen großen Armeen marschieren in den hinteren Reihen Feldjäger mit, die Befehl haben, auf Deserteure zu schießen. Eine der wenigen Möglichkeiten, sich wenigstens für kurze Zeit aus dem Feuer zurückzuziehen, besteht darin, Verwundete zu den ruckwärtigen Verbandsplätzen zu bringen. Der preußische Militärtheoretiker und General Carl von Clausewitz hatte diese Praxis bereits Jahrzehnte zuvor als untrügliches Zeichen dafür angesehen, wer im Kampf die Oberhand gewonnen habe: »Schmelzen die Bataillone ungewöhnlich schnell zusammen, weil mit den Verwundeten Scharen von Nichtverwundeten zurückgehen, so muß der Feldherr wohl die Richtung erkennen, in welcher er sich mit seiner Schlacht befindet.« Wenn dagegen Zivilisten diese Aufgabe übernehmen, bleiben mehr Soldaten im Kampfgeschehen.

Am Schutz der Ärzte und Sanitäter haben alle Beteiligten ein vitales Interesse. Als Spezialisten sind sie für eine Armee schwerer zu ersetzen als gewöhnliche Soldaten. Je ungehinderter sie arbeiten können, desto mehr Verwundete überleben und stehen später eventuell wieder zur Verfügung. Mit der Zulassung freiwilliger Hilfsgesellschaften kann der Staat außerdem Fürsorge demonstrieren: Wir schicken euch ins Feuer, aber wir lassen euch nicht im Stich. Dem einzelnen Soldaten erleichtert das Wissen, dass er zumindest nicht rettungslos verloren ist, seine Aufgabe. Eine Situation also, die allen Vorteile bringt. Zumal der Krieg des Jahres 1866 zeigt, dass durch Spenden und Hilfsleistungen ungleich mehr Mittel zur Verfügung stehen, als wenn der Staat diese Aufgaben direkt finanzieren müsste. Alternativen wie die Erhebung einer Kriegssteuer gelten in der Bevölkerung als unpopulär, während diese die gleichen Mittel einer humanitären Organisation freudig zur Verfügung stellt – und ihre kostenlose Arbeitskraft dazu.

Im Laufe des 19. Jahrhunderts haben immer mehr europäische Länder die Wehrpflicht eingeführt. Damit betrifft nun jede militärische Auseinandersetzung die gesamte Gesellschaft unmittelbar. In dieser kritischen Phase hat Dunant ein wirksames politisches Instrument erfunden, ein Schweizer Taschenmesser für Kriegs- und Krisenfälle. Die kollektive Belastung eines Krieges kann so zu einem Teil in geordnete, nutzbringende Bahnen geleitet werden. Staat, Militär und Bevölkerung ziehen hier an einem Strang.

Hinter dem Siegeszug des Roten Kreuzes steckt also vor allem Realpolitik. Nicht umsonst spricht Dunant von einem »Kartell der Humanität«. Was bei ihm noch Ausdruck spontaner Fürsorge war, wird nun mit großer Geste inszeniert. »Zum Besten des Internationalen Werkes« wird 1867 in der Pariser Oper ein Ball veranstaltet. Begleitet von lebhaften Akklamationen, halten Kaiser und Kaiserin Einzug. Girlanden und Sterne schmücken den Saal, sechzig Kronleuchter erstrahlen. Das Orchester spielt die Nationalhymnen jener Länder, die der Konvention beigetreten sind. Danach wird bis früh um drei getanzt.

Auch auf der Weltausstellung im selben Jahr nimmt das Rote Kreuz einen prominenten Platz ein. Schwerpunkt der Schau ist ausgerechnet Französisch-Nordafrika, wo die Probleme der Mühlengesellschaft Henry Dunant allmählich über den Kopf wachsen. Wieder lenkt er sich mit anderen Dingen ab. Er träumt von der »Erneuerung Palästinas« und nimmt mit seinem Vorschlag eines »allgemeinen Weltkongresses« gar die Idee des Völkerbunds vorweg. Rückblickend könnte man ihm dafür prophetische Fähigkeiten attestieren. Doch vom Propheten zum Phantasten ist es nur ein kleiner Schritt. Für die Zeitgenossen demonstriert er mit diesen Ansinnen lediglich seine völlige Verkennung der politischen und kulturellen Realitäten.

Über seine geschäftliche Lage täuscht er sich ebenfalls. Für gewöhnlich machen seine Biographen vor allem die koloniale Bürokratie für das Scheitern als Unternehmer verantwortlich. Doch was, wenn er die neuen Konzessionen deshalb nicht erhält, weil man ihm die Aufgabe schlicht nicht zutraut? Auch und gerade an höchster Stelle? Nach einem Treffen mit Dunant in Algier schreibt Napoleon III. an Dufour: »Es genügt nicht, Luftschlösser zu bauen.« Der Kaiser lässt ihn abblitzen und vergibt die Konzession an die französische Konkurrenz.

Schließlich erwirbt die Mühlengesellschaft einen Steinbruch, den Dunant mit Gewinn weiterveräußern will. Zeitlich und finanziell in höchster Bedrängnis, verkauft er das Gelände zu einem überhöhten Preis an eine Genfer Bank, in deren Aufsichtsrat er sitzt. Jede andere Bank hätte das Geschäft strenger geprüft – und abgelehnt. Dann wäre die Mühlengesellschaft pleitegegangen, aber Dunant hätte vielleicht eine Chance gehabt, seinen Sturz leidlich abzufangen. So aber kommt es zu einer noch größeren Katastrophe. Denn wenig später ist die ganze Bank insolvent. Im nachfolgenden Gerichtsverfahren stellt sich heraus, dass sie weitere dubiose Transaktionen getätigt hat. In erster Instanz wird Dunant keine direkte Schuld zugeschrieben. Aber die geschädig-

Reste der Burg von Solferino, die seit dem Mittelalter eine Ruine war und in der Schlacht von 1859 abermals verwüstet wurde; lediglich die Kirche blieb damals unversehrt.

Schauriges Amphitheater: das Beinhaus von San Martino, in dem die sterblichen Überreste der in der Schlacht gefallenen Soldaten ruhen.

»Feuer!« Mit Begeisterung stellen Hunderte von Amateuren alljährlich die Schlacht von Solferino nach. Was heute nostalgisch anmutet, war einst tödlicher Ernst.

Der Kopfputz der piemontesischen Bersaglieri ist dabei stets ein Blickfang. Er besteht aus Hahnenfedern.

Blick auf die Gassen von Castiglione. Neben dem Dom wurde damals auch die Kirche von San Luigi als Behelfslazarett genutzt.

Zimmer mit Aussicht: Von seinem Quartier im Palazzo Pastorio blickte Henry Dunant direkt auf den Domplatz von Castiglione.

Die Kathedrale von St. Pierre in Genf, die Hochburg des Calvinismus.
Das gotische Gotteshaus wurde von den Bilderstürmern allen Dekors beraubt.

Von den Türmen der Kathedrale reicht der Blick weit über die Stadt und den Genfer See.

Der Innenhof des Rathauses. Im Saal des Rückgebäudes wurde 1864 die erste Genfer Konvention unterzeichnet.

Dunant in Genf: An der Außenfassade seines Geburtshauses in der Rue Verdaine prangt eine Gedenktafel.

Im Collège Calvin (links) ging Dunant zur Schule und besuchte dann oft seine Tante in der Rue du Puits-Saint-Pierre. Seit 1857 wohnte er selbst dort.

Das Treppenhaus im Genfer Palais de l’Athénée, in dem 1863 die Gründungskonferenz des Roten Kreuzes stattfand.

Die Mühle von Düppel: Während der Schlacht im Deutsch-Dänischen Krieg 1864 fast gänzlich zerstört, wurde sie zum Symbol der dänischen Nation.

Gedenkstein für die beiden ersten Genfer Delegierten Louis Appia und Charles van de Velde, die während des Deutsch-Dänischen Krieges im Einsatz waren.

Ein Kurort wie aus dem Bilderbuch: In Heiden im schweizerischen Appenzellerland fand Henry Dunant im Alter ein Refugium.

Zwei Jahre verbrachte er im nahen Lindenbühl, als Mieter einer kleinen Dachkammer im »Grand Hotel«.

Die Heilstätten von Hohenlychen im Norden Brandenburgs galten zur Kaiserzeit als eine der modernsten medizinischen Einrichtungen Europas.

Seit den neunziger Jahren aber verfällt die Anlage unaufhaltsam – eine Geisterstadt am See.

Хлеб растят не для объедков.
От зари и до зари.
Говорят в народе метко:
„Съесть не сможешь – не бери!"

Das DRK-Präsidium in Potsdam-Babelsberg. 1938 begonnen, konnte der Bau infolge des Krieges erst 1943 bezogen werden.

Das monumentale Gebäude sollte, so Präsident Ernst Robert Grawitz, »der großen stolzen Tradition des DRK sichtbaren Ausdruck verleihen«.

Ein Porträt Dunants spiegelt sich in einer Vitrine des Museums in Heiden mit einer zerschlissenen Rotkreuzfahne, die während des Bürgerkriegs in Angola benutzt wurde.

ten Aktionäre lassen nicht locker, schließlich geht es um eine Million Franken. In zweiter Instanz wird er 1868 wegen betrügerischen Bankrotts verurteilt. Als Mitgesellschafter verliert auch seine Familie den Großteil ihres Vermögens und den Landsitz von La Monnaie. Dunant selbst hat dem Ort der Schmach und Sitz seiner Gläubiger da bereits den Rücken gekehrt und sich nach Paris geflüchtet.

In jedem Land ist ein Bankrott ein schwerer Makel für den Betroffenen. Doch im calvinistischen Genf kommt er einem Verdammungsurteil gleich. Die herrschende Prädestinationslehre, derzufolge alles Glück und Unglück vorherbestimmt ist, sieht im wirtschaftlichen Erfolg des Einzelnen ein Indiz für das Walten der göttlichen Gnade. Wer derart tief stürzt wie Dunant, muss in Gottes Ungnade gefallen sein. Bis heute hat Genf die Ausstrahlung einer Stadt, die es nicht verzeiht, kein Geld zu haben.

Schon der erste Prozess hat Moynier, seit 1864 Präsident des Komitees, alarmiert: »Das Komitee hielt seine letzte Stunde für gekommen.« Aus Sorge, dass Dunants Ruin auch das Hilfswerk kompromittieren würde, drängt er ihn, als Mitglied und Sekretär des Komitees zurückzutreten. Am 25. August 1867 kommt Dunant dieser Forderung nach – und hört für das Internationale Komitee fortan auf zu existieren.

Diese rigorose Abwendung und das scheinbare Fehlen jeglichen Mitgefühls haben Gustave Moynier die Sympathien der Biographen gekostet. Das Scheitern des Angebots von Napoleon III., die Hälfte von Dunants Schulden zu übernehmen, sofern seine Freunde für den Rest aufkämen, ist möglicherweise ebenfalls auf Moyniers Widerstand zurückzuführen. Doch dessen Sorge, die Öffentlichkeit könne den Skandal um die Person Dunants nicht vom Roten Kreuz trennen und die Organisation ernsthaften Schaden nehmen, ist verständlich. Zudem sieht er die Gefahr einer Spaltung der Bewegung, da Dunant in der Folge versucht, immer wieder neue humanitäre Gesellschaften zu gründen.

Für Dunant bleiben der Bankrott und der Rauswurf aus dem Komitee nicht die einzigen Schicksalsschläge. Im Jahr 1868 stirbt seine Mutter, mit der ihn eine enge, treusorgende Beziehung verbunden hat. Er kann nicht einmal ihrer Beerdigung beiwohnen. Von diesem dreifachen Schlag wird er sich nie wieder erholen. Ein akuter körperlicher Zusammenbruch wirft ihn nieder, danach schleichen sich chronische seelische Schäden ein. Schwermut, Verfolgungsängste, Wahnvorstellungen. Er hat keine dauerhafte Bleibe und lebt zeitweise wie ein Clochard. Während das Rote Kreuz immer mehr Anhänger findet, versinkt sein Erfinder in Einsamkeit.

»Ein nie enden wollender Klagelaut«

1868 haben fast alle europäischen Staaten das Genfer Abkommen unterzeichnet. Im gleichen Jahr ruft im Osmanischen Reich ein gewisser Abdullah Bey – »ehemals Dr. Hammerschmidt«, ein Wiener Arzt in Konstantinopel – die nationale Hilfsgesellschaft ins Leben. Zehn der gut fünfzig Mitglieder des türkischen Vereins sind Frauen. Wie Gustave Moynier befriedigt hochrechnet, stünden nun im Ernstfall 200 Millionen Seelen unter dem Schutz der Konvention.

Auf einer Leistungsschau in Paris zeigen die Vereine eigene Entwicklungen: eine portugiesische Tragesänfte, ein italienisches Gurtbett, einen amerikanischen Feldoperationstisch, einen französischen Pferdeomnibus für Verwundete. 1869 schließt sich in Berlin eine internationale Konferenz an. Ein Hauptthema ist die Gewichtung von militärischen und zivilen Aufgaben. Vertritt Pastor Hahn anfangs noch die Meinung, dass die Hilfsvereine »während des Friedens wohl keine bestimmte Tätigkeit hätten«, fordert etwa Rudolf Virchow, der berühmte Pathologe und engagierte Liberale, »den vollen Einsatz für ein Friedensprogramm auf dem Gebiet der öffentlichen Gesundheitspflege, unabhängig von der Bereitschaft für den Kriegsfall«.

Ob nun für Kriegs- oder Friedenszeiten, an einer Professionalisierung der Pflege kann jedem Land nur gelegen sein. So gründet Marie Simon, eine sorbische Krankenschwester, die bei Königgrätz im Einsatz war, den sächsischen Albert-Verein. Im Großherzogtum Hessen entsteht der Alice-Frauenverein. Ähnlich dem Badischen Frauenverein sollen sie sich vornehmlich der Ausbildung von Krankenpflegerinnen und der Armenfürsorge widmen.

Auf der Berliner Konferenz schließen sich die deutschen Hilfsvereine unter einem gemeinsamen Dachverband zusammen. Die Federführung wird dem mit Abstand größten Verein zugesprochen, dem preußischen. Dieses neue Zentralkomitee, nunmehr mit »Z« geschrieben, ist der Vorgänger des Deutschen Roten Kreuzes und nimmt durch die Überwindung der nationalen Grenzen die Vereinigung des Deutschen Reichs 1871 vorweg.

Im August 1870 wird Adolf Schaal, Kontorist in einer Pariser Parfümerie, aufgefordert, Frankreich binnen 48 Stunden zu verlassen. So wie ihm ergeht es fast 50 000 anderen Deutschen in Paris. Frankreich hat Preußen den Krieg erklärt. Auf dem Bahnhof kampieren die Ausgewiesenen in Massen, von Gendarmen und Geheimpolizisten zugleich bewacht und beschützt. »Ein langer, langer Eisenbahnzug«, so Schaal, nimmt sie schließlich auf. Die Ausreise ist nur noch über die neutrale Schweiz möglich.

Auf beiden Seiten spielen Presse und öffentliche Meinung beim Entfachen des Krieges eine Schlüsselrolle. In einer kurz zuvor abgehaltenen Volksabstimmung über liberale Verfassungsreformen haben 83 Prozent der Franzosen Napoleon III. ihrer Zustimmung versichert. In dem Glauben, das Land hinter sich zu wissen, lässt er sich gegenüber Preußen zur Überheblichkeit verleiten, als es zu Meinungsverschiedenheiten über die spanische Erbfolge kommt. Seit der Absetzung von Königin Isabella II. 1868 ist der spanische Thron vakant. Prinz Leopold von Hohenzollern-Sigmaringen wird von vielen Beteiligten als Kompromisskandidat akzeptiert. Nur Frankreich sperrt sich vehement gegen eine Hohenzollern'sche Thronfolge, auch wenn der Prinz einer ganz anderen und überdies katholischen Linie des Hauses angehört als der preußische König. Dieser bewegt Leopold schließlich auch zum Verzicht auf die Kandidatur. Frankreich aber gibt sich damit nicht zufrieden und verlangt in der berühmten »Emser Depesche«, die Hohenzollern sollten dem spanischen Thron für alle Zeit entsagen. Bismarck gibt die Depesche an die Presse weiter. Das genügt, um beide Nationen in erbitterte Feindseligkeit zu stürzen – und in martialische Euphorie. Frankreich gilt in der Weltöffentlichkeit als Aggressor, der überzogene Forderungen gestellt und somit den Konflikt zu verantworten hat. Für Preußen ein großer Vorteil, da auf diese Weise für die süddeutschen Staaten der Bündnisfall eintritt.

»Gott segne es Ihnen!«, prangt auf den Spendenquittungen des preußischen Hilfsvereins. Schon in den ersten Tagen sammelt er 575 000 Taler. Vielerorts fertigen emsige Damen bei Nähabenden Bandagen, Leibbinden, Strümpfe und Haarnetze. In den Wirtshäusern im Rheinland werfen die Gäste für jeden gezechten Schoppen einen Obolus in eine Sammelbüchse. In Friesland ziehen Vögte und Lehrer mit Spendenlisten von Hof zu Hof.

Adolf Schaal schließt sich dem Sanitätskorps in Stuttgart an. Nach kurzer Einweisung wird er auf dem Bahnhof stationiert, wo die Helfer in drei Schichten Dienst tun, eingeteilt in vier »Rotten« zu fünfzehn Mann. Sie nehmen vor allem die Verwundetentransporte in Empfang. Meist werden die Züge erst kurz vorher telegrafisch angekündigt. Dann richten die Helfer die Tragbahren und das Verbandszeug her, benachrichtigen die Ärzte und die Damen vom »Erfrischungskomitee«, die Tee, Bouillon und Zwieback vorbereiten und bei Bedarf achthundert Mann in nur zwanzig Minuten versorgen können. In den wuchtigen Hallen des nahen Königsbaus hat der Sanitätsverein sein Hauptquartier aufgeschlagen. Pastor Hahn leitet die täglichen Besprechungen. Da Schaal Französisch spricht, betreut er vor allem die Gefangenen. Wobei ihm die Landsleute aus deutschen Gefilden fast exotischer vorkommen. In einem einzigen Zug zählt er Männer von 76 Regimentern, »der Sohn der Düne neben dem vom Fuß der Alpen«. Frisch verbunden, werden sie dann auf die Stuttgarter Lazarette verteilt. Mit jedem Zug kommen auch einige erkrankte oder verwundete Sanitäter an. Wobei der Einsatz in der Heimat ebenfalls gefährlich sein kann. Vom langen Dienst erschöpft, legt ein Kollege sich eines Nachts auf eine Trage und deckt sich zu. Am nächsten Morgen befällt ihn Unwohlsein, und wenige Tage später stirbt er an Typhus.

Zum ersten Mal kommen spezielle Sanitätszüge zum Einsatz. Vor allem Generalarzt Loeffler hat nach den Erfahrungen von 1866 darauf gedrängt. Den ersten Berliner Sanitätszug leitet Rudolf Virchow persönlich. Die Begeisterung für die rollenden Spitäler überbrückt selbst größte landsmannschaftliche Gegensätze: »Fast sämtliche preußische Evacuationscommissionen, welche bayerische Sanitätszüge gemustert haben, waren des Lobes voll.« Die Züge bestehen aus etwa dreißig Waggons, die so platzsparend und funktionell eingerichtet sind wie Schiffskajüten. Jeder ist mit fünf bis sieben Betten ausgestattet, mit Feldstuhl,

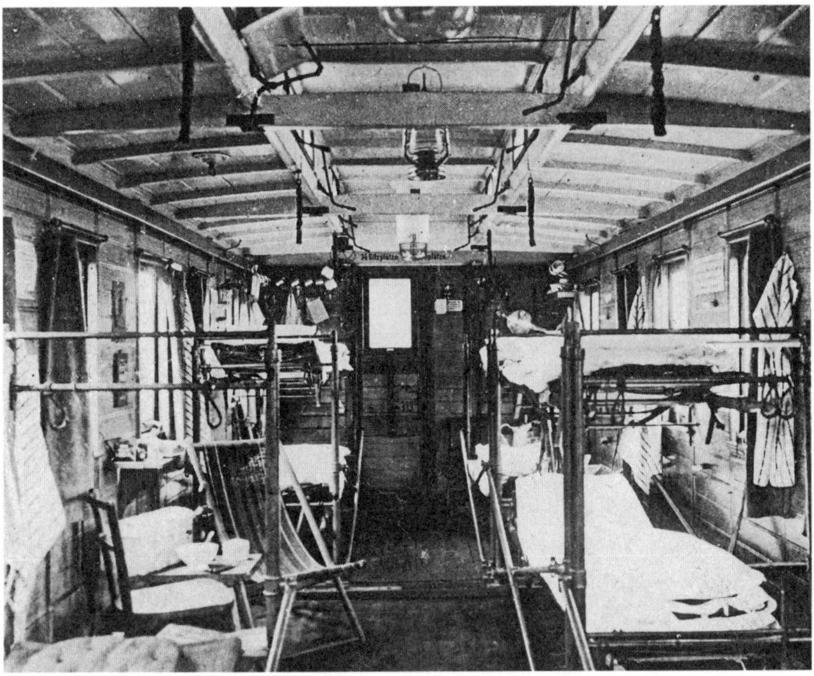

Krankensaal in einem Lazarettzug. Diese neue Form des Verwundetentransports beginnt 1870 und erreicht im Ersten Weltkrieg ihren Höhepunkt.

Waschbecken, Aschenbecher und Laternen. In den Ambulanzkästen stehen Karbolsäure, Rizinusöl, Chinin, Opium und Kamillentee einträchtig nebeneinander. Außerdem gibt es Waggons für das Begleitpersonal, einen Proviantwagen, einen Abortwagen mit Brennholzdepot und einen Dampfwagen, der in der Mitte des Zuges eingereiht wird, damit nach beiden Seiten hin geheizt werden kann. Zumindest die bayerischen Modelle führen außerdem einen Bierwagen mit. Ein typischer Zug ist mit einem Militärkommandanten, drei Ärzten, drei Medizinstudenten, fünfzehn Krankenwärtern, sechs Pflegerinnen, zwei Köchinnen und einem Zeugmeister besetzt. Eine Liste der Letzteren hat sich erhalten und nennt Berufe wie Hofvergolder, Stadtrichter, Fotograf oder Druckereibesitzer – gestandenes Bürgertum also, das sich in den Dienst der Sache stellt. Noch kommen mehr Männer als Frauen zum Einsatz und mehr geistliche Schwestern als weltliche.

Auch ein junger, aufstrebender Gelehrter hat sich als freiwilliger Helfer gemeldet: Friedrich Nietzsche. Von Erlangen aus dampft er im August an die Front – allerdings in einem ungefederten Viehwaggon. Erste Station ist das Schlachtfeld von Wörth im Elsass, wo Marschall Patrice de Mac-Mahon, Dunants Gönner, kurz zuvor eine schwere Niederlage erlitten hat. Nietzsches Trupp verlädt die Gewehre und Tornister der Gefallenen, dann geht es weiter nach Metz, das von den Preußen belagert wird. Auf der Rückfahrt betreut er zwei Tage lang Schwerkranke. Infiziert durch »Pestdünste«, muss er sich am Ende in Erlangen selbst einliefern, mit Ruhr und Diphtherie. »Trotzdem bin ich froh, wenigstens etwas bei der ungeheuren Not geholfen zu haben. Ich wäre sofort noch ein zweites Mal ausgefahren.« Während ihn die schauerlichen Bilder der Schlachtfelder verfolgen, konzipiert er sein bahnbrechendes Werk über die *Geburt der Tragödie*. »Ich erinnere mich, in einsamer Nacht mit Verwundeten im Güterwagen liegend, mit den Gedanken in der Tragödie gewesen zu sein.« Danach leidet er noch über Monate hinweg an nervösen Zuständen, »eine Zeitlang hörte ich einen nie enden wollenden Klagelaut«.

Andere Helfer erwischt es noch schlimmer. Ebenfalls von Erlangen aus leitet Professor Jakob Herz einen Spitalzug mit 566 Kranken. Zweimal täglich macht der Mediziner Visite. Kaum zurück, schreibt er seine Erfahrungen nieder: »Je geübter das Wartpersonal ist, desto weniger braucht man Ärzte.« In der Pflege schwört er auf freiwillige Helferinnen: »Am wenigsten eignen sich bezahlte Wärterinnen, zumal die jungen.« Nachdrücklich fordert er, dass Männer mit ansteckenden Krankheiten wie Typhus, Ruhr oder Lungenentzündung nicht transportiert werden sollten. Tragischerweise erliegt er selbst wenig später einer solchen Krankheit. Mit Herz hatte ein Stück deutscher Wissenschaftsgeschichte begonnen: Er war der erste jüdische Professor in Bayern.

Nicht nur rollende, auch schwimmende Lazarette kommen im Deutsch-Französischen Krieg zum Einsatz. Von Mainz aus dampfen sechzehn Schiffe mit Verwundeten rheinabwärts, auch auf Seine und Marne fahren Hospitalschiffe. Sie bleiben alle unbehelligt. Es ist der erste Krieg, in dem beide Parteien die Genfer Konvention anerkennen, und auch der erste, in dem Rotkreuzgesellschaften neutraler Staaten Hilfe senden, darunter Belgien, Schweden, Russland, Österreich-Ungarn, Italien, Spanien und Portugal. Allein Luxemburg leistet 63 Einsätze.

Es ist Neuland für alle Beteiligten; entsprechend dynamisch verläuft die Entwicklung. So fraternisieren dreihundert irische Helfer kurzerhand mit den Franzosen und kämpfen auf deren Seite mit. Bei vielen Zeitgenossen aber trägt der Geist der Konvention bereits Früchte. Ein aufrechter Ludwigsburger etwa protestiert dagegen, dass die Preußen ein Pariser Militärhospital beschießen, »obwohl es durch seine große Kuppel von weitem erkennbar und also für Kanoniere vermeidbar ist«. Nicht an Berlin appelliert er, sondern an das Internationale Komitee in Genf, das zunehmend als moralische Instanz gesehen wird. Dazu haben vor allem Gustave Moyniers Integrität und rhetorische Überzeugungskraft beitragen. Er versteht seine Arbeit denn auch als einen »Krieg gegen den Krieg«. Als ein algerischer Soldat mutterseelenallein in einem Genfer Hospital stirbt, gibt Moynier ihm stoisch das letzte Geleit – mit der Rotkreuzbinde am Arm.

In Basel eröffnet das Komitee ein riesiges Zentraldepot, eine neutrale Ambulanz für Verwundete beider Seiten sowie eine »Internationale Agentur«, die als Auskunfts- und Verbindungsstelle zwischen Kriegsgefangenen und ihren Angehörigen dienen soll und täglich bis zu achthundert Briefe weiterleitet. Als Louis Appia sich einer badischen Ambulanz anschließt, lädt er Clara Barton ein, ihn zu begleiten. Sie hatte als Krankenschwester im amerikanischen Bürgerkrieg gewirkt, anschließend vier Jahre lang einen Vermisstensuchdienst geleitet und manche der Genfer Ideen vorweggenommen. Umso mehr bedauert man es dort, dass das Rote Kreuz in Amerika nicht Fuß zu fassen vermochte. Obwohl Charles Bowles seinerzeit maßgebend an der Konvention mitgewirkt hat, haben die USA sie nicht unterzeichnet. Die Bemühungen, einen ersten, 1866 gegründeten Verein dauerhaft zu etablieren, waren wieder eingeschlafen.

Als der Krieg im Sommer 1870 ausbricht, weilt Barton zur Kur in der Schweiz. Im Gefolge Appias erlebt sie die Belagerung von Straßburg

Deutsches Lazarett bei Straßburg. In solchen Einrichtungen lernt Clara Barton die Kriegsarbeit des Badischen Frauenvereins schätzen.

und mehrere Gefechte mit. Immer wieder zieht es sie zwischendurch nach Karlsruhe, um in den Lazaretten zu helfen. Als sie zehn Jahre später den amerikanischen Verband neu begründet, hat sie den Badischen Frauenverein als Modell vor Augen: »Als ich die Arbeit der Rotkreuzgesellschaften im Felde sah, da sagte ich mir: Wenn ich leben bleibe, so will ich versuchen, meine Landsleute das Rote Kreuz und die Genfer Konvention verstehen zu lehren.«

Das deutsche Zentralkomitee lässt 80 000 Broschüren mit Erläuterungen zur Konvention verteilen. Ein Katechismus für die Kämpfer, für alle Fälle zweisprachig gehalten. Auf französischer Seite zeigt sich schnell, dass weder Kabinett noch Generalstab mit dem Genfer Abkommen vertraut sind, geschweige denn die Truppen. Der Sanitätsdienst zeichnet sich abermals durch Desorganisation aus, gepaart mit Überheblichkeit – die Armee scheint aus Solferino nichts gelernt zu haben. Auch sammeln die deutschen Hilfsvereine zehnmal so viel Geld wie ihr französisches Pendant. Selbst die unbeteiligten Briten überbieten die Franzosen in puncto Spendenfreudigkeit. Mit typisch angelsächsischer Fairness reichen sie das Geld zu gleichen Teilen an die Hilfsvereine beider Kriegsparteien weiter.

Ganze Städte wie Haguenau oder Dijon hissen beim Anmarsch des Feindes Hunderte von Rotkreuzfahnen, nur weil es heißt, dass Behelfslazarette nicht besetzt würden. Auch an den Tuilerien und am Louvre prangt das Symbol, in der vagen Hoffnung auf Schutz. Bäcker, Bauern und selbst Leichenfledderer legen die Binde an, als handle es sich um ein magisches Amulett. Mitunter wird das Emblem auch als Kriegslist eingesetzt: Als Sanitätsgehilfe verkleidet, entrinnt General Bourbaki der Belagerung von Metz. Einer der Ersten, die das Genfer Komitee eines Missbrauchs des Zeichens bezichtigt, ist ausgerechnet Henry Dunant. Der für seine Korrespondenz ein Briefpapier mit dem Phantasie-Logo eines »internationalen universellen Werkes der Humanität« benutzt, in dessen Mitte ein rotes Kreuz prangt. »Als Gründer dieses Werkes bin ich vollauf dazu berechtigt«, schreibt er trotzig an Moynier.

Ein Lazarett auf Schienen

Aus der Zeit des Deutsch-Französischen Krieges stammt eines der ersten Rotkreuzbücher einer Frau. Obwohl sie »das Eisenbahnfahren in gewöhnlichen Zeiten nicht verträgt«, begleitet Julie Freiin von Wöllwarth, Mitglied des Württembergischen Sanitätsvereins, einen Lazarettzug. Ein Onkel dient als Generalmajor, ein Bruder als Offizier, da will auch sie nicht zurückstehen. Die Diensttracht lernt sie bald zu schätzen: »Wir fühlten, welchen Schutz sie nach außen hin gewährte. Auch der Ruf ›Schwester‹ war wohltuend und sicherte unsere Stellung.« Bei einigen vermisst sie indes die »reine Triebfeder für das edle Werk« und tadelt deren Betragen: Eine Pflegerin tanzt in einem leeren Wagen mit einem Sanitätsmann, eine andere spielt Karten, eine dritte »kleidet sich theatralisch und läßt sich von den jungen Ärzten huldigen«. Wöllwarth arbeitet dagegen an, indem sie geistliche Schriften verteilt und mit pietistischer Inbrunst jeden Morgen zum Choralsingen ruft.

Nach ersten Erfahrungen im Hinterland zieht es sie mit Macht an die Front. »Ich sehnte mich in die Nähe des Schlachtfeldes, da dort Hilfe am nötigsten war.« Dieser Magnetismus der Front durchzieht die Rotkreuzliteratur bis in den Zweiten Weltkrieg; in der Etappe stationiert zu sein gilt beinahe als Degradierung. Schon die Anreise gerät zum Abenteuer. Als die Gleise, demontiert von den Franzosen, in den Ardennen plötzlich enden, erwägen sie, zu Fuß weiterzuziehen, verwerfen den Gedanken jedoch wegen der umherstreifenden Wölfe. Beim Rangieren wird ein belgischer Eisenbahner zwischen den Puffern zerquetscht, weil die schwäbischen Waggons anders gebaut sind. Bei Sedan wird eine Mitschwester von einer Kugel getroffen und bricht tot zusammen. Im Juragebirge haben die Franzosen versucht, zwei vierzig Meter hohe Brücken zu sprengen. »Wir dürfen es nicht wagen«, befindet der Lokomotivführer mit bebender Stimme. Doch der Kommandant insistiert: »Wir müssen.« Sie gelangen heil hinüber, werden dann aber aus der Festung Belfort heraus unter Beschuss genommen. »Es sollten wohl Schreckschüsse sein«, wiegelt Wöllwarth ab.

Sehr viel geordneter geht es da schon in Berlin zu, wo sie die Verwundeten in einem Barackenlager auf dem Tempelhofer Feld abliefern, dem Exerziergelände der Garnison. Königin Augusta inspiziert den Lazarettzug und zeigt sich programmgemäß beeindruckt von dessen Zweckdienlichkeit.

In der Schlacht von Sedan machen die deutschen Armeen über 100 000 Gefangene. Einer davon ist Napoleon III. Als daraufhin in Paris die Republik ausgerufen wird, bricht ein politisches Chaos aus. Die 83 Prozent Bonapartisten scheinen sich verflüchtigt zu haben. Statt die inneren Spannungen zurückzustellen, zerfleischt das Land sich selbst. Paris wird erst von den Preußen belagert, dann von den Truppen der Übergangsregierung, die gegen die aufständische Kommune vorgehen. Der Krieg mündet in den Bürgerkrieg. »Erstaunlich, wie man sich an dieses durch den Schlag der Kanonen gleichsam rhythmisch grundierte Leben gewöhnt«, notiert Edmond de Goncourt stoisch in sein Tagebuch. Hunger und Gewalt regieren die Stadt. Fleischstreifen von der Größe einer Visitenkarte werden verkauft, und nach und nach verschwinden Kängurus und Elefanten aus der Menagerie.

In dieser Phase läuft Henry Dunant für kurze Zeit noch einmal zu alter Form auf. Ein Hotelier bietet ihm freie Logis, in der Hoffnung, sich dadurch vor Einquartierung schützen zu können. Als handle es sich um die Residenz eines Botschafters, wehen von seinem Balkon die Schweizer Fahne und die Rotkreuzfahne. Er leiht mehreren Menschen seinen Pass und rettet ihnen damit womöglich das Leben. Unermüdlich betätigt er sich als Vermittler, besucht die Ambulanzen an den Champs-Élysées und gemahnt alle Lager an die Verpflichtungen der Konvention. Doch er bewegt sich auf gefährlichem Terrain. Die einen halten ihn für einen preußischen Spion, die anderen »für einen Anarchisten, Nihilisten, einen Anführer der Internationalen«. Beinahe hätte eine solche Verwechslung mit der kommunistischen Bewegung fatale Konsequenzen für ihn gehabt, als er verhaftet und vor ein Schnellgericht gestellt werden soll. Seither fühlt er sich noch mehr von Geheimagenten beschattet; möglicherweise lassen ihn seine Gläubiger tatsächlich durch Detektive überwachen. Es folgen unstete Jahre, mit wechselnden Wohnorten in Europa.

Napoleon III. geht nach England ins Exil. Als er dort von Dunants Misere erfährt, bittet er Leonie Kastner, eine vermögende Witwe, sich des Gestrauchelten anzunehmen. Sie finanziert während der nächsten Jahre weitgehend dessen Lebensunterhalt und bezahlt seine Kuren wegen ominöser Schwächeanfälle. Als ihm Gerüchte zu Ohren kommen, er habe sich bewusst eine reiche Witwe geangelt, bemüht er sich um Klarstellung: »Ich war nie der Geliebte dieser Dame.« Ansonsten ist von einem etwaigen Liebesleben Henry Dunants nichts bekannt, weder mit Frauen noch mit Männern. Besser dokumentiert sind die neuen Luftschlösser, die er zu dieser Zeit errichtet. Ob Internationale Bibliothek, Weltweite Allianz für Ordnung und Zivilisation, Internationale Palästina-Gesellschaft – keinem dieser Projekte ist Erfolg beschieden. Nur die Zusammenarbeit mit der Stuttgarter Templergesellschaft, einer pietistischen Siedlungsbewegung, die eine Kolonie im Heiligen Land gründen will, zeitigt bescheidene Ergebnisse.

Die noch vergleichsweise offene und pluralistische Ordnung Europas, in der Dunant aufgewachsen ist, weicht zunehmend der Herrschaft der Imperien. Befeuert durch die französischen Reparationszahlungen, steigt Deutschland zur Großmacht auf. Noch in Versailles hat sich Wilhelm am 18. Januar 1871 zum Kaiser proklamieren lassen und damit die Vereinigung der vielen Einzelstaaten zum Deutschen Reich in Gang gebracht. In Berlin wird daraufhin die Siegessäule aufgestockt und das Zeughaus zur Ruhmeshalle der preußischen Armee umgebaut. Diese lässt die lange Reihe der Schlachten Revue passieren, präsentiert erbeutete Geschütze und stellt pompöse Gemälde zur Schau, auf denen Wilhelm in Walhall einzieht. Gegen diesen patriotischen Dauerrausch, der im Zuge des Sieges und der Reichsgründung einsetzt, erheben sich nur wenige Stimmen. Darunter die von Friedrich Nietzsche: »Ein großer Sieg ist eine große Gefahr. Die menschliche Natur erträgt ihn schwerer als eine Niederlage.« Er beklagt den Irrtum der öffentlichen Meinung,

»daß auch die deutsche Kultur in jenem Kampfe gesiegt habe. Dieser Wahn ist im Stande, unseren Sieg in eine völlige Niederlage zu verwandeln: in die Niederlage des deutschen Geistes zu Gunsten des deutschen Reiches.«

Europa im Umbruch

Da jeder Staat nur eine Rotkreuzgesellschaft haben darf, hätte die Reichsgründung zu Komplikationen führen können. Aber die 27 deutschen Landesvereine sind ihrer Zeit voraus und haben bereits fusioniert. Neben dem preußischen Riesen sind auch Zwerge im Zentralkomitee vertreten: je ein Verein Reuß älterer und Reuß jüngerer Linie, einer für Schwarzburg-Rudolstadt und einer für Schwarzburg-Sondershausen. Trotz der Vereinigung legen die einzelnen Vereine Wert auf weitgehende Selbstständigkeit. Moynier ist diese föderale Konstruktion nicht recht geheuer. Noch Jahre später beauftragt er einen Greifswalder Staatsrechtler mit einem Gutachten. Und der bestätigt ihm: Die von den Einzelstaaten geschlossenen Verträge »bleiben rechtlich bindend. Sie sind die völkerrechtliche Mitgift, mit der sie den neuen Bund dotiert haben.«

Während man in Deutschland vorankommt, nimmt der internationale Ruf der Konvention durch die Reibereien im Nachgang des Krieges Schaden. Mehrere europäische Regierungen erwägen gar einen Austritt. Den einen geht »das Genfer Recht« zu weit, den anderen nicht weit genug. Es gibt auch noch keine Möglichkeit, Verstöße zu ahnden; Moyniers Vorschlag eines Schiedsgerichts wird abgeschmettert. Doch auf lange Sicht bereitet er damit den Weg zur Haager Landkriegsordnung und zum Internationalen Strafgerichtshof.

Auch außerhalb Europas entstehen unterdessen neue Gesellschaften. Ägypten tritt bei, auch der Schah von Persien lässt sich überzeugen, und 1877 schließt sich Japan der Bewegung an. Selbst der König von

Basutoland (heute Lesotho) erhält über einen französischen Missionar ein Widmungsexemplar der *Erinnerung an Solferino*, woraufhin er eine feierliche Volksversammlung einberuft. Nach dem Beginn des Salpeterkriegs 1879 treten Bolivien, Chile und Peru bei. Zwei Jahre später ist schließlich auch Clara Barton am Ziel: »Ein kleines, fremdes Schiff aus dem Ausland läuft in den amerikanischen Hafen ein – das Rote Kreuz.« Noch im gleichen Jahr erlebt es buchstäblich seine Feuertaufe, als bei Waldbränden in Michigan fast dreihundert Menschen sterben und Tausende in Not geraten. Der riesige Kontinent, in manchen Regionen häufig von Fluten, Dürren, Waldbränden oder Wirbelstürmen bedroht, fordert zum Kampf gegen die Naturgewalten geradezu heraus, weshalb das Rote Kreuz sich dort stärker auf zivile Aufgaben ausrichtet. Anders als die deutschen Vereine hat es auch eine durchaus emanzipatorische Stoßrichtung, die vor allem der streitbaren Miss Barton zu verdanken ist: »Die Frau sollte in Angelegenheiten des Krieges ihre Stimme erheben können, dafür oder dawider. Aber weil sie keine Rechte hat, muß sie sich dem Unrecht fügen. Und weil sie sich fügt, ist sie ein Nichts.«

Doch die rasante Entwicklung des Gesundheitswesens trägt zur Aufwertung weiblicher Arbeit bei. Aus dem karitativen Betätigungsfeld wird ein professioneller Heilberuf. Dieser Prozess ist eng an die Fortschritte der Medizin, besonders der Kriegsmedizin gekoppelt. »Wer Chirurg werden will, sollte zur Armee gehen und sie begleiten«, das hatte bereits Hippokrates geraten. Erstaunlich viele Pioniere der Heilkunst haben zeitweise oder hauptberuflich als Militärärzte gewirkt. Bernhard von Langenbeck, Theodor Billroth, Friedrich von Esmarch, Rudolf Virchow, August Bier und Robert Koch – sie alle sind im Sanitätsdienst gewesen und haben den Krieg als ein martialisches Laboratorium erlebt. Cesare Lombroso hat sich seine ersten Sporen im italienischen Befreiungskrieg verdient, Iwan Pawlow sein Handwerk an der Akademie für Militärärzte in Sankt Petersburg gelernt.

Richard von Volkmann, der am Feldzug gegen Frankreich teilgenommen hat, entwickelt durch den Vergleich von Kriegs- und Unfallverletzungen die Lehre von der Wundvergiftung. Nachdem schon die

»Große Fortschritte«: Während die Verwundeten 1866, wie hier in Kissingen, noch auf Ochsenkarren transportiert worden sind…

…stellt man auf der Wiener Weltausstellung 1873 diesen »komfortablen« Krankenwagen vor.

Entdeckung des Chloroforms die Medizin revolutioniert hat, werden nun durch entsprechende Desinfektion neuartige Operationen möglich. Moderne Kriegstechnik und moderne Medizintechnik entwickeln sich in wechselseitiger Abhängigkeit. Mit der Entstehung der Massenheere steigt auch die Bedeutung der Volksgesundheit. Seuchenhygiene, Bakteriologie und Tropenmedizin nehmen enormen Aufschwung. Die Fortschritte in der Behandlung bedingen eine Professionalisierung der Pflege. Ob Krankenwärter oder Operationsschwester – mit einfachen Handreichungen ist es längst nicht mehr getan. Waren männliche Kriegspfleger bislang noch die Regel, werden nun zunehmend Frauen favorisiert. Symptomatisch hierfür ist das Fazit eines amerikanischen Arztes aus dem Deutsch-Französischen Krieg: »Eine Pflegerin würde ich nicht gegen ein Dutzend Pfleger eintauschen.« Frauen wird eine Art Naturtalent zur Fürsorge zugesprochen; entsprechend prominent ist die Rolle, die sie in der Geschichte des Roten Kreuzes spielen. Angefangen bei der Gräfin Gasparin, an die Dunant jenen Brandbrief aus Italien schrieb. Noch im Jahr von Solferino eröffnet sie die erste freie Schule für Krankenpflegerinnen, die als »École La Source« bis heute unter den Fittichen des Schweizerischen Roten Kreuzes besteht. Zur gleichen Zeit wurde der Badische Frauenverein begründet, nach dessen Vorbild sich nun die deutschen Schwesternschaften entwickeln. Bis zum Ersten Weltkrieg werden über dreißig davon im ganzen Reich entstehen. Meist aus dem Vaterländischen Frauenverein heraus, manchmal zugleich als Stiftung einer adeligen Familie, unterstützt von Ärzten, Stadträten und Kirchenleuten. Einige schließen sich an Universitätskliniken an, die meisten errichten mit der Zeit eigene Krankenhäuser.

Wie bei den religiösen Gemeinschaften bleiben auch die Rotkreuzschwesternschaften unverheirateten Frauen vorbehalten. Zum einen lässt sich so für ledige Töchter des Adels und des Bürgertums eine dauerhafte Versorgung und eine standesgemäße Aufgabe schaffen. Zum anderen sind sie im Kriegsfall leicht zu mobilisieren. Die Bereitschaft dazu ist denn auch eine Bedingung für die Aufnahme. Halb Wohngemeinschaft, halb Kaserne, bilden die Mutterhäuser den Lebens- und

Arbeitsmittelpunkt der Schwestern. Jedem dieser Häuser steht eine Oberin vor, und jedes hat seine eigene Diensttracht. Die Haube verleiht den Schwestern symbolisch den Status einer verheirateten Frau, nur dass sie eben mit dem Roten Kreuz vermählt sind. Auf Gehorsam, Pflichterfüllung und untadeligen Lebenswandel wird größter Wert gelegt; bis Mitte der 1980er Jahre durften Männer viele Mutterhäuser nicht betreten, Ärzte und Dozenten ausgenommen. Die Schwestern erhalten eine Aufwandsentschädigung, das eigentliche Gehalt aber geht an das Mutterhaus, das dafür Kost und Logis bereitstellt, die Kranken- und Altersversorgung übernimmt und ein umfangreiches Ausbildungs- und Kulturprogramm organisiert.

Auch Tüftler und Techniker werden nun vermehrt beim Roten Kreuz vorstellig. Sterns Möbelfabrik aus Berlin bestürmt Gustave Moynier, beim nächsten Kongress eine patentierte Tragbahre für Treppen vorzustellen. Ein umtriebiger Kasselaner, Inhaber einer »Anstalt für schwedische Heilgymnastik«, offeriert seine Dienste zur »glücklichen Heilung schwieriger Krankheitsfälle«. Ein Stuttgarter Apotheker empfiehlt spezielle Kopfbedeckungen für Krankenpfleger. Ein Nürnberger Tausendsassa stellt sein mechanisches Feld- und Operationszelt auf Bahnhöfen, in Turnhallen und auf Messen zur Schau.

Nach dem Tod seiner Mitstreiter Maunoir und Dufour wird Moynier Mitte der 1870er Jahre mehr denn je zum Fixstern der Bewegung. Unermüdlich schreibt er Communiqués und Memoranden, Traktate und Depeschen, in denen er sich auch schon mal ironisch als »das Faktotum des Komitees« tituliert. Anders als Dunant verfügt er über die Gabe der Ironie. Neben den Mitteilungen der nationalen Gesellschaften gehen auch private Anfragen bei ihm ein. Im Januar 1877 meldet sich auf Empfehlung von Pastor Hahn eine junge Frau aus Stuttgart: Irma Tatarko ist zweiundzwanzig Jahre jung, gebürtige Ungarin und Hausmädchen bei einer Familie von Stand. Sie sei, schreibt sie, »durchdrungen von dem Verlangen, in dem zu erwartenden Kriege zwischen Russland und der Türkei der Sache der Humanität zu dienen.« Sie spräche fließend Russisch, Polnisch, Deutsch, Französisch und Ungarisch. Und sie sei festen Willens, schreibt sie, sich »in die Dienste der zutiefst menschlichen und geheiligten Institution des Internationalen Komitees zu stellen«.

Eine derart engagierte, schier unbezähmbare Hilfsbereitschaft vor allem des weiblichen Pflegepersonals flammt quer durch die Zeiten immer wieder auf. Doch zu einem so frühen Zeitpunkt darf Fräulein Irma sich getrost als Pionierin fühlen. In der Regel stellen die Frauen humanitäre Motive in den Vordergrund, während bei den männlichen Kollegen die patriotischen Töne stärker mitschwingen. In der Praxis ist beides nicht voneinander zu trennen. Irma Tatarko jedenfalls zeigt beachtliches politisches Gespür, denn drei Monate später greift Russland tatsächlich in den Balkankonflikt ein und erklärt der Türkei den Krieg.

Kreuz gegen Halbmond?

Vorausgegangen ist im Sommer 1876 der Aufstand der Serben gegen die osmanische Vorherrschaft. Doch bald müssen sie sich der türkischen Übermacht geschlagen geben, und nur die Schutzmacht Russland bewahrt sie vor Gebietsverlusten. Der im Februar 1877 geschlossene Friedensvertrag erweist sich als brüchig, denn zwei Monate später erklärt Russland seinerseits dem Osmanischen Reich den Krieg, um eine Neuordnung des Balkans zu erzwingen. Auch Serbien ruft, ebenso wie andere türkische Vasallenstaaten, noch einmal zu den Waffen. Erst ein Jahr später kehrt in der Region wieder gespannte Ruhe ein.

Um ihre Bestrebungen nach mehr Souveränität zu untermauern, haben die Serben kurz vor Beginn der militärischen Auseinandersetzungen auch eine eigene Rotkreuzgesellschaft gegründet. Bald schon berichten sie nach Genf, dass ihre Sanitäter und Ambulanzen von den Türken gezielt beschossen würden. Offenbar aus Unkenntnis des Hilfswerks und der Konvention überhaupt halten die türkischen Soldaten das Schutzzeichen für ein religiöses Symbol. Im historischen Gedächtnis der Osmanen ist noch präsent, dass die abendländischen Kreuzritter einst ein rotes Kreuz auf der rechten Schulter trugen, dem sie auch ihren Namen verdankten.

Parallel zu den serbischen Beschwerden geht bei der Schweizer Regierung als treuhänderischem Depositarstaat des Genfer Abkommens ein Schreiben der Hohen Pforte (bis 1922 lautete so die Bezeichnung für den Sitz der osmanischen Regierung) ein, dass das bisherige Zeichen »das religiöse Empfinden mohammedanischer Soldaten verletze«. Als Reaktion kehren die Türken kurzerhand ihre eigene Fahne um. Dieser »Rote Halbmond« soll fortan das Symbol ihrer Hilfsorganisation sein. Mit dem Ergebnis, dass die Gefährdung der serbischen Sanitätskräfte bestehen bleibt, dass nun aber aus Unkenntnis des türkischen Sonderweges auch deren Ambulanzen unter Beschuss geraten, weil die Serben den Halbmond als Hoheitszeichen der Regierung ansehen.

Dieses eigenmächtige Ausscheren aus einem völkerrechtlichen Vertrag sorgt für erhebliche diplomatische Verstimmung, und das Internationale Komitee wird mit den Grenzen seines Einflusses konfrontiert. Während es selbst die Konvention hoch und heilig hält, wird sie von den beteiligten Staaten je nach Bedarf interpretiert und als strategisches Instrument benutzt. Über Jahrzehnte hinweg wird die Frage der Einheitlichkeit des Emblems immer wieder diskutiert werden, zumal später auch andere islamische Länder den roten Halbmond übernehmen. Man muss sich schließlich damit arrangieren und stellt das Zeichen – allerdings erst im Jahr 1929 – auch völkerrechtlich mit dem des roten Kreuzes gleich.

Nach diesem vorerst letzten großen Konflikt gleitet Europa und mit ihm das Rote Kreuz allmählich hinein in die Belle Époque. Mit all ihren technischen Errungenschaften, ihrem ungebrochenen Glauben an den allgemeinen Fortschritt der Menschheit – und mit Jahrzehnten des Friedens.

KAPITEL 4

»Hilfsbereit zu jeder Stund'«

Das Rote Kreuz im Kaiserreich

Leichter wird uns der Tornister,
Singen wir ein munt'res Lied.
Lachen über den Philister,
Der nichts weiß von Reih' und Glied.
MORGENGRUSS DER SANITÄTSKOLONNE

Nach drei Kriegen in nur sieben Jahren geht es für die deutschen Rotkreuzvereine darum, den hohen Organisationsgrad und erheblichen politischen Einfluss zu behalten – und sich gleichzeitig neue Wirkungsfelder und Einnahmequellen zu erschließen. Ein kollektiver Kraftakt wie zuletzt im Krieg gegen Frankreich, der Helfer und Geldgeber gleichermaßen mobilisiert hat, steht in Friedenszeiten nicht zu erwarten. Und so fächert sich das Repertoire immer weiter auf, im Zusammenspiel mit der politischen und sozialen Entwicklung des Kaiserreichs.

In den 1880er Jahren entstehen vielerorts Sanitätskolonnen, feste Abteilungen aus freiwilligen Helfern und Krankenträgern. Oft schließen sich Veteranen des Kriegerbunds dafür mit örtlichen Turn- und Schützenvereinen zusammen. Die Mitglieder müssen unbescholten sein und sich zu vaterländischer und monarchistischer Gesinnung bekennen. Sie werden durch Ärzte geschult und nach dem Vorbild der militärischen Sanitätseinheiten organisiert, mit Uniform, Rangordnung und regel-

Das Cecilienhaus des Vaterländischen Frauenvereins in Berlin-Charlottenburg ist eine der bedeutendsten Rotkreuzeinrichtungen der Kaiserzeit. Es steht noch heute.

mäßigen Übungen. Mal auf dem Schulhof, mal am Hafen oder am Bahnhof. Auch schmissiges Liedgut darf nicht fehlen, für das bekannte Melodien einfach mit neuen Texten unterlegt werden. Zur Tonfolge der »Wacht am Rhein« singt der Trupp dann »Du rotes Kreuz auf weißem Grund / stehst hilfsbereit zu jeder Stund'.«

Im Schnitt umfassen diese Kolonnen zwischen zwanzig und vierzig Mann. Mit zu den größten dürfte die Sanitätskolonne Stuttgart gezählt haben, bestehend aus einem Kolonnenführer, fünf Patrouillenführern, einem Hornisten und sechzig Krankenträgern. Zur Grundausstattung gehören zwei Verbandspäckchen, eine »Labeflasche« mit Trinkbecher und eine Tasche mit Schere, Bürste, Seife und Nähzeug. Dazu der bewährte Westentaschenplan, der die wichtigsten Maßnahmen bei Quetschungen, Knochenbrüchen, Erfrierungen, Scheintod und »plötzlicher Geisteskrankheit« in Erinnerung ruft.

Von Zeit zu Zeit finden öffentliche Schauübungen statt. Die anwesenden Durchlauchten, Minister, Militärinspekteure und Ehrengäste verleihen ihnen die höheren Weihen. Quer durch die Rotkreuzgeschichte dienen derartige Manifestationen immer auch der Selbstdarstellung des jeweiligen Systems. So wohnt den alle zwei Jahre stattfindenden Großübungen in Elsass-Lothringen der kaiserliche Statthalter des neuen Reichslandes bei. Von den Übungen selbst, an denen sich gut fünfhundert Mann beteiligen, wird wenig berichtet, außer dass sie, wie nicht anders zu erwarten, »einen glänzenden Verlauf« genommen hätten. Einmal beteiligt sich auch eine Gruppe französischer Sanitäter daran, »ausgezeichnet uniformiert und ausgerüstet«. Unter dem Zeichen des Roten Kreuzes sind derartige Gesten leichter möglich; das Wohl der Allgemeinheit dient hier als gemeinsamer Nenner.

Bis 1907 entstehen allein in Preußen über 800 Sanitätskolonnen, bestehend aus insgesamt 25 000 Mann. Sie können als typische Repräsentanten des Kaiserreichs angesehen werden: obrigkeitstreu, ordnungsliebend, Stützen der Gesellschaft. Leiter der Kolonne ist häufig ein ehemaliger Militärarzt. Wie Dr. med. Carl Falckenberg in Gelsenkirchen. Als Medizinstudent hat er bereits am Feldzug gegen Frankreich teilgenommen. Getreu seinem Wahlspruch »Edel sei der Mensch, hilfreich und gut« wirkt er auch als Schul- und Armenarzt sowie als Stadtverordneter. In die Rotkreuzarbeit »gräbt er sich förmlich ein«. Von Bochum bis Paderborn unterrichtet er Interessierte in Erster Hilfe und vermittelt medizinische Grundkenntnisse. Zusätzlich betätigt er sich als Schriftführer sowohl des Rotkreuz-Zweigvereins als auch des Vaterländischen Frauenvereins in Gelsenkirchen, dem seine Frau Johanna, die Musik- und »Haushaltskünste« studiert hat, über vierzig Jahre hinweg ebenfalls angehört. Für seine Lebensleistung erhält Falckenberg den Titel eines »Geheimen Sanitätsrats« sowie mehrere Orden und Rotkreuzmedaillen. Als er 1917 stirbt, bedauert die Gelsenkirchener Lokalzeitung den Verlust eines Arztes, »der ein ganzer Mann war«. Tochter Hanny führt die Passion der Familie fort. Zur Beerdigung kann sie nicht kommen, da sie als Rotkreuzschwester an der Westfront im Einsatz ist. Die Sanitätskolonne gibt ihrem Vater das letzte Geleit.

Aus den Kolonnen heraus erwachsen auch die Anfänge des Rettungsdienstes im Roten Kreuz. Oft in Zusammenarbeit mit Krankenhäusern, Kommunen und Berufsgenossenschaften. Gerade den Veteranen in den Kolonnen traut man die entsprechende Kompetenz zu. Schließlich ist eine Bergung aus der Kampfzone nichts anderes als eine Notfallrettung unter erschwerten Bedingungen, und die Verlegung eines Verwundeten in ein Etappenlazarett kann als typische Krankenbeförderung angesehen werden. Auch Katastrophen haben diese Männer schon erlebt – im Vergleich mit einer Feldschlacht wirkt selbst ein Zugunglück noch überschaubar.

Die Nürnberger Kolonne etwa nimmt 1895 ihre Arbeit auf. Für kurze Strecken kommt eine »Handmarie« zum Einsatz, eine Art Schubkarre für Verletzte. Schon Louis Appia hatte, angeregt durch seine Erfahrungen im italienischen Krieg, solche fahrbaren Tragen konstruiert. Seither sind die verschiedensten Modelle und Patente erprobt worden, stets mit dem Ziel einer schnellen, aber möglichst erschütterungsfreien Beförderung. Bis heute verwenden Notfallhelfer fahrbare Tragen, denen die gleichen Bauprinzipien zugrunde liegen. Für längere Strecken kom-

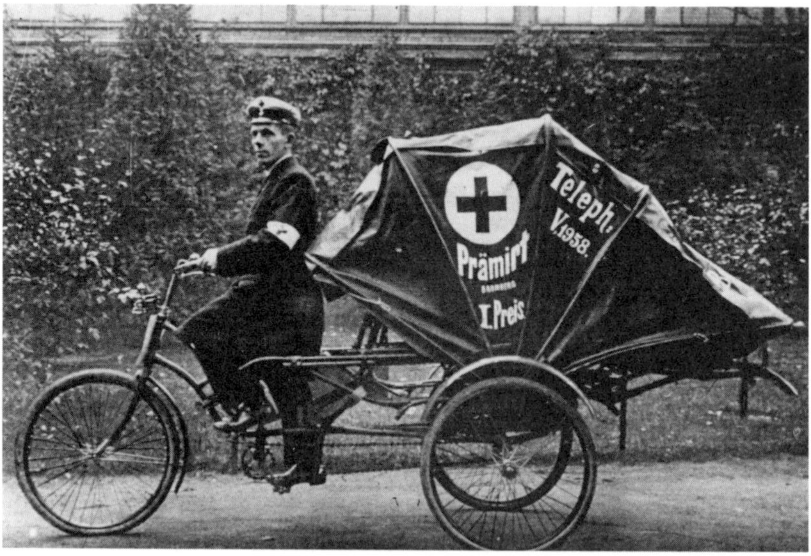

Hauptsache mobil: Dieses Lastenfahrrad aus dem preußischen Bromberg brachte seinem Konstrukteur um die Jahrhundertwende eine Auszeichnung ein.

Auf Dauer setzen sich dann jedoch Automobile als Kranken- und Rettungsfahrzeuge durch.

men zunächst pferdebespannte Sanitätswagen zum Einsatz, in Nürnberg auch eine umgerüstete Leichenkutsche. Die Radfahrerkolonne tüftelt eine Konstruktion aus, bei der die Trage zwischen zwei Velozipeden aufgespannt werden kann. Für den Transport mehrerer Verletzter bestückt man große Fuhrwerke mit acht Holzpritschen und spannt zwei Kaltblüter vor. 1908 schafft die Kolonne dann das erste Automobil an. Viele dieser Vehikel sind bis heute im Nürnberger Rotkreuzmuseum zu bestaunen, wie sie überhaupt zum festen Bestand fast jeder Rotkreuzsammlung gehören. Als das Museum im unterfränkischen Hofheim einen Anruf erhielt, man habe auf dem Dachboden »einen komischen Kinderwagen« gefunden, wussten sie gleich, woran sie waren. Die Rolltrage, ein stattliches feldgraues Exemplar mit Leinenverdeck, war noch bis in die 1960er Jahre hinein beim Sportverein im Einsatz.

Der Eremit von Heiden

Dass Henry Dunant noch am Leben ist und dass er sogar in Deutschland wohnt, wissen damals nur wenige. Über zehn Jahre hinweg findet er in Stuttgart bei Pfarrer Wagner ein Zuhause. Diese Zeit ist nur spärlich dokumentiert; es scheinen verlorene Jahre gewesen zu sein. Er schließt sich einem Wunderheiler an und lässt sich einen Bart bis zum Knie wachsen. Immerhin erfreut er sich eines kleinen Bekanntenkreises, zu dem neben den Pastoren Hahn und Wagner auch Mitglieder der Templergesellschaft und die Familie Nick gehören. Bei seinen Spaziergängen lernt er Rudolf Müller kennen, einen jungen Lehrer, der fortan ein enger Freund und Mitarbeiter wird. Auf der Hasenbergsteige, wo Wagners Haus stand, erinnert heute ein Denkmal an den scheuen Gast. Der Bildhauer Martin Raff hat vier Marmorwürfel versetzt aufeinandergetürmt; ein fünfter steht etwas abseits. Zusammengesetzt ergäben sie ein Kreuz. Der Stein stammt aus Carrara – Castiglione lässt grüßen. Mit Dunants wichtigsten Daten versehen, verkörpert die Stele die Brüchigkeit seines Lebens, aber auch dessen Stärke und Unvergänglichkeit.

Als erst Wagner und schließlich auch dessen Frau stirbt, muss sich Dunant verändern. 1887 lässt er sich in Heiden nieder, einem idyllischen Kurort im Appenzellerland. Der Autor der *Erinnerung an Solferino* ist inzwischen knapp sechzig Jahre alt, ratlos, ziellos, heimatlos. Die schweren Koffer, mit denen er in der »Pension Paradies« ankommt, enthalten kaum persönliche Habe, dafür umso mehr Korrespondenz, Zeitungsartikel und Schriften. Heiden tut ihm gut, der Blick über den Bodensee lässt Kindheitserinnerungen an den Landsitz am Genfer See lebendig werden. Als seine Wirtsleute im nahen Lindenbühl ein Grandhotel eröffnen, schließt er sich ihnen an. Dort haust er in einer engen Dachkammer, die das Stübchen von Spitzwegs armem Poeten fast noch wie eine Suite erscheinen lässt. Durch eine Luke blickt er auf Wald und Hügel – der See ist nicht mehr zu sehen. Die Depressionen und Angstvorstellungen nehmen wieder zu. Zum Glück kommt er kurze Zeit später im Bezirkskrankenhaus von Heiden unter, als Dauerpensionär für drei Franken am Tag. Doktor Hermann Altherr nimmt sich seiner an. Dessen Frau stammt aus Savoyen, fast eine Landsmännin also. Noch einmal kehrt Dunants alter Unternehmungsgeist zurück, und er regt die Gründung einer Rotkreuzsektion in Heiden an. Mit den Jahren aber wird er immer wunderlicher. Verfolgungsphantasien und Vergiftungsängste peinigen ihn; man kann Altherrs Güte und Langmut nur bewundern. Was Dunant wohl dazu gesagt hätte, dass das Rote Kreuz heute selbst Pflegeheime betreibt? Dass es Schuldnerberatungen anbietet?

Allmählich spricht sich herum, dass der Begründer des Roten Kreuzes in Heiden wohnt. Den Durchbruch bringt 1895 ein Artikel in der populären Illustrierten *Über Land und Meer*, verlegt von der Deutschen Verlags-Anstalt. Dunant empfängt den Journalisten Georg Baumberger im Schlafrock. Wallender Bart, weiche Stimme, durchgeistigte Bescheidenheit – ganz wie ein Guru. »Man begreift, daß dieser Mann eine Weltmission zu erfüllen imstande war.« Die spartanischen Lebensverhältnisse stehen in krassem Kontrast zur glamourösen Vergangenheit, den einzigen Zimmerschmuck bildet die Hausordnung. Bewegt ruft

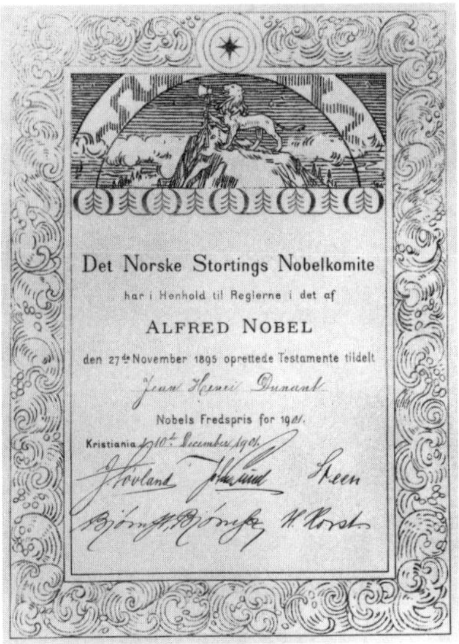

Det Norske Stortings Nobelkomite
har i Henhold til Reglerne i det af
ALFRED NOBEL
den 27de November 1895 oprettede Testamente tildelt
Jean Henri Dunant
Nobels Fredspris for 1901.
Kristiania 10de December 1901.

1901 erhält Henry Dunant gemeinsam mit Frédéric Passy den Friedensnobelpreis. Rechts ein bislang unveröffentlichtes Porträt aus Familienbesitz.

Baumberger zum Engagement für einen Engagierten auf. Sein Appell zieht Kreise. Dunant erhält Orden und Ehrendoktorwürden, Zuwendungen von Rotkreuzsektionen und Stiftungen. Fridtjof Nansen gratuliert zum Geburtstag, Clara Barton und Rudolf Virchow treten für ihn ein, die Zarenwitwe beehrt ihn. Allmählich findet der verlorene Vater des Roten Kreuzes wieder Kontakt zu seiner weltweiten Familie.

Damals stiftet der schwedische Industrielle Alfred Nobel einen Preis, der in fünf Kategorien an herausragende Persönlichkeiten vergeben werden soll, »die der Menschheit den größten Nutzen gebracht haben«. 1901 werden diese Auszeichnungen zum ersten Mal verliehen: Gemeinsam mit dem französischen Pazifisten Frédéric Passy erhält Henry Dunant den Friedensnobelpreis. Die Entscheidung ist nicht unumstritten. Bertha von Suttner, die sich ansonsten sehr für Dunant einsetzt, moniert, dass die Auszeichnung nicht im Sinne des Stifters sei. Das Rote Kreuz sei keine Friedensinstitution, sondern diene als »Kriegserleichterer« für Regierungen und Militärs.

Da der Laureat den weiten Weg scheut und die Öffentlichkeit dazu, fährt er nicht nach Christiania (heute Oslo). Seinen Anteil von gut 100 000 Schweizer Franken stellt er wohltätigen Zwecken zur Verfügung. Als ihn hingegen ein paar Monate später der Zar einlädt, überlegt er ernsthaft, nach Sankt Petersburg zu reisen. Auf reichlich naive Art gilt seine Verehrung nach wie vor den Machthabern. Mit dieser Fixierung hat er dem Roten Kreuz ein schwieriges Erbe hinterlassen. Stellt man seiner Verklärung etwa die schonungslose Klarsicht Leo Tolstois gegenüber – »Es herrschen häufig die schlechtesten, unbedeutendsten, grausamsten, sittenlosesten und verlogensten Menschen« –, wird Dunants politische Unbedarftheit deutlich. Den wenige Jahre später erfolgenden Amoklauf der Monarchien muss er nicht mehr miterleben.

Fast möchte man angesichts des Nobelpreises von einem Happy End für Dunant sprechen. Die Tragik liegt darin, dass er sich danach erneut in seiner Isolation verschanzt. Obwohl körperlich noch rüstig, verbringt er die letzten Jahre in selbstgewählter Klausur auf seinem Zimmer. Der Menschenfreund als Misanthrop.

Kampf dem inneren Feind

Sein Werk aber wächst unaufhaltsam weiter. Gerade in Deutschland beginnt um die Jahrhundertwende ein goldenes Zeitalter des Roten Kreuzes. Immer mehr Mutterhäuser werden gegründet, immer mehr Kliniken entstehen, immer neue Sozial- und Wohlfahrtsprojekte entwickeln sich. Vordergründig mag es scheinen, als würde die Organisation sich damit der militärischen Sphäre entfremden. Doch wie im Rettungswesen lassen sich militärischer und gesellschaftlicher Nutzen oft kaum voneinander trennen. An der »Hebung der Volksgesundheit« etwa oder an der Verringerung der Kindersterblichkeit hat jede Armee ein vitales Interesse. Ebenso an der Seuchenbekämpfung, da Epidemien häufig nach Kriegen ausbrechen. So kann das Rote Kreuz sich neue Bereiche erschließen, ohne seiner Bestimmung untreu zu werden. Wobei die Gewichtung ein Balanceakt bleibt. In Kriegszeiten gerät es leicht unter Zivilisten-, in Friedenszeiten unter Militaristenvorbehalt. Vielleicht ist es dieser ewige Zwiespalt, der die Institution umso mehr dazu treibt, sich in der Mitte der Gesellschaft zu etablieren.

Beredten Ausdruck findet diese Ambivalenz in einem *Büchlein für die Mutter*, welches das Bayerische Rote Kreuz um 1904 herausbringt. Ein Ratgeber mit Mahn- und Merkworten an die Mütter und mit Rezepten für preiswerte Volksgerichte. Auf den ersten Blick verfolgt das Büchlein einen modernen Ansatz, widmet es sich doch großen Themen der Zeit wie etwa Hygiene und Gesundheitsaufklärung. Auf den zweiten Blick schlägt dann aber doch der Stallgeruch des Roten Kreuzes durch. So tragen die Männer auf den Illustrationen zur Ersten Hilfe Uniformen. Und als in einem fiktiven Gespräch unter Frauen die Rede auf die »menschenfreundlichen Genossenschaften« vom Roten Kreuz kommt, erfolgt eine euphorische Reaktion: »Und ob ich dabei bin. Gemeinsinn und Vaterlandsliebe, das gehört sich.«

Als eine der verbreitetsten Krankheiten der Zeit gilt »Nervosität«, besonders in Großstädten. Schon Kinder zeigen eine Reihe bedenklicher Symptome: »Schreckhaftigkeit, Schüttelbewegungen, Bettnässen, Blinzeln, Jähzorn, Zerstreutheit, Neigung zur Lüge, Tierquälerei«. Unnütze Gemütsaufregung, etwa mit geräuschvollem Spielzeug, sei zu vermeiden, reizlose, leicht verdauliche Kost hingegen anzuraten. Frau Oberamtsrichter Heumann empfiehlt außerdem, nur sparsam zu züchtigen.

Unter den Autoren finden sich etliche Militärärzte, was bei diesem Thema doch etwas verwundert. Ein ehemaliger Assistenzarzt der Landwehr gibt Ratschläge zur Ernährung des Säuglings (»Glaubt ja nicht, daß vermehrter Biergenuß für das Stillen nützlich sei«), ein Generalstabsarzt doziert in einer Art und Weise über Kinderkrankheiten, dass man den Eindruck bekommt, Kindheit sei fast so gefährlich wie ein Krieg: Kinder verschlucken Knöpfe und ätzende Säuren, erfrieren sich die Ohren und fallen vom Tisch kopfüber auf den Boden.

Auch wenn manches daran heute humoristisch anmutet – das *Büchlein für die Mutter* hatte einen ernsten Hintergrund. Um die öffentliche

Gesundheit ist es damals schlecht bestellt, auch und gerade in Bayern. Liegt die Säuglingssterblichkeit in Norddeutschland vielerorts unter zehn Prozent, so sind es hier 25, in einzelnen Orten gar 45 Prozent. München galt lange als Typhushochburg; erst um 1890 haben sich die hygienischen Verhältnisse durch Reformen bei Kanalisation, Schlachthäusern, Müllabfuhr und Wasserversorgung verbessert. Die ärgste Geißel dieser Zeit ist die Tuberkulose. In Deutschland sind etwa eine Million Menschen betroffen, 100 000 sterben jährlich daran. Sie grassiert vor allem in den Städten, besonders unter der armen Bevölkerung, deren Lebensverhältnisse eine Ansteckung begünstigen und eine effektive Behandlung erschweren. Das Rote Kreuz sagt diesem »inneren Feind« den Kampf an. Dank großzügiger Schenkungen von Geld und Grundeigentum können zahlreiche Heilstätten errichtet werden, bevorzugt in Regionen mit unverschmutzter Luft: im Schwarzwald, im Harz, im Riesengebirge. Trutzburgen des Wohlbefindens, thronen die Sanatorien meist auf bewaldeten Hügeln und signalisieren schon aus der Ferne Geborgenheit und Optimismus. Bald entstehen aber auch im Flachland weitläufige Anlagen, so in Grabowsee und Hohenlychen nördlich von Berlin.

Parallel zu den Sanatorien werden Waldschulen für kränkliche Kinder eröffnet, die wegen der Ansteckungsgefahr nicht zusammen mit gesunden Kindern unterrichtet werden können, aber auch nicht in ihren engen Wohnungen bleiben sollen. Für ein bis zwei Monate besuchen sie eine solche Waldschule, bis sich ihr Befinden so weit bessert, dass sie wieder ihr gewohntes Leben führen können. Eine der ersten dieser Einrichtungen entsteht in Mönchengladbach. Die Kinder fahren morgens mit der Kleinbahn hinaus in den Kiefernwald. Dort erhalten sie ein zweites Frühstück, das für manche das erste gewesen sein dürfte. Das Gebäude erinnert an ein nordisches Blockhaus, die Klassenzimmer sind mit Märchenszenen bemalt. Wobei der Unterricht nach Möglichkeit im Freien stattfindet. Nach dem Mittagessen wird Liegekur gehalten. Es folgen Spiele oder Spaziergänge, Barren und Kletterstangen sorgen zusätzlich für Bewegung. Abends gibt es nach der Vesper noch einen Becher Milch, dann fahren die Zöglinge mit der Kleinbahn wieder nach Hause.

Die Kaiserin im Schrebergarten

Ebenfalls »zur Hebung der Volksgesundheit« richtet das Rote Kreuz 1901 in Berlin-Charlottenburg die erste Kolonie mit Kleingärten ein. Ziel ist »die Erholung des Arbeiters und seiner Familie in frischer Luft, die Besserung der Ernährung und wirtschaftlichen Lage, die Kräftigung der Jugend, die Kräftigung des Familiensinnes und die Ablenkung vom Wirtshausbesuch«. Diese sogenannten Arbeitergärten sollen dem rasch zunehmenden Proletariat »ein erfrischendes Gegengewicht gegen das Wohnen in der Mietskaserne« bieten. Bald bestehen allein in Berlin mehrere Dutzend Kolonien mit fast zweitausend Laubenpiepern; andere Großstädte folgen diesem Beispiel. Das Rote Kreuz tritt als Generalpächter auf und überlässt den Gärtnern die Parzellen gegen eine geringe Pacht. Die meisten von ihnen sind Arbeiter, Handwerker und kleine Angestellte; kinderreiche Familien und erholungsbedürftige Personen werden bevorzugt.

An einem lauen Juniabend Anfang des Jahrhunderts herrscht in den dreihundert Parzellen der Kolonie »Jungfernheide« reges Treiben. Die Kleingärtner ernten Stachelbeeren, jäten Unkraut oder trinken gemütlich einen Schoppen. Da zieht ein Pulk von Menschen den Hauptweg entlang, begleitet von Hochrufen: »Ihre Majestät, die Kaiserin!« Über den Zaun hinweg erkundigt sie sich nach Ernteerträgen und Familienverhältnissen, besichtigt so manche Laube und nimmt huldvoll die eilig geschnittenen Blumensträuße entgegen. Am Spielplatz hat sie für jedes Kind ein freundliches Wort.

Auguste Viktoria ist unangemeldet erschienen und hat sichtlich Freude an der Verblüffung ihrer Untertanen. Nicht ganz so überraschend scheint der Besuch indes für ihre Entourage gekommen zu sein. Der

»Friede, Freude, Eintracht, Segen«: In der Berliner Jungfernheide richtet das Rote Kreuz einen seiner ersten Arbeitergärten ein.

Vorstand des Vaterländischen Frauenvereins Charlottenburg und die Vorsitzenden der Arbeitergärten sind vollständig versammelt: Frau Staatsminister Freifrau von Rheinbaben, Frau Staatsminister von Thielen, Frau Konsul Flora Fränkel, Regierungsrat Dr. Stöcker, Oberstabsarzt Dr. Rietner sowie Direktor Jachmann. Eine bezeichnende Momentaufnahme der wilhelminischen Gesellschaft. Den Arbeitern traut man zwar die Bewirtschaftung der Gärten zu, die Verwaltung aber bleibt besser in den Händen des konservativen Establishments.

Auch der Frauenverein im Kreis Usedom-Wollin stützt sich auf die örtlichen Honoratioren: Frau Bürgermeister, Frau Amtsgerichtsrat, Herr Major, Herr Postdirektor. Die beiden Ostseeinseln sind einerseits klassische Provinz, landwirtschaftlich geprägt und dünn besiedelt. Andererseits vervielfachen 200 000 Feriengäste im Jahr die Bevölkerungszahl und bringen städtisches Publikum an die Küste. Viele davon aus Berlin, angeführt vom »obersten Schirmherren des Reiches«, der in den Kaiserbädern Erholung sucht und Flottenmanövern beiwohnt, während Kaiserin Auguste Viktoria in Swinemünde den Frauenverein mit ihrem Besuch beehrt.

Im Urlaub sind die Menschen offener und freigebiger als im Alltag, weshalb der Verein mit einem erhöhten Spendenaufkommen rechnen darf. Drei Mark Mitgliedsgebühr bringen jährlich achthundert Mark in die Kasse, weitere tausend bringen Konzerte, Theatervorstellungen und Vorträge ein. Kantor Palm und Gesanglehrer Schmalz, die Liedertafeln, die Kurkapellen und der Chor des Lyceums, sie alle tragen ihr Scherflein bei. Daraus bestreitet der Verein kleinere Ausgaben in der Armenfürsorge und gibt jährlich tausend Portionen Suppe an mittellose Kranke und Wöchnerinnen aus. Um den Bau eines Siechenheims – den heutigen Pflegeheimen entsprechend – zu finanzieren, veranstaltet er einen Basar, an dem sich rund hundert Damen beteiligen. Kasse und Glücksbude spielen 3200 Mark ein. Zwei Wahrsagezelte erbringen 150, der Bowleausschank 180 und der Tiroler Tanzplatz 240 Mark. Als Renner entpuppen sich jedoch »Rosenbar und Kußzelt«, für welche sich die Fräuleins Gerndt, Haupt, Peters und Krause selbstlos zur Verfügung stellen – 400 Mark. Insgesamt erbringt die Benefizaktion 11 160 Mark und 15 Pfennige. Als noch ergiebiger erweist sich wenig später der Blumentag in den Seebädern. Zweitausend »holde Maiden« bieten, begleitet von Aufsichtsdamen mit Rotkreuzarmbinde, künstliche Kornblumen feil. Dank einiger Kurkonzerte und Tanzabende werden insgesamt weitere 16 000 Mark eingenommen. Der Frauenverein kann die Grundsteinlegung planen.

Fast jedes Jahr finden zudem außerplanmäßige Aktionen statt. Die Frauen sammeln für die Opfer der Überschwemmungen in Sachsen und der Cholera in Hamburg, für die Hinterbliebenen von Schiffs- und Grubenunglücken, aber – als vaterländischer Verein – auch für das Bismarckdenkmal der Provinz Pommern und zur Silberhochzeit Ihrer Majestäten. Eine gewisse regionale Präferenz ist nicht zu leugnen: Nach dem Vulkanausbruch auf Martinique, dem 28 000 Menschen zum Opfer fallen, kommen lediglich 38 Mark zusammen, nach dem Brand

Früh schon sind Rotkreuzhelfer auch bei »Landeskalamitäten« im Einsatz. Hier um 1900 bei Hochwasser am Unterlauf der Weichsel.

mehrerer Höfe in Ulrichshorst immerhin 506 Mark. Die Küstenbewohner sind auch selbst immer wieder von Naturkatastrophen betroffen. Vor allem die winterlichen Sturmfluten bringen sie in schwere Bedrängnis. Haushohe Wogen überfluten Dünen und Dämme, dringen in Ställe und Häuser ein, spülen Hab und Gut fort. Dampfer stranden, Fischerboote und Netze werden ramponiert. Zu Silvester 1904 reißt ein Orkan die neue Badeanstalt von Misdroy in Stücke und spült auch noch fünfzehn Boote auf die Trümmer. In Peenemünde steht die Schule unter Wasser, obwohl sie an vermeintlich sicherer Stelle errichtet wurde. Der Kreisverein veröffentlicht Hilferufe in großen Zeitungen, die Bäderdirektionen schreiben ihre Stammgäste an. Rund 9000 Mark kommen so zusammen, dazu »Allerhöchste Gnadengeschenke« des Kaisers und der Kaiserin.

Auch wenn diese Art der Mittelbeschaffung heute nostalgisch anmutet – Lotterien, Basare und Altkleidersammlungen gehören nach wie vor zum Repertoire des Roten Kreuzes. Auch die Glücksbuden gibt es noch.

Eine steht jedes Jahr auf dem Nürnberger Christkindlesmarkt, vermutlich schon seit der Kaiserzeit. Marianne Thaller ist seit 1958 im Einsatz. »Mädchen für alles« sei sie gewesen, beherrsche »das kleine und das große Helfer-Einmaleins«. Sie leistet Betreuungsdienste im Altenheim, hilft beim Blutspendedienst und treibt unermüdlich Geld auf, bei Straßensammlungen, auf der Spielwarenbörse und bei der Tombola. Befragt, ob sie auf Auslandseinsätzen dabei gewesen sei, antwortet sie: »Nur aamal in München.«

Warum ist sie all die Jahre dabeigeblieben? Warum stellt sie sich sechzig Stunden im Monat ehrenamtlich zur Verfügung? Als Antwort genügt ihr ein Wort: »Nächstenliebe«. Damit sei doch alles gesagt. Auch wenn der alte Rotkreuzgeist im Laufe der Jahre gelitten habe, möchte sie sich keinesfalls zur Ruhe setzen. »Damit ich ned zu Hause sterb.«

Gut eingemummt und mit gefütterten Stiefeln hält Marianne Thaller die Stellung. Der Stand liegt günstig an der Flanke des Marktes. Für hundert Punkte winken ein Messerblock oder ein Luftbefeuchter, für fünfzig ein Teddybär oder ein Spielzeugauto, für zwei ein Kugelschreiber. Rund 1200 Lose verkauft sie am Tag, am Wochenende auch mehr, zu fünfzig Cent das Stück. »Die Leute wollen ein gutes Werk tun, aber schon auch was gewinnen.« – »Ist da was drin?«, fragt hoffnungsfroh ein junger Mann. »Des waas i ned«, erwidert Frau Thaller wahrheitsgemäß und mit einem Anflug von Ungeduld in der Stimme. Die Menschen erwarten immer viel zu viel vom Leben.

Die Lichter funkeln, die Abendglocken läuten. Von zwei Kaltblütern gezogen, rollt eine Postkutsche vorüber. Der Postillion stößt ins Horn, und für einen Moment glaubt man sich zwei Jahrhunderte zurückversetzt. Der Weihnachtsmarkt weckt noch im hartgesottensten Erwachsenen das Kind. In Kindern dagegen große Wünsche; Marianne Thaller erlebt regelmäßig kleine Tragödien. »Schulklassen sind am schwierigsten. Wehe, einer gewinnt etwas und die anderen nicht. Der ganze Tag ist im Eimer.« Da hilft es auch nur bedingt, dass sie sich zur Advokatin des Realitätsprinzips macht und den Enttäuschten erklärt, dass man nicht immer nur gewinnen kann.

Städtische Mütterberatungsstelle für Säuglingsfürsorge in Trier, um 1910. Auch Ammen und Kindermädchen kommen zur Beratung.

In Bekleidungsstellen wie hier in Mülheim an der Ruhr können sich ärmere Menschen mit dem Nötigsten eindecken.

In Swinemünde widmet man sich seit der Jahrhundertwende verstärkt der »Volkshygiene«. Die Damen verteilen Merkblätter zur Säuglingsfürsorge und organisieren einwandfreie Kindermilch. Ein Verleihdienst für Krankenpflegeartikel stellt bedürftigen Patienten Badewannen, Wärmflaschen und Irrigatoren zur Verfügung, die Freimaurerloge spendet einen Rollstuhl. Die »Brockensammlung« verteilt alte Kleidung, Hüte, Stiefel an arme Familien, »sofern Gewähr vorhanden ist, daß diese Stücke auch wirklich getragen und nicht etwa verkauft werden«. Wohingegen die Auszeichnung treuer weiblicher Dienstboten heute kein Pendant mehr haben dürfte: Nach zehnjähriger Dienstzeit erhält die Hausgehilfin ein Diplom, nach fünfzehn Jahren ein Diplom und eine silberne Brosche, nach zwanzig Jahren ein Diplom und eine bessere silberne Brosche. Übertriebene Freigebigkeit wird man dem Verein in dieser Hinsicht nicht vorwerfen können. 1906 wird eine »Kinderbewahranstalt« eingerichtet. Trotz des etwas befremdlichen Namens erfüllt sie die Funktionen einer heutigen »Kita« und ist für die damalige Zeit ebenso fortschrittlich wie der Samariterinnenkursus beim Kreisarzt. Ein Drittel der Damen erklärt sich bereit, im Mobilmachungsfall in einem Reservelazarett zu helfen. Der Frauenverein ist sich also durchaus bewusst, dass sich die Zeiten ändern können. 1907 trifft Wilhelm II. in Swinemünde noch seinen Cousin Zar Nikolaus II. Sieben Jahre später werden die beiden Monarchen ihre Länder in einen Krieg gegeneinander hetzen.

Bis ans Ende der Welt

So, wie das Rote Kreuz sich Ende des 19. Jahrhunderts neue Arbeitsfelder erschließt, so dehnt es sich auch in neue Territorien aus. Der »Frauenverein für Krankenpflege in den Kolonien« beschickt Stationen von Togo bis Samoa mit Pflegerinnen, und in Südwestafrika errichtet er ein eigenes Krankenhaus. Allein für den Weg von der Küste nach Windhuk sind die Schwestern im Ochsengespann drei Wochen lang unterwegs.

Deutsche Auswanderer verbreiten die Ideen des Roten Kreuzes damals weit über die Kolonialgebiete hinaus. So erhält Gustave Moynier 1904 einen Brief aus Punta Arenas im äußersten Süden Chiles. Absender des Schreibens ist ein Hotelier mit dem typisch chilenischen Namen Siegfried Braun. Mit echtem Rotkreuz-Enthusiasmus beantragt er die Anerkennung der Ortsgruppe als nationale Hilfsgesellschaft. Chile hatte zwar die Konvention im Jahr 1879 anerkannt, aber nie eine eigene Gesellschaft gegründet.

Braun stellt die überwiegend deutschstämmigen Vereinsmitglieder vor und schickt eine Inventarliste, wie sie sich auch ein preußischer Zweigverein nicht besser wünschen könnte. »Wir machen unsere Arbeit, wenn sie nötig wird.« Nur eine Kleinigkeit fehlt, und natürlich weist Moynier seinen Briefpartner am Ende der Welt darauf hin: die Approbation der Regierung. In seiner Antwort gibt Braun keine klare Begründung, sie lässt sich aber zwischen den Zeilen erahnen: Die Hauptstadt ist weit, 2000 Kilometer weit, Regierung und Militär zeigen an derlei Dingen kein Interesse, die Siedler bleiben auf sich gestellt. Das Städtchen liegt an der Magellanstraße, damals eine der wichtigsten Schiffsrouten der Welt, freilich auch eine der gefährlichsten. Tatsächlich stellt der Verein seine Leistungsfähigkeit mehrfach unter Beweis. Im Russisch-Japanischen Krieg schickt er ein Versorgungsschiff diagonal über den Pazifik. Und als ein verheerendes Erdbeben Valparaiso erschüttert, sammelt das Damenkomitee von Punta Arenas (dem unter anderem Ulrike Braun, Zilly Braun, Josefina Braun und Lucia Braun angehören) Geld- und Sachspenden, woraufhin sich vierzehn Helfer auf den Weg ins Notstandsgebiet machen.

All diese Einsätze unternehmen die wackeren Chilenen in eigener Regie, während Moynier, den Regeln der Institution folgend, auf den vorgeschriebenen Formalitäten beharrt. Ob er dabei jemals an die Anfänge der Bewegung zurückgedacht hat? Als er und seine Mitstreiter eilends eine Genfer Sektion des noch gar nicht bestehenden Schweizerischen Roten Kreuzes gründeten, nur um Louis Appia und Charles van de Velde als Delegierte in den Krieg nach Dänemark schicken zu können? Im Falle von Puntas Arenas zieht sich die Korrespondenz über zwanzig Jahre hin. Während Señor Braun und seine Mitstreiter wertvolle Arbeit leisten und auch die Seenotrettung übernehmen, irren sie zugleich durch den Paragraphendschungel. Je nach den Einsprüchen des Genfer Komitees ändert sich ihr Briefkopf: »Chilenisches Rotes Kreuz«, »Rotes Kreuz der Provinz Magellanes«, »Rotes Kreuz von Feuerland«. 1909 erkennt das Internationale Komitee den Verein schließlich an. Da sich jedoch die Bestätigung durch die Regierung weiter in die Länge zieht, dauert es noch einmal weitere fünf Jahre, bis alle Formalitäten erledigt sind. Dann bricht der Erste Weltkrieg aus – und niemand denkt mehr an Feuerland.

1919 schickt Genf eine Anfrage nach Chile. Hocherfreut antwortet daraufhin ein Frauenverein vom Roten Kreuz in Santiago. Merklich verunsichert fragen die Schweizer beim chilenischen Justizministerium an, welche Gesellschaft denn nun die staatlich anerkannte sei. Die Antwort kommt dann aber vom Kriegsminister: Beide Gesellschaften würden anerkannt, repräsentiert würde das Chilenische Rote Kreuz jedoch vor allem durch ihn. Selten dürfte das Komitee derart perplex gewesen sein. Der Frauenverein lässt schließlich der älteren Gesellschaft den Vortritt, ein neuer Kriegsminister zeigt etwas mehr Einsicht, und so erhält das Chilenische Rote Kreuz mit Sitz in Punta Arenas endlich die höheren Weihen.

Unter Beschuss

Zu mehreren Kolonialkriegen entsendet der deutsche Zentralverein, unterstützt vom Auswärtigen Amt, um die Jahrhundertwende großangelegte Hilfsexpeditionen. Den Auftakt bildet der Burenkrieg in Südafrika. Obwohl tief im Inneren des Kontinents gelegen, haben sich Transvaal und der Oranje-Freistaat durch Gold- und Diamantenfunde rasch entwickelt. Den Briten, die die Kapkolonie regieren, sind die beiden Burenrepubliken ein Dorn im Auge, an ihren Bodenschätzen wären sie dann aber doch interessiert. Im Oktober 1899 kommt es zum Krieg. Während die englischsprachige Welt naturgemäß die Briten unterstützt, steht die Öffentlichkeit in Mittel- und Nordeuropa überwiegend aufseiten der Buren. In vielen Ländern bilden sich Freiwilligenkorps. In Berlin gründen Kolonialfreunde und prominente Vertreter der Intelligenz den Burenhilfsbund. Die Stimmung erinnert – wenn auch mit anderen politischen Vorzeichen – an die Aktionsgruppen während des Bürgerkriegs in Nicaragua in den 1980er Jahren.

Als Kolonialmacht in Südwestafrika ist Deutschland von diesem Konflikt indirekt mitbetroffen. Auch leben viele Deutsche in den Burenstaaten, wo Ortsnamen wie »Heilbronn« und »Heidelberg« keine Seltenheit sind. Drei Ärzte, vier Schwestern und vier Pfleger machen sich von Hamburg aus auf den Weg; eine zweite Expedition folgt wenige Wochen später. Beide führen ein komplettes Feldlazarett mit. Die politische Bedeutung der Mission zeigt sich auch darin, dass die Helfer von

Für die medizinische Versorgung der Kolonien spielt das Rote Kreuz eine wichtige Rolle. Hier ein Sanitäter aus Deutsch-Südwestafrika in voller Montur.

Kaiser Wilhelm II. verabschiedet und von Paul Krüger, dem Präsidenten der Südafrikanischen Republik, willkommen geheißen werden.

Mit einem Postdampfer der deutschen Ostafrika-Linie geht es zunächst bis Moçambique. Binnen 24 Stunden bringt ein Sonderzug die Helfer von Lourenço Marques nach Pretoria; auch heute geht es kaum schneller. Fast die gesamte Stadt ist elektrifiziert, verfügt über Straßenbahnen, Telefonnetz und eine moderne Wasserversorgung. Expeditionsleiter Hermann Küttner, Chirurg in Tübingen, besucht die etwa 1500 britischen Gefangenen in Pretoria. Die Mannschaften sind auf der Rennbahn untergebracht, die Offiziere in einer Schule. Die einen spielen Kricket, die anderen Tennis, es herrschen vergleichsweise humane Bedingungen. Einer der Insassen ist ein junger Kriegsberichterstatter namens Winston Churchill. Tags darauf gelingt es ihm, aus dem Camp zu fliehen. Er schlägt sich bis zur Küste durch, wofür er später zu Hause als Held gefeiert wird.

Zur Ausrüstung der Expedition gehört ein Röntgenapparat – einer der ersten überhaupt, die in Afrika zum Einsatz kommen. Und zwar mitten im Busch, in Jacobsdal, einem strategisch bedeutsamen Ort unweit der Diamantenminen von Kimberley. Petroleummotor und Dynamomaschine werden mit Ochsengespannen aus einer Goldmine herbeigeschafft. Jacobsdal liegt nicht nur unmittelbar an der Front, die Front fegt sogar mehrfach darüber hinweg. Das deutsche Feldlazarett, in dem Buren und Engländer friedlich nebeneinander liegen, gerät dabei unter Beschuss. Eine Granate kracht ins Dach – gottlob ein Blindgänger. Küttner rühmt die Kaltblütigkeit der Schwestern, »welche aus den exponierten Räumen nicht fortzubringen waren und bei ihren Verwundeten ausharrten, trotzdem die Kugeln rechts und links neben ihnen einschlugen«. Briten wie Buren schießen mit neuen, kleinkalibrigen Waffen, die den Medizinern insofern als »humaner« gelten, als die Wunden, die sie verursachen, weniger eitern. Es kommen aber auch hochexplosive Lydditbomben zum Einsatz, gegen die sich ebenso internationale Proteste erheben wie gegen die Internierung der burischen Zivilbevölkerung in riesigen Camps. Liest man heute deren Bezeich-

— 172 —

Der Rettungsdienst während der Berliner Kaisertage (4.–6. Mai 1900).

Von Dr. Paul Frank, Inspektionsarzt der Berliner Unfallstationen.

Die großen Menschenansammlungen, welche gelegentlich der Feierlichkeiten zur Anwesenheit Sr. Maj. des Kaisers Franz Joseph zu erwarten waren, hatten dem Berliner Polizei-Präsidium Veranlassung gegeben, umfassende Schutzmaßregeln für Einzel- und Massenunfälle in den Feststraßen zu treffen.

Das Kuratorium der Berliner Unfallstationen, die Berliner Sanitätskolonne und der Zweigverein Berlin des Vaterländischen Frauenvereins hatten vom Polizeipräsidium die Aufforderung erhalten, den Sanitätsdienst während der Tage des 4., 5. und 6. Mai einzurichten. Zu diesem Zweck waren ihnen vom Polizei-Präsidium an fünf verschiedenen Plätzen Räumlichkeiten zur Verfügung gestellt worden und zwar als Station I Räume in der Schloßapotheke, Station II am Opernhause in der Bank des Berliner Kassenvereins, Station III Unter den Linden 19, Station IV Unter den Linden 1 und Station V im Josty'schen Grundstück am Potsdamer Platz.

Die dritte Sanitäts-Abordnung des Rothen Kreuzes nach Transvaal.

Die Vertheilung der Vorbereitungen unter den drei in Betracht kommenden Korporationen war nun derartig, daß die Berliner Unfallstationen die einzelnen Wachen mit Aerzten besetzten, deren außer dem Berichterstatter acht thätig waren. Außerdem sorgten die Unfallstationen für Verbandmaterial, Schienen 2c., welche während der ganzen Zeit in reichlichem Maaße auf den Stationen vorräthig gehalten wurden. Ferner wurden in unmittelbarer Nähe der Stationen I, II, III, IV und V bespannte Krankenwagen bereit gehalten, denen die Passage seitens der Mannschaften der polizeilichen Exekutive im weitesten Maaße erleichtert wurde. Seitens der Sanitätskolonne waren für den Dienst an den drei in Betracht kommenden Tagen unter Aufsicht des Vorsitzenden, Herrn Behrens, und des Führers, Herrn Wolter, im Ganzen 6 Sektionsführer und 100 Mann zur Verfügung gestellt worden. Ferner waren von den der Kolonne gehörigen Tragbahren 20 Stück auf die verschiedenen Stationen vertheilt, während die Kommunikation zwischen den Stationen durch radfahrende Mitglieder der Kolonne hergestellt wurde. Der Zweigverein Berlin des Vaterländischen Frauenvereins stellte unter Oberleitung Ihrer Durchlaucht der Prinzessin Elisabeth zu Hohenlohe und der Aufsicht der Damen von dem Knesebeck, Lehr, Demigke-Drehna, Perkuhn, Staudt und Uhles 10 ausgebildete Kriegskrankenpflegerinnen, welche zu je zweien in den verschiedenen Stationen thätig waren.

Während der Dienst der Damen des Vaterländischen Frauenvereins und der Aerzte größtentheils innerhalb der Stationen sich abspielte, hatten die Mitglieder der freiwilligen Sanitäts-Kolonne neben dem Dienst in den Stationen die schwierige Aufgabe, in fortwährendem Wechsel Patrouillen (Ambulanzen) in das Menschengewühl hinauszusenden, welche sich aus eigener Initiative aller Personen anzunehmen hatten, welche sanitären Beistandes bedurften. Dieser Theil des Rettungsdienstes ist bei solchen Gelegenheiten der schwierigste, aber auch der nützlichste und erspießlichste. Die Mitglieder der Kolonne thaten ihren Dienst in ruhiger Weise und bei bester Haltung, und ernteten das uneingeschränkte Lob aller Derjenigen, die sie hierbei zu beobachten Gelegenheit hatten. Es kann keinem Zweifel unterliegen, daß der Schwerpunkt der Thätigkeit des Sanitätspersonals bei Massenansammlungen in derartigen Kolonnen liegt, und Berlin kann sich beglückwünschen, daß es in der freiwilligen Sanitäts-Kolonne so gut ausgebildete Helfer besitzt. Die Zahl der Fälle, bei denen der arrangirte Rettungsdienst einzugreifen hatte, beweist die Nothwendigkeit desselben. Es wurden in den 3 Tagen im Ganzen 307 Fälle behandelt. Davon waren 3 schwere Verletzungen durch Ueberfahren, 5 sonstige schwere Verletzungen, 1 Fall von Hitzschlag, der Rest Ohnmachtsanfälle theils sehr schwerer Natur. Mittelst der Krankenwagen wurden 15 Personen befördert, davon 6 nach den Hauptunfallstationen oder in Krankenhäuser. Auch eine Anzahl von Kindern, welche ihren Angehörigen verloren gegangen waren, fand in den Stationen Aufnahme und Verpflegung und konnte der Familie wieder zugeführt werden. Bei diesen Fällen und in den zahlreichen anderen, in denen Damen von Ohnmachten oder Erkrankungen betroffen wurden, bewährten sich die Damen des Vaterländischen Frauenvereins als vorzügliche Helferinnen.

Mitglieder der dritten deutschen Expedition im Burenkrieg. Wie alle Auslandsmissionen findet sie unter reger Anteilnahme der Öffentlichkeit statt.

nung, durchzuckt es einen wie bei einem elektrischen Schlag: Konzentrationslager. Und doch steht damals auf Tausenden deutscher Hilfspakete als Bestimmungsort »Concentration Camp«.

Allgemein wird Großbritannien schwerer Verletzungen der Genfer Konvention wie auch der Haager Landkriegsordnung bezichtigt, die wenige Monate zuvor unterzeichnet worden ist. Die Front der Kritiker reicht von Leo Tolstoi bis zu Adolph Knagge, einem deutschen Farmer tief im australischen Busch, der in einem Brief an Moynier die »teuflischen Machenschaften der Engländer« anprangert. »Ich bitte flehentlich Eure Exzellenz, im Namen der Menschlichkeit solche Grausamkeiten nicht weiter zu dulden.« Auch wenn es nur eine kleine Begebenheit ist – sie zeigt, welche Autorität dem Internationalen Komitee zugeschrieben wird.

Wenn die Gefechte abflauen, rücken Küttners Leute mit ihren vierspännigen Ambulanzwagen aus, um Verwundete zu bergen, bevor die Hyänen kommen. Wobei die Schotten im Kilt leichter auszumachen sind als die Engländer in Khakiuniform. Damit niemand vergessen wird, suchen sie das Schlachtfeld nachts noch einmal mit Blendlaternen ab. Nachdem die Briten Jacobsdal endgültig erobert haben, macht sich die Expedition schließlich nach drei Monaten auf den Rückweg, in einem epischen Treck mit siebzig Zugtieren und Dutzenden von Verwundeten.

Von Windhuk bis Wladiwostok

Auch wenn die damaligen Einsätze jeweils aufseiten derjenigen Kriegspartei erfolgen, der die deutsche Regierung nähersteht, leisten die Hilfsexpeditionen beiden Lagern unterschiedslos Beistand. In Kriegen mit deutscher Beteiligung bestimmt hingegen Nationalismus das Handeln. Während des Boxeraufstands in China stachelt Wilhelm II. im Juli 1900 die auslaufenden Truppen mit seiner berüchtigten »Hunnenrede« an: »Pardon wird nicht gegeben; Gefangene nicht gemacht! Wer euch in die Hände fällt, sei in eurer Hand.« Von allerhöchster Stelle wird zum Bruch der Genfer Konvention und der Haager Landkriegsordnung aufgerufen. Die deutschen Rotkreuzorganisationen protestieren nicht etwa dagegen, sondern unterstützen die Strafexpedition nach Kräften. Allein in Halle sammelt der Frauenverein in wenigen Tagen über 30 000 Mark »zum Besten der Chinakrieger«. Bis heute wird diese Beihilfe vom Roten Kreuz als »humanitärer Einsatz« deklariert.

Ein ähnlich grimmiger Enthusiasmus erfüllt die Öffentlichkeit 1904 beim Aufstand der Herero in Südwestafrika. Überall im Reich sammelt das Rote Kreuz zum Wohle der Kolonialtruppen. In Freiburg etwa appelliert es »an den vaterländischen Sinn der verehrlichen Einwohnerschaft« und bittet um Geld und Materialgaben: »Schaumweine, Cognac, Bier, Schokolade, Limonadepastillen, Tabak in jeder Form«. Die Spenden kommen ausschließlich den Soldaten und Siedlern zugute. Die Herero dagegen werden in die Wüste getrieben. Zehntausende sterben, nahezu das gesamte Volk wird ausgelöscht. Der spätere Außenminister der Weimarer Republik, Walther Rathenau, bezeichnet diesen Krieg als »die größte Atrozität (Grausamkeit), die jemals durch deutsche Waffenpolitik hervorgerufen wurde«. Weder vom Deutschen Roten Kreuz noch vom Internationalen Komitee sind Stellungnahmen bekannt. Die Völker der Kolonien gelten als Wilde, denen die Europäer keine Rücksicht schulden. »Daß ein Krieg in Afrika sich nicht nach den Gesetzen der Genfer Konvention führen läßt, ist selbstverständlich«, meint General von Throta, der den Vernichtungsbefehl gegeben hat.

Im gleichen Jahr begibt sich Elisabeth von Oettingen, Operationsschwester aus Berlin-Steglitz, an einen noch ferneren Kriegsschauplatz. Gemeinsam mit ihrem Mann Walter, einem Schüler des berühmten Chirurgen Ernst von Bergmann, reist sie sieben Wochen lang mit der Transsibirischen Eisenbahn bis in den Fernen Osten, wo Japan und Russland im Krieg miteinander liegen. Die deutsch-livländisch-russische Rotkreuzmission besteht aus fünf Ärzten, vierzehn Schwestern und zwei Dutzend Pflegern. Neben Röntgenapparat, Dunkelkammer und bakteriologischem Labor führt sie auch eine transportable Baracke mit sich, die überwiegend aus Pappe und Leinwand besteht und bei Bedarf als Operationssaal dienen kann.

Wald, Wald, Wald. Steppe, Steppe, Steppe. Und auf den Bahnhöfen ein faszinierend-irritierendes Völkergemisch. Obwohl man Elisabeth von Oettingen wiederholt versichert, dass infolge der Militärpräsenz nun weniger Raubmorde vorkämen, hält sie einen Revolver griffbereit. Da die Bahntrasse um den Baikalsee herum noch nicht fertiggestellt ist, wird der Zug auf eine Fähre von der Größe eines Ozeandampfers umgeladen. Dreißig Waggons finden im Bauch des Kolosses Platz. Nach den Aufregungen und Strapazen der Reise kann die Gruppe es kaum erwarten, endlich die Arbeit aufzunehmen. Groß ist die Enttäuschung, als sie in eine Kleinstadt Tausende von Kilometern hinter der Front beordert werden, wo sie Rekonvaleszente betreuen sollen. Doch nichts ist vorbereitet: »Im übrigen fehlte, kurz gesagt, alles«, empört sich von Oettingen. Für ihren Mann, den hochqualifizierten Chirurgen, sein Team und seine teuren Instrumente gibt es kaum etwas zu tun, und so verarzten sie die Bauern der Umgebung.

Nach zähen Verhandlungen werden sie weiter nach Osten verlegt. Wieder dampfen sie acht Tage lang durch die Taiga, erleben eine Burjatenhochzeit, mongolische Karawanen und die Aufführung einer chinesischen Oper. Von Wüstensand und Kohleruß bedeckt, erreichen sie schließlich Harbin, das Zentrum der russischen Aktivitäten in der Mandschurei. Dort folgt erneut eine wochenlange Wartezeit mit heftigem Depeschenwechsel. Eines Tages greifen die Russen zwei japanische Offiziere auf, die eine Eisenbahnbrücke sprengen wollten. Vor ihrer Hinrichtung stiften sie die tausend Rubel, die sie in ihren Taschen haben, dem Roten Kreuz.

Dann muss auf einmal alles ganz schnell gehen. Die Expedition rollt weiter gen Osten, wo sie im Garnisonsstädtchen Eho ein halbfertiges Lazarett bezieht. In acht Stunden ist die OP-Baracke betriebsbereit. Die Pfleger legen handwerkliche Talente an den Tag, der Schlosser singt Arien aus *Tristan und Isolde*. Kaum sind die Betten aufgestellt und die

Vorräte im Eiskeller verstaut, liefert der erste Zug von der Front auch schon 218 Verwundete ab. Es folgen mehrere Tage fieberhafter Arbeit. Ein Verlauf, der typisch ist für Kriegseinsätze: Wochen erzwungener Untätigkeit wechseln mit Phasen höchster Beanspruchung. Nach der Schlacht bei Liaoyang reihen sich die Sanitätszüge in Harbin über eine Strecke von neun Kilometern aneinander. In Eho folgt eine Operation der anderen. »Heute meißelte mein Mann einen Schädel auf, zwei schwere Knochenbrüche wurden eingegipst, ein Schrapnell war in die Bauchhöhle gedrungen, und endlich erwies sich ein Bauchschnitt wegen Typhus notwendig.«

Mit Anbruch des Winters wird die Ambulanz schließlich nach Mukden beordert (heute Shenyang), die alte Kaiserstadt der Mandschu. Sie liegt direkt an der Front. »Ein Zischen, dann ein schwarzer Punkt in der Luft, und der Hagel rasselt herunter«, protokolliert von Oettingen. Da Erdbaracken noch am besten frostgeschützt sind, werden die Helfer zu Höhlenbewohnern. »Die ganze Gegend ist wie mit Maulwurfshügeln besät.« Das Lazarett wird ebenso in den Untergrund verlegt wie die orthodoxen Gottesdienste, so dass Schwester Elisabeth sich an die Urchristen in den Katakomben erinnert fühlt. Ein General inspiziert auf Krücken das Lazarett. Militärattachés, Kriegskorrespondenten und andere Ambulanzen geben sich ein Stelldichein. Die Helfer versäumen es auch nicht, den Geburtstag »des großen Meisters Ernst von Bergmann« zu feiern. Die Erdbaracke wird zu einem Stück Heimat.

An der Front haben sich die Armeen ebenfalls eingegraben. Mancherorts liegen sie nur tausend Schritt voneinander entfernt; ein frostiges Vorspiel zu den Grabenkämpfen des Ersten Weltkriegs. In immer größeren Massen treffen nun Verwundete ein, »Japaner und Russen in bunter Reihenfolge«. Von Oettingen schätzt die Gesamtzahl der in der Schlacht bei Mukden Verwundeten auf 60 000. Wegen des hartgefrorenen Bodens können sie die Toten nicht bestatten, sondern müssen sie in Zelten stapeln. Doch so viele Zelte gibt es gar nicht.

Als die Stadt nicht mehr zu halten ist, muss auch das Lazarett evakuiert werden. »Trage folgte auf Trage.« Zum Abschied stimmt der Spielzug eines karelischen Regiments *Muß i denn* an. Einige Schwestern bleiben zurück, um sich und die nicht transportfähigen Verwundeten der Obhut des Japanischen Roten Kreuzes zu übergeben. Dabei stellt sich heraus, dass auch einer der dortigen Ärzte ein Schüler Ernst von Bergmanns ist.

Das heilige Feuer

»Ist denn niemand da, der zu den Japanern ginge?« In Heiden verfolgt Henry Dunant, zeitlebens ein passionierter Zeitungsleser, das Kriegsgeschehen in den internationalen Blättern. Zu den wenigen Menschen, die ihn zu dieser Zeit noch erreichen, gehört die junge Posthalterin Catharina Sturzenegger. Nach einem Unfall gehbehindert, ist sie zeitweise seine Zimmernachbarin im Krankenhaus. Kurz entschlossen macht sie sich auf, um in Japan für die Prinzipien des Roten Kreuzes einzustehen. Vier Jahre bleibt sie in Fernost, arbeitet als Kriegsberichterstatterin und erklimmt trotz ihres kaputten Knies als erste Frau den Fujiyama. Eine der vielen weiblichen Ausnahmegestalten in den Annalen des Roten Kreuzes, getrieben von unersättlicher Neugier, einem eisernen Willen und einem stolzen Herzen.

Japan hatte bereits 1877 eine nationale Gesellschaft gegründet. Da es häufiger von Naturkatastrophen heimgesucht wird, kommt dem Zivilschutz besondere Bedeutung zu. Bereits vor dem Krieg zählt das Rote Kreuz dort weit über eine Million Mitglieder. Die Frauen nehmen ihre Aufgaben besonders ernst und kommen auch nach der Heirat ganz selbstverständlich ihren Pflichten nach. Nach Maßgabe der Konvention gerät der Konflikt mit Russland denn auch zu einem der bisher »regulärsten« Kriege. Von einzelnen Verstößen abgesehen verhalten sich die japanischen Soldaten nachgerade ritterlich.

Als Sturzenegger Henry Dunant nach ihrer Rückkehr von der Fernwirkung seiner Ideen berichtet, ist dies eine letzte Genugtuung für ihn. Geistig noch rege, baut er in den letzten beiden Jahren doch zusehends ab. Am 30. Oktober 1910 verzeichnet das Krankenhausjournal schließlich seinen »Austritt«. Todesursache: Altersschwäche. Einige Monate zuvor ist auch Gustave Moynier gestorben. Die Ära der Gründerväter des Roten Kreuzes geht zu Ende.

Im einstigen Krankenhaus von Heiden, in dem heute das Dunant-Museum untergebracht ist, wird der Lebensweg dieses weltberühmten Unbekannten nachgezeichnet. Auch einige Reliquien sind ausgestellt: Zirkel und Taschenuhr, Brille und Briefwaage, Spazierstock und Sessel. Gäste aus aller Welt schreiben sich ins Stammbuch ein. Kurioserweise ist Jakob Kellenberger, bis 2012 Präsident des Internationalen Komitees, in ebendiesem Haus zur Welt gekommen, als es noch eine Klinik war.

Seit Dunants hundertstem Todestag vollzieht sich in Heiden eine zweite Wiederentdeckung. »Wir sehen ihn als einen Mitbürger, der hier gewirkt hat«, erklärt Maria Schnellmann vom Dunant-Verein. »Er war ein außergewöhnlicher Mensch, erfüllt von heiligem Feuer.« Der Konzeptkünstler H. R. Fricker hat an der Seeallee einen massiven Tisch in Form eines roten Kreuzes installiert, mit vier weißen Sitzbänken. Ein »Ort für private Friedensgespräche«, Gestalt gewordene Neutralität. Wer hier Platz nimmt, liest die in die Platte eingelassene »Heidener Konvention« zur »Beilegung zwischenmenschlicher Konflikte«. Und kann sich üben in der Kunst des Kompromisses. Weitere Tische stehen im Innenhof des DRK-Generalsekretariats in Berlin, in Stuttgart und in Vorarlberg. Dass Dunants Feuer bis heute weiterbrennt, bestätigt auch Doris Baschnonga vom Museum. »Neulich hatte ich Berufsschüler aus dem früheren Jugoslawien hier«, erzählt sie. »Die kamen mit langen Gesichtern an, oje, ein Museum. Am Ende habe ich sie kaum rausgekriegt. Die saßen am Boden, sprachen über Krieg und diskutieren über diesen coolen Typen namens Dunant.«

Dessen letzter Spleen es war, sich nicht in Heiden, sondern in Zürich beisetzen zu lassen. Eine Feuerbestattung, der Anonymität wegen. Doch zwanzig Jahre später ließ der dortige Sanitätsverein ihm ein pompöses Grabmal errichten: eine Pietà mit zwei germanischen Jünglingen, halbnackt der eine, der andere fast zur Gänze. Seither ruhen die sterblichen Überreste Henry Dunants gleich hinter der Friedhofsmauer, an einer vielbefahrenen Straße in einer fremden Stadt, in der er nie gewesen ist und niemanden gekannt hat. Auf ewig im Exil.

Die Karawane der Helfer

Das bessere Denkmal sind die Taten, die Akte des Beistands und der Menschlichkeit, die Rotkreuzhelfer in aller Welt im Geist von Castiglione leisten. Eine der spektakulärsten, aber auch verlustreichsten deutschen Expeditionen macht sich im Frühjahr 1912 auf den Weg nach Tripolitanien im heutigen Libyen. Italien will diese entlegene Provinz in einem heute fast vergessenen Kolonialkrieg dem Osmanischen Reich entreißen. Von Hamburg aus schiffen sich fünfzehn Ärzte und Pfleger nach Tunis ein.

Mit 330 Kamelen ziehen sie schließlich eine Woche lang von der tunesischen Grenze durch unwegsame Steppe ins Hochland. Weder Sandstürme noch Steilhänge halten sie auf. »Ein solcher Transport wurde noch nie unternommen«, urteilt ein englischer Reporter, der sich der Expedition spontan anschließt. Die Helfer führen ein komplettes Lazarett mit, inklusive Röntgenapparat, Apotheke und bakteriologischem Laboratorium, dazu Kochherde, Waschkessel und Wohnzelte. Unterwegs tauschen sie aus Sicherheitsgründen das Emblem des Roten Kreuzes durch das des Roten Halbmonds aus und setzen einen Fes auf.

In der Karawanenstadt Gharian errichten sie ein Zeltlazarett, das sowohl der türkischen Armee als auch der vornehmlich arabischen Bevölkerung zugutekommt. Ihre moderne Ausrüstung kontrastiert mit den Glüheisen und Schröpfköpfen der örtlichen Heilkundler. Neben Kriegsverletzungen behandeln sie auch Augen- und Geschlechtskrankheiten, Lepra, Spulwürmer und Bisswunden. Carl Goebel, Chefarzt am Augusta-Hospital in Breslau, zeigt sich von der Duldsamkeit seiner Patienten beeindruckt: »Ich habe nie Kranke gesehen, die mit solcher

Die deutsche Hilfsexpedition im Tripolitanischen Krieg zieht durch Wüsten, die zuvor nur von dem Afrikaforscher Gustav Nachtigal erkundet worden sind.

Ruhe und Ausdauer die größten Qualen erduldeten, so fügsam waren und solche rührende Dankbarkeit für jede erwiesene kleinste Wohltat bezeigten. Es war eine wahre Freude, solchen Menschen als Arzt gegenüberzustehen.«

Ein Hauptproblem bilden Typhuserkrankungen durch verseuchtes Brunnenwasser. Auch wenn sie den Erreger im Labor nachweisen können – die türkischen Behörden wollen partout nichts davon hören. Es wäre der Moral der Truppe abträglich, und so gelten die schweren Infektionen offiziell einfach als Fieber oder Malaria. Nach wenigen Wochen erliegen auch drei Expeditionsmitglieder der Seuche, nachdem sie sich bei ihren Kranken angesteckt haben. An der Beerdigung nehmen auch Einheimische teil: »Dieser Mann, der zu uns gekommen ist, um zu helfen, und der dabei sterben mußte, wird sicher ins Paradies eingehen.« Wenig später sendet das Rote Kreuz eine zweite Gruppe als Verstärkung. Zusammen behandeln sie in vier Monaten »20 Europäer,

311 Türken, 719 Eingeborene, dazu Schwarzafrikaner, Beduinen, Tuareg, die von weit her kamen«.

Der Wüstenkrieg endet zunächst im Oktober 1912 mit der Abtretung von Tripolitanien und der Cyrenaika an Italien. In den zwanziger Jahren findet er dann aber unter Mussolini seine Fortsetzung in einer bis dahin beispiellosen Schreckensherrschaft, der rund 100 000 Menschen zum Opfer fallen. Wobei schon der Auftakt in die Geschichtsbücher eingeht – als erster Luftkrieg der Menschheit. Die deutschen Ärzte gehören daher zu den Ersten, die Bombenopfer versorgen müssen. Die »Multiplizität und Schwere« der Verletzungen machen aufwendige Operationen erforderlich. Noch im gleichen Jahr veröffentlicht Bertha von Suttner einen hellsichtigen Essay gegen *Die Barbarisierung der Luft.* Für sie bedeutet das parallel einsetzende Wettrüsten der staatlichen Luftflotten eine Bankrotterklärung der abendländischen Zivilisation. Als Beleg dafür dient ihr die Bombardierung von Ambulanzen des Türkischen Roten Halbmonds in Tripolitanien. Die Sprengkörper, von den Italienern »Himmelstorpedos« genannt, wiegen nur wenige Kilogramm, haben die Größe einer Handtasche und werden im Tiefflug aus Luftschiffen und Doppeldeckern geworfen, meist auf Oasen oder Karawanen. 33 Jahre später wird die Atombombe über Hiroshima gezündet werden. Eine derart rapide Eskalation ist selbst in der Militärgeschichte ohne Beispiel.

Auch in Mitteleuropa rumort es, eine gewisse Friedensmüdigkeit macht sich breit. Auf dem Tag der Landesfrauenvereine 1910 erklärt die bayerische Vertreterin: »Unsere Friedenstätigkeit muß in erster Linie als Vorbereitung für die Kriegstätigkeit aufgefaßt werden.« Und der sächsische Albert-Verein lässt verlauten, dass er sich »in angestrengter Friedensarbeit auf seine Kriegsaufgaben vorbereitet«. Im Mai 1914 wird die erste reichsweite Sammlung veranstaltet, zum »Ausbau der Bereitschaft für den Heeressanitätsdienst«. Das Rote Kreuz, dieser wundersame historische Seismograph, registriert unterschwellige Erschütterungen. Die Ausschläge werden stärker, die Abstände kürzer. Bis ein Beben von ungeheurer Stärke die halbe Welt zum Einsturz bringt.

Cigarren
F.Mens
FERN
Liebesgaben
für unsere tapferen
Krieger
Gegr.

KAPITEL 5

»Im Taumel des Krieges«

Der Untergang des Abendlandes

Es wird Kriege geben, wie es noch keine
auf Erden gegeben hat.
FRIEDRICH NIETZSCHE, *ECCE HOMO*

Mit zwanzig Jahren wird Lotte Schmidt Soldatenfrau. Wenig später, im Sommer 1913, folgt sie ihrem Mann nach Osterode in Ostpreußen. Eines Tages spricht der Regimentsarzt sie an, ob sie einen Ausbildungskurs zur Rotkreuzhelferin mitmachen möchte. Sie willigt freudig ein, ist es doch ihr großer, unerfüllter Wunsch gewesen, Medizin zu studieren. Fünfzehn junge Frauen belegen den Kurs. »Wir mussten antreten in grau-weiß gestreiftem Kleid, weißer Schürze und steifer Haube«, erinnert sie sich. »Wir lernten vom menschlichen Körper, Bau und Verrichtungen, Erkrankungen und Behandlung. Dann nahm man uns mit zu den erkrankten Soldaten. Wir durften umbetten, Medizin eingeben und bei einer Punktion helfen. Und als Furunkel geschnitten wurden, lernten wir, die Ohnmächtigen unter uns schön sachgemäß hinauszutragen.«

Nach bestandener Prüfung werden die Helferinnen dem Kreisdelegierten des Roten Kreuzes unterstellt; wie häufig in der Provinz hat der Landrat dieses Amt inne. Im Falle eines Krieges sollen sie als angelernte Reserve zur Verfügung stehen. Und so finden sie sich am 2. August 1914,

Opferstock für die Armee – Sammelstelle für sogenannte Liebesgaben in Dortmund während des Ersten Weltkriegs.

einen Tag nach der deutschen Mobilmachung, fast vollzählig im Garnisonslazarett ein. Doch von der vielbeschworenen Einsatzbereitschaft und der straffen Organisation der Rotkreuzeinheiten ist nichts zu sehen. Es kommen keine Berufsschwestern, es gibt keine Führung. Die Militärärzte können zwar die Dienste der Helferinnen gut gebrauchen, lehnen aber jede Verantwortung für sie ab. Verpflegung und Unterkunft müssen sie selbst bezahlen.

Die russische Grenze verläuft fünfzig Kilometer entfernt. Schon nach wenigen Tagen herrscht Hochbetrieb im Lazarett, das unweit des Bahnhofs liegt. »Wir verluden jeden Tag, und jede Nacht waren wieder alle Betten belegt.« Lotte Schmidt sterilisiert Instrumente, spritzt Morphium, ruft den Pfarrer. Trotz Tagesdienst muss sie jede zweite Nacht wachen. »Wir haben oft leise ein Bett aus dem Saal gerollt, damit früh nicht die Nachbarn erschrecken.« Auch wenn die Bevölkerung es nicht wahrhaben will: Ostpreußen soll wegen des Zweifrontenkriegs zunächst aufgegeben werden. Die Weichsel dient als Rückzugslinie.

»Mitte August zog auf unserer Straße ein Flüchtlingszug, tagelang ohne Ende. Leiterwagen mit Kindern und Alten, Hausrat und Futter. Dazwischen trieben sie Vieh. Pferde irrten herrenlos in der Stadt herum. Zwei Landmädel auf der Flucht blieben da und halfen, unausgebildet, in der Küchenschürze. Sie machten später ihre Prüfungen nach, eine bis zur Schwester.« Bald ist Osterode wie ausgestorben. Lotte aber bleibt. Anders als der Landrat, der mit der Kasse durchgebrannt ist und die Mädchen ohne Bezahlung und ohne Anordnungen zurücklässt. Unaufhörlich rollen Transportzüge voll singender Soldaten nach Osten, voll stummer Flüchtlinge nach Westen. »Sonderbar wars, wenn man jemand auf dem Operationstisch hatte, mit dem man noch vor sechs Wochen auf einem Sommerfest getanzt hatte.« Nachts leuchtet der Himmel feuerrot, Schüsse knallen, Kanonen grollen.

Ist schon Osterode den meisten Deutschen damals kaum ein Begriff, so noch weniger der Nachbarort Tannenberg. Doch binnen weniger Tage wird das ganze Land diesen Namen im Munde führen, da hier eine

»Sofort«: Mobilmachung von Schwestern und Sanitätern in Brandenburg.

der großen Schlachten des Krieges tobt. Mittlerweile ist das Oberkommando ausgetauscht worden und die Strategie gleich mit – Ostpreußen soll gehalten werden. Die Generäle Hindenburg und Ludendorff schlagen ihr Hauptquartier direkt gegenüber von Lottes Lazarett auf. »Die Arbeit stürzte über uns her, daß wir Tag und Nacht nicht zur Besinnung kamen.« Der Garten füllt sich mit zahllosen Verwundeten, auch die Kaserne muss bald mitbelegt werden. »Sie kamen, vier, fünf auf einmal in den Operationsraum. Die ersten Russen gingen uns durch die Hände, tapfer und still im Schmerzaushalten.« Die Luft ist erfüllt von den Ausdünstungen blutiger Verbände und verschwitzter Kleider, von Äther und Jodoform.

Dann rückt plötzlich ein komplettes Kriegslazarett an: zehn Ärzte, zwanzig Rotkreuzschwestern, vierzig Sanitäter. »Vier Wochen hatten sie hinter der Weichsel gestanden und noch nicht einen Verwundeten gesehen.« Aufgrund taktischer Erwägungen waren sie gar nicht erst eingesetzt worden, während die Soldaten sich an der Front aufgerieben haben. Darunter Major Schmidt, der von Tannenberg für einen Tag nach Hause kommt, schon mit dem Eisernen Kreuz dekoriert. Seiner nicht weniger tapferen Frau aber zollt niemand Anerkennung. Stattdessen darf sie sich die Belehrungen der Oberschwestern gefallen lassen, warum sie nicht jedes Mal die Betten frisch bezogen habe.

Der Krieg der Nähmaschinen

Ausgerechnet 1914 begeht die Genfer Konvention ihr fünfzigjähriges Bestehen. Doch niemandem ist zum Feiern zumute, so wie auch den ganzen Krieg über nur ein einziges Mal ein Friedensnobelpreis verliehen wird. Im Jahr 1917 erhält ihn das Internationale Komitee vom Roten Kreuz, vornehmlich für seinen Einsatz für die Kriegsgefangenen, die in die Millionen gehen.

Im Rückblick auf den Kriegsbeginn scheinen zwei Phänomene heute nahezu unbegreiflich: Zum einen die grenzenlose Begeisterung und Angriffslust, die insbesondere Deutschland und Österreich-Ungarn erfasst. Zum anderen die allgemeine Überzeugung, dass der Krieg in wenigen Monaten vorüber sein und mit einem Sieg der Mittelmächte enden würde. Vier Wochen nach dem Attentat auf Erzherzog Franz Ferdinand am 28. Juni 1914 in Sarajewo erklärt Österreich-Ungarn Serbien den Krieg. An der Spitze der Donaumonarchie waltet noch immer Kaiser Franz Joseph, einer der letzten Veteranen von Solferino. Die deutsche Kriegserklärung an Russland, das Serbien Unterstützung zugesagt hat, erfolgt zeitgleich mit der Mobilmachung am 1. August. In fast allen Chroniken der Vereine vom Roten Kreuz findet sich für diesen Tag das Umstandswort »sofort«. Sofort melden die Schwestern sich zum Dienst, sofort werden Verbands- und Erfrischungsstationen auf den Bahnhöfen eröffnet. Dass jemand den Kriegsbeginn verpasst hätte, scheint nicht vorgekommen zu sein.

Einige wissen schon etwas früher Bescheid. Großherzogin Luise bricht noch am 31. Juli ihre Ferien auf der Insel Mainau ab. Auch der Generalsekretär des Badischen Frauenvereins eilt noch in der Nacht aus der Schweiz herbei, und im Laufe des Tages trifft auch der Vorstand fast komplett in Karlsruhe ein. Die Maschinerie läuft an. Als die Zeitungen am nächsten Morgen Frauen aller Stände zur Näharbeit rufen, müssen die Listen schon um elf Uhr wieder geschlossen werden, so viele haben sich gemeldet. 260 Helferinnen fertigen fortan »in ernster, begeisterter Arbeit« Bettlaken, Krankenkittel, Taschentücher und Hemden für die Lazarette. Auf dem Speicher des Karlsruher Mutterhauses stehen 145 Koffer, Segeltuchtaschen und Brotbeutel aufgereiht. Die Generaloberin wählt einige Schwestern für den Etappendienst aus, die übrigen gehen in die Heimatlazarette. Unmittelbar an der Front kommen nur Sanitäter zum Einsatz. Wie gefährlich ihre Tätigkeit ist, zeigt sich auch daran, dass Militärärzte mutmaßlichen Simulanten damit drohen, sie als Träger einzusetzen. Am 11. August erfolgt die Übergabe der Schwestern an das Heer. In vier Trupps treten sie im Garten an. Nach markigen Reden diverser Inspektoren beschließt eine Ansprache der greisen Großherzogin die Zeremonie. Sie verabschiedet die Schwestern »wie eine sorgende Mutter ihre Kinder«. Es ist ihr vierter Krieg.

In Baden stellt das Rote Kreuz seine Kliniken und Heilstätten der Armee zur Verfügung. Das Kindersolebad in Dürrheim füllt sich ebenso mit angeschossenen Soldaten wie das Schwesternerholungsheim in Kandern. Als siebzig französische Verwundete in einem noch kaum bezugsfertigen Lazarett landen, werden sie kurzerhand vom benachbarten Gasthaus verpflegt.

Statt des raschen, brachialen Schlagabtauschs, den die Planspiele der Strategen vorgesehen haben, entwickelt sich der Krieg zu einem zermürbenden Stellungskampf. Ein Grabenkrieg, wie er fünfzig Jahre zuvor bei Düppel durchexerziert worden ist. Dort hat er sich über fünf Wochen hingezogen und über wenige Kilometer. Jetzt aber erstreckt er sich von der Atlantikküste bis zur Schweizer Grenze – und er wird vier lange Jahre dauern.

»Namentlich des Stellungskrieges«, meldet ein Generalleutnant, »ist die geistige Anregung immer notwendiger geworden.« Weshalb das Rote Kreuz überall in der Etappe Lesehallen für die Soldaten einrichtet,

»An vorderster Front«: Sanitäter stehen einem verwundeten Soldaten im Schützengraben bei.

»Geistige Belebung«: Fahrbare Büchereien wie die des Zweigvereins Jena versorgen die Soldaten mit Büchern und Brettspielen.

bestückt mit Büchern, Zeitungen und Zeitschriften, mit Brettspielen und Briefpapier. Der Zweigverein Jena schickt zur geistigen Belebung der Truppen gar eine fahrbare Bücherei in den Krieg: eine zweispännige Kutsche, munitioniert mit zweitausend Bänden »für die verschiedensten Bildungsgrade«. Für Kriegsgefangene richtet das Rote Kreuz an der deutschen Botschaft in Bern eine Bücherzentrale ein. Die Leitung übernimmt Hermann Hesse. Da kein Grundstock vorhanden ist, lichtet er anfangs seine eigene Bibliothek und bittet Bücherfreunde und Verlage um Spenden. Am Ende schickt diese Stelle Monat für Monat 12 000 Bücher an Hunderte von Lagern in Frankreich und Nordafrika.

Noch weit größere Dimensionen erreicht der Versand sogenannter Liebesgaben an die Front und in die Gefangenenlager. Wie schon in den preußischen Kriegen bekundet die Bevölkerung dadurch ihre Verbundenheit mit dem Heer und leistet zugleich eine freiwillige Abgabe, die sonst vom Militäretat bestritten werden müsste. In der Nähe der Bahnhöfe nehmen Sammelstellen des Frauenvereins Sachspenden aller Art in Empfang, vom Margarineblock bis zur Streichholzschachtel, vom Rehrücken bis zur Ziehharmonika. Allein der Provinzialverein Schleswig-Holstein bestückt so im Laufe des Krieges 1200 Eisenbahnwaggons mit Waren im Wert von dreizehn Millionen Mark. Auch die Heimat führt eine Materialschlacht.

Mit Beginn des ersten Kriegswinters wird warme Kleidung zu einer Frage des Überlebens. In Strickstuben und Schulen überall im Land werden Berge von Strümpfen, Ohrenschützern, Unterhosen und Kniewärmern gefertigt. Das Zentralkomitee setzt einen »Ausschuß für warme Unterkleidung« ein, dessen Appelle – »Welches Opfer wäre zu groß, um unsere herrlichen Truppen in ihrer Stoßkraft zu schützen!« – nicht satirisch gemeint scheinen. Für jedes Infanterieregiment kommt Wäsche im Wert von zehntausend Mark zusammen. Zusätzlich sammelt der Vaterländische Frauenverein im Rahmen der »Reichswollwoche« Stoffreste und gebrauchte Kleidung, um daraus Decken für die Soldaten in den Schützengräben zu fertigen. Später wird sogar tonnenweise Frauenhaar gesammelt. Ausgekämmte Haare müssen als Ersatzmaterial für Hanf herhalten, das die Rüstungsindustrie zu Treibriemen, Dichtungen und Filzplatten verarbeitet.

»Zur Förderung vaterländischer Gesinnung« bringt der Frauenverein auch die Propagandaschriften des Kriegspresseamtes unters Volk, verbunden mit dem »guten Zweck ausgiebiger Werbearbeit zur Zeichnung der Kriegsanleihen«. Das Rote Kreuz fügt sich nahtlos in die Kriegsmaschinerie ein. Wo hört die Verwundetenpflege auf, wo fängt die Kriegstreiberei an? Was ist militant, was karitativ? Das scheint damals keine Frage gewesen zu sein. Deutschland erlebt »eine große Zeit«, und die Hilfsgesellschaft mit ihm. Als Neujahrsgruß 1915 heißt es in der Mitgliederzeitschrift: »Das Rote Kreuz ist das Rückgrat unseres Heeres. Es ist die allgemeine ›Dienstpflicht‹ aller nicht Wehrpflichtigen. Hier kann und muß jeder Deutsche, ob Mann oder Frau, Greis oder Kind, dienen und damit dem Vaterlande zum Sieg verhelfen.«

»Reichswollwoche«: Zu Beginn des ersten Kriegswinters werden überall im Reich warme Kleidung und Decken für die Frontsoldaten gesammelt.

Mitunter steigern sich die der Organisation innewohnenden Paradoxien bis zur Schizophrenie. »Der Mann schlägt Wunden, die Frau heilt Wunden. Beides tut uns not«, verkündet bei Kriegsbeginn der Vorstand des Vaterländischen Frauenvereins. Auch die Titulierung als »Armee der Liebe« grenzt ans Pathologische. Gegenüber dem Pathos der Funktionäre wirkt der Pragmatismus der Basis geradezu erfrischend. Im friesischen Varel schaltet der örtliche Vorstand eine Anzeige in der Lokalzeitung: »Der Frauenverein beabsichtigt, ein Schwein zu verarbeiten, um den Soldaten Wurst zu schicken. Um Angebote wird freundlich gebeten. Es kommt ein Schwein von 250 bis 300 Pfund in Frage.«

Als das benachbarte Jever im ersten Kriegsjahr keine Verwundeten zugeteilt bekommt, fühlen sich die dortigen Rotkreuzkräfte fast geprellt, zumal auch die erwartete Seeschlacht ausbleibt. Der Tatendrang der Sanitätskolonne liegt brach, wobei die meisten Mitglieder ohnehin eingezogen worden sind. Im Krieg wird der Rohstoff Mann in ungeheuren Mengen benötigt. 1916 werden auch ältere Jahrgänge und zunächst als wehruntauglich Befundene eingezogen. Am Ende müssen Schüler als Krankenträger herhalten; parallel gründen die Frauenvereine Mädchenabteilungen. Der Krieg ist der Vater erstaunlich vieler Dinge – selbst der Jugendarbeit im Roten Kreuz.

Zug um Zug

Zu den ergiebigsten Quellen jener Zeit gehören Tagebücher. 1914 werden sehr viel mehr geführt als 1913. Ihre Autoren eint das Bewusstsein, dass nun Geschichte geschrieben wird, und sie nehmen sich vor, ihren Beitrag daran festzuhalten. Der Krieg ist das große Novum, ein düsteres Abenteuer. Drei ganz unterschiedliche Beispiele sollen hier vorgestellt werden. Das erste ist so ausschließlich als privates Dokument gedacht, dass noch nicht einmal der Name des Autors eindeutig daraus hervorgeht. Offenbar ein Herr Diederich. Paradoxerweise ist aber sein Inhalt überhaupt nicht privat (im Sinne von persönlich), sondern ein trockenes Protokoll, in dem nur hie und da eigene Erlebnisse auftauchen. Dennoch handelt es sich um ein aufschlussreiches Zeitdokument. Und um ein interessantes Stück Rotkreuzgeschichte, verzeichnet es doch den Alltag auf einem Lazarettzug, einem der damals wichtigsten Einsatzgebiete von Kriegshelfern. Die Transportkapazitäten des Heeres nicht mitgerechnet, sind auf deutscher Seite neunundachtzig solcher Züge im Einsatz. Als Sekretär wird Diederich buchstäblich zum Fahrtenschreiber seines Zugs. Wohl zu keiner Zeit hat sich so viel Kriegsbegeisterung unter den angehenden Akademikern Bahn gebrochen wie 1914. Nicht allein, dass sich Zehntausende von Freiwilligen dem Roten Kreuz zur Verfügung stellen, Studenten und ihre Professoren gehören auch zu den eifrigsten Eintreibern von Geld- und Sachspenden. Der »Vereinslazarettzug K 1« wird komplett von der Universität Bonn gestiftet und unterhalten. Er umfasst gut vierzig Waggons; zur Besatzung gehören drei Ärzte, vierzig Pfleger sowie Küchen- und Verwaltungspersonal. Diederich registriert die Verwundeten, er führt Buch über die Lagerbestände, gibt Post und Telegramme auf.

Die Jungfernfahrt am 12. Dezember 1914 führt nach Rethel, einem Eisenbahnknoten unweit von Reims. Anfangs nimmt Diederich sich vor, seinen Angehörigen von diesen Reisen zu berichten. Enttäuscht muss er dann in dem fürchterlich zusammengeschossenen Ort feststellen, dass »es gar nichts zu kaufen gibt, nicht einmal Ansichtskarten«. Der Zug teilt sich, um Verwundete aufzunehmen; die Rückfahrt erfolgt erst zu Weihnachten. In Heilbronn werden 120 Männer ausgeladen, in Öhringen 41 und in Schwäbisch Hall 76. Von dort geht es wieder nach Öhringen und abermals nach Heilbronn, um die zurückgelassenen Tragen einzusammeln. Die verbliebenen 21 Kranken werden nach Bonn gebracht. Weihnachtsfeier bei voller Fahrt, Ankunft am 25. Dezember. Um die erwarteten Massen an Verwundeten aufzunehmen, ist auch die Beethovenhalle in ein Lazarett verwandelt worden. Umgebaute Straßenbahnen karren die Männer vom Bahnhof aus dorthin.

Den ersten Einsätzen sieht Diederich noch neugierig entgegen – »Schade, daß wir immer in der Nacht fahren« –, doch bald wird das

In Rethel am Rande der Ardennen laden Angehörige der Sanitätskolonne Saarlouis Verwundete aus einem Lazarettzug aus.

Pendeln zur Routine. Der Stoßrichtung des Heeres folgend, führt die Route häufig durch das besetzte Belgien an die nordfranzösische Front. Kanonendonner bei Verdun, Kanonendonner bei Ypern. Fliegergefahr über Chauny, mit einem Munitionszug auf dem Nebengleis. Bei Lüttich besichtigt Diederich die Festung Loncin, die als uneinnehmbar galt, nun aber von schweren Geschützen zusammengeschossen worden ist. »Von außen sieht man nur einen Hügel, der mit niedergetretenem Stacheldraht umzäunt ist«, berichtet er. »Durch einen Gang kommen wir ins Innere. Da sieht man das Loch, wo der Pulverturm gestanden hat, dann eine zerstörte Panzerkuppel, auf die Felder geschleuderte zentnerschwere Blöcke, armdicke Stahlwände, alles ein Chaos von Trümmern. Und dazwischen unkrepierte Granaten und Menschenknochen, zum Teil noch in Uniform.«

Eine der Hauptbeschäftigungen der Hilfsmannschaft ist das Warten. »Morgens nichts Neues« ... »Warten auf nähere Ordre« ... »Wir fuhren weiter die gewohnte Strecke.« Stehen sie in Konstanz oder Koblenz? Ist Werktag oder Feiertag? Die Grenzen verschwimmen im Einerlei des

In Bonn werden die Verwundeten, die mit den Lazarettzügen von der Front ankommen, mit Straßenbahnen weitertransportiert.

Totalschaden: Ein Ambulanzwagen ist von einer Granate getroffen worden. Unter dem toten Pferd scheint noch etwas zu liegen.

Dienstes. Morgens sehen die Pfleger nach, wie die Verwundeten die Nacht überstanden haben. Anschließend Arztvisite, Verbandswechsel, Waschungen. Nach dem Mittagessen bringen sie Lektüre, helfen beim Briefeschreiben, verteilen Kaffee. Schließlich Abendvisite und Zuteilung der Medikamente für die Nacht.

Von den Schicksalen der Verwundeten schreibt Diederich nur vereinzelt. Es sind einfach zu viele, es kommen jeden Tag neue an, und sie alle sind schwer krank oder entsetzlich verstümmelt. Das Einzige, was er für sie tun kann, ist, dafür zu sorgen, dass sie schnell ins Hinterland gebracht werden. Kriege sind immer auch statistische Großereignisse – darüber diskutierte schon der Berliner Kongress von 1863. Das Fahrtenbuch wird zu Diederichs Privatstatistik. Daten und Zahlen sollen ihm Halt geben im Kreuz-und-quer der Einsätze. Bis April 1916 nimmt er an 31 Fahrten teil, auf denen insgesamt 7485 Verwundete verfrachtet werden. Der für gut 250 Kranke ausgelegte Zug fährt also bei fast jeder Tour voll besetzt. Obwohl die »bewegliche Sanitätsformation« öfter in Bonn Station macht, kommt Diederich nur selten nach Hause. Das Personal übernachtet im Zug, damit es bei Bedarf sofort losgehen kann. Im Ganzen entsteht das Bild eines gut geölten Karussells, das die Opfer der Kämpfe von der Front in die Heimat expediert, um zu retten, was von ihnen zu retten ist. Die Metapher von der großen Kriegsmaschine wird im System der Lazarettzüge unmittelbar anschaulich.

Kamerad Schwester

Auch das zweite Tagebuch ist anfangs nicht unbedingt zur Veröffentlichung bestimmt. Und doch hat es sich zu einem spektakulären Bucherfolg entwickelt. Es stammt von Helene Mierisch aus Einsiedel im Erzgebirge. Schon 1912, mit gerade sechzehn Jahren, hat sie sich für eine Ausbildung zur Krankenpflegerin beworben, ist jedoch ihrer Jugend wegen zurückgestellt worden. Wie kommt ein Mädchen in ihrem Alter zu einer so weitreichenden Entscheidung? »Ich saß klopfenden Herzens in Propaganda-Filmvorträgen über die Tätigkeit des Roten Kreuzes und beneidete glühend jene Schwestern auf der Leinwand.« Erstaunlich daran ist allein schon die Selbstverständlichkeit, mit der sie die Filmvorführungen erwähnt. Denn das neue Massenmedium tritt gerade seinen Siegeszug an. Soeben hat das erste professionelle Kino in Dresden eröffnet. Wie und wo hat ein Mädchen aus dem Erzgebirge damals solche Filme gesehen? Und wovon mögen sie erzählt haben?

Noch am Tag der Mobilmachung setzt Mierisch ihren Vorsatz in die Tat um. »Man lebt nur von Extrablatt zu Extrablatt. Warum bin ich kein Junge und muß tatenlos dasitzen? Natürlich melde ich mich sofort beim Roten Kreuz.« Nach einem zweimonatigen Schnellkurs vermeldet sie stolz: »Ich besitze einen wunderschönen Ausweis mit Bild, Samariterzeichen und rotem Stempel. Ich bin nun endlich auch wer.« Freudig bringt sie ihr Opfer für die nationale Sache. »Ich fühle mich langsam in meiner Rolle erstarken, betrachte mich auch als Militärperson.«

Zunächst ist der Berufswunsch Rotkreuzschwester für die junge Frau ein Abenteuer, etwa so, wie jungen Leuten heute ein Auslandseinsatz für eine gute Sache vorschwebt. Neben der Leidenschaft fürs Helfen spielt »ein nicht zu bändigender Reisetrieb« eine wichtige Rolle. Überhaupt weiß sie sehr genau, was sie will, auch in Liebesdingen. Einem hat sie schon ihr Herz versprochen: Heinrich. Der Krieg verleiht dieser zarten Bindung nun einen dramatischen Hintergrund. Während Heinrich auf einem Torpedoboot Dienst tut, zieht Helene als eine von 90 000 Schwestern in den Krieg. Sie wird einem Lazarett im Elsass zugeteilt, das in aller Eile in einem Kloster eingerichtet worden ist. Synchron zum Kampfgeschehen werden verwundete Soldaten in Wellen eingeliefert. »Die Verbände sind durchgeblutet, oft verkleistert. Uniformen, gar Stiefel auszuziehen bedeutet ein Kunststück. Es stöhnt und wimmert überall. Wir kommen nicht mehr zur Besinnung.«

Als in einem Regiment Typhus ausbricht, muss das Lazarett eine Seuchenstation einrichten. Für Ärzte und Pfleger der Ansteckungsgefahr wegen der gefährlichste Arbeitsplatz. Für die Insassen bestehen nur zwei Möglichkeiten: Entweder sie sterben, oder sie werden als geheilt entlassen. Aber sie werden nicht, wie sonst üblich, bei Besserung in rückwärtige Krankenhäuser verlegt. So will man die Gefahr von Epidemien verringern.

Tag für Tag ist Helene Mierisch mit den Folgen des Krieges konfrontiert: »Es ist Nacht, ich sitze an einem Sterbebett, langsam geht wieder eine Seele hinüber. Ich schreibe nur, um mich wach zu halten. Drei Briefe an Angehörige liegen fertig da.« Wenn ihre Kräfte doch einmal ermatten, rafft sie sich selbst wieder auf. »Nichts da, hier gibt es nur eines: helfen.« Da ist sicher eine gehörige Portion Fanatismus dabei, doch ihr natürlicher Takt und ihre Neugier auf Menschen bewahren sie davor, sich zu verrennen.

Das Tagebuch gerät zu einem wichtigen Halt, zu einem Ort der Privatheit in einem Leben, das sonst ganz von der Not anderer bestimmt wird. Wenn wenig Zeit bleibt, müssen lakonische Vermerke genügen: »Waldemar ist tot, Strasser scheint es besser zu gehen, Grosche liegt im Sterben.« Ist die Stimmung entspannter, zeichnet sie auch heitere Begebenheiten auf. Ein Soldat hält im Typhusdelirium unverständliche Mo-

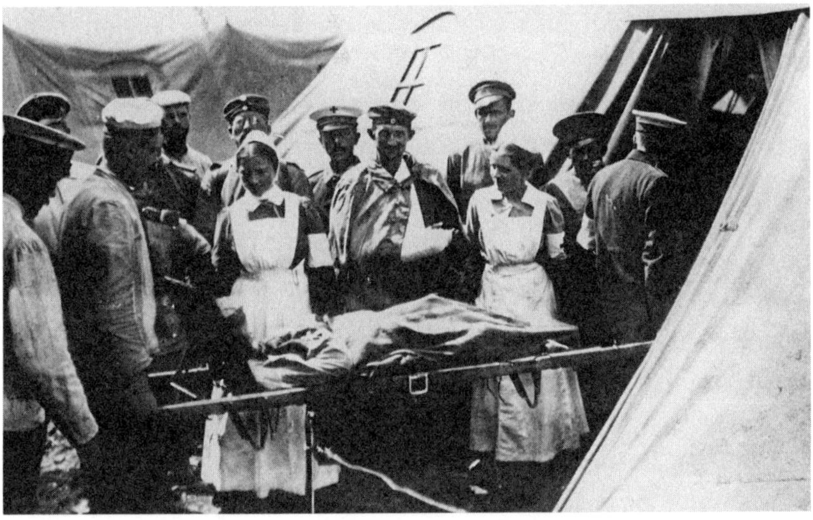

Gelegentlich helfen deutsche Rotkreuzkräfte auch verbündeten Armeen wie hier in Galizien, wo Österreich-Ungarn gegen Russland kämpft.

nologe, weshalb sie glaubt, einen gefangenen Franzosen vor sich zu haben. Groß ist die Verblüffung, als seine Kameraden ihr eröffnen, er sei »a Senn von der Zugspitzgegend«. Die beiden freunden sich an, und der Senn verspricht ihr, dass er, sollte er je wieder nach Hause kommen, den ersten Gamsbart für sie schießen würde. Schließlich stimmen die übrigen Bajuwaren noch das Loisachtal-Lied für »dos sakrisch feine Madel« an.

Nach fünf Monaten ist der Krieg für Mierisch zum Normalzustand geworden. Die erste richtige Krise erlebt sie nicht etwa im Lazarett, sondern auf Heimaturlaub, zu dem sie regelrecht abkommandiert werden muss. »Mir graut vor den vielen Besuchen. Über das Erlebte kann ich unmöglich sprechen.« Eine Mitschwester erteilt ihr dann noch den Ritterschlag: »Schenken wir uns das Du wie die Soldaten; genug durchgemacht haben wir wohl. Du bist ein ganz patenter Kriegsfreiwilliger, ein guter Kamerad Schwester.« Von nimmermüder Strebsamkeit, belegt sie Fortbildungen an den Wochenenden, und selbst im Urlaub hospitiert sie in einer Taubstummenanstalt. Gesundheitlich geht sie an ihre Grenzen, sie ist durchaus gefährdet, vor allem seit ihre Station immer mehr Fälle von Gehirnhautentzündung zu verzeichnen hat. »Bisher bekamen wir noch nicht einen wieder gesund.« Und dann folgt ein ungeheuerlicher Satz: »Ich habe so viel Morphium gehamstert, dass es im Falle einer Ansteckung zu einem schnellen Tod reicht.« Sie weiß nur zu gut, was die Krankheit bedeutet.

Zwangsläufig wird die junge Frau auch zum Gegenstand erotischen Interesses. Sie weiß damit umzugehen. »Ich wäre zu dem intelligenten Menschen gern freundlicher gewesen, wenn mich nicht die Angst beherrscht hätte, dass er die Grenze zwischen Schwester und Frau verwischen würde.« Eine Weile tut sie in einem Saal mit Achtzehnjährigen Dienst. Selbst kaum älter, erscheint sie den jungen Soldaten doch als gütige Autorität. Bei vielen steigt die Erinnerung an die Zeit der Kinderkrankheiten auf. »Das junge Gesicht sieht mich aus verglasten Augen verständnislos an und sagt: ›Mutter, freust du dich denn gar nicht?

Drücke mich doch mal.‹ Ich nahm den Kopf in meine Arme und drückte ihn zart, während Tränen auf die ihn streichelnden Hände fielen. ›Bleib nur bei mir, Mutter.‹«

Im Februar 1917 wird Mierisch versetzt und reist einmal diagonal durch Deutschland bis nach Litauen, bei minus dreißig Grad im ungeheizten Personenwagen. Das bis dahin russisch regierte Baltikum steht inzwischen unter deutscher Besatzung. Es ist eine andere, wildere Welt als die der vermeintlich idyllischen Vogesen. Im zugigen Gymnasium einer Kleinstadt liegen 3000 Kranke und Verwundete. Das Waschwasser gefriert in den Schüsseln, Ungeziefer plagt Schwestern und Patienten. Russische Kriegsgefangene hacken Holz, schleppen Wasser, tragen die Bahren. Mierisch wird als Operationsschwester eingeteilt und muss sich gleich am ersten Tag bei einem dreistündigen Eingriff bewähren. Die einen kommen wegen erfrorener Gliedmaßen unters Messer, die anderen wegen verheerender Verbrennungen durch Flammenwerfer, die in diesem Krieg erstmals massiv eingesetzt werden.

Als sie nach einigen Monaten auf Urlaub nach Hause fährt, hat sich die Lage dort erheblich verschlechtert. »Jetzt lerne ich den Krieg in der Heimat kennen. Überall grinst einen das Gespenst des Hungers an.« Ihr Vater hat sechzig Pfund abgenommen, die Mutter ist krank. Sie kochen Suppe aus Kartoffelschalen. Dennoch gerät sie nicht ins Zweifeln. Zu helfen ist ihr Lebensinhalt. Und auch wenn sie die zahllosen Verluste nur beklagen kann – den Krieg und seine Motive hinterfragt sie nicht.

Nach der Oktoberrevolution in Russland kommt es Ende 1917 zu einem Waffenstillstand. Doch marodierende Banden und Bolschewiken machen die Gegend weiter unsicher, so dass drei Gewehre in jedem Krankensaal bereitgestellt werden. Schon seit Längerem beobachtet Schwester Helene ein Nachlassen nicht nur der Kampfmoral, sondern der Moral überhaupt. Was sich unter anderem in erhöhtem Alkoholkonsum und einer sprunghaften Zunahme der Salvarsankuren zur Syphilisbehandlung niederschlägt. Als Schwester versteht sie sich durchaus auch als moralische Instanz. »Soviel wir an Halt zu geben vermögen, wird getan. Schon durch unser Bleiben und Dasein zwingen wir die Männer, an deutsche Frauen, an die ihrigen daheim zu denken.«

Eine Welt ohne Licht

Im Herbst 1917 verschlägt es eine junge Studentin der Kunstgewerbeschule München an einen ungewöhnlichen Kriegsschauplatz. Gunta Stölzl hat sich weder aus medizinischen Ambitionen noch aus übergroßem Helferdrang oder Hurrapatriotismus zum Roten Kreuz gemeldet. Auf ihre stille, philosophische Art versucht sie einfach, in einer aus den Fugen geratenen Zeit etwas Sinnvolles zu tun. Sie sieht ihre Hilfe, durchaus auch im künstlerischen Sinn, als ein »gutes Werk« an. »Ich bin so viel reicher geworden, habe so viel Schönes gelernt«, befindet sie nach der Schnellausbildung in einem Reservelazarett, auch wenn das Elend dort sie anfangs schockiert. Direkt vom Lehrgang wird sie dann nach Italien beordert.

Um den bedrängten Österreichern beizustehen, schickt Deutschland eine ganze Armee an die Isonzo-Front, und Rotkreuzeinheiten dazu. Während sich ein junger Offizier namens Erwin Rommel dort einen Orden verdient, behandelt Gunta Stölzl seine weniger glücklichen Kameraden. »Es gab so wahnsinnige Schmerzen, so furchtbare Verletzungen. In jedem Saal lagen einige, die nie wieder hinaustreten werden in die Sonne. Diese Hoffnungslosen, die man beständig anlügt – das ist das Furchtbarste.«

Der erste Heimaturlaub gewährt ihr keine Erholung; sie merkt, dass sie vom Ausnahmezustand fast abhängig geworden ist. Also doch wieder zurück ins Fegefeuer des Krieges? Als sie nach Frankreich geschickt wird, detoniert am ersten Tag eine Granate im Hof des Lazaretts und tötet drei Menschen und ein Pferd. Dennoch fürchtet sie nie um ihr Leben, zumindest »nicht am Tage, wenn man vor seinen Leuten steht«. Als könnte der Dienst einen imaginären Schutz gegen äußere Gefahren bieten. Zugleich unterminiert er aber das mühsam bewahrte seelische

Dank eines Suchhunds hat eine Sanitätspatrouille diesen versprengten Verwundeten gefunden. Doch auch die Helfer leben gefährlich.

Gleichgewicht: »Dieses Schreien, diese Schmerzen, die Wände hallten nur so. Manchmal glaubte ich, ich sei am Ende.«

Das Schicksal eines erblindeten Soldaten, der wie sie Kunst studiert hat, geht ihr ganz besonders nahe. »Was kann man so einem Menschen für einen Trost geben«, fragt sie bestürzt, »er hat ja alles verloren, was ihm das Leben wert machte. Und ohne das Licht, was ist da der Mensch!« Der hoffnungslose Zustand so vieler junger Männer stürzt sie in ernste Krisen: »Alles Schöne, das einst war, drängt auf mich ein und fragt: Warum? Immer warum? Ich möchte mich hineinwühlen in das hohe Gras und weinen.« Zugleich aber schöpft sie aus dem hundertfachen Elend die Kraft, über diese Krisen hinwegzukommen. Denn eben dafür wird sie gebraucht.

Der Rufer in der Wüste

Die meisten Auslandseinsätze deutscher Hilfsgesellschaften gehen in die verbündete Türkei, die damals noch weite Teile Vorderasiens umfasst. In Nazareth entsteht ein »Kaiserlich Deutsches Feldlazarett«, in Bagdad soll eine ähnliche Institution aufgebaut werden. Allerdings ist der Weg an die mesopotamische Front reichlich unsicher geworden. Die sechs Schwestern des hessischen Alice-Vereins, die für diese Aufgabe abgestellt wurden, entschließen sich daher, ihr Ziel auf dem Wasserweg anzusteuern. Von Aleppo her kommend, treiben sie zusammen mit Ärzten, Pflegern und der gesamten Ausrüstung auf Flößen drei Wochen lang den Euphrat hinab, bis sie schließlich zum Tigris hinüberwechseln. Herrschte nicht Krieg, so könnten sie diese Reise als ein orientalisches Märchen genießen. Schakale umschleichen die Zelte, Karawanen ziehen am Ufer entlang. Wenn sie abends anlanden, bringen die Beduinen ihre Kranken herbei. »Die Ärzte untersuchten sie, und wir Schwestern brauten Medizin. Es war wie ein Bibelbild!«, notiert eine von ihnen. Die meisten Moscheen von Bagdad sind in Lazarette umgewandelt worden. Die Schwestern richten ihr Krankenhaus schließlich im Palast eines Paschas ein, mit Palmengarten am Tigris.

Zwischen Konstantinopel und Bagdad sind zu dieser Zeit eine ganze Reihe deutscher Sanitätsmissionen unterwegs, meist zusammengesetzt aus militärischem Sanitätspersonal und freiwilligen Helfern. Dem Bündnispartner soll auf jede erdenkliche Weise beigestanden werden, um so die zweite Front gegen Russland und England aufrechtzuerhalten. Unterstützt von hohen deutschen Offizieren, beginnt unter dem Deckmantel des Krieges im Frühjahr 1915 eine der bis dahin schlimmsten Schandtaten der Geschichte: die Vernichtung der Armenier. Ein deutscher Rotkreuzhelfer wird Zeuge dieser Tragödie.

Mit 27 Jahren ist Armin T. Wegner bereits ein leidlich erfolgreicher Schriftsteller. Wenige Tage nach der Schlacht bei Tannenberg besichtigt er als Zivilist das Schlachtfeld. Als er eine herrenlose Mütze aufhebt, kommt darunter die Hand eines notdürftig verscharrten russischen

Soldaten zum Vorschein. »Ich ergriff die Hand und sagte: ›Ich werde deiner gedenken‹ – und ging zum Roten Kreuz.« Nach einem Schnellkurs wird Wegner leitender Pfleger eines Lazaretts an der Ostfront. 1915 geht er in die Türkei, wo er zunächst im deutschen Krankenhaus in Konstantinopel und dann auf einem Lazarettschiff arbeitet. Als er über Aleppo nach Bagdad zieht, wird er Augenzeuge von Gräueltaten an den Armeniern. Schätzungsweise eine Million Menschen, manche Historiker sprechen von anderthalb, fallen den türkischen Pogromen, Massenerschießungen, vor allem aber den Deportationen in die syrische Wüste zum Opfer. Wegner besucht die Lager, fotografiert unter Lebensgefahr »Bilder des Entsetzens« und schmuggelt Briefe heraus. Schon beim ersten Heimaturlaub bemüht er sich verzweifelt um Öffentlichkeit, doch Ignoranz und Zensur bilden eine unüberwindliche Mauer. Erst nach dem Krieg kann er seine Erlebnisse veröffentlichen und einen Lichtbildvortrag über *Die Austreibung des armenischen Volkes in die Wüste* halten. Damals wird er angefeindet und missachtet. Längst aber zählen seine Berichte und Fotografien zu den weltweit wichtigsten Dokumenten dieser Verbrechen gegen die Menschlichkeit.

Wegners unermüdlicher Einsatz gehört zu den wenigen Lichtblicken in diesem ersten finsteren Kapitel des 20. Jahrhunderts. Das Rote Kreuz als humanitäre Organisation könnte stolz darauf sein, so jemanden in seinen Reihen gehabt zu haben. Doch Wegner taucht in den Annalen nicht auf, wie auch die Massaker an der christlichen Minderheit in den zeitgenössischen Berichten des Deutschen Roten Kreuzes fehlen. Dass der Türkische Rote Halbmond sie negiert, überrascht nicht. Doch auch das Internationale Komitee bleibt indifferent. Und das, obwohl sich diese Entwicklung lange angebahnt hatte.

Die ersten Massaker im Jahr 1895 hatte Dunant noch mit grimmigen Worten über die »verderbte Menschheit« kommentiert. Clara Barton persönlich hatte damals mehrere Hilfsmissionen für die Armenier geführt. Zwanzig Jahre später sind es wiederum die Amerikaner, die den Verfolgten beistehen, gemeinsam mit dem Russischen Roten Kreuz und britischen Hilfsorganisationen. Die Mächte der Entente machen kein Hehl aus den Kriegsverbrechen ihrer Gegner, während deren Verbündete sie systematisch leugnen oder »die Verminderung der Armenier« sogar gutheißen.

Wegner selbst geht früh auf Distanz zum Roten Kreuz. Als Pazifist steht er politisch eher links. Zudem ist er Einzelgänger, kein Vereinsmensch. Schließlich tritt er in den militärischen Sanitätsdienst über. Wo er freilich ebenfalls als ein unbequemer Humanist Anstoß erregt. Als er in einem Brief an seine Mutter die unmenschliche Behandlung britischer Kriegsgefangener durch die Türken schildert, wird er 1917 nach Deutschland strafversetzt.

Die wenigen Stimmen, die sich damals erheben, lassen das Schweigen der Mehrheit umso deutlicher hervortreten. Dieses Muster wird sich wiederholen. Im April 1933, unmittelbar nach den ersten Übergriffen auf Juden in Deutschland, schreibt Wegner einen Brief an Hitler, »als ein deutscher Schriftsteller, dem die Gabe der Rede nicht geschenkt wurde, um zu schweigen, wenn sein Herz vor Entrüstung und Scham erbebt«. Er unternimmt den tollkühnen Versuch, dem »Herrn Reichskanzler« die Hetze gegen Juden auszureden und so »die Würde des deutschen Volkes zu wahren«. Daraufhin wird Wegner gefoltert und für mehrere Monate interniert. Heute zählt er in Armenien wie auch in Israel zu den Gerechten der Völker.

Visite in Sibirien

Dass in Kriegszeiten auch die Fürsorge für die Zivilbevölkerung zu den Aufgaben des Roten Kreuzes zählen könnte, dieser Gedanke hat in der Politik erst spät Fuß gefasst. Es brauchte einen weiteren Weltkrieg, bis 1949 die Genfer Konvention entsprechend erweitert wurde. Ihre erste Revision im Jahr 1906 schuf aber zumindest die Grundlage für eine Verankerung der Gefangenenfürsorge im Völkerrecht; parallel wurden im Gefolge der Haager Friedenskonferenzen Mindeststandards für deren Behandlung entwickelt. Wobei die genauen Aufgaben des Roten Kreuzes dabei ebenso ungeklärt geblieben sind wie die Arbeitsteilung zwischen dem Komitee, den nationalen Gesellschaften der kriegführenden und der neutralen Staaten.

In Anlehnung an das Auskunftsbüro in Basel, das sich 1870 bewährt hat, richtet das Komitee noch im August 1914 im Genfer Musée Rath eine Internationale Agentur ein. Sie soll der Erfassung der Kriegsgefangenen, dem Nachrichtenaustausch zwischen ihnen und ihren Angehörigen sowie der Nachforschung nach Vermissten dienen. Es beginnt mit einer Liste von 29 französischen Verwundeten in Pforzheim. Und es endet mit fast fünf Millionen Karteikarten, die nach einem ausgeklügelten System durch Verweise erschlossen werden. Die Säle des Kunstmuseums sind zu riesigen Registraturen geworden, in denen 1200 ehrenamtliche Mitarbeiter versuchen, mit einem mörderischen Krieg Schritt

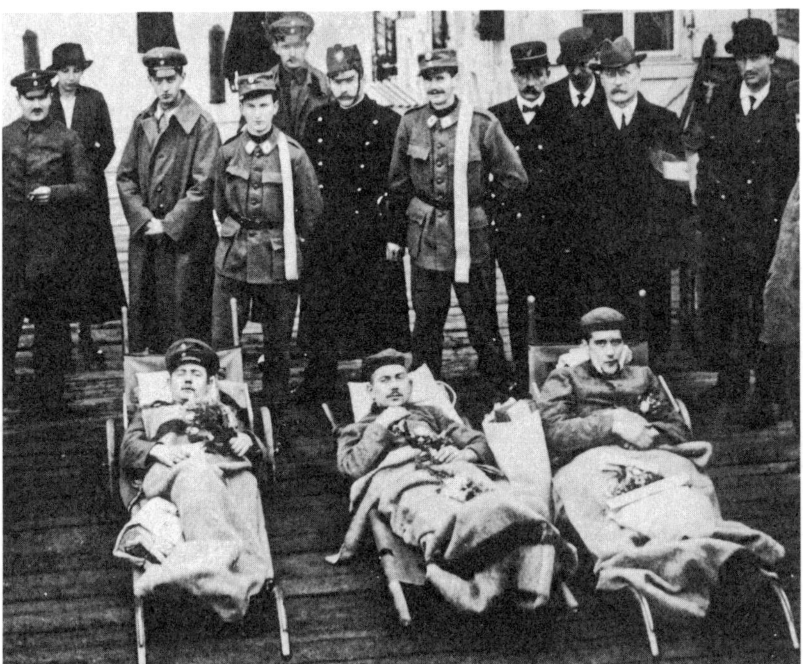

Über die Schweiz und andere neutrale Staaten tauschen die verfeindeten Mächte mit Hilfe des Roten Kreuzes verwundete Gefangene aus.

zu halten. Der immer mehr Anfragen, immer mehr Opfer und buchstäblich immer mehr Karteileichen hervorbringt. Allein der Name Henri Martin taucht fünfhundert Mal auf. »Das Rote Kreuz«, schreibt Stefan Zweig anlässlich eines Besuchs der Agentur, »hatte die Aufgabe übernommen, inmitten des Grauens den Menschen wenigstens die grimmigste Qual abzunehmen: die Ungewissheit über das Schicksal geliebter Menschen.« Er rühmt die Schweiz als »Hilfsland Europas« und bekennt, während des Krieges nichts gesehen zu haben, das zu schildern ihm würdiger erschiene als diese Agentur.

In bescheidenem Umfang organisiert das Komitee auch den Gefangenenaustausch über neutrale Staaten. Meist handelt es sich dabei um Schwerverwundete, deren Verletzungen einen abermaligen Einsatz ausschließen. Das Schweizerische Rote Kreuz setzt mehrfach einen Lazarettzug ein, der gefangene Franzosen nach Lyon, gefangene Deutsche nach Konstanz überführt. Der Bahnhof der Bodenseestadt wird zur Kulisse einer regelrechten Völkerschau: Berber mit rotem Fes, Inder mit weißem Turban, Schotten mit karierten Röcken, sie alle warten auf

Ein Zug der Schweizer Bundesbahnen bringt Kriegsgefangene zurück nach Deutschland. Das im Gegenzug Soldaten der Entente in die Freiheit entlässt.

ihren Weitertransport. In Aachen werden die zahllosen ankommenden Verwundeten kurioserweise im früheren zoologischen Garten untergebracht. An jedem der 250 Betten im großen Glaspalast steht ein Blumenstrauß. Wo bis vor Kurzem Zebras grasten und Flamingos herumstolzierten, promenieren nun Kriegsbeschädigte auf Krücken und unternehmen Bootspartien.

Der Austausch mit Russland erfolgt über schwedisches Gebiet, hoch oben in Lappland. Im Winter müssen die Verwundeten die Mündung des Grenzflusses mit Pferdeschlitten überqueren, in Pelze eingemummt. Im April 1917 wird eine dreißigköpfige Gruppe die Schlitten in die entgegengesetzte Richtung besteigen – Lenin mit Gefolge. Deutschland und Russland haben außerdem Inspektionen der gegnerischen Gefangenenlager vereinbart. Anfangs können sich die Vertreter des Roten Kreuzes noch vergleichsweise ungehindert bewegen, später werden sie zunehmend gegängelt und belogen. Die ersten drei Abordnungen im Zarenreich bestehen jeweils aus einer deutschen Schwester, einem dänischen Delegierten als neutralem Beobachter und einem russischen Kontrolloffizier. Zunächst beabsichtigen die Russen, sie in Vorzeigelager im europäischen Teil des riesigen Reiches zu führen. Sehr zum Erstaunen ihrer Ansprechpartner bestehen die Schwestern aber darauf, auch Lager in Sibirien und Mittelasien zu besuchen. Sie setzen ihren Willen durch. »Im Kriegsministerium ging ich ein und aus«, berichtet Alexandrine Gräfin Üxküll-Gyllenband, Oberin der Wiesbadener Schwesternschaft. Die adeligen Damen nutzen ihre Beziehungen zur russischen Aristokratie und sprechen auch in Zarskoje Selo vor. Dort empfängt sie die Zarin, gebürtige Prinzessin Alix von Hessen-Darmstadt, in Schwesterntracht.

Zu wichtigen Verbündeten auf dieser Mission werden der schwedische Botschafter Edvard Brändström und seine Tochter Elsa, die sich als »Engel von Sibirien« zu einer humanitären Legende entwickeln wird. Ihr Buch *Unter Kriegsgefangenen in Rußland und Sibirien* gerät zur Chronik einer Höllenfahrt. Die Wirklichkeit der Lager spricht sowohl dem Geist wie den Buchstaben der Genfer Konvention Hohn. In vielen kommt die Hälfte der Internierten ums Leben, in manchen sind es zwei Drittel. Ärzte und Sanitäter werden genauso eingesperrt wie Soldaten. Willkür, Korruption und Grausamkeit erreichen Dimensionen, die die Menschheit so noch nicht gekannt hat. Die humanitären Deklarationen des zaristischen Regimes erweisen sich als blanke Propaganda. Tolstoi hatte nur zu recht.

Auf ihren Visitationsreisen bewältigen die drei Abordnungen ein enormes Pensum. Sie besuchen 48 000 Gefangene, verteilen über eine Million Mark und nehmen 37 000 Briefe in Empfang. Erschüttert schildert Gräfin Üxküll ihre Eindrücke: »Von Stacheldraht umgeben, Sibiriens eisiger Kälte ausgesetzt, ohne Nachricht von den Angehörigen, fristeten sie ihr Dasein. Fleckfieber und Typhus rafften Unzählige dahin; 600 000 bedeckt die russische Erde.« Weitere Missionen folgen. Manche Missstände vermögen sie zumindest zu lindern. Hier erhalten die Männer saubere Kleidung, dort werden die Baracken desinfiziert. Schon ein einfaches Frage-und-Antwortspiel kann manch triste Stunde überbrücken, ein Buch kann ein Fenster in eine andere, bessere Welt öffnen. Dort, wo Hilfe ankommt, bringt sie auch moralische Unterstützung. »Nicht die Gaben allein, sondern auch die Art, wie man sie uns gibt, sind von Wert«, bekennt ein Soldat gegenüber der Gräfin. Doch in der Praxis bleibt es oft bei der symbolischen Geste des Besuchs. Kaum sind die Schwestern wieder abgereist, gehen die Schikanen weiter.

Der Gefreite Wilhelm Brinkmann aus Nienburg an der Weser erlebt einen solchen Besuch im äußersten Osten Sibiriens. Für ihn und seine Kameraden ist es nur eine flüchtige Episode in einem vierjährigen Martyrium. Schon den Transport, eingepfercht in ungeheizten Viehwaggons, haben viele nicht überlebt. »In den vollgestopften Wagen fühlen wir uns wie die Löwen und Tiger in einem Tiergarten, die auch darüber grübeln werden, ob sie wohl ihr ganzes Leben hinter Gittern verbringen müssen. Wie sie, warten auch wir auf die tägliche Nahrung, und wie sie brüllen auch wir, wenn sich die Wärter mit dem Essen nähern. Der Hunger treibt uns zu Verzweiflungstaten.« Im Lager tragen sie dann bei vierzig Grad minus nur mehr Lappen an den Füßen und schlafen auf dem Lehmboden. Die Sterblichkeitsrate ist derart hoch, dass hundert Mann allein zum Ausheben der Gräber benötigt werden. An der Front sind die Überlebenschancen höher.

Eines Tages bekommen die Gefangenen Besen ausgehändigt, um die Baracken zu säubern. Eine Inspektion wird angekündigt: Magdalene Gräfin von Walsleben, eine der drei Abgesandten. »Sie ist für uns ein heiliges, überirdisches Wesen, und wir sind verhungerte, von Ungeziefer starrende Halbtiere.« Sie hört sich die Klagen der Gefangenen an, ermahnt den Kommandanten und rauscht wieder davon in die Taiga. An den Zuständen im Lager ändert sich nichts. Petersburg ist unendlich weit, und selbst wenn man dort gewillt wäre, für eine menschenwürdigere Unterbringung zu sorgen, in den Lagern herrschen eigene Gesetze, oder vielmehr eigene Gesetzlosigkeit. Geldsendungen und Pakete werden weiterhin unterschlagen, protestierende Gefangene weiterhin eingekerkert, die fürchterlichen hygienischen Bedingungen weiterhin beibehalten.

Was Brinkmann und viele Kameraden schließlich rettet, ist eine sieben Jahre alte Zeitung, die er in einer Baracke findet: die *Kiautschou-Post* aus Tsingtao, der bis dahin deutsch verwalteten, nun aber japanisch besetzten Hafenstadt in China. Aufs Geratewohl schreibt er an die Inserenten von damals: einen Hotelier, eine Ladenbesitzerin, einen Wurstfabrikanten. Wohl selten haben Kleinanzeigen so viele Leben und Seelen gerettet. »Nun kamen dauernd Pakete …« Bald schicken auch Auslandsdeutsche in Yokohama und Schanghai Kleidung und Nahrungsmittel. Sie werden weniger unterschlagen, vermutlich weil sie aus mit Russland verbündeten Staaten kommen, und fast noch aus der Nachbarschaft dazu.

In den Wirren des russischen Bürgerkriegs werden die Gefangenen schließlich entlassen. Als Brinkmann in der deutschen Gesandtschaft in Moskau vorsprechen will, steht er vor verschlossenen Türen – der Botschafter ist gerade erschossen worden. Auch die Rotkreuzschwestern sind ihres Lebens nicht mehr sicher. Elsa Brändström wird sechs Wochen lang als Geisel festgehalten, und diese »sinnlose Wartezeit«

zehrt mehr an ihr als alles erlebte Leid zuvor. Generaloberin von Horn wird am Kaspischen Meer als Spionin inhaftiert, Erika von Passow stirbt auf der Flucht aus einem Lager in Russisch-Turkestan. Auch mehrere skandinavische Delegierte werden umgebracht. Insgesamt bezahlen im Ersten Weltkrieg 863 deutsche Rotkreuzangehörige ihren Einsatz mit dem Leben. Aufseiten der Alliierten dürften die Verluste ebenfalls gravierend gewesen sein. Zum berühmtesten Fall wird die britische Krankenschwester Edith Cavell, die in einem Rotkreuzkrankenhaus in Brüssel arbeitet. Nach der deutschen Besetzung Belgiens verhilft sie verwundeten Briten, Franzosen und Belgiern zur Flucht nach Holland. Der deutsche Nachrichtendienst schleust zwei Agenten ins Lazarett ein, die sie verraten. Cavell wird zum Tode verurteilt und erschossen. Der Militärarzt, der Prozess und Hinrichtung begleitet, wird einige Jahre später eigenwillige Überlegungen anstellen: »Sie hatte als Mann gehandelt und wurde von uns als Mann bestraft. Sie war in den Krieg einge-

»Spartakus marschiert«: Beim Januaraufstand 1919 in Berlin verbinden Rotkreuzschwestern lädierte Milizionäre. Die Litfaßsäule wurde als Barrikade benutzt.

treten, und der Krieg vernichtete sie. Ich glaube, daß die Frau von heute für diese Konsequenz nicht nur Verständnis hat, sondern sie fordert.« Dieser Arzt war Gottfried Benn.

Letzte Heimfahrt

Bleibt noch nachzutragen, wie die drei Tagebuchschreiber das Kriegsende erlebten. Die Spur von Sekretär Diederich verliert sich, sein Lazarettzug ist aber weiter im Einsatz und absolviert insgesamt 120 Fahrten mit rund 30 000 Verwundeten. Gunta Stölzl wird in Lüttich demobilisiert: »Sonntag letzte Heimfahrt, lang – grau – trostlos. Und das ist das Ende von viereinhalb Jahren schwerster Opfer.« Was soll sie nun beginnen? »Mir fehlt der große Kreis von Menschen, für die man da war. Jetzt dreht sich alles wieder um das kleine Ich.« Sie nimmt ihr Studium wieder auf und strebt mehr denn je nach Klarheit und Wahrhaftigkeit. In den zwanziger Jahren wird sie zu einer der wichtigsten Künstlerinnen des Bauhaus. Die Erfahrungen im Lazarett dienen fortan als existenzieller Maßstab, der ihrer Kunst wie ihrem Leben eine unbestechliche Orientierung gibt.

Helene Mierisch bleibt bis November 1918 auf ihrem baltischen Posten, um einen halbwegs geordneten Rückzug zu ermöglichen. Was dem Kamerad Schwester einmal mehr kerniges Lob von soldatischer Seite einbringt: »Nehmt euch ein Beispiel an diesem Weibsbild.« Kurz vor Berlin wird der Evakuierungszug dann gestoppt. Der Bürgerkrieg ist in vollem Gange. Schüsse knallen, Spartakus marschiert.

Am nächsten Tag geraten sie dann mitten in den Umsturz »und sind auf einmal im schönsten Revolutionsrummel. Da kam auch noch ein Auto mit Maschinengewehren gefahren, von dem Liebknecht in die Menge hineinrief.« Kurz vor Weihnachten trifft sie schließlich zu Hause ein. Und blickt, wie das ganze Land, einer ungewissen Zukunft entgegen.

KAPITEL 6

»Wohlfahrt und Wehrkraft«

Die zwanziger Jahre

Liebe Schwester Mathilde, die Leute schweigen ja alle,
wenn sie auch verwundet sind …
aber Ideale hat keiner mit heimgebracht,
das können Sie mir glauben.
HERMANN BROCH, *DIE SCHLAFWANDLER*

Die Arbeitergärten in Berlin, sie wachsen und wachsen. Schon während des Krieges hat sich ihre Fläche infolge der Versorgungsschwierigkeiten verdoppelt. Danach dehnen die Anlagen sich nochmals aus. Allein im Bezirk Charlottenburg pachtet das Rote Kreuz 600 000 Quadratmeter zusätzlich. Sie dienen nicht als Kleingärten, sondern als Kleinfelder. Dreitausend Familien können sich dort mit Kohl und Kartoffeln versorgen sowie mit Grünfutter zur Kleintierzucht. Infolge der Wohnungsnot werden immer mehr Sommerlauben zu ganzjährigen Behausungen umgebaut. Das Rote Kreuz muss Entwicklungshilfe im eigenen Land leisten. Denn Deutschland liegt am Boden. Ein geschlagenes Land, ein einziges Notstandsgebiet. Es ist bezeichnend, dass nun auch Staaten wie Südafrika und Brasilien Unterstützung schicken; die umgekehrte Richtung ist heute geläufiger. 1920 verteilen Hilfsorganisationen landesweit 13 000 Tonnen Kleiderspenden aus dem Ausland und 16 000 Tonnen Lebensmittel, darunter eine Tonne Lebertran. Im Charlotten-

Nach dem Ersten Weltkrieg suchen Scharen von Kriegsinvaliden einen Weg zurück ins Leben.

burger Cecilienhaus, Sitz des dortigen Frauenvereins, überreichen der brasilianische Gesandte und seine Gattin Bohnen, Schmalz und Reis für fünfhundert Familien. Auch das Chilenische Rote Kreuz – die Weggefährten von Siegfried Braun – schickt einige Tonnen Nahrungsmittel. In Südafrika erinnert sich Rachel Steyn, die Witwe des letzten Präsidenten des Oranje-Freistaats, an die deutsche Hilfe während des Burenkriegs. Sie sammelt Geld für Schulspeisungen, mit denen achttausend Leipziger Kinder versorgt werden.

Eines Tages sprechen beim Roten Kreuz in Berlin zwei Besucher aus Japan vor: ein gewisser Herr Kuwata vom Japanischen Roten Kreuz und ein Herr Okada, Gouverneur der Präfektur Nagano. Sie wohnen einer Kinderspeisung bei, informieren sich über die Not der Jugend, besichtigen vermutlich auch die Arbeitergärten. Sie machen nicht viel Aufhebens von sich, fragen nur interessiert und nehmen eine Broschüre über »Die Krisis in Deutschland« mit. Zu Hause lassen sie diese ins Japanische übersetzen, verteilen sie an Schulen und berichten von der Not, die sie gesehen haben. Drei Monate später erhält das Deutsche Rote Kreuz aus Japan eine Spende von über einer Million Mark. Damals, noch vor der großen Inflation, ein Vermögen.

»Die Zeit des Wirrwarrs«

Nach außen hin verläuft die Demobilisierung des Roten Kreuzes zunächst glatt. Der sächsische Albert-Verein erstellt 1919 eine Dokumentation seiner Kriegstätigkeit, an deren Ende es lapidar heißt: »Der Verein wendet sich nunmehr wieder seinen Friedensaufgaben zu.« In ähnlicher Weise erklärt das deutsche Zentralkomitee: »Das Rote Kreuz steht nach Erfüllung seiner Kriegspflichten vor einer umfassenden Friedenstätigkeit.« Die Kehrtwende wird so ungerührt vollzogen, als bräuchte man nur einen Schalter umzulegen. Dieselben Leute, die eben noch die »heimische Kriegsarbeit« als Hauptaufgabe des Roten Kreuzes bezeichnet hatten, stellen die Organisation nun als »Friedensinstrument

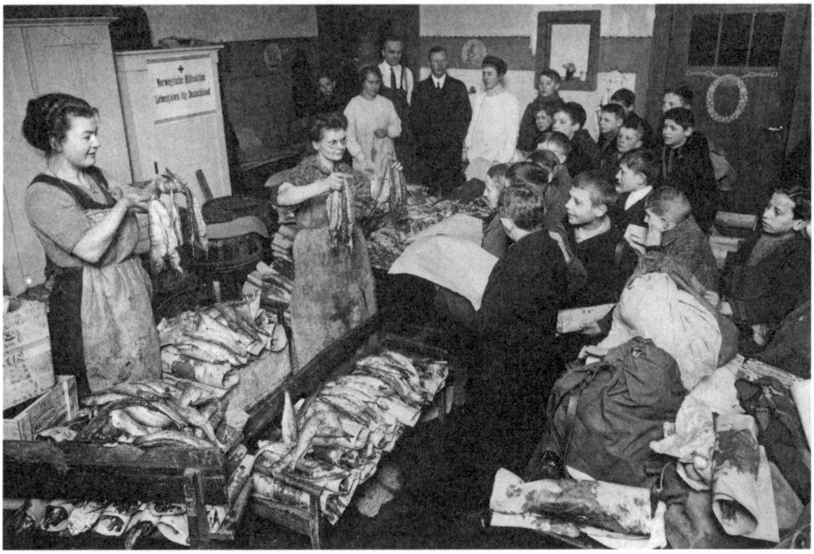

Liebesgaben für Deutschland: Fisch aus Norwegen wird in Berlin an bedürftige Kinder verteilt.

ersten Ranges« dar. Doch es bleibt kaum eine andere Wahl. Der Versailler Vertrag untersagt militärische Vereinigungen aller Art, eine Anbindung an die Armee ist dadurch ausgeschlossen. Widerstrebend wandelt sich der Verein zur Wohlfahrtsorganisation, die Dienstaufsicht wechselt nun vom Kriegs- zum Innenministerium. Er soll sich weitgehend auf karitative Aufgaben beschränken, womit er zugleich in Konkurrenz zu kirchlichen und kommunalen Einrichtungen tritt wie auch zu anderen Hilfsorganisationen.

Die Situation ist umso schwieriger, als das Deutsche Rote Kreuz nun weltweit ins Abseits zu geraten droht und an den machtvollen Veränderungen, die sich in der internationalen Rotkreuz- und Rothalbmondbewegung vollziehen, nur sehr beschränkt teilhaben kann. Die nationalen Gesellschaften in Frankreich, Belgien und Großbritannien fordern vom Zentralkomitee ein Wort des Bedauerns über deutsche Kriegsvergehen und Völkerrechtsbrüche wie die Besetzung des neutralen Belgien, die Giftgaseinsätze, den U-Boot-Krieg und die Versenkung etlicher Lazarettschiffe. Aber Berlin schweigt, und so kommt die Verständigung untereinander kaum in Gang. Zeitgleich wird in Genf die Liga der Rotkreuzgesellschaften gegründet, eine Art Völkerbund der nationalen Verbände. Die Dachorganisation soll als Ergänzung zum Internationalen Komitee dienen, wird jedoch von diesem zunächst durchaus als rivalisierende Einrichtung betrachtet. Es droht die Gefahr einer Spaltung. Der Vorstoß, der vor allem von den angelsächsischen Gesellschaften ausgeht, soll das Monopol des Genfer Klubs brechen und den Einfluss der bis dahin mächtigen deutschen und österreichischen Vereine zurückdrängen, die zunächst von der Liga ausgeschlossen bleiben. Der Weltkrieg hat vom Geist des »tutti fratelli« nicht viel übrig gelassen. Schließlich stecken die beiden Kontrahenten die Reviere ab: Das Internationale Komitee soll primär Kriegsaufgaben wahrnehmen, die Liga Friedensaufgaben wie Katastrophenhilfe, Sozialmedizin und Gesundheitsfürsorge.

In Deutschland findet eine Aufarbeitung der nationalistischen Indoktrination und der Rolle des tatkräftigen »Kriegserleichterers«, wie Bertha von Suttner es ausgedrückt hatte, nicht statt. Auch darin ist das Rote Kreuz ein Spiegel der Zeit, leugnet die große Mehrheit der Gesellschaft doch die deutsche Schuld. Nicht dass der Krieg geführt wurde, sondern dass er verloren wurde, gilt als der eigentliche Skandal. Ein ähnlicher Unwille wird sich auch an späteren weltgeschichtlichen Wendepunkten manifestieren. Nicht die Aufrichtigkeit der Institution zählt, sondern ihr Fortbestand um jeden Preis. Als wäre das Rote Kreuz sein eigener guter Zweck.

Die enge, privilegierte Verflechtung mit dem Staat erweist sich nun als Hypothek. Das Rote Kreuz wird als Teil des alten, abgewirtschafteten Regimes angesehen. Die bewährten Seilschaften laufen ins Leere; tragfähige Verbindungen zu den Organen der Republik müssen erst aufgebaut werden. Neuer Vorsitzender des Zentralkomitees wird Joachim von Winterfeldt. Als Landesdirektor der Provinz Brandenburg ein hoher, weithin geschätzter preußischer Beamter, der 1918 die Deutschnationale Volkspartei mit aus der Taufe hebt. Konservativ und kaisertreu, schreibt er nebenbei Gedichte und spielt Klavier. Als Kind hatte er während des Krieges von 1870/71 Scharpie gezupft, hatte an der Hand seines Vaters, dem Begründer des Zweigvereins Prenzlau, Lazarette und Kriegsgefangene besucht. Später erweitert er seinen Namen zu Winterfeldt-Menkin, nach dem Stammsitz der Familie in der Uckermark. Er ist etabliert genug, um von den alten Eliten als einer der Ihren akzeptiert zu werden, aber integer genug, dass man ihm den Brückenschlag zur neuen Führungsschicht zutraut.

In seinen Memoiren charakterisiert er diese Übergangsjahre später als »die Zeit des Wirrwarrs«. Bewusst lässt er im Ungefähren, wer ihn damals berufen hat. »Man war an mich herangetreten ...« Sein Enkel Kaspar von Oppen, heute Ehrenpräsident des Brandenburgischen Landesverbandes, kann das Geheimnis lüften: »Die Berufung ging von Friedrich Ebert aus.« Was allerdings niemand wissen sollte, bestanden doch auf beiden Seiten erhebliche Berührungsängste. Wäre publik geworden, dass ein der SPD angehörender Reichspräsident und ein preußischer Junker als Vertreter des monarchistisch geprägten Roten Kreuzes miteinander kungelten, wären beide Seiten in Erklärungsnot geraten. Unter größter Geheimhaltung bringt daher der Hausmeister der brandenburgischen Landesvertretung die Briefe und Dossiers direkt zum nahen Reichspräsidialamt. Ebert hat in diesen turbulenten Zeiten immer eine Pistole griffbereit im Schreibtisch liegen. Sein Büroleiter ist damals der Diplomat Rudolf Nadolny, der zugleich die Verbindung zum Auswärtigen Amt hält. 1945 wird er für kurze Zeit zum nächsten Hoffnungsträger des Roten Kreuzes werden, ein neuer Winterfeldt nach einem neuen Weltkrieg. Die Wege der Macht, sie folgen eigenen Gesetzen, unabhängig vom Charakter des jeweiligen Regimes.

Winterfeldt soll eine einheitliche Vereinsstruktur schaffen und eine neue Satzung erarbeiten. Im Januar 1921 wird das »Deutsche Rote Kreuz« in Bamberg gegründet, mit ihm als Präsidenten. In der Satzung sind »die Kriegsaufgaben durch die als selbsttätigen Hauptzweck in den Vordergrund tretenden Friedensaufgaben ersetzt«: Notstände im In- und Ausland, Hebung der Volksgesundheit, Seuchenbekämpfung, Rettungsdienst. Erst an letzter Stelle deutet die »Fürsorge für Verwundete und Gefangene« mögliche Kriegseinsätze zumindest an. Intern aber stellt Winterfeldt klar, »daß wir keineswegs die Vorbereitung für den Krieg allzu sehr zurücktreten lassen dürfen. Wir würden uns einer gefährlichen Utopie hingeben, wenn wir meinten, daß wir einer ewigen Friedensperiode gegenüberständen.«

Der Krieg hat auch seelisch eine invalide Gesellschaft hinterlassen. »Wie ist unsere Zeit so dunkel und ohne Trost. Wer rettet Deutschland?«, fragt der designierte Präsident in seiner Neujahrsbotschaft 1921. Die Antwort gibt er gleich selbst: »Vor fast sechzig Jahren traten fünf Männer in Genf zusammen …« Auf eine heilende, therapeutische Wirkung hoffend, beschwört er das Mysterium des Roten Kreuzes.

Da sie noch vor der Reichsgründung entstanden ist, präsentiert sich die Organisation in Deutschland als ein ausgeprägt föderales Gefüge. Trotz der gestärkten Führung behalten die Landesvereine viel von ihrer Selbstständigkeit, und die flächendeckende Präsenz des Roten Kreuzes bleibt erhalten. Zugleich dient die Hilfsorganisation dem international geächteten Deutschland bei der Rückkehr auf die Weltbühne. Nach Gründung der DDR wird sich ein ähnlicher Prozess wiederholen: Wann immer ein Staat einen Neuanfang versucht, kann das Rote Kreuz als zweckmäßiges Instrument dienen, um nach innen wie nach außen Vertrauen zu gewinnen.

Dennoch bleibt eine tiefe Verunsicherung spürbar. Die alten Eliten, die nicht nur die Führungsriege des Roten Kreuzes gestellt, sondern auch seinen Geist, sein Selbstverständnis geprägt haben, sind gründlich entzaubert. Gleichzeitig verarmt der Mittelstand, und die Bereitschaft zu ehrenamtlichem Engagement nimmt ab. Dies trifft das einst blühende Vereinswesen generell und auch das Rote Kreuz, das den Status eines eingetragenen Vereins besitzt. Die Widersprüche der Institution überlagern sich mit den Widersprüchen der Zeit. Wenn es noch 1930 in einem Lehrbuch heißt, »die Mitglieder der Sanitätskolonnen sind in Ausübung freier Liebestätigkeit zur Unterstützung des Gebirgsrettungsdienstes bereit«, so zeugt das nicht nur von unfreiwilliger Komik, sondern auch von einer überholten Grundhaltung, die im 19. Jahrhundert stecken geblieben zu sein scheint. Bezeichnend für das reaktionäre Image, das der Organisation anhaftet, ist eine Polemik Kurt Tucholskys: »Das Rote Kreuz ist eine durchaus wilhelminische Einrichtung geblieben. In den leitenden Stellen wimmelt es von Adligen, von ehemaligen hohen Militärs, von Oberstabsärzten, von Leuten, die aus dem Kriege her in unangenehmster Erinnerung sind. Der Damenflor setzt sich aus Blüten zusammen, die viel zu wenig karikiert werden: diese maßlos hochmütige, rafferische Kastenfrau, die alles vom Staat beansprucht, weil sie ihn als ihr gehörig ansieht.«

Das Rote Kreuz versucht gegenzusteuern, indem es sich mit fortschrittlichen Kräften zusammentut und demonstrativ mit der Zeit geht. Zu einem Aushängeschild des Neubeginns wird Adele Schreiber, eine bekannte Frauenrechtlerin und sozialdemokratische Reichstagsabgeordnete. Allein das ist bemerkenswert: SPD-Mitglieder waren während des Kaiserreichs ausgeschlossen, was zur Entstehung des Arbeiter-Samariter-Bundes beigetragen hatte. Der vermag sich nun leichter an die neuen Verhältnisse anzupassen. Prompt hält das Zentralkomitee ihm vor, dass er unter dem Deckmantel der Humanität politische Ziele verfolge – was das vaterländische Rote Kreuz natürlich zu keiner Zeit auch nur im Entferntesten getan hat.

Eigens für Adele Schreiber wird eine »Abteilung Mutter und Kind« eingerichtet, die auch »die Anknüpfung neuer internationaler Verbindungen fördern soll«. Das Vorzeigeprojekt umfasst Kinderkliniken, Beratungsstellen und Erholungsangebote. Als Deutschland 1923 in den Schoß der Liga aufgenommen wird, erhält Schreiber dort einen Posten – ein weiterer Prestigeerfolg. Sie selbst spricht den innenpolitischen Fragen größere Bedeutung zu, ist es doch ihre Überzeugung, dass »Kampf gegen das Elend das wirksamste Mittel gegen alle Extreme von links und von rechts« wäre.

Zu den Aufgaben ihrer Abteilung gehört auch die Kinderverschickung in die Schweiz, die Mitte 1921 bereits den fünfzigsten Transport feiern kann. 25000 deutsche Kinder haben dank dieser Einrichtung einige halbwegs unbeschwerte Monate bei Pflegefamilien verlebt – eine

Im DRK-Erholungsheim Sonnenstein im thüringischen Sulza arbeiten Kinder begeistert im Gemüsegarten.

Nordlandfahrt: Auf Initiative des Roten Kreuzes reisen Kinder aus Deutschland zu einem Erholungsaufenthalt nach Schweden.

menschliche Bereicherung für beide Seiten. Als eine Mutter sich bei den Gastgebern im Kanton Bern bedankt, erhält sie folgende Antwort: »Werte Frau B., haben Euern Brief mit Freuden erhalten. Aber wir tun nur eine Christenpflicht an Eurem Kinde. Kann ihm nicht viel bieten, denn wir sind selber Kleinbauern und haben nur sechs Kühe, zwei Pferde, vier Schweine, hingegen doch zu Essen genug. Es ist ein gutes Kind, haben es alle sehr gern. Langeweile hat es, glaub ich, nie gehabt, es hat nie geweint. Was uns am meisten Arbeit macht, ist die Sprache, weil wir nur Berndeutsch sprechen. Verstehen uns aber schon ziemlich. Habe neun Kinder, fünf Enkelinnen und ein altes Mutterherz von fünfundsechzig Jahren. Das Kind soll gesund und munter zu Euch zurückkehren, das ist mein größter Wunsch.«

In Deutschland richtet die Abteilung »Mutter und Kind« mehrere große Erholungsheime ein. Sechstausend »Stiefkinder des Glücks« weilen dort jährlich auf Kur; die Zahl der Anfragen ist um ein Vielfaches höher. Als Referenz an die oftmals amerikanischen Stifter tragen die Häuser ungewöhnliche Namen wie »Kinderheim Frohsinn Pittsburgh« oder »Berta und Louis Dreyfus-Heim«. Auch deutsche Spender helfen nach Kräften; einmal trifft eine ganze Herde von Schaukelpferden in einem der Kinderheime ein.

Im Jahr 1924 unternimmt Adele Schreiber eine längere Vortragstournee durch die Vereinigten Staaten, auf der sie Interviews gibt, Dankesbesuche bei den Stiftern der Kinderheime abstattet und für ein neues, besseres Deutschland einsteht. Doch nach ihrer Rückkehr eröffnet man ihr, »dass die pazifistische Note meiner Vorträge bei einflussreichen Mitgliedern Anstoß erregt habe und dass man befürchte, diese Einstellung könne für die Meinung des Roten Kreuzes gehalten werden«. Ihr Vertrag wird gekündigt, ihre Abteilung kurzerhand aufgelöst. Fortan »verläuft die Kinderhilfe im Sande«. Der Reformversuch bleibt nur ein Intermezzo. »Der Wille einzelner Persönlichkeiten des Deutschen Roten Kreuzes, dieses zu demokratisieren, hat vor der erstarkenden Reaktion nicht standgehalten, besonders nicht unter dem Einfluß der Vaterländischen Frauenvereine.« Ernüchtert setzt Adele Schreiber hinzu, »daß im

Roten Kreuz der Begriff der Neutralität sehr oft mit dem der Opportunität verwechselt wird«.

Vom Tegernsee zum Tigersee

Nach Kriegsende entsenden etliche Mutterhäuser einzelne Schwestern in Länder mit harter Währung. Was sie von ihrem Verdienst dort erübrigen können, schicken sie nach Hause. Die Münchner Schwesternschaft etwa hätte diese Krisenzeit womöglich nicht überstanden, wenn nicht drei solcher Gastarbeiterinnen sie über Jahre hinweg unterstützt hätten, in amerikanischen Dollar, in britischen Pfund und, im Falle von Antoinette Gilg, in holländischen Gulden. Nur dass sie die nicht im Mutterland verdient, sondern in einer denkbar exotischen Kolonie: in Niederländisch-Indien. Genauer: auf Sumatra.

Antoinette Gilgs Geschichte beginnt in vertrauter Umgebung, im Rotkreuzkrankenhaus an der Nymphenburger Straße in München. Im Sommer 1919 muss sich der Schriftsteller Ludwig Thoma dort einer Magenoperation unterziehen. Die Schwestern staunen nicht schlecht, als wenige Tage nach dem Eingriff ein Dachauer Förster auf Besuch kommt, den Thoma brieflich gebeten hat, ihm drei Rebhühner zu schießen. Irgendwie bringt er die Schwestern tatsächlich dazu, ihm die Hühner zu braten. Als er nach Hause entlassen wird, engagiert er Antoinette Gilg als Privatpflegerin in seinem Anwesen am Tegernsee. Wenig später aber fällt er dem Krebs zum Opfer, und so kehrt sie zu ihrem gewohnten Dienst zurück. Doch während dieser Wochen im Thoma'schen Hause hat sie einen Arzt kennengelernt, der ihrem Leben eine Wendung geben wird. Er arbeitet in einem Krankenhaus auf Sumatra. Und er verspricht, sich zu melden.

Eines Tages erhält sie ein Telegramm mit einer Aufforderung, die sie umgehend in die Tat umsetzt: »Abreise nach Petoemboekan«. Und so bricht Schwester Antoinette mit 46 Jahren zu einem großen Abenteuer auf. Sie lernt Holländisch und Malaiisch, bereitet sich auf Tropenkrankheiten und Schlangengifte vor und tritt schließlich die zweiwöchige Schiffspassage an. Das Krankenhaus gehört zu den großen Tabak- und Gummiplantagen der Kolonialherren. Gilg arbeitet dort mit europäischen Ärzten und einheimischen Helfern zusammen. Sie führt Einstellungsuntersuchungen durch und betreut zwei- bis dreihundert stationäre Patienten, vom Kuli bis zum Dorfvorsteher. Zweimal im Jahr nimmt sie Reihenuntersuchungen an vielen tausend Arbeitern vor. Zu ihrem medizinischen Alltag gehört die Behandlung von Malaria, Ruhr, Wurmkrankheiten, Haut- und Augenleiden. Wobei sie nicht nur gegen diese Plagen selbst ankämpfen muss, sondern auch gegen Aberglauben und Ignoranz. So sind die Einheimischen davon überzeugt, dass Augenkrankheiten durch Waschungen mit Urin geheilt werden können und dass Fliegen den Eiter von Geschwüren abtragen würden.

Dem setzt Gilg die Errungenschaften der modernen Medizin entgegen; Salvarsan etwa bewährt sich als frühes Antibiotikum. Und sie tritt energisch für Hygiene ein. Unterstützt von den arbeitsfähigen Kranken stellt sie bei einer »Großstöberei das ganze Hospital auf den Kopf«. Wenn ihr Malaiisch einmal zum Schimpfen nicht ausreicht, macht sie sich eben auf Bairisch Luft. »Und siehe da, sie verstanden mich.« Wobei ihr die fachliche Qualifikation mancher Mitarbeiter durchaus imponiert. Die einheimischen Hebammen etwa könnten sich mit jeder europäischen Kollegin messen, und auch ihren Gehilfen, der die Arzneien zubereitet, die Kindermilch sterilisiert und die Verbände wechselt, würde sie jedem deutschen Apotheker getrost empfehlen.

Zweimal im Monat ist Zahltag in den Pflanzungen. Dann stolzieren die Männer wie bunt gefiederte Papageien einher, und die Kinder schmücken sich mit Blumen. In pittoresker Prozession besuchen sie so ihre Familienmitglieder im Krankenhaus. Wo die mitgebrachten Köstlichkeiten sämtliche Ernährungspläne hinfällig machen und sie sich durch ihr sorgloses Verhalten mit Masern oder Fieber anstecken.

Neben den Plantagenarbeitern finden sich bald auch viele Dorfbewohner im Krankenhaus ein. Wenn sie die Kosten für die Behandlung gegenüber ihrem Arbeitgeber nicht verantworten kann, übernimmt

Schwester Antoinette sie selbst. So umfasst ihre Mission eine dreifache Fürsorge: für die Kranken im Hospital, für die Nachbarschaft und für das Mutterhaus in München. Wenn das Heimweh sie überkommt, geht sie in die Kinderbaracke und singt den Kleinen etwas vor. Eine andere Kraftquelle ist die Schönheit der Natur. Die Sternennächte entfalten eine derart magische Wirkung, dass sie sich zum Schlafen zwingen muss. »Es war ein Zauber, der sich nicht in Worte fassen läßt. Die Luft war erfüllt vom berauschenden Vanilleduft, den Hunderte von Orchideen ausatmeten. Tausende von Leuchtkäfern funkelten wie Juwelen im Dunkel der Nacht.« Bei Ausfahrten oder Krankenbesuchen begegnet sie Elefanten, Malaienbären und Affenhorden, und eines Nachts gar einem Tiger in einer mondbeschienenen Lagune.

Ihre fundierte Ausbildung bewährt sich täglich aufs Neue. Kleinere Eingriffe erledigt sie in eigener Verantwortung. »Eine Rotkreuzschwester in solcher Abgeschiedenheit muß auch im Handwerk des Zahnarztes Bescheid wissen.« Einmal springt ihr ein Patient nach zwei erfolgreich gezogenen Zähnen vom Stuhl und rennt davon – wird aber von johlenden Krankenhausinsassen wieder eingefangen. Woraufhin sie ihm dann auch den dritten Zahn ziehen kann. Eines Nachts schlägt ein Patient einem anderen im Streit eine Flasche ins Gesicht. Die Scherben verletzen ihn so schwer, dass er zu verbluten droht. Nach telefonischer Rücksprache mit dem vierzig Kilometer weit entfernten Arzt näht Gilg die zahlreichen Schnittwunden selbst. Der Mann überlebt, die Narben verheilen, ohne hässliche Wülste zu hinterlassen. Der erfolgreiche Eingriff erhöht ihren Nimbus bei den Einheimischen: »Ein solches Maß weiblicher Initiative war für sie nahezu unfaßlich.« So kommt sie zu ihrem Spitznamen: »Tuan Zuster«, Herr Schwester.

Als medizinischer Extremfall begegnet ihr auch das Phänomen des Amok – das Wort stammt nicht von ungefähr aus dem Malaiischen. Die Betroffenen geraten »in eine Art von Tollwut, in der sie in rasendem Lauf blindwütig um sich stechen, bis sie mit Schaum vor dem Munde niedersinken«. Während die Einheimischen ihr versichern, die Betroffenen seien von bösen Geistern besessen, interpretiert Gilg diese Fälle als Nebenwirkung der Malaria. Ein schweres Augenleiden setzt ihrem Wirken dann Mitte der dreißiger Jahre unwiderruflich ein Ende. Als sie zurückkehrt, findet sie ein gänzlich anderes Deutschland vor.

So wie Antoinette Gilg ziehen auch einige andere Rotkreuzhelfer in die Welt hinaus; Helene Mierisch etwa geht als Krankenschwester nach Brasilien. Doch die großen Auslandsexpeditionen gehören vorerst der Vergangenheit an, nun, da Deutschland selbst Ziel vielfacher Hilfsprogramme ist. Ein letzter Nachhall dieser Tradition ist der Einsatz von einem Dutzend deutscher Rotkreuzschwestern im Griechisch-Türkischen Krieg, der von 1919 bis 1922 andauert. Diese heute in Vergessenheit geratene Mission verdankt sich den Verbindungen der alten Oberschicht: Königin Sophie von Griechenland, Schirmherrin des Einsatzes, ist eine preußische Prinzessin und Schwester von Wilhelm II.

Das einzige große Auslandsengagement während der Weimarer Zeit erfolgt bei der Hungersnot in der Ukraine und Südrussland von 1921 bis 1924. Auch wenn der humanitäre Zweck im Vordergrund steht, handelt es sich um eine eminent politische Mission in Tuchfühlung mit dem Auswärtigen Amt. Die deutsche Hilfe erfolgt als Teil der Annäherung an die Sowjetunion, wodurch die Isolierung beider Länder verringert werden soll. Da sich zahlreiche Staaten an der Hilfsaktion beteiligen, dient sie zugleich der Integration in die Weltgemeinschaft. Der norwegische Polarforscher Fridtjof Nansen übernimmt die Federführung, und das Genfer Komitee wird zu einem der wichtigsten Akteure. Es ist die erste weltweite Spendenaktion modernen Stils. Medien sind nun wichtiger als Monarchen, nicht die Eliten sollen angesprochen werden, sondern die Massen.

Für das neue, noch nicht ganz sattelfeste kommunistische Regime erweist sich die Hungersnot als eine vorteilhafte Katastrophe. Geschickt nutzt es die internationale Hilfsbereitschaft für seine Zwecke aus; Lenin hat nicht umsonst in der Schweiz gelebt. Tatsächlich ist die Tragödie weitgehend hausgemacht. Während tonnenweise Hilfsgüter in das gequälte Land strömen, führt die Sowjetunion gleichzeitig im großen Stil

Getreide aus. Die Hilfe erhält sie umsonst, für die Exporte gibt es Devisen. Zehn Jahre später wendet die Staatsmacht diese Strategie bei der nächsten Hungersnot erneut an. Mittlerweile hat sich der Terror der Zwangskollektivierung weiter gesteigert, und noch brutaler als in der ersten Krise wird der Hunger als Druckmittel gegen die Abspaltung der Ukraine eingesetzt. Mit Katastrophen wird Politik gemacht. Die vielbeschworene Neutralität der Helfer erweist sich dabei oft genug als Illusion; sie stehen nicht außerhalb der Politik, sind vielmehr ein begehrtes Medium derselben und werden von allen Beteiligten instrumentalisiert. Die russischen Notstände sind nur das erste Beispiel einer langen Reihe, die über Biafra bis hin zu Simbabwe und Darfur führt.

Als Folge der Not übersiedeln Zehntausende deutschstämmiger Russen ins Deutsche Reich. Das bereits weit über eine Million Flüchtlinge integrieren muss, vor allem aus den nun polnischen Gebieten Westpreußens und Oberschlesiens sowie aus Elsass-Lothringen, in kleinerem Umfang auch aus den Kolonien, aus dem Saarland und aus Nord-

Die deutschen Gebietsverluste ziehen große Flüchtlingsströme nach sich. In dieser Baracke für Umsiedler aus Westpreußen werden Kleider und Hilfsgüter verteilt.

schleswig, das nun wieder an Dänemark gefallen ist. Das Deutsche Rote Kreuz betreibt zwanzig große Flüchtlingslager, in denen die Neuankömmlinge verpflegt und mit Kleidung versorgt werden. Zu diesen Menschenströmen kommen während der Ruhrbesetzung im Jahr 1923 noch Zehntausende von innerdeutschen Flüchtlingen sowie die letzten Heimkehrer aus der Gefangenschaft.

Elsa Brändström steht diesen schwer geprüften Männern weiterhin aufopferungsvoll zur Seite. »In Sibirien habe ich so unendlich viel qualvolles Sterben gesehen. Tag und Nacht sahen die Männer Frau und Kind vor sich stehen, und die Verzweiflung darüber, daß sie diese allein zurücklassen mußten, machte den Todeskampf bitter.« Sie hat ihnen versprochen, sich der Hinterbliebenen anzunehmen. Um diese »heilige Last« zu erfüllen, unternimmt sie eine lange Vortragskampagne durch die Vereinigten Staaten und trommelt so viel Geld zusammen, dass sie drei große Hilfseinrichtungen gründen kann. Im sächsischen Marienborn richtet sie ein Sanatorium für Kriegsheimkehrer ein, in Schloss Neusorge unweit von Chemnitz nimmt sie Kinder ehemaliger Gefangener auf, zur Erholung wie auch auf Dauer. Und das Gut Schreibermühle bei Lychen in der Uckermark soll traumatisierten Heimkehrern »Ferien vom Ich« gewähren. Gräfin Üxküll, ihre Freundin und Weggefährtin, steht ihr erneut zur Seite. Es ist ein großer Segen.

Ein Anruf für zehn Millionen

Nachdem das Deutsche Reich seinen Reparationszahlungen nicht hinreichend nachkommen kann, marschieren französische und belgische Truppen 1923 ins Ruhrgebiet ein. Damit beginnt eine Art Krieg im Frieden. Die Situation ist völkerrechtlich schwierig zu bewerten, weshalb die Genfer Konvention nur bedingt anwendbar scheint. Als die Bevölkerung Widerstand leistet, sperren die Besatzer viertausend politische Gefangene ein. Kommissare des Deutschen Roten Kreuzes erhalten Zutritt zu ihnen und können zumindest mildere Haftbedingungen und eine gewisse moralische Unterstützung erreichen. Joachim von Winterfeldt lässt es sich nicht nehmen, hierbei selbst als Delegierter zu wirken.

Im Gefolge der Ruhrkrise schlittert das Land dann in die nächste Katastrophe: Die große Inflation erfasst Deutschland wie eine Lawine. Die Auswirkungen belasten auch die Rotkreuzarbeit. Statt täglich mit neuen Millionenbeträgen zu rechnen, führt die Nürnberger Sanitätskolonne schließlich einen Paralleltarif ein: Für einen innerstädtischen Krankentransport veranschlagt sie den Gegenwert von einem halben Liter Bier zum Tagespreis, außerstädtisch von einem ganzen Liter.

In der Rotkreuzklinik in Würzburg bringt Hedwig Tauber im Herbst 1923 ein gesundes Kind zur Welt. Ob Mädchen oder Junge, das geht aus der Rechnung nicht hervor. Dafür aber die Kosten für den Krankenhausaufenthalt: Am 12. Oktober beträgt der Tagessatz für die Verpflegung 85 Millionen Mark, am 14. Oktober 220 Millionen, am 16. Oktober dann 300 Millionen und am 19. Oktober schließlich 1,4 Milliarden Mark. Für ein vermutlich trotzdem freudiges Telefongespräch fallen weitere zehn Millionen an. Insgesamt bezahlt sie für den achttägigen Aufenthalt fast 4,5 Milliarden Mark, die eine Schwester Emilie mit »dankend erhalten« quittiert.

Auch Hertha Nathorff tritt ihren Dienst als leitende Ärztin eines Entbindungs- und Säuglingsheims in Berlin-Lichtenberg mitten in der Inflationszeit an. »›Freilich wollen Sie mir fast ein wenig jung sein‹, sagte mir die Dezernentin. ›Dieser Fehler wird ja mit jedem Tag besser‹, gab ich ihr zur Antwort und begann meine Tätigkeit voller Begeisterung am 1. April 1923.« Nathorff unterstehen eine Oberschwester, acht Schwestern und eine Hebamme. »Ein Heim für alle wollte ich.« Es soll Müttern und Kindern ein geschütztes Zuhause bieten und ihnen einen kleinen Nebenverdienst ermöglichen, indem sie in den angeschlossenen Werkstätten Wäsche, Kleidung und Handarbeiten fertigen. Hierfür hat das Rote Kreuz zwei Villen in einem Park gemietet. Es ist ein Frauenhaus mit zunächst dreißig Betten – nur der Pförtner und der Gärtner sind Männer. Im ersten Jahr kommen dort 147 Kinder zur Welt. Streiks und Stromausfälle behindern mehrfach die Arbeit. »Beim Schein einer

Von Kindern umringt: An einem Stand in Saarbrücken gibt das Rote Kreuz Anfang der zwanziger Jahre Milch an Bedürftige aus.

armseligen Kerze habe ich manche operative Entbindung durchführen müssen«, berichtet Nathorff. Viele der Frauen sind ohne Berufsausbildung, und viele der Kinder kommen unehelich zur Welt. »Unsere Akten sind Romane von Frauenschicksal und Frauenleid, von getäuschtem Vertrauen, häuslichem Elend, Unwissenheit und Hilflosigkeit.« Zwei Jahre später bringt Frau Doktor, zur allgemeinen Freude der Belegschaft, dort auch ihr eigenes Kind zur Welt, nachdem sie bis kurz vor der Niederkunft noch gearbeitet hat. Mittlerweile verfügt die Klinik über zweihundert Betten, auch städtische Pflegekinder werden ihr vermehrt anvertraut. Dennoch löst sich das Rote Kreuz schließlich auch hier von einem vielversprechenden Sozialprojekt, das ihm wohl zu progressiv erscheint, um es auf Dauer zu halten. Unter Aufbietung aller Kräfte betreiben Nathorff und ihre Mitstreiterinnen das Heim noch einige Jahre in eigener Regie.

Eine weitere Protagonistin der Weimarer Zeit ist die bekannte Sozialreformerin und Frauenrechtlerin Alice Salomon. Ihr Pionierprojekt, die Berliner Soziale Frauenschule, stellt sie unter den Schirm des Roten Kreuzes. Bewährte Kräfte werden hier zu hauptamtlichen Wohlfahrtspflegerinnen fortgebildet, neue als Nachwuchs herangezogen. Nach Salomons Überzeugung sollen die sozialen Berufe den Frauen nicht bloß Beschäftigung, sondern Lebensinhalt sein. Anders als in der konfessionellen Sozialarbeit legt sie dabei auch großen Wert auf eine gesellschaftswissenschaftliche Fundierung der Ausbildung. In den klassischen Rotkreuzressorts ist diese Tendenz zur Professionalisierung ebenfalls im Gange. Bereits 1903 war in München eine Oberinnenschule gegründet worden, die Frauen für leitende Funktionen fortbildete, als dies in vielen Bereichen noch undenkbar war. Sie wird 1927 in Berlin als Werner-Schule neu belebt. Später zieht sie nach Göttingen, wo sie noch heute als zentrale Bildungseinrichtung für Pflegeberufe besteht.

Die Mittelstandsfürsorge bildet einen weiteren Schwerpunkt. So mietet das Rote Kreuz in Schwerin beheizte Aufenthaltsräume an, in denen auch ein Kosttisch für arme Rentnerinnen geführt wird. In Stettin gewährt es Lebensmittelhilfe »auf Grundlage vertraulicher Erhebungen«, man schämt sich der mühsam kaschierten Not. In Heidelberg verkauft der Frauenverein Möbel, Schmuck und Bilder »zu angemessenem Preis«, in der Eisenacher »Flickstube« schneidern Frauen gegen Stundenlohn, in Baden-Baden verdienen sie sich gar als Vorleserinnen ein Zubrot. Wurden im Krieg viele Kuranstalten in Lazarette verwandelt, so werden jetzt umgekehrt militärische in soziale Einrichtungen umgewidmet. Die Quartiere auf dem Truppenübungsplatz bei Sigmaringen dienen als Kindererholungsheim, und in Berlin eröffnet in der nun leerstehenden Kaserne eines Garderegiments eine Mensa, die täglich 1500 Studenten versorgt. Der örtliche Rotkreuzverein bittet seine Mitglieder, in der Küche und bei der Austeilung zu helfen: »Sie haben ja reiche praktische Erfahrungen aus der Kriegszeit.«

Auf Betreiben der Liga der Rotkreuzgesellschaften entsteht Anfang der zwanziger Jahre außerdem das Jugendrotkreuz. Sein Leitwort lautet:

»Ich diene.« Vom Pfadfindertum inspiriert, soll es nach der epochalen Zäsur des Weltkriegs den Nachwuchs für die Bewegung heranbilden. Henry Dunant, einst Mitbegründer des CVJM, hätte an dieser Entwicklung gewiss seine Freude gehabt. Etwa vierzig nationale Gesellschaften beteiligen sich daran. In Deutschland wird 1925 mit dem Aufbau begonnen; Anfang der dreißiger Jahre umfasst das Jugendrotkreuz bereits 25 000 Mitglieder. Die Leitung übernimmt Walther Georg Hartmann, ein Protegé von Joachim von Winterfeldt.

In Kiel bietet die Jugendarbeit ein Potpourri aus Museumsbesuchen, Pflege des Deutschtums, Singen, Leichtathletik, Hilfe für Blinde und Briefwechsel mit Deutschen in den verlorenen Reichsgebieten. Im pommerschen Köslin ist sie eng an die Sanitätskolonnen angebunden, mit Erste-Hilfe-Kursen, Geländetraining und Exerzierübungen. Überhaupt wird Bildungsarbeit großgeschrieben. Vorträge, Wanderausstellungen und Beratungsstellen widmen sich der Gesundheitsvorsorge und der Sozialhygiene, von der Zahnpflege bis zur Vermeidung von Geschlechtskrankheiten. Hildegard Böhme richtet im Berliner Präsidium eine Dokumentationsstelle ein. Sie organisiert Lehrgänge und Konferenzen und unterrichtet in verschiedenen Bildungseinrichtungen Fächer wie Bürgerkunde, Volkswirtschaftslehre und Wohlfahrtspflege.

Insgesamt verschiebt sich das Spektrum der Rotkreuzarbeit in der Weimarer Republik von der männlichen Domäne des Krieges hinein in soziale und pädagogische Felder und in die stärker weiblich definierte Sphäre der Familie. Eine Entwicklung, die längst nicht allen Mitgliedern behagt. Die Traditionalisten vermissen das Militärische und verfallen in eine Art Winterschlaf. »Hat das Rote Kreuz jetzt überhaupt noch etwas zu tun?« – diese Frage des württembergischen Landesvereins ist symptomatisch für die Suche nach einer neuen Identität. Trotz aller Bemühungen macht das Rote Kreuz in dieser Zeit bisweilen den Eindruck einer Organisation ohne Eigenschaften: unpersönlich, unsicher und irgendwie auch unglücklich.

Die Sanitätskolonnen wenden sich nach dem Wegfall der Kriegsaufgaben umso stärker dem Rettungswesen und dem Krankentransport zu. Eine Wachstumsbranche, da die Unfälle im Straßenverkehr und in der Industrie rapide zunehmen. Entsprechend verdreifacht sich die Zahl der Rettungswachen und Unfallmeldestationen binnen zehn Jahren auf rund 30 000. Immer mehr Krankentransportwagen werden angeschafft. Im Straßenrettungsdienst kommt es zu einer Zusammenarbeit mit dem ADAC, der für die technische Hilfe zuständig ist, während die Rotkreuzkräfte die medizinische Erste Hilfe übernehmen. Auch die Zahl der Einsätze auf Volksfesten, Großkundgebungen, Sportveranstaltungen und im Theaterdienst steigt deutlich an. Parallel widmen sie sich der Ausbildung in Erster Hilfe, sie kommen verstärkt im Gebirge und an Gewässern zum Einsatz, sie helfen bei Naturkatastrophen und Massenunfällen.

Über den Alltag auf einer Sanitätswache hat G. Papperitz aus Bautzen einen gut gelaunten Bericht hinterlassen. Wenn er um acht Uhr morgens die Nachtschicht ablöst, vergewissert er sich, dass Verbandsschrank und Geräte in Ordnung sind und dass der Krankenwagen und die Rolltragen im Schuppen bereitstehen. Nach zehn Minuten geht der erste Anruf ein: »Blinddarmdurchbruch! Transport ins Krankenhaus.« Papperitz verständigt zwei Sanitäter, die eilends in Uniform erscheinen. Der Fahrer hat den Wagen unterdessen zum Hof hinausgefahren, und so sausen sie davon, begleitet von der grellen Fanfare der Sanitätshupe.

Der nächste Fall: Vom nahen Bahnhof bringen zwei Schutzleute einen humpelnden Herrn, der sich beim Aussteigen aus dem Zug den Fuß vertreten hat. Papperitz lässt ihn mit der fahrbaren Trage nach Hause bringen. Da schrillt das Telefon erneut. Ein Radfahrer ist in der Kurve gestürzt und liegt bewusstlos am Boden. Der Wachhabende alarmiert einen weiteren Helfer, der mit einem Verbandskasten und der zweiten Trage davoneilt. Kurz darauf betritt ein Reisender mit zwei Koffern die Wache: »'N Morjen, Herr Doktor. Heftige Leibschmerzen, höchste Zeit, bitte ein paar Baldriantropfen. – So – danke! Kostenpunkt? So – freiwillige Gabe in die Büchse. Na, 'n Morjen!« Kaum melden sich die Männer mit dem Krankenwagen und den Tragen zurück, schrillt ein neuer Anruf: »Um Himmels willen, kommen Sie sofort, in unserem Hause ist ein Erhängter aufgefunden worden. Vielleicht ist er noch zu retten.« In kurzer Zeit sind zwei Helfer mit einem Wiederbelebungsgerät zur Stelle. Vergeblich. »Die Frau steht mit den unmündigen Kindern an der Bahre des Gatten, den schwere Geschäftssorgen in den Tod getrieben haben.« Papperitz trägt alle Vorkommnisse ins Wachtbuch ein: »Krankenwagen mit zwei Mann zur Überführung eines Geisteskranken.« Um acht Uhr ist dann Schichtwechsel, doch als Wachhabender bleibt er bis zum nächsten Morgen. Und verarztet noch eine ältere Bäuerin, der eine Ader am Bein geplatzt ist. Ihr Mann holt sie schließlich mit dem Pferdegespann ab. Zu guter Letzt schneit noch eine Nachtschwärmerin mit Bubikopf herein und fleht um ein Mittel gegen Zahnschmerzen. Während die Männer sich schließlich auf ihren Pritschen ausstrecken, leuchtet draußen vor der Wache hell und verlässlich die Laterne mit dem Roten Kreuz.

Die Einführung des Achtstundentages, die Erfindung der Freizeit, der Ausbau der Verkehrsnetzes und nicht zuletzt ein lebenshungriger Zeitgeist, der nach all den Kasteiungen des Krieges nach Natur, Genuss und heiler Welt verlangt – all diese Entwicklungen führen Anfang der zwanziger Jahre zu einem Sturmlauf auf Berge, Seen und Strände. Mit dem Aufenthalt von immer mehr Menschen in der Natur steigt zwangsläufig auch die Zahl der Notfälle. Ausgerechnet dieser vermeintlich unkriegerische Bereich verschafft dem Roten Kreuz neue Aufgabenfelder. Wobei Elemente des Militärischen durchaus vorhanden sind, ob im Tourismus, im Sport oder in der Jugendbewegung. Auch dabei spielen Eroberung, Gemeinschaftserlebnis und Gefahr eine wesentliche Rolle. Mit seiner logistischen Erfahrung, seiner Fähigkeit zur schnellen Mobilisierung und seiner flächendeckenden Präsenz kann das Rote Kreuz solche Aufgaben durchaus übernehmen.

Heute gehören sowohl die Berg- als auch die Wasserwacht zu seinen größten und populärsten »Gemeinschaften«, wie die ehrenamtlichen Gruppierungen genannt werden. Ihre Entstehungsgeschichte aber ist verwickelt, ist abhängig von Zufällen, örtlichen Umständen, prägenden Persönlichkeiten und den politischen Rahmenbedingungen. Erst nach dem Zweiten Weltkrieg wird sich die Bergwacht als »Sonderformation« ins Bayerische und später auch ins Deutsche Rote Kreuz einreihen. Zuvor sind es im Wesentlichen drei Organisationen, welche die Rettungsarbeit im alpinen Gelände leisten: der Alpenverein, die eigentliche Bergwacht und der Gebirgsrettungsdienst des Roten Kreuzes. Zwischen diesen drei Gruppierungen gibt es eine Fülle von Gemeinsamkeiten, aber eine noch größere Fülle von Rivalitäten. Die dann noch von internen Streitigkeiten und von der Konkurrenz mit lokalen Vereinen überlagert werden. Die Geschichte der Bergwacht verläuft mindestens so labyrinthisch wie die Topographie der Alpen.

Rettung im Gebirge: Sanitätskolonne bei einer Großübung (links). Zu den Aufgaben der Bergretter gehört von Beginn an auch der Naturschutz.

Bereits um die Wende zum 20. Jahrhundert wurden vom Alpenverein zahlreiche Rettungs- und Meldestellen eingerichtet. In Sachsen hat der Bergsteigerbund 1912 eine Samariterabteilung ins Leben gerufen. Auf diese Infrastruktur aufbauend, entsteht von 1920 an die Bergwacht. Gegründet wird sie in einer »geistigen Hochburg des Alpinismus«, dem Münchner Hofbräuhaus. Sie tritt an, »um die Reinheit der Natur zu wahren und das Eigentum der ansässigen Bevölkerung zu schützen«. Denn die vermeintlich heile Welt der Berge ist bedroht. Mit der Invasion der Flachlandtiroler geht ein »Verfall der Sitten« einher; Diebstähle, Vandalismus, Wilderei und Naturfrevel häufen sich. Die Hütten drohen »zu Trink- und Tanzbuden erniedrigt zu werden«. Besonders arg treiben es die Edelweißräuber; die Plünderung der geschützten Bestände nimmt teilweise kommerzielle Züge an. Weshalb Patrouillen regelmäßig Streife gehen und »Edelweißwächter« wochenlang an den letzten Standorten zelten. Eine Tradition, die sich bis in die sechziger Jahre hinein erhalten wird.

So erfolgt die Geburt der Bergwacht zunächst aus dem Geist des Naturschutzes heraus. Doch nur zu bald werden die Naturwächter auch als Nothelfer gerufen, und so entwickelt sich eine professionelle Rettungsarbeit, zunächst vor allem im Winter. Parallel zu den Sanitätsabteilungen der Bergwacht wird der Gebirgsunfalldienst des Roten Kreuzes geschaffen. Er soll die klassische Kolonnenarbeit in der Vertikalen fortführen. Hans Gazert, Gründer der Sanitätskolonne Partenkirchen, ruft ihn Mitte der zwanziger Jahre ins Leben. Wer sich den Herrn Sanitätsrat als kleinstädtischen Honoratioren vorstellt, wird angesichts seines Vorlebens überrascht sein. Gazert war in den Jahren 1901 bis 1903 Expeditionsarzt der ersten deutschen Antarktismission. Schon früh ein begeisterter Ski- und Schlittenfahrer, versuchte er sich mit wagemutigen Zugspitzbesteigungen auf den »Kontinent des eisigen Südens« vorzubereiten, auf dem er dann zwei volle Jahre zubrachte. Einmal kenterte er bei einer Ausfahrt im Kajak und konnte sich nur mit Glück auf eine Eisscholle retten. Doch er hielt diesen Vorfall für so unbedeutend, dass er dem Expeditionsleiter erst auf der Rückreise nach Europa davon erzählte. Noch mit 89 Jahren wird Gazert auf einer Skandinavienfahrt achtzehn Nächte im Zelt verbringen. Bessere Referenzen für einen alpinen Notfallmediziner kann man sich kaum wünschen, zumal »der kleine Polardoktor« obendrein auch noch Kinderarzt ist. Umsichtig baut er den Unfalldienst auf, organisiert Schulungen und Übungen. Und er entwirft jenes Emblem, das bis heute das Logo der Bergwacht Bayern bildet: das Rote Kreuz im Edelweiß.

Schon 1922 patrouilliert die Sanitätskolonne Schliersee jeden Sonntag im nahen Skigebiet. Verbandszeug und Stärkungsmittel führen die Männer mit, Rettungsschlitten, Eispickel, Schaufeln und Steigeisen stehen bereit. Andere Kolonnen folgen ihrem Beispiel und richten zusätzlich Posten auf den Hütten ein. 1928 versehen dann bereits 25 Kolonnen zwischen Berchtesgaden und Lindau den Gebirgsunfalldienst. Sie stehen über achthundert verletzten Skifahrern bei, helfen nach Lawinenunglücken und übernehmen Krankentransporte per Bahn oder Kraftwagen. Wobei das Nebeneinander verschiedener Rettungsdienste immer wieder zu Komplikationen führt. Die Bergwachtler wollen keine Sanitäter sein, die Sanitätskolonnen keine Alpinisten. Eingefleischte Rotkreuzler vermissen auch das Auftreten in Uniform, selbst wenn sie einräumen, dass Sportkleidung im Gebirge praktischer ist.

Ähnlich verschlungen verläuft die Entwicklungsgeschichte der Wasserwacht. Der erste Hochwassereinsatz des Roten Kreuzes in Deutschland erfolgte bereits 1883. Als die Donau über die Ufer trat, rettete die Wasserwehr Regensburg, ein Ableger der örtlichen Sanitätskolonne, Menschen und Vieh aus Stadthäusern und abgeschnittenen Gehöften. Nach der Jahrhundertwende bezogen dann hie und da »Samariter in der Badehose« ihre Posten in den Küstenregionen und an den Seen im Alpenvorland. Als amphibische Stadt mit zahlreichen Flüssen, Seen und Kanälen spielte auch Berlin eine Vorreiterrolle. Nachdem schon 1901 ein Posten am Wannsee eingerichtet worden war, entstehen nun weitere Stationen. Sie setzen zunächst Ruderboote ein (Vierer mit Steuermann), später kleine Rettungsdampfer mit Kohlefeuerung. Mitte der zwanziger Jahre verfügt der Wasserrettungsdienst über vier patrouillierende Motorboote und sechzehn Stützpunkte. Die größeren haben ein festes Haus, die kleineren operieren aus Zelten heraus. Die Helfer stellen sich ehrenamtlich zur Verfügung; viele von ihnen sind arbeitslos. 1922 betreuen sie 155 Unglücksfälle, zehn Jahre später, mit entsprechend mehr Stationen, fast 5000. Die Zahl der vor dem Ertrinken geretteten Personen steigt von 15 auf 132. Die Ausbildung der Rettungsschwimmer und Bootsführer erfolgt den Winter über, wobei ins Eis eingebrochene Kinder und leichtfertige Eissegler auch da für manchen Einsatz sorgen.

Neben Schwimmern und Faltbootfahrern nehmen sich die Helfer auch gestürzter Radfahrer, gestrauchelter Spaziergänger und unvorsichtiger Kinder an, die sich am Schilf geschnitten haben. Außerdem der Opfer einer typischen Saisonkrankheit: »Der Berliner«, so befindet ein Lokalreporter beim Besuch einer Havelstation, »mutet seinem Magen gern allerhand zu, besonders wenn er unterwegs ist. Eine saure Gurke, drei Eiswaffeln, noch eine Saure und hinterher kaltes Wasser.« An großen Flüssen, die weniger für die Freizeit als für die Schifffahrt von Bedeutung sind, bleiben die traditionellen »Wasserwehren« tonangebend. Sie rekrutieren sich aus den örtlichen Sanitätskolonnen und kommen bei Hochwasser, Schiffsunglücken und Unfällen zum Einsatz. Allein im Rhein ertrinken jährlich an die fünfhundert Menschen. Die Männer der Wasserwehren – als besonders brauchbar gelten »gediente Pioniere, Seeleute, Seesoldaten« – sollten »selbstverständlich schwimmen können« und jederzeit bereit sein, »den Kampf mit den Elementen« aufzunehmen.

Schließlich kommt das Rote Kreuz auch bei einer Reihe von Katastrophen zum Einsatz. So etwa beim Eisenbahnunglück in Cannstatt 1923, beim schweren Straßenbahnunglück in Kassel 1927 und beim Grubenunglück im Aachener Revier 1930. Die beiden größten Einsätze erfolgen während einer Überschwemmung der Müglitz im Erzgebirge und einer Explosion im Saargebiet. Das steht seit Ende des Krieges unter dem Mandat des Völkerbundes und unter französischer Verwaltung, weshalb es eine eigenständige Rotkreuzgesellschaft besitzt. Der 10. Februar 1933 bringt für sie die ganz große Bewährungsprobe. Die Sanitätskolonne Neunkirchen hält gerade ihren wöchentlichen Unterrichtsabend, als kurz nach sechs eine Detonation die ganze Stadt aufschreckt. Die Menschen rennen auf die Straße. Zum Glück. Denn nun erfolgt eine zweite, noch viel gewaltigere Explosion. Der Gasspeicher der Hüttenwerke – siebzig Meter hoch, neu errichtet, mit modernster Sicherheitstechnik versehen – fliegt in die Luft. Eine gewaltige Flamme lodert auf, die Stahlbleche der Hülle krachen auf die umliegenden Gebäude. Die Druckwelle zerstört dreißig Arbeiterhäuser komplett und beschädigt weitere dreißig schwer. In der ganzen Stadt bersten Fenster.

Die Sirene der Hüttenwerke heult auf. Nach wenigen Minuten schon sind fünfzig Mann der Sanitätskolonne zur Stelle. Sie richten einen Verbandsplatz ein, versorgen Hunderte von Verletzten und bergen Lebende und Tote aus den Trümmern. Dass die Gasflamme noch stundenlang lodert, macht die Arbeit brandgefährlich, da drei nahe Benzoltanks jederzeit explodieren können. Während die Bevölkerung in Panik flieht, eilen Kolonnen aus den Nachbarorten herbei, selbst aus der Pfalz und aus Saarbrücken. Niemand hat sie gerufen, da die Telefonverbindungen unterbrochen sind. Doch der Knall ist zweihundert Kilometer weit zu hören gewesen, und die fünfzig Meter hohe Stichflamme gibt ein weithin sichtbares Fanal ab.

Neben Feuerwehrleuten und Arbeiter-Samaritern sind im Ganzen sechshundert Rotkreuzkräfte im Einsatz. Sie richten eine Küche für tausend Personen ein und eine Erfrischungsstation für Polizei und Helfer. In den Schulen schlagen sie Notbetten für Hunderte nun obdachloser Menschen auf. Und sie bahren die Toten auf. Weil die erste Explosion die Leute aus den Häusern getrieben hat, gibt es verhältnismäßig wenig Verschüttete, dafür umso mehr Verletzte mit Schnitt- und Splitterwunden. »Die Wirkung gleicht der eines wohlgelungenen Fliegerangriffs«, berichtet ein Augenzeuge. Fast siebzig Menschen sind ums Leben gekommen; neunzig Schwerverletzte und rund siebenhundert Leichtverletzte gilt es zu versorgen. Auch die Helfer ziehen sich beim

Sanitäter helfen 1930 beim Großbrand im Duisburger Hafen.

Aufräumen so manche Schürfung zu, bei der dann Klebeband der Marke »Traumaplast« zum Einsatz kommt.

Die Welle der Spendenbereitschaft und Solidarität, die nach der Katastrophe ganz Deutschland erfasst, wird auch als politisches Signal mit Blick auf die geplante Volksabstimmung an der Saar gesehen. Und so gerät der Trauerzug vier Tage später zu einem Großereignis. Dabei sind die Männer der Kolonnen ebenfalls gefordert. Sie tragen die Kränze, fungieren als Ordnungsdienst und betreuen entlang der Strecke manche Ohnmacht. So bestürzend das Unglück ist – es bestätigt den Wert ihrer Arbeit und zeigt, dass all die Übungen und Schulungen ihren Sinn haben. »Wir sind stolz, daß wir helfen durften und helfen konnten«, bekennt der Kolonnenführer. Unter maßgeblicher Beteiligung des Roten Kreuzes errichtet die Stadt noch im gleichen Jahr eine neue Siedlung für die obdachlos Gewordenen. Und wäre er nicht bereits kommunistischer Parteifunktionär, so würde nun auf einen jungen Neunkirchener Dachdecker namens Erich Honecker viel Arbeit zukommen.

KAPITEL 7

»Im Würgegriff der Diktatur«

Die Umpolung im »Dritten Reich«

Kriegsgewinner ist die Hölle.

ALFRED POLGAR, *KRIEG ALS ERZIEHER*

Die Sprechstunde einer Gemeindeschwester in der Niederlausitz beginnt im Sommer um sieben, im Winter um acht. Geduldig verarztet sie das Kind mit dem Ausschlag, den Erntehelfer mit der Schnittwunde, den Fuhrmann, dem ein Pferd auf den Fuß getreten ist. Am Nachmittag dreht sie per Fahrrad ihre Runde durch die Dörfer im Landkreis Guben. Sie verabreicht hier eine Packung Heilerde, dort eine Serumspritze, und wo eine Mutter krank liegt, da kocht sie auch mal Suppe und sieht nach den Kindern. Bisweilen soll sie gar beim Verfassen des Testaments helfen oder beim Schlichten eines ehelichen Zwists. Fern von Arzt und Apotheke, Telefon und Eisenbahn, sind die Gemeindeschwestern weitgehend auf sich gestellt. »Verantwortungsfreudigkeit und Entschlußkraft« werden denn auch als Einstellungsvoraussetzungen genannt. Ein entsprechender Bericht erscheint im Herbst 1934 in der Zeitschrift des Vaterländischen Frauenvereins.

Schon Anfang der zwanziger Jahre hat das Rote Kreuz in vielen ländlichen Regionen Krankenstationen eingerichtet. Neu an diesem Artikel ist jedoch die unverblümte Propaganda für das Regime. Gleich der erste Satz schlägt einen Ton an, der in der Weimarer Republik noch undenk-

Im Mai 1943 ruft Hitler die Bevölkerung auf, für das vierte Kriegshilfswerk des Deutschen Roten Kreuzes zu spenden.

bar gewesen wäre: »Hinter dem Heer der kämpfenden Männer – das Heer der helfenden Frauen.« Der Bericht strotzt vor Anspielungen auf »das Volk in Waffen« und »die Heimarmee vom Roten Kreuz«.

Hintergrund ist die heimliche Wiederbewaffnung Deutschlands und die bevorstehende Einführung der Wehrpflicht. Bezeichnend klingt auch die fortwährende Beschwörung des Kollektivs: »Wir alle sind *deutsche* Frauen.« Und im Gubener Jugendheim, über dem neben der Rotkreuzfahne auch die Hakenkreuzfahne weht, feiern sie »unseres großen Führers Geburtstag, unterstützt durch brave SA-Männer«.

Ganz unverblümt fordert das Vereinsorgan die Schwestern dazu auf, als Vertrauenspersonen weltanschaulich auf die Landbevölkerung einzuwirken. Die nationalsozialistische Rassenpolitik »kann so durch unsere Schwestern in die Praxis umgesetzt werden«. Sie helfen bereits »beim Ermitteln der Fälle, beim Beeinflussen der Eltern, dem Melden von Krüppelkindern, von körperlich und sittlich Gefährdeten«. Inwieweit die neuen Richtlinien flächendeckend in die Tat umgesetzt wurden, lässt sich mangels Quellen nicht eindeutig beantworten. Doch dass ein neuer Ton und ein neuer Geist in der Wohlfahrtsarbeit Einzug halten, ist offensichtlich.

Haben sich Rotkreuzkräfte indirekt mitschuldig gemacht an den späteren Verbrechen der »Euthanasie«, indem sie sich der »Durchsetzung nationalsozialistischer Grundsätze in der Volkshygiene« verschrieben und »gegen die Gefährdung gesunder Volkskraft« vorgingen? Direkt beteiligt waren sie daran nicht, da die Gemeindekrankenpflege ab 1938 weitgehend von NS-Schwestern übernommen wurde und das Rote Kreuz selbst auch keine Behinderteneinrichtungen führte. Konnten sie auch nur ahnen, was mit diesen »Fällen« geschehen würde? Die Rotkreuzschwester Elfriede Behrendt, die bei Kriegsbeginn einem Luftwaffenlazarett in Hannover-Langenhagen zugeteilt wird, berichtet von einer benachbarten Heilanstalt, die kurz vor ihrer Ankunft geräumt worden ist. »Es wurde uns gesagt, die Patienten wären zur Sicherheit verlegt worden. Erst viel später sickerte durch, was mit ihnen wirklich geschehen war. Wir hatten zwar schon im Examen die Gesetze zur Verhütung erbkranken Nachwuchses auswendig gelernt, aber die Konsequenz daraus nicht begriffen.« Darin bestand das Verhängnis des »Dritten Reiches« insgesamt: dass niemand die Konsequenzen begreifen wollte, die in eine Katastrophe des Menschlichen führten. Auch in der Niederlausitz werden um diese Zeit 32 Mädchen und Frauen aus dem Gubener Behindertenheim abgeholt und als »lebensunwertes Leben« ermordet.

Gleichgeschaltet oder gleichgesinnt?

Unmittelbar nach Hitlers Regierungsantritt am 30. Januar 1933 beginnen die Nationalsozialisten mit der sogenannten Gleichschaltung von Medien, Standes- und Massenorganisationen. Mit seinen fast 1,4 Millionen Mitgliedern, verteilt auf über achttausend örtliche Rotkreuzvereine und Kolonnen, ist das Deutsche Rote Kreuz eine der größten Vereinigungen überhaupt. »Im Namen dieser Männer und Frauen erkläre ich die unbedingte Bereitschaft, uns Ihrer Führung zu unterstellen«, meldet Präsident Joachim von Winterfeldt im Mai des Jahres 1933 an Hitler. Die meisten bedeutenden Institutionen übermitteln zu dieser Zeit derartige Ergebenheitsadressen. Geschickt nutzten die Nationalsozialisten die Unsicherheit nach ihrer Machtübernahme, um allen Gefolgschaft und Willfährigkeit abzupressen. Dennoch wird Winterfeldt Ende 1933 durch eine Doppelspitze abgelöst. Als neuer Präsident soll Carl Eduard Herzog von Sachsen-Coburg und Gotha fungieren, als Vizepräsident Paul Hocheisen, Generalinspekteur des Sanitätswesens von SA und SS, außerdem Reichstagsabgeordneter der NSDAP.

Der Herzog dient als Galionsfigur: Als Angehöriger des Hochadels verkörpert er nach außen die traditionellen Führungskreise des Roten Kreuzes; nach innen wirkt er als fanatischer Nationalsozialist und Gruppenführer der SA. In der Praxis wird er von Hocheisen allerdings bald ausgebootet, der die Nachfolge Winterfeldts als Organisator antritt. Allein die Physiognomie von Vorgänger und Nachfolger macht die Tie-

Unter Leitung des SA-Funktionärs Paul Hocheisen wird das DRK in den NS-Staat integriert. Was sich auch bei den Morgenappellen der Schwesternschaften zeigt.

fe des Einschnitts deutlich. Hier der preußische Beamte alter Schule, feinsinnig, kontrolliert, aristokratisch; dort der Parteisoldat, feist, stiernackig, polternd.

Natürlich finden sich auch in den Reihen des Roten Kreuzes zahlreiche Anhänger der nationalsozialistischen Bewegung. So beeilt sich der Geschäftsführer des Württembergischen Landesvereins, den Beitrag der Sanitätskolonnen zur Erringung der Macht festzuhalten. Seit 1930 hätte er die SA-Sanitätskameraden ausgebildet und so den Grundstein für »die Freundschaft und Zusammenarbeit mit der SA, SS und dem Stahlhelm« gelegt. »Sind wir doch in den großen Wahlkämpfen vor der Machtübernahme durch unseren Führer wie zu einem Stück zusammengeschmiedet worden.« Die Kolonnen hätten ganz wesentlich zum erfolgreichen Verlauf der Versammlungen und Umzüge beigetragen – weshalb die neuen Machthaber nun die Kampfgenossen vom Roten Kreuz auch gebührend berücksichtigen sollten.

Dabei bräuchte die Hilfsorganisation um ihren Fortbestand gar nicht zu bangen, genießt sie doch Protektion von höchster Stelle. Hitler selbst hegt eine sentimentale Verbindung zum Roten Kreuz: »Seine vorbildliche Organisation, die unerschrockene Hilfsbereitschaft seiner Sanitätsmänner und die wohltuende Pflege seiner Schwestern habe ich selbst kennengelernt.« Nach einer Splitterwunde war er 1916 acht Wochen lang in einem Rotkreuzlazarett versorgt worden. Und als er im Herbst 1918 kurzzeitig erblindete – eine Folge des Einsatzes von Giftgas –, brachte ihn ein Lazarettzug nach Pasewalk, wo er als sogenannter Kriegsneurotiker behandelt wurde. Aufgrund dieser Erfahrungen scheint Hitler dem Roten Kreuz so etwas wie Dankbarkeit entgegenzubringen; nach Hindenburgs Tod übernimmt er denn auch die Schirmherrschaft. Auch das Auswärtige Amt beteiligt sich als Fürsprecher und wirkt mäßigend auf die Führung ein, als sich Parteigenossen und SA-Mitglieder massenhaft ins Rote Kreuz einreihen, um den Marsch durch die Institution anzutreten. Obwohl Deutschland umgehend aus dem Völkerbund austritt und viele internationale Verbindungen kappt, verbleibt es interessanterweise bis Kriegsende in der weltweiten Rotkreuzgemeinschaft.

Das DRK profitiert von den neuen Machtstrukturen im Land. Im August 1933 wird der Arbeiter-Samariter-Bund verboten. Etwa ein Drittel der Mitglieder tritt zum Roten Kreuz über, das auch einen Teil der Depots und des Vermögens übernimmt. Die 52 000 Neuzugänge machen den geringfügigen Schwund, der durch den Ausschluss jüdischer Mitglieder und vereinzelte Austritte aus politischen Gründen entstanden ist, mehr als wett. Abermals vollführt das Rote Kreuz damit eine grundlegende Kehrtwendung und sichert in geschmeidiger Anpassung an den Zeitgeist sein Fortbestehen. Neue Leitlinie ist nun die Konzentration auf die »Ursprungsaufgabe«, die Unterstützung des Heeressanitätsdienstes. Während sämtliche damit zusammenhängenden Bereiche – Sanitätskolonnen, Rettungsdienst, Schwesternausbildung – erweitert und durch Drill und straffe Organisation »wehrmachtsgleich« werden sollen, gliedert man die Wohlfahrtsaufgaben aus oder stellt sie ein. So unkriegerische Einrichtungen wie Nähstuben und Kindergärten gehen

Masse und Macht: Fahnenweihe und Vereidigung von Rotkreuzschwestern in der Berliner Philharmonie, um 1940.

an die NS-Frauenorganisationen und die Volkswohlfahrt. Eine komplette Übernahme der Schwesternschaften durch die Volkswohlfahrt wird dagegen abgewendet. Dennoch kann von Unabhängigkeit keine Rede sein, wenn, wie aus der Dienstaltersliste für den Personalbestand hervorgeht, zu Beginn des Krieges 50 von 68 Oberinnen Parteigenossinnen sind.

Das Jugendrotkreuz gerät immer mehr in Bedrängnis. Die NSDAP will alle Nachwuchsarbeit in der Hitlerjugend und im Bund Deutscher Mädel monopolisieren. Da die Idee des Jugendrotkreuzes in den angelsächsischen Ländern entstanden ist, wird es nun als Tarnorganisation amerikanischer Ideologien verunglimpft, auch als Hort jüdischen und freimaurerischen Gedankenguts. Vergeblich bemüht es sich, den »Stil und Geist der neuen Zeit« aufzunehmen, indem es sich etwa verstärkt Themen wie »Erbpflege und Ahnenkette« widmet. Schon 1934 spielt es praktisch keine Rolle mehr und wird schließlich aufgelöst. Auch in der Wohlfahrtsarbeit kommt es zu Konflikten mit den entsprechenden Parteigliederungen. Insbesondere zwischen der NS-Frauenschaft und dem Vaterländischen Frauenverein, der mit über 800 000 Mitgliedern zwei Drittel aller Rotkreuzangehörigen stellt, entbrennt ein Machtkampf. Erbittert wird um Zuständigkeiten und Einflussmöglichkeiten gerungen, um staatliche Privilegien und um viel Geld. Doch kaum droht von außen Gefahr, ziehen die neuen braunen Herren und die alten adeligen Eliten an einem Strang. Sie intervenieren beim Innenministerium und bei der Reichskanzlei und erreichen unter Berufung auf die durch die Genfer Konvention gebotene formale Selbstständigkeit der nationalen Rotkreuzgesellschaft ein einigermaßen akzeptables Arrangement. Freilich verschiebt dieses sich allmählich weiter zu Ungunsten des Roten Kreuzes, bis die kriegsvorbereitende Reform des Jahres 1937 schließlich den endgültigen Verlust der Wohlfahrtsarbeit nach sich zieht.

Ein Beispiel für die Konsequenzen dieser Entwicklung bietet das Erbe von Elsa Brändström, die seit 1932 in den Vereinigten Staaten lebt. Während sie sich dort »für die als Opfer Hitlers aus Europa Fliehenden« einsetzt, wird ihr Werk in Deutschland von den Nazis vereinnahmt. Die Volkswohlfahrt führt Schloss Neusorge »in zielbewußter Förderung alles völkisch Wertvollen« fort. Was darunter zu verstehen ist, veranschaulicht die neue Leiterin: »Da ist ein Hamburger, Karl geheißen, blond, blauäugig, mit starkem Selbstbewußtsein.« Sein Vater fiel im Ersten Weltkrieg, daraufhin wurde er dauerhaft in Neusorge aufgenommen. Wo er sich bald »in freundschaftlichen Raufereien eine Führerstellung erkämpft hat. Heute ist er Diplomingenieur und dient als SS-Mann seinem Führer und Volke.«

Endlich wieder eine »große Zeit!«. Die soziale Ausrichtung während der Weimarer Republik wird als »verschwommene Humanitätsduselei« und »weichliche Mildtätigkeit« geschmäht. Höchste Zeit für das Rote Kreuz, wieder die »Grundlage der Kriegsbereitschaft« zu schaffen. Eine neue Metamorphose beginnt.

Zum Beispiel Britz

Die »Sturmabteilung« ist zu dieser Zeit die maßgebende Formation innerhalb der Partei und soll nicht nur das Rote Kreuz durchdringen, sondern beispielsweise auch die Bergwacht übernehmen. Von welchem Schlag die SA-Leute sind, das demonstrieren sie in Berlin-Britz. Nach dem Ersten Weltkrieg hatte die dortige Sanitätskolonne nur mehr ein Schattendasein geführt. Erst als 1927 ein junger Arzt die Spitze übernahm, begann »der großartige Aufstieg der Kolonne«, so eine Lokalzeitung. Dank Arnold Levys pädagogischem Talent wuchs sie auf sechzig Mann und sechzehn Helferinnen an. Seine Lehrkurse waren gut besucht, seine Werbung für den Rotkreuzgedanken zeitigte Erfolge. Ein Krankenrettungsauto konnte angeschafft und eine neue Sanitätswache bezogen werden. »Kolonne Britz, schnell wie der Blitz!«, dieser Spruch machte bald in ganz Berlin die Runde.

Im Juli 1933 erscheint der SA-Mann Alfred Lange gegen Ende der Sprechstunde in Levys Praxis. Er stellt sich als ärztlicher Kollege vor und fordert ihn auf, ihn ins SA-Heim zu begleiten. Dort stoßen ihn mehrere Männer die Kellertreppe hinunter, verrenken ihm dreißigmal den Arm, brechen ihm die Nase und prügeln ihn grün und blau. Während das Opfer drei Wochen im Krankenhaus zubringen muss, wird Lange zum Sanitätsobersturmbannführer befördert. Arnold Levy flieht mit seiner Familie schließlich in die Vereinigten Staaten, wo er als Arzt eine beachtliche zweite Karriere macht. Auch wenn er dort seinen Namen und sogar seine Religion wechselt – einer Leidenschaft bleibt er unbeirrbar treu: Er engagiert sich im Amerikanischen Roten Kreuz.

Im Juni 1933 hat das DRK-Präsidium beschlossen, dass »Juden, Jüdinnen oder Judenstämmlinge« keinerlei Funktionen mehr ausüben dürfen; in der Folge wird ihnen auch die einfache Mitgliedschaft entzogen. Das Organ der Sanitätskolonnen erklärt Antisemitismus gar zur »Ehrenfrage«. Der Kaufmann Ludwig Blumenbach, langjähriger Schriftführer der Kolonne im hessischen Gelnhausen, ist schon im April zum Austritt genötigt worden. Als er »zum Zwecke einer Berufsumstellung« zumindest um ein Führungszeugnis bittet, wird ihm selbst das verweigert. 1942 kommt Blumenbach im Ghetto von Lodz ums Leben.

Solche Ausschlüsse führt das Rote Kreuz in eigener Regie durch. Als ein Betroffener sich beim Internationalen Komitee beschwert, schreibt dessen Sekretär ans DRK: »Es wäre gut, diesem Herrn so höflich wie möglich zu erklären, warum es zu manchen Zeiten ratsamer ist, daß Personen, die gewissen völkischen, politischen oder anderen Gruppen angehören, nicht in den lokalen Sektionen des Roten Kreuzes vertreten sind.« Ganz offen billigt das Internationale Komitee also bereits 1933 die gesellschaftliche Diskriminierung, die allem widerspricht, was den Geist der Rotkreuzbewegung ausmacht. Diese Ungerührtheit der Genfer Funktionäre lässt für die nächsten zwölf Jahre nichts Gutes ahnen. Die Machthaber haben von dort keinen Widerspruch zu erwarten, die Verfolgten keine Unterstützung.

Ärzten jüdischer Herkunft wird nun gekündigt. Richard Hessberg, über zwanzig Jahre hinweg Chef einer Augenklinik in Essen, muss bereits Ende 1933 gehen, seine »Schule für fast blinde Kinder« wird abgewickelt. Emil Heymann kann noch bis Anfang 1936 am Berliner Augusta-Hospital arbeiten, zu dessen Ruf er als Pionier der Hirnchirurgie beigetragen hat. Doch fachliche Qualifikation zählt nun nichts mehr, es geht allein nach Rasse und Parteibuch. Adele Schreiber flieht in die Schweiz, Alice Salomon nach New York. Hertha Nathorff gelingt es nur dank eines berühmten Onkels, noch rechtzeitig aus Deutschland zu entkommen. Zeitlebens hat sie diese Verwandtschaft nicht publik gemacht, sie war stolz, ihre Karriere aus eigener Kraft geschafft zu haben. Nun aber rettet ihr die Fürsprache Albert Einsteins das Leben. Kurz vor ihrer Abreise hat sie noch eine bizarre Begegnung: »Frau B. kam mit ihrem Jungen zur Sprechstunde, ich sollte ihn in Hitlerjugend-Uniform bewundern. Zwei Tage und Nächte habe ich um das Kind und das Leben der Frau gerungen, bis es am Tag meiner Verlobungsfeier endlich geboren war. Dieses Kind – es steckt nun in der Uniform des Mannes, der mir und meinem Kinde den Todesstoß versetzen wird.«

Das Schicksal jüdischer Rotkreuzmitglieder ist bis heute kaum aufgearbeitet. Es liegen keine gesicherten Zahlen vor, nur vereinzelt sind Lebensgeschichten in örtlichen Chroniken dokumentiert. Der Chirurg Albert Ettlinger, langjähriger Vorsitzender in Frankfurt am Main, wird ebenso in Auschwitz umgebracht wie Hildegard Böhme, die elf Jahre lang die Dokumentationsstelle des DRK geführt hat und Referentin für Wohlfahrtspflege gewesen ist. Es ist anzunehmen, dass unter den Opfern des Völkermords an den Juden auch zahlreiche Mitarbeiter des Roten Kreuzes waren, vor allem aus den Gesellschaften der besetzten Länder wie der Tschechoslowakei oder Polen.

Um Konflikte mit dem Regime zu vermeiden, erklärt das Internationale Komitee, die Betreuung der Konzentrationslager obliege der nationalen Gesellschaft. Wie ungeeignet das DRK aber unter den herrschenden Umständen dafür ist, zeigt ein Brief Winterfeldts an Genf vom Oktober 1933: »Dank der Genehmigung der Regierung hat das DRK Zugang zu allen Konzentrationslagern. […] Für die Masse derer, die aus proletarischem Milieu stammen, ist der Lebensstandard höher als der, den sie im bürgerlichen Leben kannten.« Während dem Roten Kreuz der Zugang bald verwehrt wird, pocht Hitler zugleich auf Betreuung jener Nationalsozialisten, die 1934 nach einem Putschversuch in Österreich inhaftiert worden sind. Bei den Festspielen in Bayreuth nimmt er Herzog Carl Eduard zur Seite und weist ihn an, beim Internationalen Komitee entsprechend vorstellig zu werden.

Zwei Männer sind dort zu dieser Zeit prägend: Max Huber, bis 1944 dessen Präsident, und Carl Jacob Burckhardt, sein späterer Nachfolger. Huber ist häufiger krank, außerdem geschäftlich an einer Firma im Schwäbischen beteiligt; beides nicht gerade ideale Voraussetzungen in dieser Zeit. Burckhardts Ehrgeiz zielt vor allem darauf, auf der weltpolitischen Bühne zu glänzen. 1936 wohnt er den Olympischen Spielen bei, im Jahr darauf ist er auf dem Reichsparteitag zu Gast. Als Gegenleistung für die Intervention in Österreich kann er schließlich drei Lager besuchen. Sein interner Bericht wandert umgehend in den Tresor. Nach außen hin aber attestieren die stets höflichen Schweizer der

SS ein redliches Bemühen um humane Haftbedingungen. Er habe, so Burckhardt, »in Dachau den Eindruck bekommen, dass der Kommandant seiner Aufgabe mit Anständigkeit nachkomme«. Alarmierende Berichte, die von allen Seiten in Genf eingehen, werden dagegen bagatellisiert. Einen besseren, nämlich harmloseren Partner hätte das Regime sich kaum wünschen können. Im Einklang mit der deutschfreundlichen Schweizer Außenpolitik vermeidet das Komitee tunlichst jede Konfrontation. Als deutsche Pastoren 1938 inständig bitten, Genf möge sich für Martin Niemöller verwenden, der in Sachsenhausen einsitzt, bescheidet ihnen Burckhardt, dass eine Intervention von den Machthabern »schlecht aufgenommen würde und daß man auf einen ähnlichen Schritt der Engländer sehr ungnädig reagiert habe«. Diese Intervention des britischen Lordbischofs aber hat Niemöller vor der Hinrichtung bewahrt.

Durch die Passivität des Komitees entmutigt, wenden sich Hilfesuchende und Opferverbände verstärkt auch an die Liga der Rotkreuzgesellschaften. Als sich nach den Novemberpogromen des Jahres 1938 zumindest zaghafte Proteste regen, hält Walther Georg Hartmann deren

Carl Jacob Burckhardt ist einer der prägenden Männer des Internationalen Komitees. Im DRK fungiert Walther Georg Hartmann als Leiter des Auslandsdienstes.

Vertretern in Genf eine Standpauke: »Das DRK macht die Liga darauf aufmerksam, daß von Seiten aller möglichen Organisationen Aufrufe aufgetaucht sind, die die Grenzen überschreiten, die menschliche Teilnahme von politischen Zwecken trennt. […] Das DRK sorgt sich um die Rolle, die das Rote Kreuz im Bereich humanitärer Hilfe spielen soll.« Hartmann hat sich nach Auflösung des Jugendrotkreuzes an die Spitze der Auslandsabteilung hochgearbeitet und wird zum wichtigsten Verbindungsmann zwischen Berlin und Genf. Zwar heißt es zuweilen, er sei eine der wenigen Führungskräfte ohne Parteibuch gewesen, was in den fünfziger Jahren seine Berufung zum Generalsekretär erleichtert haben mag. Doch die Dienstaltersliste führt ihn unter der Mitgliedsnummer 2673264.

Masse und Macht

Ob als Betriebsärzte für den Autobahnbau oder als Begleitschwestern für »Kraft-durch-Freude-Fahrten«, bei den Prestigeprojekten des NS-Regimes kommen Rotkreuzkräfte in nie dagewesenem Ausmaß zum Einsatz. Bis zu zweitausend wirken etwa bei den Reichsparteitagen mit. Die Nürnberger Kolonne verstärkt die Sanitätswachen in der Stadt, sie betreibt Feldküchen zur Volksspeisung und schickt Mannschaften in die Bahnhöfe und Massenquartiere. Auswärtige Kolonnen unterstützen sie dabei. Schon Tage vorher sind Strom- und Wasserleitungen gelegt, Zelte aufgestellt und mit Matratzenlagern, Tragen und Verbandsmaterial bestückt worden. Jedem Zelt sind zwei Ärzte, fünfzehn Sanitäter, ein Schreiber und eine Telefonistin zugeordnet. Dreißig Kraftwagen bahnen sich ihren Weg durch die Menschenströme, um Erschöpfte in die Ambulanzzelte oder ins Krankenhaus zu bringen. 1700 Transporte und 20 000 Hilfeleistungen, vom Heftpflaster bis zur Beinschiene, fallen an.

Auch für den reibungslosen Ablauf der Olympischen Spiele im Winter und Sommer 1936 ist das Rote Kreuz unentbehrlich. In Garmisch-Partenkirchen haben Lokalmatador Hans Gazert und sein Gebirgsunfalldienst nun ein Heimspiel. Dafür begraben sie vorübergehend sogar das Kriegsbeil und treten »Schulter an Schulter« mit der Bergwacht und dem SA-Sanitätssturm an. Zusätzlich zu ihren ständigen Wachen patrouillieren sie rund um die olympischen Stätten und beziehen Posten an Loipen, Pisten, Sprungschanzen und an der Rodelbahn.

Zu den größten Massenveranstaltungen der Zeit zählen die »Reichserntedankfeste« auf dem Bückeberg bei Hameln. Bei diesen »Heerschauen des Nährstandes und Wehrstandes«, wie die Zeitschrift der Sanitätskolonnen sie rühmt, sollen die Volksgenossen im Geist von »Blut und Boden« eine Art Kommunion mit sich selbst feiern. Über eine Million Menschen pilgern ins Weserbergland. In jedem der zweihundert bereitgestellten Sonderzüge fahren ein Arzt und fünf Sanitäter mit. Weitere Helfer betreuen Bahnhöfe, Parkplätze und Anmarschstraßen. Meist müssen sie nur kleinere Unpässlichkeiten und Blessuren versorgen: Magenschmerzen, Nasenbluten, Wespenstiche, ein aufgeschlagenes Knie.

Schon die Anfahrt der Parteiprominenz wird als Triumphzug inszeniert, mitsamt Salutschüssen, Fanfarenschall und »Horst-Wessel-Lied«. Auf der Festwiese huldigt das Landvolk dann dem Führer, der es auf kommende Ereignisse einstimmt: »Ich lasse Ihnen nicht umsonst bei jedem Erntedankfest die Übungen der Wehrmacht vorführen.« Eventkultur im »Dritten Reich«. In den Rotkreuzzeitschriften wird anschließend ausgiebig über diese Großeinsätze berichtet; »kampfstarke Propaganda« soll die Mitglieder auf den neuen Geist einschwören. Rein handwerklich sind die Publikationen ausgesprochen gut gemacht, weitaus attraktiver als während der Weimarer Zeit. Während nun Signalwörter wie »Krieg« und »Opferbereitschaft« immer häufiger auftauchen, verschwinden Begriffe wie »Nächstenliebe« oder »Humanität« fast gänzlich aus dem Vokabular. Adolf Hitler wird zum obersten Retter stilisiert: »Hier erleben wir die aufopfernde Pflichterfüllung für eine höhere Idee.« Selbst das Pflaster in den Sanitätskästen heißt jetzt Germaniaplast. Und das Monatsblatt der Arbeitergärten vom Roten Kreuz ziert nun ein Hakenkreuz. Über einem Bericht von epischer Länge prangt der martialische Titel »Ein Kampfbeitrag für die Erzeugungsschlacht«. Der Text selbst ist dann aber gänzlich frei von Ideologie und handelt einfach vom Honig und von den bevorzugten Nektarquellen der Bienenvölker: Mandelbäumchen, Schneeballbüsche und Rosen der Sorte »Hiawatha«.

Zu einem propagandistischen Höhepunkt gerät Anfang Januar 1937 die Rettung zweier Bergsteiger aus der Ostwand des Watzmanns. Sie spielt sich vor den Augen Hitlers ab, der die Neujahrstage vis-à-vis auf dem Obersalzberg verbringt. Er schickt fünfzig Soldaten als Verstärkung sowie den Flieger Ernst Udet, der im Sturzflug direkt an der Wand Versorgungspakete abwirft. Nach sechs Nächten am Berg können die Kletterer geborgen werden. Mit dabei ist auch der Arzt Karl von Kraus. Ein exzellenter Bergsteiger, der bereits an zwei Himalaja-Expeditionen teilgenommen hat – und eine der schillerndsten Rotkreuzfiguren jener Jahre. Für seinen Einsatz am Watzmann erhält er von Hitler persönlich eine Ehrenmedaille. Im Krieg wird er dann noch einmal für Schlagzeilen sorgen, als er mit einigen Gebirgsjägern den Elbrus erklimmt, den höchsten Berg des Kaukasus.

Wie eine Reihe von Medizinern verfolgt auch Kraus eine Doppelkarriere: in der SS, wo er es zum Hauptsturmführer bringt, und im Roten Kreuz, wo er als stellvertretender Präsident des bayerischen Landesverbands amtiert. Parallel wirkt er als Arzt im Lebensborn-Verein, jener undurchsichtigen Organisation, die Nachwuchs für die SS hervorbringen soll. Auch hier entsteht nun ein »Hilfswerk Mutter und Kind«, dessen Name an die Initiativen der Weimarer Zeit erinnert, das aber einem ganz anderen Zweck dient. Hertha Nathorff hatte werdenden und alleinstehenden Müttern dabei geholfen, im Leben wieder Tritt zu fassen. Die SS hilft ihnen nun, damit in der nächsten Generation »zwanzig Regimenter mehr marschieren«. Der Versuch, den Lebensborn auch mit dem Rotkreuzemblem auszustaffieren, wird abgewehrt. Inwieweit die SS im Zuge ihrer kriminellen Finanzierung auch Rotkreuzgelder für Himmlers Lieblingsprojekt zweckentfremdet hat, ist bislang zu wenig untersucht. Fest steht, dass der geschäftsführende Präsident des DRK später eines der fünf Vorstandsmitglieder des Lebensborn gewesen ist, DRK-Schatzmeister Pohl zugleich die dortige Verwaltung führte und dass es weitere personelle Überschneidungen gab.

Ganz neue Praktiken

1937 löst Ernst Robert Grawitz dann Paul Hocheisen ab und tritt das Amt des Geschäftsführenden Präsidenten an. Als »Reichsarzt SS« ein hochrangiger Funktionär des Terrorapparats, soll er das Rote Kreuz behördengleich durchorganisieren und kriegsbereit machen. Anfangs kommt es ihm freilich »mehr als merkwürdig« vor. Er tritt an, ihm »alles Vereinsmäßige auszutreiben« und eine straff geführte neue »Einheit DRK« zu schaffen. Als Erstes verbietet er das Singen der Rotkreuzlieder. Flankiert wird diese nochmalige Umgestaltung durch ein entsprechendes Gesetz und eine neue Satzung, deren Geist und Wortlaut bereits unverhohlen kriegslüstern wirken. Mit einem feierlichen Eid

Ernst Robert Grawitz, »Geschäftsführender Präsident« des DRK, auf einer Parade zum Rotkreuztag 1939 auf der Königsallee in Düsseldorf.

schwören die Mitglieder Hitler fortan die Treue. Die Landesstellen folgen dem Beispiel der Zentrale, eilen ihr manchmal auch voraus. So stellt der Leiter des Bayerischen Roten Kreuzes klar: »Als Organisation des nationalsozialistischen Staates untersteht das DRK den Grundsätzen der nationalsozialistischen Weltanschauung. Es ist eine Organisation des deutschen Volkes im nationalsozialistischen Deutschland. Es ist kein internationaler Verein.« Friedrich Wilhelm Brekenfeld, der Leiter der Landesstelle III, die Brandenburg und Westpreußen umfasst, definiert es als »nationalsozialistisches Sanitätskorps – auch wenn es sich mit Rücksicht auf die Genfer Konvention Deutsches Rotes Kreuz nennt«. Die Helfer sollen »begreifen, daß auch die Sanitätstruppe eine Waffe ist. Eine Waffe, die im [Ersten] Weltkrieg täglich Tausende von Kämpfern dem Tod entriß und sie der Front wieder zuführte.« Dafür braucht es »disziplinierte und körperlich gestählte Männer«, die nun auch eine Ausbildung im Pistolenschießen erhalten. Als höchstes Ehrenzeichen verleiht das Präsidium einen Dolch, bevorzugt an Hitlers Geburtstag. Und auch bei den Schwesternschaften wird der Ton merklich schriller: Generaloberin Luise von Oertzen etwa beschwört auf deren Jahrestagung 1937 »den Wunsch, der uns Rotkreuzschwestern alle bewegt, daß wir so gerne eine bis in den Tod getreue Gefolgschaft unseres Führers sein wollen«.

Konsterniert stellt das Internationale Komitee fest, dass die Ausweitung der totalitären Regime in Europa den ehernen Grundsatz der Neutralität zunehmend außer Kraft setzt, da »diese [Rotkreuz-]Gesellschaften ganz neue Praktiken üben«. Der Fall des DRK darf als Schulbeispiel für die Übernahme einer nationalen Gesellschaft durch ein diktatorisches Regime angesehen werden. Es kapert die Organisation wie Piraten ein Schiff. Dass ihr dabei ein Rest an Autonomie belassen wird, ist Teil des Kalküls, lässt sie sich doch als internationale Einrichtung nur dann instrumentalisieren, wenn zumindest nach außen hin der Schein gewahrt bleibt. Nach innen aber wird bedingungslose Anpassung erwartet, und die Dienstvorschrift für alle Anstalten des Roten Kreuzes ordnet an, dass sie »Stätten echter nationalsozialistischer Betriebsgemeinschaft sein müssen«. Die personelle Durchdringung mit SA- und SS-Kadern spiegelt das Misstrauen der Partei gegenüber den altgedienten Rotkreuzkräften wider. Die Kontrolle durch Geheimpolizei und Abwehr ist bisher nicht untersucht worden, sie dürfte aber erheblich gewesen sein.

Bezeichnenderweise finden bis Kriegsbeginn fast keine Auslandsmissionen statt. Nur der Einsatz einiger Rotkreuzschwestern im Spanischen Bürgerkrieg sticht heraus, zumal er propagandistisch groß aufgemacht wird. Freilich erst, nachdem die Putschisten gesiegt haben – bis dahin wird diese Mission, wie die gesamte Unterstützung für Franco, als »Geheime Reichssache« behandelt. Die Schwestern sind mit der Legion Condor nach Spanien gekommen. Zu dieser Luftwaffeneinheit gehört auch ein dreimotoriges Sanitätsflugzeug, das Verwundete aus der Kampfzone in Lazarette ausfliegt und mehrfach auch zurück nach Deutschland bringt. Eine Alpenüberquerung ist damals fliegerisch wie pflegerisch noch ein kniffliges Unterfangen. In Saragossa wickeln die Schwestern ihre Schützlinge wie Mumien in Segeltuch ein, der Kälte wegen auch noch in Decken und Polster. Dann werden die Männer sorgsam festgeschnallt, damit ihnen bei einem plötzlichen Absacken des Flugzeugs durch Abwinde nichts passiert. Nach zwei Zwischenlandungen erreicht die Maschine in zehn Stunden Berlin. Die Schwestern nehmen schließlich am Triumphzug der Nationalisten durch Madrid teil und in Berlin an der Parade der Legion vor Hitler. Als einige Legionäre, die in republikanische Gefangenschaft geraten sind, durch Vermittlung des Genfer Komitees nach Deutschland zurückkehren, werden sie in der *Wochenschau* als Helden gefeiert. Gefangene Deutsche und Österreicher, die auf der Gegenseite gekämpft haben, werden dagegen nach ihrer Überstellung durch das Rote Kreuz umgehend in Dachau inhaftiert. Dort sitzen zu dieser Zeit auch eine Reihe politischer Häftlinge aus dem Umfeld der Sozialdemokratie ein: Hans Litten, Ernst Heilmann, Heinrich Jasper, Julius Leber, Carlo Mierendorff und Kurt Schumacher. Das Internationale Komitee versucht, als Gegenleistung »für das tatkräftige Eingreifen in Spanien« zumindest Auskunft über deren Gesundheitszustand zu erhalten. Eine Antwort ist nicht überliefert. Nur Schumacher hat diese Zeit überlebt.

Parallel rüstet Deutschland zu einem Auslandseinsatz der besonderen Art. Er beginnt Ende 1937 mit einem weithin unbeachteten Vorspiel: Im NS-Gau »Bayerische Ostmark« führen Wehrmacht, Bergwacht und Rotes Kreuz nahe der österreichischen Grenze eine Großübung durch. »Es wurde Ernstfall angenommen. Kriegslage. Die Donau ist Frontlinie.« Die Übung soll, weiß der Berichterstatter, »den Beweis liefern, daß Rotes Kreuz und Bergwacht einsatzbereit und schlagfertig sind«. Wenig später besetzt die Wehrmacht Österreich. Das dortige Rote Kreuz wird aufgelöst und mitsamt Vermögen und Immobilien dem DRK einverleibt. Eine weitere Expansion erfolgt, als das Reich erst das Sudentenland und dann ganz Böhmen und Mähren annektiert. Auch dort wird die nationale Gesellschaft aufgelöst, in Prag und Karlsbad entstehen deutsche Mutterhäuser.

1939 findet während der Internationalen Funkausstellung in Berlin die Schauübung einer Sanitätskolonne statt, direkt im Terrassengarten am Funkturm. Sie wird »in Bild und Ton aufgenommen und unmittelbar gesendet« – das Rote Kreuz kommt zum ersten Mal ins Fernsehen. »Je öfter die Kamera ihre Einstellung wechselt, desto abwechslungsreicher wird das Erlebnis«, belehrt die Stimme aus dem Off.

Solche Schauübungen finden landesweit statt, wobei vor allem die Zahl der Geländeübungen zunimmt. Regelmäßig werden dort Gefechtssituationen erprobt. Mehrfach stellt sich auch »die Luftwaffe mit schweren Bombern zur Verfügung, die einen Angriff durchführten«, wie die Landesstelle XI berichtet, die Teile des heutigen Niedersachsen und Sachsen-Anhalt umfasst und die allein innerhalb eines Jahres achtzehn Manöver abhält.

Im Juni feiert die Titelgeschichte der Mitgliederzeitschrift *Das Deutsche Rote Kreuz* die Einweihung eines Ehrenmals für den Sanitätsdienst. Es ist Teil des monumentalen Tannenberg-Denkmals, das die National-

Das »Reichsehrenmal« in Tannenberg erinnert nun auch an den Sanitätsdienst.

sozialisten zur Weihestätte eines revanchistischen Totenkults umfunktionieren. Wo Lotte Schmidt als Hilfsschwester ihre Feuertaufe erhielt, wo Armin Wegner sich entschloss, zum Roten Kreuz zu gehen, marschieren nun Zehntausende von Helfern in Reih und Glied auf, um den Grawitz'schen Parolen zu lauschen. Er preist den Sanitätsdienst, der damals die Verwundeten für die Wehrkraft der Nation erhalten habe, insbesondere aber das Leben des Führers. Derart erhoben, könne das Rote Kreuz nun zu neuen Taten schreiten, bestückt mit Helfern, die »durch einen starken Glauben die Furcht vor dem Tode verloren« haben. Ein gellendes »Sieg Heil« brandet auf. Drei Monate später beginnt der Zweite Weltkrieg.

Gerüchte und Gespenster

Als Seismograph der Zeitgeschichte funktioniert das Rote Kreuz weiter mit gewohnter Präzision. Im Laufe des bis dahin 75-jährigen Bestehens haben seine Helfer schon die unterschiedlichsten Aufgaben übernommen. Doch dass sie nun auch Kartoffeln klauben und Zuckerrüben köpfen, das ist neu. Im Sommer 1939 werden sie im ganzen Reich als Helfer herangezogen, um die Ernte vorzeitig einzubringen. Am 22. August schließlich erhalten alle Kreisstellen ein als »Staatsgeheimnis« deklariertes Einschreiben: Das Personal für den Luftschutzsanitätsdienst ist in Alarmbereitschaft zu versetzen. Zwei Tage später ordnet das Präsidium an, alles zu veranlassen, damit »die von der Wehrmacht gestellten Aufgaben« unverzüglich erfüllt werden können. Selbst eine »längere Dauer des Krieges« wird bereits angekündigt. Am ersten Kriegstag schickt Grawitz noch einen pathetischen Aufruf hinterher: »Die Stunde, dem Schirmherrn des Deutschen Roten Kreuzes den Dank durch die Tat abzutragen, ist gekommen.« Zehntausende von Frauen lassen sich nun im Schnellverfahren als Rotkreuzhelferin schulen. Bei einer von ihnen sieht die ganze Nation dabei zu: Als Frau des Propagandaministers weiß Magda Goebbels, sich in Szene zu setzen.

Trotz aller Gefechtsübungen und Strukturreformen, und trotz eines militärisch klar unterlegenen Gegners – der Ernstfall droht für die Sanitätseinheiten ein Debakel zu werden. Es sind viel zu wenige Berufsschwestern verfügbar, und die heimischen Kolonnen können ihre Aufgaben kaum mehr erfüllen, da ein Großteil der Männer eingezogen worden ist. »Der Krieg sieht in so unmittelbarer Nähe doch anders aus, als wir ihn uns vorgestellt haben«, räumt eine der ersten Schwestern ein. Die Begegnung mit dem Grauen lässt sich nicht üben. Die Zahl der Gefallenen ist schmerzlich hoch – die Schätzungen schwanken zwischen 15 000 und 50 000 allein auf deutscher Seite –, und obwohl der Feldzug gegen Polen nur sechs Wochen dauert, werden Tausende von Soldaten vermisst. Wie im ganzen Land, so richtet das Rote Kreuz auch im Berliner Bezirk Neukölln, zu dem mittlerweile auch Levys einstige Kolonne aus Britz gehört, eine Nachforschungsstelle ein – ein direkter Vorläufer des Suchdienstes. »Niemand verläßt die Beratungsstelle ohne einen berechtigten Hoffnungsschimmer«, berichtet die Lokalzeitung.

Ausländische Hilfsgesellschaften schicken in großem Umfang Le-

Alle Landesstellen und auch das DRK-Präsidium richten bereits 1939 Nachforschungsbüros für Kriegsgefangene und »Kriegerverluste« ein.

bensmittel nach Polen. Generalgouverneur Hans Frank befindet dies ausdrücklich für gut. Verringern sie doch »die Gefahr, daß die hungernde Bevölkerung zum Aufruhr schreiten könnte, bevor sie stirbt«. Teil dieser Strategie ist es, das Polnische Rote Kreuz weiterexistieren zu lassen, um der Gegenseite weniger Handhabe gegen die Besatzung zu bieten. Allerdings wird es unter strikte Kuratel des DRK gestellt. In der Folge wird dieses Modell für die meisten anderen besetzten Länder übernommen. Das Genfer Komitee erhebt dagegen keine Einwände – auch ein falsches Rotes Kreuz ist besser als gar keines. Umgekehrt ist nie eine nationale Gesellschaft aus der internationalen Rotkreuzbewegung ausgeschlossen worden, so indiskutabel sie sich auch verhalten haben mag.

Neben diesen Marionettenorganisationen besteht im Ausland meist eine zweite nationale Rotkreuzgesellschaft fort, unterstützt von der jeweiligen Exilregierung. So legt das Polnische Rote Kreuz in London dem Genfer Komitee schon früh eine erstaunlich detaillierte Aufstellung der Konzentrationslager vor. Während Tausende Angehörige der polnischen Intelligenz dort bereits in den ersten Monaten ermordet werden, stellen die deutschen Rotkreuzmedien das Verarzten einiger Kriegsgefangener als angewandte Feindesliebe zur Schau: »So vergelten wir den Polen ihre entsetzlichen Schandtaten.«

Auch wenn sie durch Einberufungen stark ausgedünnt werden, können die Sanitätskolonnen ihre Aufgaben in der Heimat anfangs noch einigermaßen erfüllen. Die meisten der über 14 000 Unfallhilfsstellen bleiben weiterhin besetzt. Die Männer der Hauptunfallwache München lauschen am 8. November 1939 nach einem ruhigen Tag dem Radio und hören Hitlers jährliche Ansprache für die Veteranen der Bewegung. Zwanzig Minuten nach deren Ende schrillt das Telefon: »Sofort alle verfügbaren Krankenwagen zum Bürgerbräukeller!« Mit drei Kraftwagen rücken sie aus, fünf weitere folgen wenig später. Eine gewaltige Explosion hat den Saal verwüstet. Aus den Trümmern bergen sie bis in den Morgen hinein fünfzig Verletzte und acht Tote. Ein Hilfsarbeiter namens Georg Elser hatte versucht, Deutschlands Verhängnis mit einer Zeitbombe aufzuhalten. Es wäre ihm wohl gelungen, hätte Hitler seine Rede nicht früher als gewohnt beendet. Nun danken die Sanitäter »der Vorsehung, die uns den Führer erhielt«.

Die meisten Mitglieder der Sanitätskolonnen werden bald an die Front geschickt. Als Ersatz kommen zunehmend Jugendliche und Frauen zum Einsatz. Auch beginnt man, die gelichteten Reihen mit ausländischen Krankenträgern und Hilfsschwestern aufzustocken, bevorzugt solchen mit »germanischer Volkstumszugehörigkeit« aus Holland, Dänemark oder Norwegen. In abgeschiedenen Orten wie Hahnenklee im Harz werden sie im Schnellverfahren ausgebildet und in die Reservelazarette geschickt. Nach dem Krieg werden sie in ihren Heimatländern als Verräter angefeindet.

Mit Beginn des Frankreichfeldzugs und der Besetzung von Dänemark und Norwegen dehnt sich das Einsatzgebiet des DRK immer weiter aus. Neuntausend weibliche Mitglieder kommen allein als Nachrichtenhelferinnen für die Wehrmacht in den besetzten Ländern zum

Einsatz. Auch betreuen Schwestern und Bereitschaftshelferinnen nun mehr und mehr Soldatenheime. Schon im Ersten Weltkrieg hatte das Rote Kreuz einige dieser klubartigen Etablissements betrieben. Nun aber entstehen sechshundert von ihnen zwischen Nordkap und Nordafrika. Dort entspannen sich die Soldaten bei Skat und Tischfußball, lauschen dem Grammophon und schmökern im Bücherschrank. Die Mitgliederzeitschrift des DRK liest sich zu dieser Zeit fast wie ein Reisemagazin: »Schwestern in der Polarnacht«, »Wüstenkameraden«, »Schönes deutsches Elsaß«. Ob in den Weiten der russischen Steppe oder im »Haus Frontkämpferdank« in der polnischen Tatra – die zivilisatorische Überlegenheit der Besatzer wird stets herausgestellt. Anfangs sind die Quartiere »auffallend unschön und ungepflegt«, doch unter den Händen deutscher Frauen verwandeln sie sich in Oasen der Gemütlichkeit. Nur am Rande nehmen die Schwestern dabei auch medizinische Aufgaben wahr. Sie sollen eher Geborgenheit bieten, weiblichen Charme entfalten und ein Stück Heimat vermitteln. Und zugleich die Soldaten neu motivieren und »den Frontgeist lebendig erhalten«.

Rundlauf in Uniform: In einem Soldatenheim im polnischen Lublin treten Schwestern gegen Offiziere an.

Dieser Frontgeist tobt sich zur gleichen Zeit in namenlosen Kriegsverbrechen aus. Zahlreiche Schwestern und Sanitäter müssen aus erster Hand davon erfahren haben, doch nur wenige scheinen je darüber gesprochen zu haben. Eva von Gadow aus Hamburg vertraut zumindest ihrem Tagebuch an, was ein junger Soldat ihr im September des Jahres 1941 bei einem Gläschen Cognac in Weißrussland erzählt: »Wir gehören zur Gespensterdivision. Die überall und nirgends ist, die plötzlich auftaucht und die Russen um die Ecke bringt. Ich tue das, was nicht jeder kann: Ich lasse die Gefangenen ihr eigenes Grab schaufeln und befördere sie dann ins Jenseits.« Was mag sie gedacht haben, als sie zur gleichen Zeit im Zentralorgan des DRK liest, dass »humane Ritterlichkeit Kennzeichen der deutschen Kriegführung überhaupt« sei? Wenig später untersagt das Präsidium allen weiblichen Einsatzkräften, auch nur über »den Zustand der Verstümmelungen und der Verletzten« unter den Soldaten zu sprechen, derlei »Gerüchte« würden die Bevölkerung nur beunruhigen. In Diktaturen verkommt die Wahrheit zum Gerücht.

Die Propagandamaschinerie macht auch vor dem Roten Kreuz nicht halt, im Gegenteil. »Gerade aus dem Mund der Krankenschwester dringt ein freudiges ›Heil Hitler‹ stark zu den Herzen unserer Volksgenossen« – wie alle totalitären Regime verstehen es die Nationalsozialisten, sich die moralische Autorität der Hilfsorganisation zunutze zu machen. Als die Ufa unter dem Titel *Bewährung* einen Film über das Schwesternleben im Krieg dreht, besetzt sie ihn bewusst nicht mit Stars, sondern mit Laien, um Natürlichkeit und Authentizität zu erzielen. Hatte die Reichskanzlei Sammlungen zugunsten des Roten Kreuzes zunächst verboten – alles Geld und aller Dank sollen NS-Organisationen zugutekommen –, so macht sie 1940 eine erstaunliche Erfahrung: Als unter dem Zeichen des Roten Kreuzes landesweit für das Kriegshilfswerk gesammelt wird, kommen über 220 Millionen Reichsmark zusammen. Weltweiter Rotkreuzrekord – allein, das DRK erhält davon lediglich ein Drittel, der Rest wird an NS-Organisationen verteilt oder verschwindet in schwarzen Kassen. In den Folgejahren werden ähnlich hohe Einnahmen erzielt. Als kleines Dankeschön erhalten die Spender Mini-Alben mit Sammelbildern zu »Des Führers Kampf in Norwegen« oder Kriegsspielzeug aus Plastik: miniaturisierte Minensuchboote und Panzerspähwagen, Flugabwehrkanonen und Sturzkampfbomber.

Die Schreckensnacht von Lübeck

Der systematische Missbrauch des Roten Kreuzes durch Partei und Staat ist umso bitterer, als dadurch auch die tüchtige, redliche und segensreiche Arbeit Zehntausender von Helfern bis heute überschattet und entwertet wird. Die Ereignisse des Krieges liegen nun über siebzig Jahre zurück; vieles ist vergessen, verschüttet, verloren. Und doch wirken sie bis heute nach, und manchmal dringen sie unvermutet noch einmal bis in die Gegenwart vor. So ist die Lübecker Schwesternschaft kürzlich im Keller ihres Stammhauses auf Berichte gestoßen, in denen die schlimmsten Stunden in der Geschichte der Stadt festgehalten sind: die Nacht vom 28. auf den 29. März 1942.

Bei Vollmond und klarer Sicht nähert sich ein britisches Geschwader mit über zweihundert Maschinen der alten Hansestadt. Kaum dröhnen die Sirenen, da brausen die Bomber auch schon über das Krankenhaus hinweg. Sie fliegen so tief, dass manche Sprengsätze fast waagerecht in die Häuser krachen. »Es splitterten die ersten Scheiben, Bomben schlugen im Garten ein«, berichtet Schwester Elisabeth aus der Entbindungsabteilung. »Ein kalter Wind blies die Kerzen aus, doch der Feuerschein der Nachbarhäuser ließ noch genug erkennen.« Sie rollen die Neugeborenen in ihren Bettchen auf den Flur und decken sie mit Handtüchern gegen die Splitter ab. Dann hieven sie mit der einzigen greifbaren Trage die frisch entbundenen Mütter eine nach der anderen die Kellertreppe hinab. »Still und tapfer saß dort eine junge Frau, die ihr Kindchen noch erwartete, und bedeutete uns immer, erst für die anderen zu sorgen.«

Auch die übrigen Stationen schaffen ihre Patienten durchs Treppenhaus in die Keller. Zwischendurch hastet Schwester Julie hoch auf den Dachboden, um nach Brandbomben zu sehen. Es ist ein Dröhnen und Sausen in der Luft, und auf den Wassern der Wakenitz, die das Krankenhaus von der Altstadt trennt, spiegelt sich das Inferno. Lübeck steht lichterloh in Flammen. Gerade als gegen halb eins die ersten Verletzten eingeliefert werden, zerreißt eine Detonation die Fenster der Operationssäle und hebelt die Türen wie mit Riesenkraft aus den Angeln. Es gibt kein Wasser, kein Licht und kein Gas mehr. Bei Kerzenschein operieren die Ärzte im Flur, erst am nächsten Morgen können sie zurück in die eiskalten Säle. Für Julie und ihre Kolleginnen folgen Stunden höchster Beanspruchung – »Man hätte so gern mehr Hände gehabt.« Erst in der darauffolgenden Nacht finden sie etwas Ruhe, da sie sich alle zwei Stunden ablösen. »Wir mußten standhalten, es kamen ja dauernd Verletzte.« Die Anerkennung durch Ärzte und Angehörige tut ihnen wohl. »Und doch haben wir nur unsere Pflicht getan wie jeder andere auch.«

Zum ersten Mal haben die Briten den Abwurf einer Kombination von Spreng- und Brandbomben flächendeckend über einer Stadt erprobt. 15 000 Menschen haben ihr Zuhause verloren. Es ist der Auftakt zu einer mörderischen Luftoffensive, die binnen dreier Jahre etliche deutsche Städte in Trümmer legen wird. Im amtlichen Wehrmachtsbericht aber heißt es zum Untergang von Lübeck nur: »Die Zivilbevölkerung hatte einige Verluste. Nachtjäger und Artillerie schossen zwölf Bomber ab.«

Zeugen der Zeitgeschichte

Um Feuerwehrleute und kommunale Helfer für die Wehrmacht freizusetzen, werden der Krankentransport und teilweise auch das Rettungswesen Ende 1942 unter dem Dach des DRK zentralisiert. Schon länger hat es nach alleiniger Zuständigkeit für diesen Bereich gestrebt, sie bis Kriegsende aber doch nur begrenzt erhalten oder aber mangels Benzin,

Fahrzeugen und Personal nicht mehr erfüllen können. Auch ein weiterer klassischer Schwerpunkt wird wieder ausgebaut: der Bahnhofsdienst. Vom Knotenpunkt bis zum Provinzbahnhof, überall versorgen Schwestern und Helferinnen hingebungsvoll die durchreisenden Soldaten und Verwundeten mit Erfrischungen. Gefangenentransporte und Deportationszüge dagegen werden ignoriert. Es liegt eine Reihe von Zeugnissen vor, wie die Menschen in den Viehwaggons die Bahnhofshelferinnen um Wasser gebeten haben, halb tot vor Durst und außer sich vor Verzweiflung. »Doch sie blieben unserem Flehen unzugänglich«, heißt es in einem Dokument der Nürnberger Prozesse.

Das Tagebuch Eva von Gadows lässt hingegen erneut ein erhöhtes Maß an Mitgefühl und Selbstreflexion spüren: »Gegen Mittag fährt ein Zug mit viertausend gefangenen Russen ein. Ausgemergelte, trostlose Gestalten. Vier Tage haben sie nichts zu essen bekommen. Ein brennendes Verlangen steigt in mir hoch, diesen Leuten alles zu bringen, was ich habe, und ich fühle Wut in mir, Wut über meine satte, selbstzufriedene Umgebung, Wut gegen mich selbst, die ich zu feige bin, angesichts dieses Elends etwas Verbotenes zu tun.«

Über 400 000 Frauen sind während des Krieges als DRK-Helferinnen im Einsatz. Viele leisten Vorbildliches, vollbringen nach Meinung eines Nachkriegsjournalisten gar »das einzige Wunder jener Zeit, das sich nicht in Ernüchterung auflöste«. Die Gründe für ihr Engagement sind unterschiedlich: Pflichtgefühl, Helferehrgeiz, Nationalstolz, Abenteuerlust. Die einen wollen der dörflichen Enge entkommen, andere einem als nutzlos empfundenen Leben einen Sinn geben. Für Medizinstudentinnen wie Hanna Fischer ist der Dienst als Schwesternhelferin obligatorisch. Sie kommt in ihrer ostpreußischen Heimat zum Einsatz, in Carlshof bei Rastenburg. Die dortige Nervenheilanstalt ist in ein Lazarett mit tausend Betten umgewandelt worden. Es liegt nur drei Kilometer von der sogenannten Wolfsschanze entfernt, in der das Oberkommando des Heeres sein Hauptquartier hat. Nach dem Attentat vom 20. Juli 1944 werden etliche Teilnehmer der Lagebesprechung hier behandelt werden. Zwei Jahre zuvor erlebt Fischer das Lazarett noch als ein fast idyllisches Refugium am Waldrand, obwohl ein Spähpanzer täglich seine Runden dreht und Wachen durchs Dorf patrouillieren.

Eines Tages wird sie überraschend für einen Evakuierungsflug eingeteilt. Ein vornehmer Wagen fährt sie zum Flugplatz, wo Hitlers Maschine auf sie wartet, die, wenn sie nicht benötigt wird, gelegentlich Verwundete nach Königsberg fliegt. Schwester Hanna hat freie Platzwahl: »Hier sitzt sonst der Führer, hier saß Mussolini – machen Sie es sich bequem.« Sie schlüpft in die Pilotenkanzel. Und überfliegt die gesamte Ostfront bis fast zum Schwarzen Meer, der russischen Jäger wegen im Tiefflug. Unter ihr Wälder, Sümpfe, zerstörte Dörfer und Panzer. Am nächsten Morgen übernimmt die Maschine zwanzig Gebirgsjäger aus dem Lazarett von Nikolajew. »Der Rückflug war unruhig, aber ich riss mich zusammen. Als Schwester muss man einsatzfähig bleiben«, erinnert sich die heute 93-Jährige.

Während der Sommerferien 1942 kommt sie im Hinterland von Warschau zum Einsatz. Chirurgische Abteilung, Dienst von sechs Uhr früh bis neun Uhr abends. Zwei Stunden verbringt sie allein mit Fiebermessen, eine weitere mit der Zubereitung der Zwischenmahlzeit: Kommissbrot mit Kunsthonig. Ausflüge unternimmt sie stets nur in Schwesterntracht. »Wir hatten den Rotkreuz-Bonus; die Bewohner entspannten sich, als sie uns sahen.« Zweimal besucht sie das schwer zerstörte Warschau. »In der Straßenbahn saßen die Deutschen vorn, die Polen mussten hinten stehen. Als ob sie Menschen zweiter Klasse wären. Einige Frauen waren elegant geschminkt, was für uns undenkbar war.« Und dann steht sie vor der Mauer des Ghettos. »Ich dachte mir, ich geh da jetzt mal rein. Man wusste, es ist was Schlimmes, Bedrohliches.« In ihrer Tracht betritt sie den Sperrbezirk, sieht elende Gestalten, kranke Kinder. »Ich wollte mit den Leuten reden, wir hätten vielleicht etwas helfen oder ihnen zu essen bringen können, das war ja unsere Aufgabe.« Doch schon nach wenigen Schritten fängt ein Wachposten sie ab. Verstört fährt sie zurück ins Lazarett.

Der Vernichtungskrieg im Osten gehorcht anderen Gesetzen als an den bisherigen Fronten. Verglichen damit verläuft etwa der Afrikafeldzug noch geradezu »gentlemanlike«. Im Osten stehen weder die Soldaten noch das Sanitätspersonal unter dem Schutz der Genfer Konvention. Und die Einsätze erfolgen unter gänzlich unzureichenden, unbarmherzigen Bedingungen. Umso höher sind die Leistungen der Helfer und Helferinnen einzuschätzen, umso unverzeihlicher die millionenfache Opferung von Menschenleben. Die Aufzeichnungen von Hilfsschwester Edith Gehlert gewähren einen Blick in die Abgründe dieser fatalen Unternehmung.

Nach dem Überfall auf die Sowjetunion im Juni 1941 wird sie von der Leipziger Schwesternschaft an die Ostfront abkommandiert. Die Oberin verspricht ihr nach einjährigem Einsatz die vorzeitige Zulassung zum Examen – bis dahin wäre der Krieg längst wieder vorbei. Als Gehlert im Mai 1946 aus der Gefangenschaft zurückkehrt, besteht die Leipziger Schwesternschaft nicht mehr.

Schon ihr erster Toter im Heimatlazarett konfrontiert sie mit der unmenschlichen Sinnlosigkeit des Krieges. Er stirbt an einem entzündeten Mückenstich an der Oberlippe – Penicillin ist in Deutschland nicht erhältlich. Als sollte sie das ganze Panorama des Leidens kennenlernen, wird Schwester Edith dann in Russland immer wieder anderen Abteilungen zugewiesen: Nierenstation, Chirurgie, innere Medizin, einmal auch einem Lazarettzug. Auf der Augenstation in Schitomir hat sie es vor allem mit Granatsplitterverletzungen zu tun. Kleinste Splitter können mit einem Magneten extrahiert werden, doch oft muss der Augapfel entfernt werden. Das Bild der klaffenden Höhle im Schädel verfolgt sie bis in ihre Träume. Die Verwundeten kommen direkt vom Hauptverbandsplatz. Einem Soldaten wurde ein Zettel an die Uniform geheftet: »Weiß bisher nur vom Verlust eines Auges.« Ein anderer hat im Urlaub geheiratet, drei Tage nach seiner Rückkehr an die Front wird er blind ins Lazarett eingeliefert.

Immer wieder werden die Schwestern verlegt, abgezogen und erneut in Marsch gesetzt. Die Lazarette werden meist notdürftig in Verwaltungsgebäuden oder Schulen eingerichtet und sind entsprechend primitiv ausgestattet. Die Quartiere strotzen vor Ungeziefer, und über

Monate hinweg stehen weder Bad noch Toiletten zur Verfügung, nur eine Waschschüssel und eine Latrine hinterm Haus oder ein Maisfeld. Täglich bekommen sie Erbensuppe mit kleinen schwarzen Käfern vorgesetzt. Der große Topf dient gleichzeitig zum Teekochen, zur Desinfektion der Instrumente und zum Waschen der Schürzen. Einmal bereiten sie auch ein seltenes Festmahl darin zu: ein Hühnchen.

Im nächsten Einsatzort ist das Lazarett in einem Kino eingerichtet worden. Zunächst wird Gehlert der Station für Leichtverletzte auf dem ersten Rang zugeteilt. Erst einige Tage später führt der Pathologe sie ins Parkett: »In Zeltplanen gewickelt lagen dort die Toten, stoßweise aufeinander, drei längs, drei quer, der Saal damit gefüllt.« Sie werden nur sporadisch abgeholt, die Gräber müssen gesprengt werden, da der Frost tief ins Erdreich geht. »Welch ein Irrsinn, dieser Krieg.« Aus dem Filzhut ihrer Uniform schneidet sie sich Einlegesohlen für die Schuhe.

In Charkow findet sie zunächst erträglichere Bedingungen vor. Sogar die Oper wird wieder eröffnet, wenn auch nicht beheizt, und so kommt Schwester Edith in den Genuss von Tschaikowskis *Eugen Onegin*. »Einmal wieder Musik hören – unsagbar schön.« Beim Nachtdienst freundet sie sich mit einem jungen Sanitäter an, der sich durch besondere Rührigkeit und Hilfsbereitschaft auszeichnet. Eines Abends wendet er sich mit einem privaten Anliegen an die Schwestern: Er habe im Heimaturlaub ein Mädchen kennengelernt und würde ihm gern schreiben. Er sei aber in diesen Dingen unbeholfen und nach dem Dienst auch zu müde. Ob sie ihm beistehen könnten? Eine reizende Korrespondenz nimmt ihren Lauf. Ob nun die Tugenden des jungen Mannes den Ausschlag geben oder die Einflüsterungen seiner Sekretärinnen – jedenfalls heiraten die beiden per Ferntrauung. Wenige Wochen später wird er nach Stalingrad beordert, und niemand hört je wieder von ihm.

Dann wird Charkow von den Russen eingekesselt. Die Lage scheint derart bedrohlich, dass der Oberarzt das Lazarett zur Übergabe vorbereitet und die Schwestern fragt, ob sie Gefangenschaft oder eine Kugel vorzögen. Edith Gehlert ringt mit sich: »Ein schneller Tod kann doch nicht schwer sein. In russische Gefangenschaft wollte ich nicht gehen.«

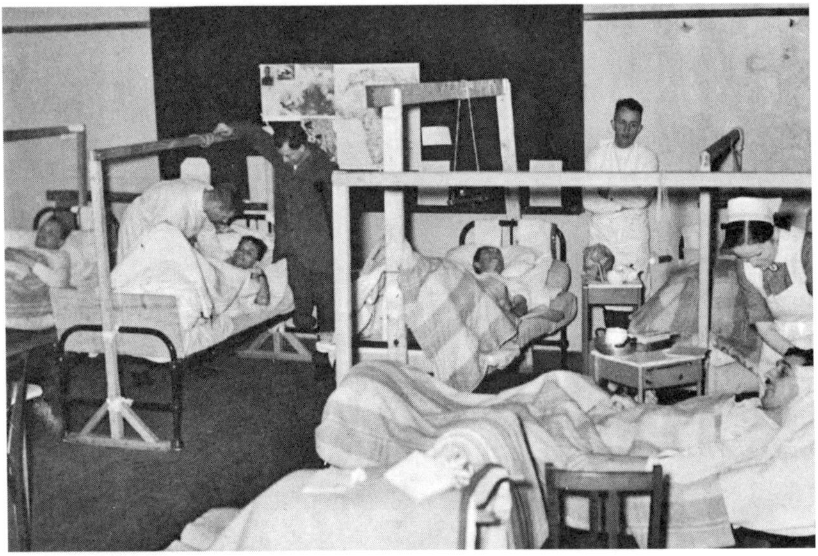

Behelfsmäßiges Lazarett für Soldaten der Wehrmacht in einer Schule im nordfranzösischen Saint-Omer.

In letzter Minute gelingt den Truppen ein Durchbruch, die Schwestern können evakuiert werden. Anfang 1943 verschlägt es sie schließlich nach Stalino (Donezk). Bis zur Einkesselung von Stalingrad war es dessen wichtigste Nachschubbasis gewesen. Mit der letzten Maschine sind von dort gut vierzig Verwundete gekommen. Darunter ein Arzt, dessen Oberschenkel und Gesäß von Granatsplittern zerfetzt und, wie sich herausstellt, böse infiziert sind. »Gasbrand«, dämmert es ihm. »Hätte ich das gewußt, hätte ich den Platz im Flugzeug einem anderen gegönnt.« Sein Leben endet noch auf dem Operationstisch.

In den Räumen des Lazaretts türmen sich Berge von Weihnachtspäckchen für die 6. Armee, eine riesige Streitmacht, größer als die gesamte heutige Bundeswehr. Eine Zustellung ist nicht mehr möglich; die Armee wird fast komplett aufgerieben. Über mehrere Tage hinweg packen Schwestern und Pfleger all die herrenlosen Geschenke aus und verteilen Christstollen, Wollsocken und Weihnachtsplätzchen an ihre Verwundeten. Die beiliegenden Briefe verbrennen sie.

Anfang des Jahres 1943 kann der Neubau des DRK-Präsidiums in Potsdam-Babelsberg bezogen werden: ein wuchtiger, zweihundert Meter langer Gebäuderiegel, aber doch im Vergleich zu reinen Propagandabauten nicht übermäßig monumental, eher zweckgerichtet und ästhetisch langweilig. Architekt ist Norbert Demmel, Leiter der Bauabteilung im Präsidium, Parteimitglied der ersten Stunde und SS-Sturmbannführer. Schon im Kaiserreich war hier vor den Toren Berlins das Zentraldepot des Roten Kreuzes entstanden, mit Werkstätten, Bekleidungs- und Vorratslagern. Mit Blick auf die Mobilmachung ist es seit Mitte der dreißiger Jahre »für stoßweise auftretenden Bedarf« ausgebaut und um eine große Fahrzeughalle für das mobile Bereitschaftslazarett erweitert worden. Auch die Sanitätsabteilungen der SA und der SS decken sich hier ein. Gleichzeitig hat sich gegenüber die Filmstadt der Ufa als deutsches Hollywood immer weiter ausgebreitet.

Mit dem Neubau des Präsidiums in Babelsberg bringt das DRK seine gestiegene Bedeutung im NS-Staat zum Ausdruck. Zu Hitlers Geburtstag wird geflaggt.

Nur der Auslandsdienst, der die Verbindung zum Genfer Komitee und den Rotkreuzgesellschaften in aller Welt hält und auch die Kriegsgefangenenpost betreut, firmiert ab 1943 unter einer ganz anderen Adresse: im bayerischen Kloster Ettal. Denkbar fern von Berlin, mögen hier eher gewisse Spielräume für die prekäre Auslandsarbeit gegeben sein. Um einer Auflösung vorzubeugen, hat das einst mächtige Kloster eine wilde Mischung aus Untermietern aufgenommen. Es beherbergt die Schätze der Staatsgemäldesammlung, französische Kriegsgefangene und Hamburger Schulmädchen, das Konstruktionsbüro des Rüstungskonzerns Messerschmitt und die beiden Söhne des Widerstandskämpfers Hans von Dohnanyi. Die ominöse Schwester Pia, der Adolf Hitler seit 1920 eng verbunden ist, lebt ebenso im Kloster wie Pater Rupert Mayer, ein prominenter katholischer Regimegegner, der unter Hausarrest steht. So halten die geschickten Patres sich möglichst viele Optionen offen. Sie haben Verbindung zum militärischen Nachrichtendienst und zur nahen Wehrmachtsakademie, bieten aber auch neunzig Bessarabiendeutschen vorübergehend Asyl, die schließlich ins westliche Polen umgesiedelt werden. Zu dieser illustren Notgemeinschaft stoßen nun auch noch sechzig Mitarbeiter des Roten Kreuzes. Sie erhalten einen privilegierten Platz direkt im Konvent. Und das, obwohl es außer Walter Georg Hartmann und seinem Stellvertreter allesamt Frauen sind. Später wird das angeschlossene Internat zum Lazarett umfunktioniert, und ein großes rotes Kreuz prangt auf dem Dach.

Das DRK gerät zu dieser Zeit immer stärker unter den Einfluss der Partei. So verfügt der Landesverband Bayern den Ausschluss aller Geistlichen – ausgerechnet unter Berufung auf die Neutralität des Roten Kreuzes. Der wahre Grund ist der verschärfte Kampf der Nationalsozialisten gegen die Kirchen. Es ist die Zeit der Euthanasie-Aktionen, gegen die zumindest einzelne Kirchenleute Protest erheben. Männer von beeindruckender Integrität: Clemens August Graf von Galen, Konrad Graf von Preysing, Eugen Gerstenmeier, Dietrich Bonhoeffer. Auch in der Wehrmacht treten einige Aufrechte in Erscheinung, im Auswärtigen Amt findet sich eine so singuläre Gestalt wie Ulrich von Hassell, ein einstiger Weggefährte Winterfeldts. Die Johanniterritter beteiligen sich sogar in großer Zahl am Widerstand, was mehr als ein Dutzend von ihnen mit dem Leben bezahlen muss. Es ist bedauerlich, dass aus den Reihen des Roten Kreuzes niemand hervorgetreten ist, der auch nur annähernd solches Format besessen hätte. Schon einige wenige Stimmen hätten den Neubeginn nach Ende der NS-Zeit um vieles erleichtert.

Stattdessen bekleiden reihenweise Männer Führungspositionen, die als Kriegsverbrecher und Vernichtungsmediziner in die Geschichte eingehen werden: Ernst Robert Grawitz, Karl Gebhardt, Kurt Heißmeyer, Ludwig Stumpfegger, Fritz Fischer, Walther Schultze. Den Landesstellen stehen prominente NS-Funktionäre vor, die den höchsten Dienstrang, den des Generalhauptführers, innehaben. Alfred Mayer ist eine der treibenden Kräfte der Wannseekonferenz, Viktor Böttcher betreibt die »Ausmerzung der polnischen Kultur und Sprache« im Warthegau, Jonathan Schmid ist mitverantwortlich für die Deportierung der französischen Juden, Karl Fritsch organisiert die Euthanasie in Sachsen. Oswald Pohl, nach Grawitz der zweitmächtigste Mann im DRK, lässt den ermordeten KZ-Opfern die Goldplomben ausbrechen und kistenweise in die Reichsbank schaffen. Sie begehen diese Gräueltaten zwar nicht im Rahmen ihrer Funktion im Roten Kreuz, doch allein ihre langjährige Führungstätigkeit dort bleibt eine ewige Schande und zeigt die ganze Problematik einer Hilfsorganisation, die auf Gedeih und Verderb an staatliche Organe gebunden ist und möglichst hohe Funktionsträger zu rekrutieren sucht. Wo Unmenschlichkeit System ist, kann niemand zugleich der Macht und der Menschlichkeit dienen.

Kein Ort verkörpert Aufstieg und Fall des Deutschen Rotes Kreuzes so eindringlich wie die Heilstätten von Hohenlychen. 1902 gegründet, erlangte das Lungensanatorium in der Uckermark bald einen legendären Ruf als eine Art Zauberberg der Tiefebene. Mit »Heliotherapie« und »klimatischem Reizstoß«, »Bier'scher Stauungsmethode« und »Brettschneider'scher Wechselatmung« rückte man der Tuberkulose erfolgreich zu Leibe. Wann immer Großspenden eingingen, wurde die

Anlage erweitert, bis sie schließlich zwanzig Hektar und fünfzig Gebäude umfasste. Halb Waldhäuser und halb Seebädervillen, thronten sie am Hochufer über dem Zenssee. In den zwanziger Jahren leistete man hier Pionierarbeit bei Entziehungskuren für Rauschgiftsüchtige und in der Ausbildung von Blindenführhunden; auch eine Schwesternschule und ein Kinderheim gehörten dazu.

Als die Zahl der Tuberkulosepatienten dann zurückging, spezialisierten sich die Heilstätten in den dreißiger Jahren auf Sport- und Arbeitsverletzungen und bereiteten auch deutsche Athleten auf Olympia vor. Ob Speer, Himmler oder Rosenberg, bei der Politprominenz gehört es seither fast zum guten Ton, sich hier behandeln zu lassen. Auch Hitler und Heß besuchen das Sanatorium und scherzen vor laufenden Kameras mit den Schwestern. Wer es sich leisten kann, kommt vom Berliner Wannsee aus im Wasserflugzeug angerauscht.

Nachdem einige jüdische Ärzte ungeachtet ihrer langjährigen Verdienste entlassen worden sind, machen SA- und SS-Mediziner steile Karrieren; während des Krieges dienen Teile der Anlage dann als Lazarett für die SS und die Wehrmacht. Traurige Berühmtheit erlangt jene Abteilung, die Klinikleiter Karl Gebhardt als eine Art Privatstation für mörderische Menschenversuche betreibt. Sie werden teils in Ravensbrück, teils direkt in Hohenlychen durchgeführt. Leitende Mediziner wie er können hier dank ihrer Doppelfunktion als SS- und DRK-Ärzte nach Belieben schalten und walten. Einige von ihnen sind später in den Nürnberger Ärzteprozessen zum Tode oder zu lebenslanger Haft verurteilt worden. Andere aber haben unbehelligt in beiden deutschen Staaten weiter praktiziert.

Die vielfältigen Verflechtungen des DRK mit dem nationalsozialistischen Machtapparat sind mittlerweile wissenschaftlich gründlich untersucht. Doch die ganze Perfidie der Verschmelzung von Rotem Kreuz und Totenkopf, von Helfern und Henkern, ist vielleicht bis heute nicht wirklich erfasst worden. Als oberster SS-Arzt ist Grawitz der Chef von Mengele, Clauberg, Heim, Neumann und all der anderen Lagerärzte.

Und zugleich ist er geschäftsführender Präsident des Deutschen Roten Kreuzes. Niemand anderes als er hat Himmler den Einsatz von Gaskammern empfohlen und die Selektionen in den Konzentrationslagern angeordnet. Grawitz ist der eigentliche Schrittmacher der »Medizin ohne Menschlichkeit«, wie Alexander Mitscherlich seine berühmte Dokumentation überschrieb. Da die SS die Erlaubnis hat, für ihre Sanitätseinheiten das Rotkreuzemblem zu führen, nimmt auch niemand Anstoß daran, dass auf jenen berüchtigten Gaswagen, in denen Hunderttausende von Menschen umgebracht werden, ein riesiges rotes Kreuz prangt. Diese Wagen sind entwickelt worden, weil die Massenerschießungen die Hinrichtungskommandos seelisch belasten. Sogar ein Mann wie Erich von dem Bach-Zelewski, der selbst innerhalb der SS als besonders grausam gilt, muss sich nach einem Nervenzusammenbruch im März 1942 in Hohenlychen in Behandlung begeben. Monatelang haben er und seine Schergen in Russland Gräueltaten an der Zivilbevölkerung verübt. Nun leidet er an »Vorstellungen in Zusammenhang mit den von ihm geleiteten Judenerschießungen«. So berichtet es Grawitz, der ihn persönlich behandelt und Himmler alle paar Tage das Bulletin durchgeben muss. Die Therapie schlägt derart gut an, dass der General bald wieder einsatzbereit ist und sich umgehend bei der Niederschlagung des Aufstands im Warschauer Ghetto hervortut. Zur gleichen Zeit verweigert das von Grawitz geführte Deutsche Rote Kreuz kategorisch jede Auskunft über die deportierten Juden. Man wisse nichts und sei auch nicht zuständig. Von weiteren Anfragen sei abzusehen, »um nicht durch Befassung des Roten Kreuzes mit Judenangelegenheiten dessen eigene Aufgaben herabzuwürdigen«.

Aufgrund solcher Zusammenhänge kommt die jüngst erschienene monumentale Enzyklopädie der Medizingeschichte zu dem Urteil: »Das Rote Kreuz war tief ins nationalsozialistische Unrechtssystem verstrickt und im Grunde eine straff durchorganisierte Unterorganisation der SS.« Dass die systematische Durchdringung mit SS-Führern die Militarisierung der Hilfsorganisation vorantreiben soll, ist offenkundig. Doch umgekehrt soll sie auch eine »Humanisierung« der SS be-

Im Park der berühmten Heilstätten von Hohenlychen trainieren Kriegsinvaliden 1941 mit Beinprothesen.

wirken, indem sie als Alibi, als Tarnorganisation für deren Untaten dient. Wer würde schon hochrangige Vertreter des Deutschen Roten Kreuzes des Massenmords bezichtigen?

Ein solcher Fall betrifft auch den Leiter des Lungensanatoriums von Hohenlychen, Kurt Heißmeyer. Für seine Habilitation infiziert er über hundert Kriegsgefangene mit Tuberkulose. Ende 1944 fordert er über den DRK-Generalhauptführer und SS-General Oswald Pohl zusätzlich zwanzig Kinder aus Auschwitz an. Im Lager Neuengamme werden sie mit Bakterien infiziert und mit medizinischen Experimenten gequält. Zwei Wochen vor Ende des Krieges erhängen die SS-Ärzte sie in einer Hamburger Schule, zusammen mit vier Betreuern und zwanzig weiteren Gefangenen. Nach einem von Heißmeyers Opfern, der damals elfjährigen Bluma Mekler, ist heute ein Kindergarten des Roten Kreuzes in Hamburg benannt. Zu DDR-Zeiten betreiben die Russen Hohenlychen dann als Militärhospital. In unmittelbarer Nähe lagern sie Atomsprengköpfe. Nach der Wiedervereinigung stellt das Deutsche Rote Kreuz einen Antrag auf Rückgabe, der jedoch unter Verweis auf die sowjetische Enteignung abgelehnt wird. Das Land Brandenburg spekuliert auf einen potenten Investor – und bekommt Hohenlychen zwanzig Jahre lang nicht verkauft. Mit dem Ergebnis, dass die Anlage, welche die Russen in passablem Zustand übergeben haben, heute nur mehr eine Ruine ist. Auf den Fluren türmen sich Schutt, Scherben und Laub. Moos polstert die Fliesen der Operationssäle, im Winter hängen dicke Eiszapfen von den Zimmerdecken. Der aufgeplatzte Lack überzieht Türen und Wände wie Wundschorf, die Dächer sind geborsten, die Fenster mit Plastik notdürftig abgedeckt. Einst eines der Flaggschiffe des deutschen Gesundheitswesens, hat man Hohenlychen, wie der polnische Literat Andrzej Stasiuk es in Worte fasst, »der Zeit zum Fraß vorgeworfen«.

»Schon wieder Schokolade«

Den traurigen Tiefpunkt in der Geschichte des Roten Kreuzes, ein Anti-Castiglione, bildet seine weitgehende Taten- und Wirkungslosigkeit angesichts der Vernichtung der europäischen Juden. Rein formal ist es zu keinem Beistand verpflichtet, da die Regierungen trotz jahrzehntelanger Bestrebungen bis Kriegsbeginn kein Abkommen zum Schutz der Zivilbevölkerung zustande gebracht haben. Dennoch bleibt festzustellen, dass die größte humanitäre Organisation der Welt inmitten der größten humanitären Katastrophe der Welt versagt hat. Die Gründe dafür sind nicht ohne Weiteres auszumachen. Eine Rolle spielt sicher die Angst vor einer Besetzung der Schweiz. Im Juni 1940 endet die deutsche Frankreich-Offensive erst vor den Toren Genfs, seither ist das Land von faschistischen Staaten umzingelt. Doch es bleibt unversehrt, und die Organe des Roten Kreuzes können ihre Arbeit ungestört fortführen. Wenn heute von Kriegsschäden an der Kathedrale die Rede ist, bezieht sich das auf das Jahr 1291.

Ein zweiter Grund ist die systematische Desinformation durch die deutschen Behörden und das DRK. Im Dezember 1939 teilt Hartmann dem Komitee mit, dass die Deportationen eingestellt worden seien. Einige Monate später fordert er es dann auf, keine Anfragen zu den Konzentrationslagern mehr zu stellen. Zuvor hat Eichmann erklärt, dass derartige Auskünfte »eine nicht mehr zu rechtfertigende Belastung« der Behörden darstellten. Weder die Vertreibung der Juden noch die Deportationen sind als solche ein Geheimnis. Immerhin residiert die Berliner Delegation des Komitees selbst in einer Wilmersdorfer Villa, deren jüdische Eigentümer außer Landes fliehen mussten. Und von Chicago bis Schanghai korrespondieren Zehntausende emigrierter Juden über das Rote Kreuz mit ihren in Deutschland zurückgebliebenen Verwandten. Es hätte auffallen können, dass deren Wohnsitze sich nach dem immergleichen Muster ändern, bis sie schließlich als »unbekannt verzogen« gemeldet werden. Im April 1943 berichtet die Berliner Dependance: »Es gibt keine Spur von den 10 000 Juden, die Berlin zwischen dem 28.2. und dem 3.3. verlassen haben. Man nimmt an, dass sie heute tot sind.« Viel Beachtung schenkt man ihren Mitteilungen in Genf jedoch nicht, und auch den späteren Bericht über Theresienstadt bekommen lediglich drei Herren zu lesen.

Obwohl Hartmann 1943 brieflich versichert, dass »die Versorgung in den Lagern als vollkommen ausreichend bezeichnet wird«, schickt das Komitee von nun an in großem Stil Pakete in die Konzentrationslager. Sie wiegen zwei bis drei Kilogramm und enthalten Kekse, Suppenwürfel, Dosengulasch und Marmelade. Da das Rote Kreuz jedoch keinen Zutritt zu den Lagern hat, hat es auch keine Möglichkeit, den Verbleib der Pakete festzustellen, geschweige denn den der Empfänger. Gleichwohl werden die Pakete von allen Beteiligten als Erfolg angesehen. Für die Empfänger bedeuten sie eine wertvolle Aufbesserung ihrer Hungerrationen. Für die SS entlasten sie die Kassen. Und das Internationale Komitee muss sich nicht länger Untätigkeit vorwerfen lassen.

Von allen relevanten Institutionen ist das Rote Kreuz noch mit am besten über die Verbrechen an den Juden informiert. Viele Quellen strömen hier zusammen: Berichte entflohener Häftlinge, aus den Lagern geschmuggelte Kassiber, Briefe von Angehörigen, zahllose Zeitungsartikel aus aller Welt und die Zeugnisse mutiger Zeitgenossen. All diesen Quellen zum Trotz beharrt das Komitee darauf, es könne nur Berichten seiner eigenen Delegierten vertrauen. Wie es jedoch um deren Urteilsvermögen bestellt ist, zeigt sich bei den beiden Inspektionen in Theresienstadt. Es kostet Überwindung, die unbedarften und fehlgeleiteten Berichte der Delegierten heute zu lesen. Deshalb sei hier eine verlässlichere Zeugin zitiert. Knapp drei Jahre lang arbeitet Resi Weglein als Krankenschwester im Lager. Die Jüdin aus Ulm wird einer kleinen Station zugeteilt, doch im Grunde erweist sich ganz Theresienstadt als »ein großes Lazarett. Soviele Sieche und Krüppel hat wohl nicht ein Ort der Erde auf einmal aufweisen können«, schreibt sie in ihren Erinnerungen. Allein an chronischen Durchfällen sterben bis zu 5000 Menschen im Jahr, doch monatelang erhalten die Insassen nicht einmal Klopapier. Da eine solch hinfällige Bewohnerschaft in hoffnungslos übervölkerten Quartieren jedoch einen ungünstigen Eindruck auf die Rotkreuzdelegation machen könnte, werden kurz vor deren Ankunft 7500 Menschen nach Auschwitz geschafft.

Der Kontrollbesuch gilt vornehmlich einer Gruppe von Juden aus Dänemark, für welche die Regierung des besetzen Landes, angefangen beim König, sich beharrlich einsetzt. Genau für solche Fälle ist das »Vorzeigeghetto« angelegt worden. Nach einer Vorinspektion durch Hartmann verordnet die SS Theresienstadt eine wochenlange »Verschönerungsaktion«. In Akkordarbeit müssen die Häftlinge die Wände streichen, die schadhaften Dächer decken und die Gehsteige waschen. Ein Musikpavillon, eine Kurpromenade mit Bänken und sogar eine Synagoge werden errichtet, wenn auch nie benutzt. Für die angebliche Schule genügen ein paar Lettern über der Tür eines Krankenhauses, da der Termin bewusst in die Ferien gelegt worden ist. So fällt es auch nicht auf, dass die Insassen kaum über Winterkleidung verfügen, dass viele Räume keine Fensterscheiben haben und manche nicht einmal Öfen. Der Parcours, den die Delegation zu absolvieren hat, wird so minuziös geprobt wie eine Theaterpremiere. Für die Dauer des Besuchs braucht den Aufsehern kein Hitlergruß entboten zu werden. »Das Beste für uns war – wir bekamen doppelte Ration. Die Kinder durften für diese zwei Tage den Spielplatz benutzen«, erinnert sich Resi Weglein.

Dann erscheint die Kommission: je ein Abgesandter des gleichgeschalteten Dänischen Roten Kreuzes, des DRK und des Internationalen Komitees. Dazu ein Vertreter des dänischen »Außenministeriums« und ein ganzer Pulk von SS-Leuten und Offiziellen. Wie erwartet ist es ein herrlicher Sommertag; selbst das Wetter betreibt Propaganda. Damit sich möglichst wenige persönliche Begegnungen ergeben, werden die Delegierten in Autos herumchauffiert. »Unser Erstaunen war groß, im Ghetto eine Stadt zu finden, die fast ein normales Leben führt«, resümiert der Vertreter des Komitees. Mit den Gefangenen dürfen sie nicht sprechen.

Nur wohlgenährte Insassen haben Ausgang bekommen; in einer ausschließlich für diesen Tag eröffneten Bäckerei geben die Verkäuferinnen das Brot mit weißen Handschuhen aus. »Wir konnten uns davon

»Inszenierte Idylle«: Im KZ Theresienstadt lässt sich die Delegation des Internationalen Komitees noch 1944 von der Propaganda der SS blenden.

überzeugen, dass die Bevölkerung nicht an Unterernährung leidet«, heißt es im Bericht des Genfer Delegierten. Während Resi Weglein in ihren Aufzeichnungen wieder und wieder den nagenden Hunger beschreibt, an dem Menschen reihenweise sterben. Die Delegation lässt sich komplett hinters Licht führen. Kaum ist sie zum Tor hinaus, werden die Essensrationen vierzehn Tage lang gekürzt. So dass laut Weglein »allgemein der Ruf ertönte: Nie wieder Kommission!« Das Naziregime aber triumphiert – hat eine der maßgeblichen humanitären Organisationen der Welt ihm doch eine Art Blankoschein ausgestellt.

Noch fataler gerät die zweite Inspektion, die unmittelbar vor Kriegsende im April 1945 stattfindet. Wieder geht ihr eine »Verschönerungsaktion« voraus – und die Deportation von 18 000 Menschen in die Vernichtungslager. »Man sah, dass es darauf ankam, möglichst die ganze Prominenz und Intelligenz auszurotten«, erinnert sich Resi Weglein. Im Report der beiden Genfer Delegierten liest sich der Sachverhalt etwas anders: »Vor sechs Monaten wurden 10 000 Juden in die Lager des Ostens versetzt, um dort beim Aufbau und der Verwaltung von neuen Lagern tätig zu sein.« Eichmann persönlich hat die Besucher tags zuvor instruiert, »dass die Juden in Theresienstadt viel besser gestellt seien als viele Volksdeutsche«. Dann müssen die Gefangenen erneut eine Schmierentragödie aufführen. Resi Weglein: »Die Kinder hatte man vorher gut dressiert. Sie mußten bei der Besichtigung auf unseren Kommandanten Rahm zugehen und rufen: ›Spiel doch mit uns, Onkel Rahm!‹ Dann bekamen sie Ölsardinen und Schokolade, und hier erschallte der eingetrichterte Ruf: ›Schon wieder Ölsardinen, schon wieder Schokolade!‹«

Auch dass sich im Vorratslager Tausende von Rotkreuzpaketen stapeln, an Menschen adressiert, die nicht mehr existieren, scheint die beiden Delegierten nicht irritiert zu haben. Ihr offizieller Bericht klingt derart begeistert, als hätte Goebbels ihn diktiert. Im Vergleich zu 1944 »sind einige bauliche Veränderungen angebracht worden, so daß das Stadtbild einen noch freundlicheren Eindruck bietet. Es herrscht eine Art Edelkommunismus. In sozialer Hinsicht ist Theresienstadt sicher den meisten europäischen Städten weit voraus.« Abschließend empfehlen sie dem Komitee einen kürzlich hier gedrehten Film: »Es ist eine Art von Dokumentarfilm, natürlich mit leicht propagandistischem Einschlag.« Dieser Streifen gilt heute allgemein als eines der schlimmsten Machwerke der Nazipropaganda. Es ist unbegreiflich, wie jemand noch im April 1945 derart verblendet urteilen konnte – erst recht die angeblich so hochstehenden und wohlinformierten Delegierten des Internationalen Komitees vom Roten Kreuz.

Von 1942 an hat das Genfer Büro des Jüdischen Weltkongresses das Komitee »Dutzende und Dutzende von Malen« um Hilfe gebeten. Sie ist stets mit der Begründung abgeschlagen worden, dass das Mandat des Roten Kreuzes sich nicht auf Zivilinternierte erstrecke und dass ein Eintreten für jüdische Häftlinge »die guten Beziehungen zu den zuständigen Kreisen in Deutschland« gefährden würde und damit auch vorrangige Aufgaben wie die Betreuung der Kriegsgefangenen. Deren Zahl wächst immer weiter an, seit Hitler 1941 binnen eines halben Jahres erst der Sowjetunion und dann den Vereinigten Staaten den Krieg erklärt hat. Parallel dazu werden die Beiträge in den deutschen Rotkreuzmedien schriller und heuchlerischer. So zeigt etwa ein Bericht über »Sowjetsoldaten in deutscher Heilfürsorge«, wie gleich fünf Sanitätsoffiziere einen gefangenen Russen untersuchen. »Dieses Bilddokument beweist der Weltöffentlichkeit, wie sorgsam Deutschland die Genfer Konvention durchführt.« Dabei gelangt die Konvention gegenüber der Sowjetunion gar nicht zur Anwendung, weil beide Regime sich nicht völkerrechtlich binden wollten – ein Grund, warum mehr als die Hälfte der gut fünf Millionen sowjetischer Soldaten in deutschem Gewahrsam ums Leben kommen. Ihre Dezimierung ist von Anfang an Programm. Auch den 250 Ärzten und Schwestern des Schweizerischen Roten Kreuzes, die an der Ostfront zum Einsatz kommen, wird strikt untersagt, sich um die russischen Gefangenen zu kümmern.

Aus dem gleichen Grund stehen die drei Millionen deutschen Internierten in Russland nicht unter dem Schutz der Konvention. Was ein Drittel von ihnen mit dem Leben bezahlen wird und die Übrigen mit bis zu zwölf Jahren grausamer Gefangenschaft. Gegenüber den Westalliierten besitzen die Genfer und Haager Abkommen dagegen prinzipiell Geltung. Wenn sie auch von beiden Seiten längst nicht immer eingehalten werden, gewähren sie den Gefangenen doch ein Mindestmaß an Sicherheit. Um die Unruhe in der Bevölkerung zu dämpfen, gibt das DRK ab März 1944 *Mitteilungen für die Angehörigen deutscher Kriegsgefangener* heraus. Ernst Robert Grawitz schreibt ein markiges Grußwort dazu: »Unsere Kameraden werden nach dem Sieg, der diesen Kampf krönen wird, freudigen Herzens heimkehren.« Die Beschreibungen der amerikanischen Lager lesen sich wie aus einem Prospekt für Sommerfrischler. Oklahoma erinnert an die Oberpfalz, Ohio an die Märkische Heide. Kansas wartet mit einer fruchtbaren Hochebene auf, Texas mit fruchtbarem Flachland. Louisiana zeichnet sich durch ein günstiges, Colorado gar durch ein ausgezeichnetes Klima aus. »Wünschen nach Schwarzbrot oder mehr Gemüse wird nach Möglichkeit entsprochen.« Und ein Formblatt für Ferntrauungen steht auch zur Verfügung. Überhaupt nicht schlimm, so eine kleine Kriegsgefangenschaft. Zumal ja der Führer über das Rote Kreuz jedes Jahr Weihnachtspäckchen sendet, bestückt mit Lebkuchen, Tomatenmark, Zahnpasta, Spielkarten und Mundharmonikas. Ein bescheidener, praktisch denkender Mann, der auch die Schmuckkarte nicht vergisst. Seine Soldaten in Camp Brady revanchieren sich mit Geburtstagsgrüßen via Genf, »beseelt von dem Wunsche, daß Sie der Heimat noch lange erhalten bleiben mögen«. Woraufhin der Empfänger seinerseits das Rote Kreuz bittet, seinen Dank zu übermitteln.

In der Kriegsgefangenenfürsorge arbeitet damals auch Elisabeth von Thadden, eine der wenigen aus den Reihen des Widerstands, die in näherer Verbindung zum Roten Kreuz stehen. Als Sozialpädagogin ist sie durch die Schule Alice Salomons geprägt. Während des Krieges arbeitet sie über zwei Jahre hinweg in untergeordneter Funktion im DRK-Präsidium, bevor sie als Helferin einem Soldatenheim in Frankreich zugeteilt wird. 1944 wird sie verhaftet und ihrer regimekritischen

Haltung wegen hingerichtet. In den Annalen des Roten Kreuzes taucht sie nicht auf. Hat sie doch wenig schmeichelhafte Interna berichtet: Die Poststelle des Präsidiums habe ganze Stapel von Kriegsgefangenenbriefen aus Stalingrad der Gestapo übergeben. Mit allen Mitteln versucht das Regime zu verhindern, dass die Bevölkerung die Wahrheit erfährt.

Charlotte Piehler führt zu dieser Zeit ein solches Soldatenheim an der normannischen Küste östlich von Cherbourg. Einen kleinen, abgelegenen Stützpunkt am Atlantikwall, für den allein in Frankreich fast 300 000 Mann eingesetzt und Tausende von Bunkern, Barrikaden und Geschützständen errichtet werden. Die gebürtige Dresdenerin hat als Hilfsschwester bereits am Ersten Weltkrieg teilgenommen. Nun stellt sie sich dem Roten Kreuz erneut zur Verfügung, erfüllt »von den hohen Idealen dieser vielseitigen überstaatlichen Organisation«. An der sie gerade die »Mitarbeit auf überparteilicher Grundlage« schätzt. Freilich sei das ehrenamtliche Engagement spätestens mit dem Führungswechsel und dem Rotkreuzgesetz von 1937 zum »freiwilligen Zwang« mutiert

Kurz nach dem Überfall auf die Sowjetunion sind diese russischen Soldaten im Juli 1941 in deutsche Kriegsgefangenschaft geraten.

und das Rote Kreuz so zum »angegliederten Verband der NSDAP«. Auch wenn sie sich also durchaus freimütig äußert – die Besetzung Frankreichs stellt sie zu keiner Zeit infrage. Sie will auch nicht wissen, was aus dem Arzt geworden ist, dessen beschlagnahmte Villa nun als Soldatenheim dient. Täglich bewirtet sie dort bis zu hundert Gäste aller Truppengattungen: Infanterie, Pioniere, Luftnachrichten, Flak, Artillerie, Marine, Sanitätspersonal, Kraftfahrer, dazu Bautrupps und Arbeitsdienst. Neben dem Restaurant und dem palmenbestandenen Garten stehen ihnen auch ein Lese- und ein Spielezimmer zur Verfügung. Im Allgemeinen benehmen die Männer sich gesittet. »Trotzdem ließ es sich nicht vermeiden, in einzelnen Fällen zur Bändigung von angetrunkenen Krakeelern die Hilfe des Heeresstreifendienstes in Anspruch zu nehmen. Das war schon erforderlich zur Wahrung des Niveaus unserer Einrichtung in den Augen der Zivilbevölkerung.« Manierlicher geht es zu, wenn im Rahmen der Truppenbetreuung eine Künstlergruppe gastiert. Einem »Damentrio« würde Piehler sich am liebsten anschließen, übt sie sich doch selbst in Kleinkunst und Gitarrenspiel.

Mehrfach müssen die Mitarbeiter in den Splittergräben im Garten Schutz suchen. Bei einer der wöchentlichen Kaffeestunden der Kommandeure nehmen Tiefflieger das Heim unter Feuer – die lange Reihe von Kraftwagen ist der britischen Aufklärung nicht entgangen. Danach kündigt das französische Personal *en masse*. Eine schwierige Situation, denn in dem fünfzig Kilometer breiten Sperrgebiet sind Hilfskräfte rar. Überhaupt muss Piehler sich mit allerhand Problemen herumschlagen, mit Stromausfällen und Trinkwassermangel, mit Mäuseplage und Partisanengefahr. Dennoch genießt sie ihre Mission und gibt sich, wann immer sie kann, dem elegischen Blick auf den Ärmelkanal hin »und dem geheimnisvollen Rauschen des Meeres. Man könnte vergessen, daß Krieg ist.«

Mitte Mai 1944 kündigt sich überraschend der Oberbefehlshaber der Heeresgruppe B und Inspekteur des Atlantikwalls an, Erwin Rommel. Ausgerechnet am Ruhetag, als das Personal Ausgang hat. Aufgeregt lässt Piehler die beste Tischwäsche auflegen und die Gläser blank polieren. Rund dreißig hohe Militärs rücken an, gefolgt von einem Tross aus Fahrern, Ordonnanzen, Film- und Bildberichterstattern. Zu Mittag wünscht der Generalfeldmarschall Erbsensuppe mit reichlich Speck; danach steht eine Lagebesprechung im Garten an. Die Vögel zwitschern, die Rosenbüsche blühen – »Es war ein Bild des Friedens.«

Drei Wochen später bricht die Hölle los. Am 6. Juni landen die Alliierten in der Normandie, und das Heim gerät mitten in die Kampfzone. Die ersten Schlauchboote erreichen den Strand, Lastensegler und Fallschirmtruppen landen im Hinterland. Tags darauf werden Charlotte Piehler und ihre Kolleginnen ins Festungslazarett Cherbourg abkommandiert. Blitzartig schlägt die bisher fast familiäre Atmosphäre um. »Die Ärzte operierten an vier Tischen Tag und Nacht, ohne des Ansturms Herr werden zu können.« Aus Platzmangel schlafen die Schwestern in den Krankenräumen, nur durch vorgespannte Decken von den Verwundeten getrennt. Ohnehin müssen sie mit drei Stunden Nachtruhe auskommen. Als sie bei einem Fliegerangriff in Deckung geht, zieht sich Piehler eine Knieverletzung zu. Das Bein bis zum Oberschenkel im Gips, wird sie zwei Wochen später ins Reichsgebiet zurückverlegt. Die Front folgt ihr bald nach.

Weltuntergang auf Wangerooge

In der Endphase des Krieges gibt die politische Führung das eigene Volk der Vernichtung preis. Ein ganzes Land befindet sich im freien Fall. Das Rote Kreuz ist eine der wenigen Organisationen, die selbst im Chaos noch halbwegs funktionieren und später den Übergang in die Besatzungszeit bewerkstelligen helfen. Freilich ist im »Kampfgebiet Heimat« kaum mehr Benzin für die Rettungswagen aufzutreiben, so dass vielerorts ausrangierte Fuhrwerke oder Möbelwagen zum Einsatz kommen. Skier und Bergstiefel mussten längst für die Front hergegeben werden, Blutkonserven bleiben Soldaten vorbehalten. Die Arbeit, die während dieser Wochen geleistet wird – eine bittere, riskante, nicht enden wollende Arbeit –, ist bis heute wenig dokumentiert. Zwei Beispiele sollen zumindest eine Ahnung von den Dimensionen des Zusammenbruchs geben. Während Köln und Aachen schon in Trümmern liegen, ist das idyllische Eifelstädtchen Schleiden bis Herbst 1944 von Kriegseinwirkungen verschont geblieben. Dann aber wird es durch die Ardennenoffensive zum Kampfgebiet. Die Höhen der Eifel werden geräumt, die Flüchtlingstrecks mischen sich mit zurückflutenden Truppen. Amerikanische Jagdflugzeuge nehmen sie unter Feuer, hinzu kommen deutsche V1-Raketen, die, aus der Ferne abgeschossen, keinen Unterschied zwischen Freund und Feind kennen. Werner Rosen, zwanzig Jahre jung und Fahrer eines Sanitätskraftwagens, kommt während dieser Tage kaum zur Ruhe. Die Notrufe überschlagen sich. Auch die Rotkreuzfahrzeuge sind vor Attacken aus der Luft nicht sicher, doch »die Fahrer fürchteten weder Tod noch Teufel«. Oft aber können sie statt Erster Hilfe nur mehr letzte Hilfe leisten: »Acht blutjunge Schanzer der Hitlerjugend mußten als verkohlte Leichen eingesargt werden.« Ein andermal bergen sie die tote Besatzung eines abgeschossenen Bombers. Am Allerseelentag 1944 erfolgt ein weiterer Luftangriff auf den Bahnhof. Rosen hilft beim Verladen der Toten. Und findet unter ihnen seine Cousine, die dort als Rotkreuzhelferin im Einsatz war – an ihrem 21. Geburtstag. Im allgemeinen Chaos übernehmen die Kollegen alle nur denkbaren Arbeiten. Sie verscharren Dutzende toter Kühe und Pferde, die in den Höfen verbrannt oder auf den Straße verendet sind. Der ganze Ort bietet einen apokalyptischen Anblick: Das Schloss und die Kirchen sind zerstört, die Brücken gesprengt, das Tal von der abziehenden Wehrmacht vermint. Im Februar 1945 jagen Bausoldaten noch ganze Straßenzüge in die Luft, um den Amerikanern den Weg zu versperren, die dann doch aus einer anderen Richtung einrücken und dem Roten Kreuz, so Rosen, »vom ersten Tage an fast wohlwollend gegenüberstehen«. Wieder bekommen die Helfer alle möglichen Aufgaben zugewiesen. Unter anderem sollen sie die Leichen der Bomberbesatzung exhumieren und auf einen belgischen Soldatenfriedhof umbetten, »da deutsche Erde für sie unwürdig sei«.

Nach einem Fliegerangriff werden Verletzte mit einem Lastwagen abtransportiert. Stahlhelm und Feldflasche gehören zur Standardausrüstung der Sanitäter.

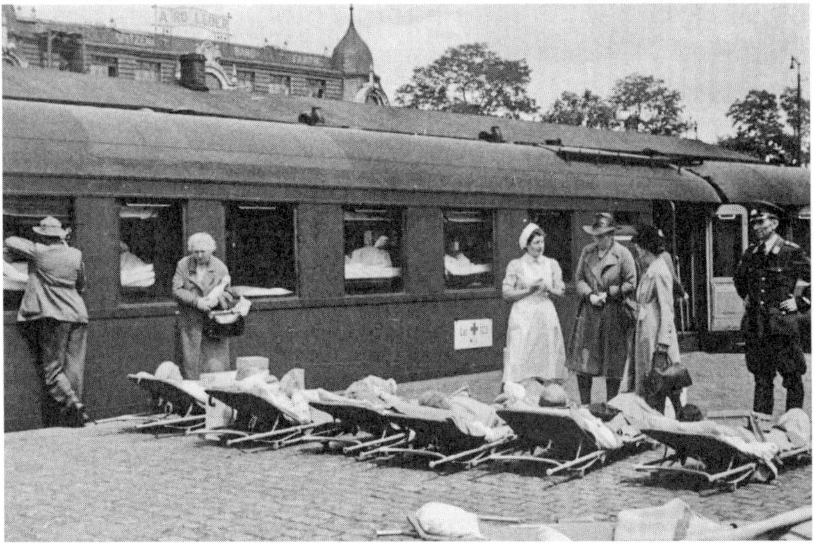

Evakuierung der Städtischen Krankenanstalten in Wuppertal zu Beginn der Bomberoffensive im Juni 1943.

Anderswo dauert der Krieg noch an. Die Bewohner der Ostfriesischen Inseln etwa müssen bis zum Schluss die alliierten Bombenangriffe mitverfolgen, fliegen die Geschwader doch über sie hinweg nach Norddeutschland ein. Allein Bremen hat 167 Luftangriffe erlebt. Die Inseln selbst sind dagegen kaum betroffen gewesen. Der 25. April 1945 fängt als friedlicher Frühlingstag an. Wer Zeit hat, werkelt im Garten oder wirft die Angel aus. Am Nachmittag ortet das Radar einen Bomberverband über der Nordsee. Er scheint wie üblich eine der großen Hafenstädte anzusteuern. Doch dann hält er direkt auf Wangerooge zu. Binnen einer Viertelstunde fallen mehr als sechstausend Bomben auf das schmale Eiland. Das Dorf versinkt in Schutt und Asche, Hunderte von Menschen werden verschüttet, Bunker und Batterien zerstört. Schafe, Hasen und Hunde flüchten panisch hinaus ins Watt. Die Menschen tun es ihnen gleich, es ist die einzige Zone, die nicht angegriffen wird. Bald ist die gesamte Insel mit Bombentrichtern übersät. »Der Keller schwankte wie ein Ackerwagen«, berichtet eine Überlebende. Als die Piloten schließlich abdrehen, sind fast dreihundert Tote zu beklagen. Mehr als ein Drittel davon Zwangsarbeiter aus Holland, Polen und Frankreich, die Bunker und Flakstellungen für den »Endkampf« ausbauen sollten.

Im Lazarett zwängen die Sanitäter die Tragbahren zwischen die Betten, selbst die Splitterschutzgräben müssen als Notlager für Verwundete dienen. Telefone, Strom- und Wasserversorgung funktionieren nicht mehr. Ärzte und Schwestern arbeiten bis zur Erschöpfung, in einem eigentümlichen Zustand zwischen Schock und gesteigerter Bewusstheit. »Es war ein heiliger Eifer in allen«, erinnert sich der Kaplan, der den Sterbenden die Letzte Ölung spendet, während im Hintergrund schon die Totenträger bereitstehen. In Erwartung eines weiteren Angriffs hat man die Lebenden in den Keller gebracht, die Toten dagegen oben in der Halle aufgebahrt. »Eingehüllt in Decken lagen sie dort, stumm, den Namenszettel auf der Brust, als wenn sie wie Kinder in ein anderes Land geschickt würden, dessen Sprache sie nicht verstehen.« Als Rotkreuz-Zugführerin Frieda Jürgens spätnachts den Operationsbunker verlässt, erlebt sie zwischen den Trümmern im Mondschein eine gespenstische Szene: »Draußen sah ich ganz allein ein Mädchen stehen, es war Hanna Caspers. Ich ging hin und sprach sie an. Da sagte sie leise: ›Bei uns sind alle tot.‹«

Am nächsten Abend sollen die Verwundeten aufs Festland gebracht werden. Aus Dachsparren und Wolldecken basteln die Helfer hundert Tragen; minder schwer Verletzte müssen selbst gehen. Frieda Jürgens und ihre Tochter Ursula, ebenfalls Rotkreuzhelferin, begleiten den kilometerlangen Zug zum Schiffsanleger. Eine Prozession der Geschlagenen. Auf halber Strecke rast plötzlich ein britischer Tiefflieger heran. Die Helfer legen die Bahren ab und werfen sich auf den Boden; die Salzwiesen bieten keinerlei Deckung. Andere schwenken panisch die Rotkreuzfahnen. Doch sie bleiben verschont – es ist ein Aufklärungsflieger, der die zerstörten Stellungen dokumentiert.

Die letzten Kriegswochen brechen an. Während Fünfzehnjährige zum Volkssturm eingezogen werden und in Kleinst-Unterseebooten zu Himmelfahrtskommandos auslaufen, warten viele Volksgenossen noch immer auf die Wunderwaffe. Die Gerüchte jagen einander, der Staat zerfällt. Wer sich den unsinnigen und selbstzerstörerischen Befehlen widersetzt, wird kurzerhand an die Wand gestellt. Die Zwangsarbeiter auf Wangerooge sollen ermordet werden, als lästige Zeugen wie als mögliche Bedrohung nach ihrer Befreiung. Der Befehl gelangt nicht mehr zur Ausführung. Hastig beseitigen die Verantwortlichen in den Kommandostellen und Parteibüros noch verräterische Dokumente, bevor sie sich aus dem Staub machen. Selbst die Akten des Kindergartens werden verbrannt.

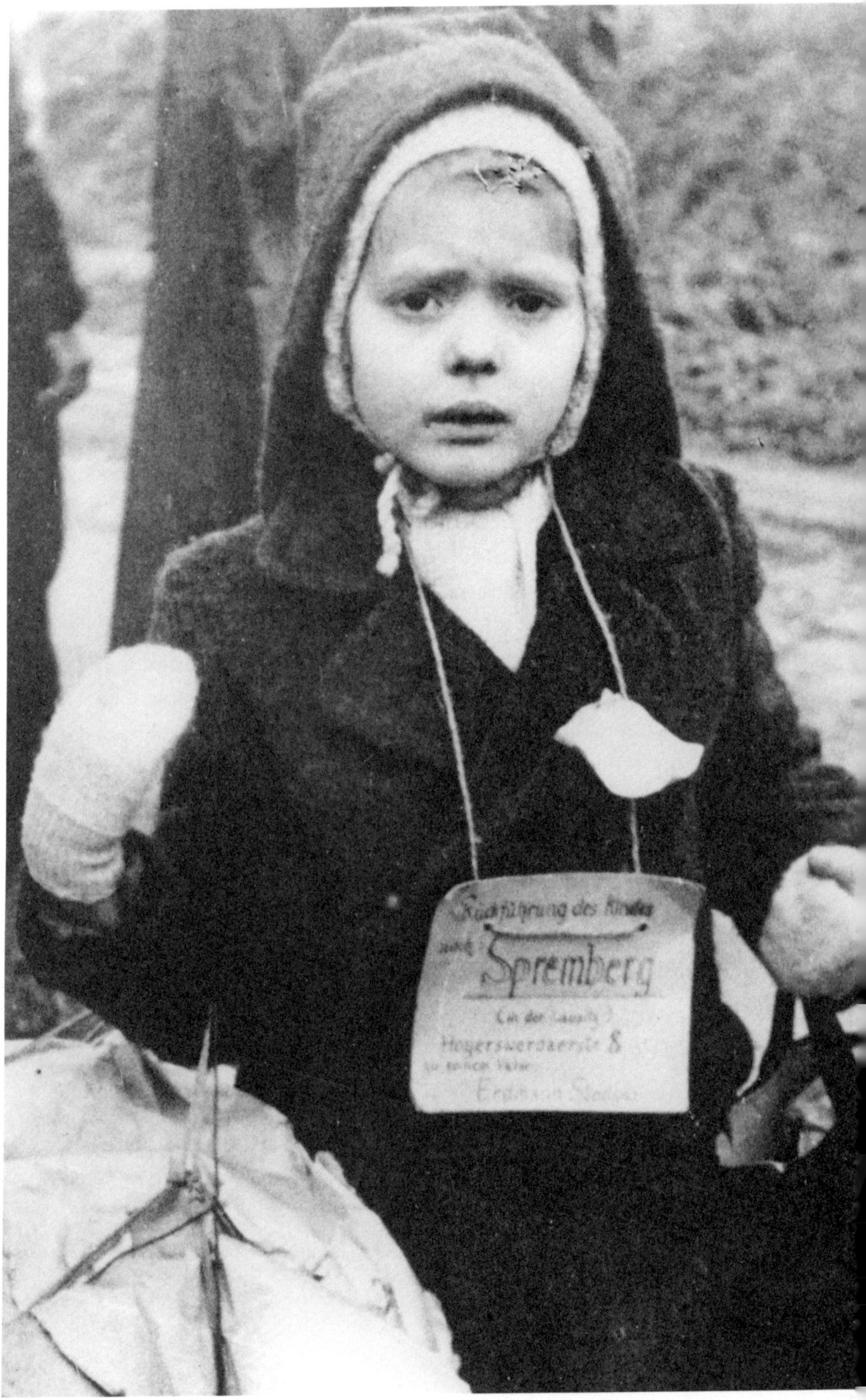
Rückführung des Kindes
Spremberg
Hoyerswerdaerstr. 8

KAPITEL 8

»Der kalte Frieden«

Neubeginn in Ost und West

»Und dein Vater?«
»Der ist noch im Krieg,
aber er schießt nicht mehr.«
Hamburger Junge auf
einem Kindertransport, 1947

Im Sommer 2005 unternimmt die Augusta-Schwesternschaft aus Lüneburg eine Reise in die Vergangenheit. Die meisten Schwestern stammen aus Norddeutschland, die übrigen von überall her. Die ganz alten aber kommen alle vom gleichen Ort: aus Breslau. Einer Stadt, deren Straßen und Bauten teilweise noch erhalten sind und die doch, so wie sie war, seit dem Krieg unwiederbringlich verschwunden ist.

Hier, in der alten Handelsmetropole an der Oder, war die Augusta-Schwesternschaft im Jahr 1875 durch den Vaterländischen Frauenverein gegründet worden. Nach der Jahrhundertwende, als Florentine Spyra ihre dreijährige Lehrzeit im Krankenhaus begann, wirkten etwa fünfzig Schwestern und Helferinnen in der stolzen Backsteinbastion nahe der Dominsel. Die dreijährige Ausbildung genoss über Deutschland hinaus einen guten Ruf; während des Russisch-Japanischen Krieges führte eine der Schwestern gar ein großes Lazarett in Tokio. Im Ersten Weltkrieg kamen sie vor allem an der Ostfront zum Einsatz. 1917 schied Floren-

Der lange Weg nach Hause: Warm eingekleidet und mit beträchtlichem Gepäck ist dieses Mädchen 1946 auf dem Weg nach Spremberg in der Niederlausitz.

tine dann aus der Schwesternschaft aus, um zu heiraten. Ihre Tochter Eva scheint Beruf und Berufung geerbt zu haben. Mit zwanzig tritt sie in die Gemeinschaft ein, die bei Kriegsbeginn auf rund dreihundert Schwestern anschwillt, mitsamt Lehr- und Hilfsschwestern auf tausend. Trotz des Ausnahmezustands achtet die Oberin unvermindert auf Etikette, vor allem bei Tisch. Sie thront am Kopfende, die älteren Schwestern sitzen um sie herum, die Schülerinnen am unteren Ende der Tafel. Zu Beginn spricht sie das Tischgebet; beim Hinausgehen flüstert sie jeder Schülerin zu, was sie falsch gemacht hat: zu viel Suppe gegessen, zu viel gelacht. Ob sie das Lachen der Mädchen später vermisst hat? Der Enthusiasmus der ersten Kriegstage weicht jedenfalls bald gründlicher Ernüchterung: Schwester Hanne muss in Charkow 180 Patienten allein auf der Kopfschussstation versorgen, Schwester Minna ist bei Tscherkassy für die Überlebenden einer der großen Kesselschlachten dieses Krieges verantwortlich (»Schlimm sahen sie aus«). Schwester Bertha verschlägt es nach Cortina, während Schwester Eva im heimischen Schlesien zum Einsatz kommt.

Am 30. Januar 1945 wird Breslau zur Festung erklärt. Das Krankenhaus liegt in der Altstadt, das Mutterhaus in der Vorstadt – die Verbindung ist gekappt. Während rund um die Stadt die Stalinorgeln rauschen, reihen einige Schwestern sich in den Flüchtlingsstrom ein und schlagen sich zu Fuß bis zur Neiße durch. Schwester Minna findet in einem Dresdner Krankenhaus ein Unterkommen, nur um dort die verheerenden Luftangriffe mitzuerleben. Eva Spyra gelangt bis Goslar, in den vermeintlich rettenden Westen. Da laufen Bahnbeamte die Waggons entlang und rufen: »Alles raus und verteilen!« Tiefflieger nehmen den Zug unter Feuer. Die Kugeln peitschen um sie her, und wenn nicht ein Soldat sie geistesgegenwärtig hinter eine Mauer gezogen hätte, wäre sie womöglich getroffen worden.

Nicht allen Rotkreuzhelfern gelingt die Flucht. Sie werden unterwegs von der Roten Armee oder von polnischen Milizen eingeholt; ganze Lazarettzüge geraten in Gefangenschaft. Einige wenige Schwestern sind in Breslau verblieben. Für sie alle beginnt eine jahrelange Odyssee des

Leidens mit Zwangsarbeit und Internierungslagern. Einer der größten Deportationszüge geht Weihnachten 1946 von Breslau nach Bückeburg. Eingepfercht in Viehwaggons, sind 1500 Menschen eine Woche lang unterwegs. Drei Tage brauchen sie allein bis Görlitz, immer wieder steht der Zug auf Abstellgleisen. Bei strengem Frost erleidet fast jeder Erfrierungen; nur einmal bekommen sie etwas Brot und Suppe. Eines Nachts wird Dr. Loch, einer von zwei Ärzten, in einen der Waggons gerufen. »Irgendwo im Dunkeln lag eine schreiende Frau. Über Klosetteimer und schlafende Menschen kletterte ich zu ihr. Eine alte Frau weigerte sich, Platz zu machen – sie war tot. Die schreiende Frau lag in den Wehen, Frühgeburt. Bei dem Versuch, sie in eine bessere Lage zu bringen, entdeckte ich, daß sie festgefroren war, durch ihr eigenes Blut. Mit Hilfe eines Spirituskochers bereiteten wir aus Eisstücken heißes Wasser, dadurch bekam ich die Unglückliche endlich frei. Ich entfernte die Frucht. Mit einer Injektion konnte ich das Blut zum Stillstand bringen. Bei dieser Arbeit habe ich mir selbst beide Füße erfroren.« Die eine Hälfte der Flüchtlinge wird in Hameln aufgenommen, die andere in Bückeburg. Rotkreuzhelfer erwarten sie an den Bahnhöfen und versorgen sie mit dem Nötigsten. Neunzig Menschen sterben danach noch im Bückeburger Krankenhaus. Darunter auch die Ehefrau von Dr. Loch.

Die Oberin, Eva Spyra und vier weitere Breslauer Schwestern haben sich unterdessen nach Lüneburg durchgeschlagen. Das Städtische Krankenhaus braucht dringend Pflegepersonal. Anfangs schlafen sie im Dienstzimmer, bis das neue Mutterhaus entsteht. Sie beginnen mittellos, freuen sich über eine Ladung Torf oder ein Fass Salzheringe als Spende. Mit dem Fahrrad ziehen sie quer durch Deutschland, um versprengte Mitschwestern aufzuspüren; einige weitere können sie über den Suchdienst des Roten Kreuzes ermitteln. Und so gelingt siebzig Augusta-Schwestern in Lüneburg ein neuer Anfang.

Bei ihrem Besuch in der alten Heimat sechzig Jahre später erkennt Schwester Ruth das Krankenhaus sofort wieder. Einschusslöcher in der Fassade zeugen noch von den Tagen der Belagerung. Wandschränke, Fliesen und Fußböden scheinen unverändert. »Das war der Männer-

Schwesternschülerinnen des Breslauer Augusta-Hospitals. Nach der Vertreibung versuchen einige von ihnen in Lüneburg einen Neuanfang.

saal, das die Wäscherei.« Im Rollstuhl schieben die Mitschwestern sie durch die Gänge. Bislang kannten sie Breslau nur aus den Erinnerungen der alten Damen, die sie im hauseigenen Seniorenheim pflegen und die manchmal wehmütig von der schlesischen Heimat erzählen, vom Oderstrom und von der Schneekoppe. Die wirklich schlimmen Erlebnisse aber behalten sie für sich. Mit der ihrer Generation eigenen Disziplin und Härte versuchen sie, unbewältigte Kriegstraumen in Schach zu halten. Doch in Alpträumen suchen die Schemen von damals sie heim. Mal sind es »die Männer«, mal »die Russen«, mal einfach nur »sie«. »Sie kommen wieder! Mach die Tür zu, schließ alles ab!« Oder: »Die Männer sind in meinem Bett.« Da schützte sie auch das Rote Kreuz nicht, nicht die Haube, nicht der Helferberuf. Die Nachtschwestern hören ihr Stöhnen, schalten das Licht an und versuchen zu trösten. Manchmal schenken sie ihnen auch ein Gläschen Rotwein ein.

Auch das Sterben dieser Generation ist ein anderes, ist kontrollierter und diskreter, als es sonst heute geschieht. Sie schicken die Mitschwestern nach draußen, sie wollen ihren letzten Weg alleine gehen. Nach der

Aussegnung im Haus werden sie im großen Gräberfeld der Schwesternschaft bestattet. Die Haube kommt mit in den Sarg.

Das Schicksal der Augusta-Schwestern ist nur ein Beispiel für die nachhaltigen Verheerungen, die dieser Krieg angerichtet hat. Fast alle, die ihn überstanden haben, werden für den Rest ihres Lebens mit seinen Gespenstern ringen. Meist schweigend, meist vergeblich. Und auf vertrackte Art werden sie dieses stumme Vermächtnis an die nachfolgende Generation weitergeben.

Die Stunde null

Die ungeheueren Verbrechen, die das nationalsozialistische Regime unter dem Deckmantel des Krieges begangen hat, werden nun nach und nach ruchbar. Sie bewirken eine tiefe Krise der Humanität, ein Verzweifeln an der Menschheit überhaupt. Gleichzeitig ist Hilfe angesichts der Verwüstungen dringender nötig denn je. Doch welche Organisationen sind dazu überhaupt imstande, welche glaubwürdig? Das gesamte Gefüge der bisherigen Weltordnung formiert sich neu. Auch das Rote Kreuz kann sich diesem Umbruch nicht entziehen.

Ab Februar 1945 beginnt man, sich auch in Genf ernsthafte Sorgen zu machen. Weniger um die Opfer des Holocaust als um den Ruf des Internationalen Komitees: »Die Juden werden uns Schwierigkeiten machen. Ihr Einfluß ist groß in den angelsächsischen Ländern«, heißt es in einem Memorandum zur Vorbereitung auf eine Konferenz in London, bei der jüdische Hilfsorganisationen vom Komitee Rechenschaft verlangen werden. Immer mehr Institutionen versuchen nun, da das nationalsozialistische System zusammenbricht, die Überlebenden der Konzentrationslager zu retten: der Vatikan, die Quäker, selbst Dunants erster Verein, der CVJM. Vor allem das Schwedische Rote Kreuz startet eine Reihe von Initiativen. Heinrich Himmler trifft in Hohenlychen mit Graf Folke Bernadotte zusammen, verhandelt parallel auch mit dem Stockholmer Vertreter des Jüdischen Weltkongresses. Schwedische Sanitätskolonnen bringen daraufhin skandinavische Internierte in ein Sammellager und betreuen sie dort. Als Carl Jacob Burckhardt davon erfährt, notiert er: »Es muss vermieden werden, dass eine andere Organisation dem Komitee zuvorkommt.« Darum also geht es.

Genf nimmt Verhandlungen mit der SS auf und regt an, diese sollte die Konzentrationslager bei ihrem absehbaren Abzug in die Obhut des Roten Kreuzes übergeben. Ende April macht sich ein Dutzend Delegierter mit Hilfskonvois zu den großen Lagern auf – jenen Lagern also, von denen das Komitee stets betont hat, dafür kein Mandat zu haben, und zu deren Existenz es sich selbst auf noch so dringliche Nachfragen hin nicht hatte äußern wollen. Als die Weltpresse schließlich die Befreiung der Lager dokumentiert, stehen Fahrzeuge mit dem Rotkreuzemblem gut postiert davor.

Für die Insassen ist diese improvisierte Übergangsregelung ein Segen. »Das Rote Kreuz! Wir sind gerettet!« – dieser Ausruf eines Gefangenen aus Sachsenhausen drückt die erlösende Gewissheit aus, das Schlimmste überstanden zu haben. In den chaotischen Tagen des Zusammenbruchs wirkt die als neutral und integer angesehene Organisation als stabilisierender Faktor. Den Wachleuten bietet das Arrangement einen gewissen Schutz gegen Racheaktionen. Manchen Lagerkommandanten mag die Präsenz der Delegierten vielleicht von letzten Vernichtungsbefehlen abgehalten haben; obwohl etwa in Theresienstadt noch Hinrichtungen im Gange sind, als ein Vertreter des Internationalen Komitees am 2. Mai provisorisch die Leitung übernimmt. Es ist einer jener Delegierten, die sich noch zwei Wochen zuvor an der Nase haben herumführen lassen und, wie Resi Weglein sich erinnert, »weder nach rechts noch links« gesehen haben.

Während die Aktivitäten ausländischer Hilfsgesellschaften in der Endphase des Krieges zunehmen, kollabiert das Deutsche Rote Kreuz. Zumindest die Führung und die Landesvereine, während die Basis auch ohne Anweisungen von höherer Stelle weiter ihren Aufgaben nachzukommen versucht, wie es ihrem Selbstverständnis, in Notsituationen zu helfen, entspricht. Etliche hochrangige Funktionäre sterben durch eigene Hand oder unter unklaren Umständen in den letzten Tagen des Krieges. Ludwig Stumpfegger, Hitlers Leibarzt und einer der maßgeblichen Mediziner in Hohenlychen, schluckt eine Blausäurekapsel. Ernst Robert Grawitz versammelt seine Familie zum Abendessen und zündet zwei Handgranaten unter dem Tisch. Für wenige Wochen tritt Karl Gebhardt seine Nachfolge an, bevor er von den Amerikanern gefasst und nach dem Nürnberger Ärzteprozess hingerichtet wird.

Nachdem die Verwaltung in den letzten Tagen noch belastendes Material vernichtet hat, werden das Babelsberger Präsidium und Zentraldepot von den Russen wie von den Potsdamern geplündert. Danach tritt ein kommissarisches Komitee zusammen, das jedoch nach wenigen Wochen ausgewechselt werden muss, da die meisten Mitglieder altgediente Parteigenossen sind. Als Bertha Paul, eine der aus Breslau vertriebenen Schwestern, Mitte Juli das Präsidium aufsucht, findet sie das riesige Gebäude menschenleer. Ein einsamer Buchhalter vertraut ihr die letzten zehntausend Reichsmark Vereinsvermögen für eine Typhusstation an. Auf einem Lastwagen der sowjetischen Kommandantur fährt sie zurück nach Berlin, »auf der einen Seite der Avus die Transparente von Stalin zwischen russischen Geschützen, auf der anderen Riesenbilder von Roosevelt mit amerikanischen Waffen«. Im Schloss Cecilienhof hat die Potsdamer Konferenz begonnen.

Die Siegermächte haben unterschiedliche Vorstellungen von der künftigen Rolle des Deutschen Roten Kreuzes. Die Amerikaner geben sich noch relativ unbefangen, auch wenn sie das DRK im Fragebogen zur Entnazifierung als »NSDAP-Hilfsorganisation« einstufen und starke Vorbehalte gegen eine Wiedereinsetzung des Dachverbandes hegen. Die Strukturen auf lokaler Ebene lassen sie jedoch bestehen. Schließlich sind die Seuchengefahr, die allgemeine Not, das darniederliegende Gesundheitswesen nicht mit den Nazis verschwunden. Bereits Ende Juli 1945 gibt die Militärregierung grünes Licht für das Bayerische Rote Kreuz, das brav beteuert, »keinerlei Verbindung« zum belasteten DRK gehabt zu haben. Auf Betreiben der Amerikaner fusioniert dort nun auch die Bergwacht mit dem Roten Kreuz. In der britischen Zone werden Landesverbände im Oktober 1945 zugelassen, in der französischen zwei Jahre später. Die sowjetische Militäradministration gestattet dagegen keinerlei Rotkreuzvereine, weder auf Landes- noch auf kommunaler Ebene. Stattdessen überträgt sie deren Aufgaben zunächst den Gemeinden, dem Gewerkschaftsbund und der Volkssolidarität.

An der Basis geht es drunter und drüber. So verweigern sich die West-Berliner Bezirksstellen unter Berufung auf die Genfer Konvention einer Entnazifizierung – pikanterweise mit der Begründung, dass im Restpräsidium wie auch in den Gesundheitsbehörden zahlreiche Altnazis säßen, die sich zudem auf das faschistische Rotkreuzgesetz von 1937 beriefen. Stattdessen fordern sie eine Reorganisation auf demokratischer Grundlage und eine Frauenquote, da Rotkreuzarbeit in der Hauptsache Frauenarbeit sei. Die Rädelsführerin wird daraufhin umgehend gefeuert. Parallel versuchen einige unbelastete Persönlichkeiten das Rote Kreuz auf nationaler Ebene weiterzuführen. Rudolf Nadolny wird als Vorsitzender auserkoren. Er war einst als Botschafter in Moskau wohlgelitten gewesen und ebendeswegen von den Nationalsozialisten geschasst worden. Mit Verve macht er sich an die heikle Aufgabe und beantragt beim Alliierten Kontrollrat die Schaffung eines gesamtdeutschen DRK. Letztlich sind es dann vor allem Ulbricht und Pieck, die eine solche Neugründung hintertreiben. Ein Rotes Kreuz, das sie nicht gänzlich kontrollieren könnten, würde der Festigung ihrer Macht im sowjetischen Sektor nur im Wege stehen. Es könnte unbequeme Fragen stellen, etwa nach den russischen Speziallagern in Ostdeutschland, in denen Zehntausende von Menschen ums Leben kommen, während die SED darin »eine Bekundung der Humanität der Sowjetregierung« sieht. Auch dass Nadolny bei den Russen gegen die Austreibung der Deutschen aus Polen und der Tschechoslowakei protestiert, liegt ganz und gar nicht auf ihrer Linie.

Im Oktober 1945 wird das DRK dann von den Besatzungsmächten endgültig aufgelöst. Zu groß sind deren Vorbehalte gegen eine »paramilitärische Formation«, die »von Nazi-Doktrinen vollständig durchdrungen war« und den Opfern der Schreckensherrschaft ihre Hilfe verweigert habe. Die Nachkriegsfunktionäre wollen diese Verstrickung freilich nicht wahrhaben. Lauthals beklagt etwa ein Vertreter Schleswig-Holsteins den »Entnazifizierungwahnsinn« beim Roten Kreuz, statt Rechenschaft über den vorausgegangenen »Nazifizierungswahnsinn« abzulegen. In den Sanitätskolonnen sollen die einst vereinnahmten Mitglieder des Arbeiter-Samariter-Bunds den Rotkreuzkameraden jetzt Persilscheine ausstellen. Allenthalben zeigt sich die Neigung, Dinge ungeschehen machen zu wollen. So fordert Hartmann, selbst Parteimitglied und von den Amerikanern kurzzeitig inhaftiert, dass »diejenigen DRK-Führer, die durch Bindungen zur NSDAP« belastet seien, zurücktreten sollten. Er selbst aber erklärt sich zum »bevollmächtigten Geschäftsführer«; fünf Jahre später wird er Generalsekretär des neuen DRK. Herbert Stamm, der als Verbindungsmann zur Gestapo fungierte und etwa altgediente Rotkreuzler vor Gericht brachte, nur weil sie Freimaurer waren, wird später Landesvorsitzender in West-Berlin. Ludwig Hess, der als Leiter des kommissarischen Komitees noch einhellig abgelehnt wurde, da seine Unterstützung der Nationalsozialisten allzu offenkundig war, bringt es später zum Generalsekretär des Landesverbandes Südbaden. Wilhelm Söth, dem NS-Regime ebenfalls zwölf Jahre lang treu ergeben, tritt noch im Sommer 1945 in die KPD ein und arbeitet auf ein sozialistisches Einheits-Rotkreuz hin.

Nach dem Machtwort der Alliierten werden das Präsidium und die Landesverbände des DRK abgewickelt. Eine Einrichtung aber ist während der folgenden Jahre zumindest im Westen derart präsent, dass sie fast zum Synonym fürs Rote Kreuz wird. Auch deshalb, weil sie wie kaum eine andere die Nöte dieser schweren, ungewissen Zeit verkörpert: der Suchdienst. Oder vielmehr die Suchdienste, denn neben dem DRK-Suchdienst mit seinen Zentralen in Hamburg und München leisten auch der Internationale Suchdienst (ITS) in Bad Arolsen und der Kirchliche Suchdienst (KSD) mit seinen Heimatortskarteien unentbehrliche Dokumentationsarbeit.

Letzte Nachricht vom …

Klein, Klein, Klein. Maier, Mayr, Meier, Meyer. Zimmermann, Zimmermann, Zimmermann. Wenn Heinrich Rehberg durch die Reihen der Regale in der Münchner Zentralkartei geht, buchstabiert er den Krieg. Vom Boden bis zur Decke und von einer Wand zu anderen stehen die hölzernen Karteikästen Schulter an Schulter. Auf drei Kästen »Helmut Schulz« folgen drei Kästen »Herbert Schulz«. Jeder umfasst etwa zweitausend Karteikarten. Und damit zweitausend Menschenleben. Von denen der Krieg die meisten auf dem Gewissen hat. Ganze Provinzen haben nach Kriegsende die Staatsangehörigkeit gewechselt, ganze Städte sind getilgt worden, ganze Divisionen ausgelöscht. Verkehrs- und Kommunikationswege funktionieren nicht mehr, von Ämtern ganz zu schweigen. Wie soll man unter diesen Bedingungen Millionen von Vermissten finden? Wie elf Millionen deutsche Kriegsgefangene und dreizehn Millionen Heimatvertriebene erfassen? Jeder vierte Deutsche ist nun ein Suchender oder ein Gesuchter, manchmal auch beides. Er fahndet nach seinen Angehörigen: Leben sie noch? Und wenn ja, wo? Oder sind sie tot? Im Falle vermisster Soldaten ist Letzteres weitaus wahrscheinlicher. Es herrscht quälende Ungewissheit, über Jahre und Jahre hinweg. Begleitet von verzweifelten Hoffnungen: Sind nicht selbst Männer wieder aufgetaucht, deren Namen schon ins Kriegerdenkmal ihres Heimatdorfes eingemeißelt worden waren?

Die Geschichte des Suchdienstes beginnt in den letzten Kriegstagen in Flensburg. Die Straßen quellen über vor Flüchtlingen, die per Schiff über die Ostsee gekommen sind. Dazwischen abziehende Soldaten, demobilisierte Matrosen und heimkehrende Verwundete. Der Krieg hat sie einfach hier angespült, hat sie abgesetzt und ausgespuckt, und sie können heilfroh sein, dass sie noch leben. Doch wohin jetzt? Wie finden sie die, die zu ihnen gehören?

Aus improvisierten Anfängen entsteht eine Institution, die die seelische Trümmerlandschaft der Nachkriegszeit aufzuräumen versucht.

Die Klarheit anstelle von Mutmaßungen setzen will und Gewissheit anstelle von Zweifel. Als Vorbild dienen jene Nachforschungsagenturen, die das Internationale Komitee 1870 und 1914 eingerichtet hat. Doch damals hatte es sich um vermisste Soldaten gehandelt, deren Verbleib dank gut organisierter Heeresverwaltungen meist ermittelt werden konnte.

Nun aber hat man es mit Verlusten von beispiellosem Ausmaß zu tun. Waren in Solferino einst rund viertausend Soldaten in Gefangenschaft geraten, sind es jetzt zehntausendmal so viele: an die vierzig Millionen. Hinzu kommen Abermillionen vermisster Zivilpersonen. Die Fahndung erfolgt nach einem einleuchtenden Prinzip: Jede Anfrage besteht aus einer Stammkarte mit den Personalien des Suchenden sowie aus einer Suchkarte mit den Daten des Gesuchten. Beide werden in den Annahmestellen in Namenskarteien einsortiert, die später in die zentrale Namenskartei in München überführt werden. Startet der Gesuchte seinerseits eine Anfrage, begegnen sich Stamm- und Suchkarten irgendwo in den Tiefen des Archivs. Die Mitarbeiter nennen das eine »Hochzeit«, eine Suche mit Happy End. Bei Flüchtlingen, die in alle Himmelsrichtungen versprengt worden sind, funktioniert das System gut: »Wir nehmen mit Bestimmtheit an, daß Sie der gesuchte Bruder sind.« Was aber, wenn der Gesuchte tot ist? Oder in Gefangenschaft? Oder in einem der ostdeutschen Speziallager einsitzt, aus dem er nicht schreiben darf? Der Eiserne Vorhang hat sich zwar noch nicht ganz gesenkt, dafür aber bestehen selbst innerhalb Deutschlands beträchtliche Barrieren. Als sich Vertreter verschiedener Suchdienste im Januar 1946 zu ersten überregionalen Beratungen treffen, werden sie prompt verhaftet – die Alliierten erlauben noch keine Organisation über die Zonengrenzen hinweg.

Zur wichtigsten Quelle werden die Kriegsgefangenen, die nun nach und nach zurückkehren, die letzten 1955. Ob in den Heimatorten oder in jenem großen Auffanglager, das sinnigerweise den Namen Friedland trägt, im ganzen Land befragen Rotkreuzhelfer die Heimkehrer. Wie einst die Oldenburger Schützen erkundigen sie sich bei jedem, »wen er

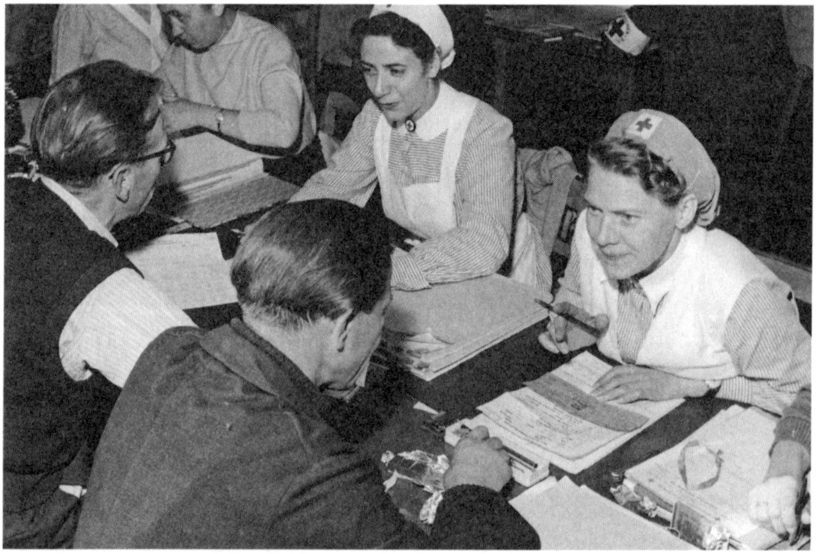

In einem Büro des DRK-Suchdienstes im Lager Friedland befragen Helferinnen Kriegsgefangene, die 1955 aus der Sowjetunion heimkehren.

Trifft die Suchkarte mit der Stammkarte zusammen, nimmt die Ermittlung ein glückliches Ende. Hier im Fall eines Zivilvermissten aus Ostpreußen.

von seinen Kameraden todt gesehen«, und wen er noch lebend in Erinnerung hat, aus irgendeinem der 3500 Lager in der Sowjetunion. Ein riesiger Scherbenhaufen wird Stück für Stück zusammengesetzt. Wenn über Jahre kein Lebenszeichen kommt, kein Brief, keine Bestätigung eines Heimkehrers, dann ist der Betreffende sehr wahrscheinlich tot. Die Briefe der Angehörigen, die in München und Hamburg ebenfalls riesige Räume füllen, erzählen ein nicht enden wollendes Epos von Schmerz und Bitternis: »Sie sind meine letzte Hoffnung«, »Es wäre doch möglich«, »Ich spüre, daß er lebt«. Die Bescheide des Suchdienstes sind behutsam formuliert, doch sie bewerten die Tatsachen realistisch: »Es bestehen ernstliche Zweifel an seinem Fortleben«, »... nach menschlichem Ermessen«, »mit an Sicherheit grenzender Wahrscheinlichkeit ...«. Doch auch Todeserklärungen besitzen einen hohen Wert, denn nun hat die Trauer zumindest eine Richtung. Der Gesuchte ist nicht irgendwann und irgendwo verschwunden, sondern an einem bestimmten Ort gefallen oder in einem Lazarett verstorben. Vielleicht sind sogar das genaue Todesdatum und die Grabstelle bekannt. Der Schlusspunkt unter der Suche hat auch praktische Konsequenzen: Der Hof kann an den Sohn übergeben werden, die Verlobte braucht sich nicht ewig aufzusparen, die Witwenrente kann ausgezahlt werden.

Alice Friedrich, eine junge Rotkreuzschwester, baut 1946 den Kindersuchdienst auf. »Ich meinte diese Verantwortung kaum übernehmen zu können«, bekennt sie. »Ich war ja weder eine ausgebildete Bürokraft noch sonst irgendetwas. Aber ich brachte eines mit: mein Herz.« In 300 000 Fällen sind Kinder von ihren Müttern getrennt worden. Wenn die Kinder selbst Auskunft geben können, stehen die Chancen für eine Zusammenführung gut. Was aber, wenn Bahnbeamte in einem leeren Zug ein wimmerndes Bündel gefunden haben? Wenn diese Kleinkinder nicht nur die Namen der Eltern nicht wissen, sondern noch nicht einmal ihren eigenen? Der Suchdienst plakatiert Steckbriefe im ganzen Land. Die Resonanz ist groß: »Wir glauben, in Nummer 2697 unseren Sohn wiedererkannt zu haben.« Das wäre wunderbar. Aber ist es auch zweifelsfrei der Fall? Auf manchen Aushang hin melden sich dreißig Mütter, die darauf ihr verlorenes Kind abgebildet glauben. Dennoch verläuft die Kindersuche bemerkenswert erfolgreich; nur wenige Tausend Fälle sind bis heute ungeklärt geblieben.

Die Detektivarbeit des Suchdienstes wird durch die Zeitumstände erschwert. So auch bei Gertrud Rohmann aus Ostpreußen, die ihre zweijährige Tochter Verwandten anvertraut hat, weil diese mit der Eisenbahn schneller nach Westen kommen würden als sie im Flüchtlingstreck. Doch das Kind erkrankt und muss in Kolberg ins Spital – dort verliert sich die Spur. Tatsächlich wird es dann per Schiff evakuiert. Das Schiff wird versenkt, aber das Mädchen überlebt und kommt schließlich zu einer Pflegefamilie in Mecklenburg. Die Mutter ist unterdessen von der Roten Armee in ein Lager verschleppt worden. Erst nach mehreren Jahren Zwangsarbeit kann sie nach Neumünster ausreisen. Sowohl die Mutter wie die Pflegeeltern melden den Fall dem jeweiligen Suchdienst. Doch da die Beteiligten in beiden Teilen Deutschlands leben, kommen die Ermittlungen nicht voran – dabei wohnen sie nur hundert Kilometer voneinander entfernt. Zum entscheidenden Indiz wird schließlich ein rotes Käppchen, das die Mutter der Tochter aufsetzte und das diese noch trug, als sie in Mecklenburg ankam. Elf Jahre danach darf Gertrud Rohmann ihre Tochter in die Arme schließen. Eine unglaubliche Geschichte – und doch eine alltägliche in einer Zeit, die gänzlich aus den Fugen war.

In den Anfangsjahren haben auch einige namhafte Künstler Berührung mit dem Suchdienst. Erich Kästner unterstützt die Kindersuche, Hilmar Pabel fotografiert Findelkinder und Heimkehrer, und Joachim Fuchsberger wirkt als Sprecher für die Rundfunkdurchsagen, die den Alltag der Nachkriegsgesellschaft als tragische Litanei untermalen, Woche für Woche, Jahr für Jahr. Die Verschollenenlisten erscheinen schließlich sogar in Buchform. Eine Enzyklopädie der Verzweiflung, die am Ende zweihundert Bände umfasst, jeder mit etwa siebenhundert Seiten, auf denen steckbriefartig je zwanzig Männer gesucht werden: Name, Beruf, Geburtsdatum, Heimatgemeinde, Ort und Zeit der letzten Nachricht (»Stalingrad 1/43«). Dazu, soweit vorhanden, ein Foto des Vermissten. Jeder Kreisverband erhält einen kompletten Satz und schickt einen Kleinbus damit durch die Lande. In Gaststätten oder Rathäusern zeigen Rotkreuzhelfer den Heimkehrern dann die Nichtheimgekehrten, jede Woche in einem anderen Ort. Die Protokolle dieser Befragungen zeugen von ihren mühsamen Recherchen: »Entsinnt sich nicht mehr...unbekannt verzogen ... bereits Auskunft gegeben«. Doch manchmal heißt es: »Auskunft liegt bei.«

Die labyrinthischen Registraturen des Münchner Suchdienstes bewahren auch diese Aufzeichnungen bis heute. An nur wenigen Orten wird das ungeheure Ausmaß, in dem menschliches Leben im Krieg zerstört und vergeudet worden ist, so unmittelbar anschaulich wie hier. Heinrich Rehberg geht zurück durchs Spalier der Regale und nimmt einmal mehr die Namensparade ab: Weber, Weber, Weber. Schmitt, Schmidt, Schmid. Der häufigste von allen füllt mit 300 000 Fällen allein schon einen Gang: eine ganze Armee mit Namen Müller.

Kriegskinder

»Hamburg will Euch, den in Not befindlichen Flüchtlingen, entlassenen Soldaten und anderen am Leben verzweifelnden Opfern der Verhältnisse beweisen: Ihr seid nicht verlassen! Ihr dürft nicht untergehen!« Der Aufruf von Bürgermeister Petersen verhallt nicht ungehört. Anfang des Jahres 1946 beginnt in der britischen Besatzungszone eine der wichtigsten Hilfsaktionen der Nachkriegszeit. Wenngleich auch andere Länder in edelmütiger Weise helfen, so hat sie sich doch vor allem als »Schwedenspeisung« ins kollektive Gedächtnis eingeschrieben. Gemeinsam mit weiteren Hilfsorganisationen gewährleisten das Schwedische und das Hamburger Rote Kreuz über drei Jahre hinweg diese tagtägliche Überlebenshilfe. Sie kommt vor allem Kleinkindern zugute, die nicht die von den Briten kostenlos ausgegebene Schulspeisung erhalten.

Wie nach dem Ersten Weltkrieg, so dienen Kinder auch jetzt wieder

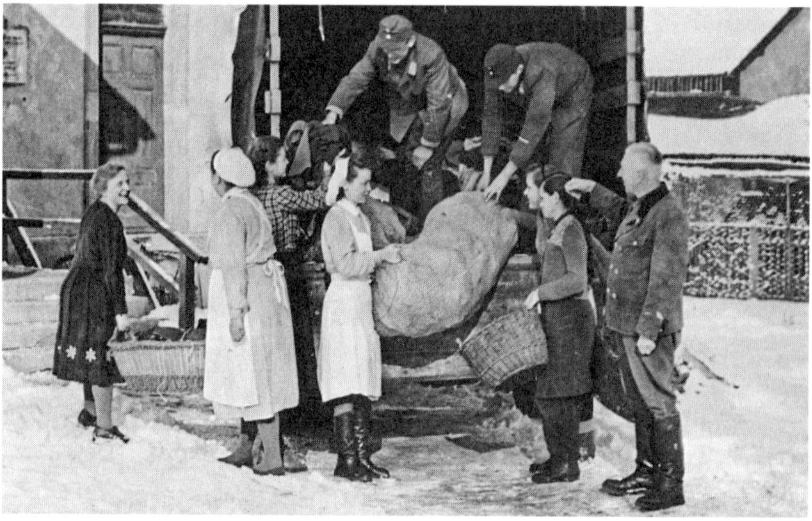

Nachkriegszeit in Deutschland: Ein Lastwagen des Roten Kreuzes bringt Sachspenden aus Schweden in ein verschneites Dorf in Franken.

als Botschafter eines besseren Deutschland – und verkörpern zugleich dessen Hilflosigkeit und Schutzwürdigkeit. Bleich und ausgemergelt streunen sie durch die Straßen. In den Behelfsunterkünften schlafen sie zu zweit auf einer Pritsche. Krätze, Rachitis und Keuchhusten grassieren, auch Tuberkulose im Frühstadium. Und manches Schulkind ist so schwach, dass die Erwachsenen ihm in der Straßenbahn ihren Sitzplatz anbieten. Vor allem der strenge Winter 1946/47 bringt das Land an den Rand der Katastrophe. Am schlimmsten betroffen ist das Ruhrgebiet, für das ebenso der Notstand ausgerufen wird wie für Berlin und Hamburg. In der Stadt an der Alster verwandeln ganze Brigaden von Rotkreuzhelfern den Schlachthof in die größte Küche Europas. In zweihundert Kesseln wallt Nudel-, Erbsen oder Haferflockensuppe. In Kirchen, Schulen und Fabriken werden pro Tag bis zu 50 000 Portionen verabreicht, dazu gibt es Knäckebrot und einen Löffel Lebertran. Graf Folke Bernadotte, Präsident des Schwedischen Roten Kreuzes, beschreibt die Atmosphäre in einer solchen Ausgabestelle: »Die Kinder kommen mit ihren dürftigen Blechgefäßen. Der Saal ist unwirtlich und öde; sieht man aus dem Fenster, so hat man die typische Ruinenlandschaft vor sich. An den Wänden einige Anschläge: Es ist der im ganzen Lande tätige Suchdienst, der vom Winde verwehten Kindern wieder zu ihren Eltern verhelfen will.« In Mantel und Mütze sitzen sie um die Tische und essen um ihr Leben.

Auch die Schweiz hilft im großen Stil mit Nahrungsmitteln, Medikamenten, Hausrat und der Bereitstellung von Notunterkünften. Und wie schon nach dem Ersten Weltkrieg nimmt sie bedürftige Kinder aus ganz Europa auf, darunter 44000 aus Deutschland. Doch wer gilt als bedürftig? Die Schweizer Ärztinnen, die in Oberhausen eine Vorauswahl treffen sollen, können sich kaum entscheiden: »Nötig haben sie es alle.« Das Rote Kreuz übernimmt vor allem die komplizierte Logistik. Sonderzüge der Schweizer Bundesbahnen dampfen quer durch alle Besatzungszonen; selbst während der Berlin-Blockade 1948 verkehren sie mit beruhigender Zuverlässigkeit. Die Kinder werden für etwa vier Monate bei Gastfamilien untergebracht, besonders geschwächte auch über ein Jahr. Sie gehen in der Schweiz zur Schule, helfen auf dem Hof

Schwedenspeisung in Hamburg: Statt Suppenteller nutzen die Kinder Konservendosen aus den CARE-Paketen.

und unternehmen Ausflüge. »Hier kommt der Milchmann vors Haus gefahren, der Bäcker bringt das Brot, beim Fleischer kann man Fleisch bestellen«, berichtet ein Mädchen ungläubig. Die Gastgeber machen ihnen ein ebenso unkäufliches wie unbezahlbares Geschenk: Mitmenschlichkeit. Wenn die Kinder dann zurückkehren, erkennt manche Mutter ihren Sprössling nicht wieder. »Dicke Backen, sonnengebräunt, in neuen Kleidern und Schuhen, mit Paketen und Koffern voll süßer Geschenke für sich und die Geschwister beladen«, staunt die Lokalzeitung in Ludwigshafen.

Deutschland hat solche Unterstützung bitter nötig; der »totale Krieg« hat es in den totalen Ruin geführt. Zu den wenigen, die versucht haben, ihn aufzuhalten, gehörten die Verschwörer des 20. Juli 1944. Sie wurden hingerichtet, ihre Frauen interniert, ihre Kinder verschleppt. Gräfin Üxküll berichtet davon in ihren Erinnerungen. Ihr Bruder Nikolaus und drei ihrer Neffen – Berthold und Claus Schenk Graf von Stauffenberg sowie Caesar von Hofacker – hatten zum Kern des Widerstands gehört. Auf Himmlers Befehl wurden ihre Kinder in einem Heim im Harz interniert, von wo sie kurz vor Kriegsende nach Buchenwald deportiert werden sollten. Es klingt wie ein Märchen, aber gerade als sie am Bahnhof von Nordhausen ankamen, wurde dieser durch einen Luftangriff zerstört. Die Kinder kehrten unversehrt zurück ins Heim, wo Üxküll sie am 8. Juni ausfindig machen konnte. »Ihr braucht euch eurer Väter nicht zu schämen, denn sie waren Helden«, gab der neue Bürgermeister ihnen noch mit auf den Lebensweg.

Doch im Nachkriegsdeutschland gelten die Männer des Widerstands weithin als Verräter. Ihre Familien bleiben auf sich gestellt, die Frauen erhalten weder Witwenrente noch Lebensmittelmarken. Da meldet sich im Januar 1947 ein Berner Arzt, Albert von Erlach, bei den Hinterbliebenen: »Ich beabsichtige, wenn immer möglich, den Kindern der unglücklichen Opfer des 20. Juli einen Erholungsaufenthalt in der Schweiz zu ermöglichen.« Etwa fünfzig dieser Kinder, fast alles Halbwaisen, kommen teils bei Pflegefamilien und teils in einem Heim bei Interlaken unter. Die meisten für drei Monate; bei Ingo von Knobelsdorff werden sogar achtzehn Monate daraus. Seit der Vertreibung aus Schlesien ist er in einem kritischem Zustand: »Wie oft meine Mutter und Großmutter unter Tränen gesagt haben, den kriegen wir nicht durch, weiß ich nicht mehr. Als ich kurz vor dem Ende stand, fand ich mich in einem Zug nach Basel wieder. Er war beheizt, und wir bekamen zu essen und zu trinken.«

Die letzte große Aktion für kleine Leute ist die Kinderluftbrücke, über die von 1953 an Berliner Kinder zu Gastfamilien nach Westdeutschland ausgeflogen werden. Ein ganzes Geschwader von Frachtflugzeugen der amerikanischen Luftwaffe brummt am Flughafen Tempelhof. In jeder der spartanisch ausgestatteten Maschinen sitzen zwei Dutzend Kinder und zwei Betreuerinnen des DRK eng nebeneinander auf seitlich angebrachten Bänken, die Koffer in der Mitte, ein Kärtchen mit ihren Personalien umgehängt und ein Rotkreuzfähnchen in der Hand. Die künstliche Insel West-Berlin bangt um ihr Überleben, da signalisiert eine so publikumswirksame Aktion Freiheit und Beistand.

Reise in eine heile Welt: Kinder aus Darmstadt brechen 1953 zu einem vierwöchigen Erholungsaufenthalt in Davos auf.

Dietrich Blos, langjähriger Präsident des Berliner Roten Kreuzes, erinnert sich: »Gut erholt kamen unsere Kinder zurück, reich beschenkt, viele von Kopf bis Fuß neu eingekleidet. Einige große Jungen brachten sogar einen Lehrvertrag mit, in der damaligen Zeit fast das große Los in der Lotterie des Lebens.« Bis 1957 kommt die Aktion rund elftausend Kindern zugute.

Mit der Gesundung der Kinder geht auch ein sozialer Genesungsprozess einher. In einer Gesellschaft, die neu zusammenfinden muss, übernimmt das Rote Kreuz eine wichtige integrierende Funktion. So auch im oberpfälzischen Neutraubling, wo auf dem zerbombten Gelände der Messerschmitt-Werke eine neue Gemeinde entsteht. Anfang der fünfziger Jahre zählt sie bereits einige Tausend Mitglieder, die meisten von ihnen sind Vertriebene. Sie haben selbst fast nichts, und doch beteiligen gerade sie sich rege an Hilfsaktionen. Vor allem das Jugendrotkreuz entfaltet eine breite Palette von Aktivitäten. Es gibt nur wenige Medien, die Jugendlichen müssen ihre Zeit noch selbst gestalten und nehmen dankbar an dieser Schule der Freiwilligkeit teil: »Wir schicken 4 Pakete in den Osten. Wir starten 327 Rotkreuzluftballons. Wir spenden Hefte, Bleistifte, Radiergummis im Wert von 44 Mark für Schulen in Afrika. Wir bauen 12 Meisenkästen.« Die Kleinen erhalten einen Zahnpflegebeutel und lernen Schwimmen mit der Wasserwacht, die Großen leisten Erste Hilfe bei Schulveranstaltungen und Sportfesten und sammeln tonnenweise Bettfedern für ein Flüchtlingsheim.

Über die Schulen regelt das Jugendrotkreuz auch den Briefwechsel mit ausländischen Rotkreuzorganisationen. »Wer andere Völker kennenlernt, wird keinen neuen Haßparolen zum Opfer fallen«, hoffen die Initiatoren. Die Schüler legen klassenweise Alben an, mit Fotos, Zeichnungen, gepressten Blumen und kleinen Geschichten über sich selbst: »Unsere Schule, unsere Landwirtschaft, unsere Volksfeste, unsere Briefmarken«. Vermittelt durch das Rote Kreuz gehen die Alben dann nach Frankreich oder Mexiko, und umgekehrt erhält Neutraubling verheißungsvolle Post aus Japan oder Schweden.

Die größte Bewährungsprobe für die Neutraublinger folgt dann im

Juli 1954. Nach einer tagelangen Sintflut treten die Donau und ihre Nebenflüsse weit über die Ufer. »Land unter«, heißt es von Ostbayern bis Oberösterreich. Passau wird zu einem Venedig wider Willen. Dämme brechen, Felder versinken, von manchen Häusern ragt nur mehr der Dachfirst aus dem Wasser. Über 100 000 Menschen sind vom Notstand betroffen; manche konnten nicht viel mehr als das nackte Leben retten. Eine der bis dahin größten Katastrophenhilfsaktionen weltweit läuft an. Neunhundert ehrenamtliche Rotkreuzhelfer verteilen Bettwäsche, Kleidung, Wolldecken und Gummistiefel. Auf Bahndämmen oder sicherem Hochufer wird Suppe ausgegeben. Die Wasserwacht holt mit Kähnen das Vieh aus den Stallungen, während die Amerikaner mit Schwimmpanzern durch die Fluten kreuzen, um die letzten Eingeschlossenen zu befreien. Berge von CARE-Paketen aus Amerika treffen ein, eine standardisierte Form der Nahrungsmittelhilfe, die noch von Elsa Brändström initiiert worden ist. Außerdem übernehmen die Helfer die Sisyphusaufgabe, tonnenweise Mehl aus Säcken in handliche Papierbeutel umzufüllen. Während sich vor den Ausgabestellen gewaltige Schlangen bilden, bringen die Mitglieder des Jugendrotkreuzes alten Leuten ihre Rationen direkt nach Hause. Insgesamt werden 160 Tonnen Hilfsgüter ausgegeben, dazu im folgenden Winter ganze Schiffsladungen von Futtermais für die geschädigten Bauern, die sogenannte Eisenhower-Spende. Bei der Verteilung bewährt sich die flächendeckende Präsenz der Hilfsorganisation: in Pocking, in Kötzting, in Burglengenfeld, in Bogen, in Tirschenreuth, in Landau, in Deggendorf, in Geisbach, in Vilsbiburg …

Irgendwann sind Schlamm und Schutt halbwegs beseitigt. Doch vielerorts ist auch die komplette Inneneinrichtung unbrauchbar geworden. Und so helfen die Rotkreuzgesellschaften zahlreicher Länder noch bis ins nächste Jahr hinein mit Waschküchen, Schulmöbeln, Nähmaschinen und Geschirr. In manch mitgenommener Wohnung kommt ein funkelnagelneues Bett an. Da lautet denn der kernige Kommentar eines Betroffenen: »Da feit si nix« – tadellos.

Konfrontation der Systeme

In West-Berlin ist das Rote Kreuz 1949 wiederbegründet worden, in der Bundesrepublik 1950 mit Sitz in Bonn, in der DDR 1952 mit Sitz in Dresden. Es überrascht, dass man dort nicht etwa den Arbeiter-Samariter-Bund reanimiert hat, sondern eine offiziell als reaktionär verschriene Organisation, deren Genfer Komitee als »Instrument der Imperialisten« gilt, in dem »Vertreter des Schweizerischen Finanzkapitals einen entscheidenden Einfluß geltend machen«. Für diesen Kurswechsel gibt es mehrere Gründe. Zum einen das Streben nach internationaler Anerkennung. Zum anderen die anstehende Wiederbewaffnung beider deutscher Staaten; sowohl die NVA wie auch die Bundeswehr wären ohne zusätzliche Sanitätskräfte im Ernstfall kaum vorstellbar. Und zum Dritten die Rivalität mit dem Westen. Spätestens, als 1951 bei den Weltfestspielen der Jugend in Ost-Berlin Zehntausende von Besuchern die Suppenküchen des West-Berliner Roten Kreuzes stürmen, beschließt die DDR, eine eigene Hilfsgesellschaft aufzubauen.

Zwei Männer prägen ihre Entwicklung: Werner Ludwig als Präsident und sein Stellvertreter Ludwig Mecklinger, der später Gesundheitsminister wird. Die beiden Militärärzte haben sich nach Kriegsende in Greifswald bewährt, als 30 000 Flüchtlinge in die Stadt strömten, woraufhin es zu einem bedrohlichen Versorgungsnotstand kam und eine schwere Typhusepidemie ausbrach. Nun sollen sie das Rote Kreuz der DDR primär als landesweiten Gesundheitsdienst ins Werk setzen. Die Basis bilden zum einen die früheren Rotkreuzmitglieder, die sieben Jahre lang eine Art organisatorischer Obdachlosigkeit überdauert haben, zum anderen Zigtausende Gesundheitshelfer der Gewerkschaften und der Volkssolidarität. Eine Gleichschaltung wie beim Machtantritt der Nationalsozialisten ist nicht erforderlich, da die Einparteienherrschaft bereits etabliert ist und das Präsidium mit linientreuen Kadern bestückt werden kann. Es residiert in Dresden, weil in Ost-Berlin ein »Informationsabfluß nicht ausgeschlossen werden kann«. Den Mitarbeitern ist es untersagt, West-Berlin auch nur zu durchfahren.

Bei aller Rivalität sind die gemeinsamen Wurzeln der beiden Rotkreuzgesellschaften unverkennbar. Die Uniformen und Ehrenzeichen gleichen sich, Wasser- und Bergrettung gehören hüben wie drüben zu den klassischen Aufgaben, auch Krankenpflege und Zivilschutz entsprechen einander, und der Jugendverband in Zahna beteiligt sich genauso an der internationalen Albenaktion wie das Jugendrotkreuz in Neutraubling. Beide Gesellschaften sollen im Ernstfall die nun wiedererstehenden Armeen unterstützen. Im Westen hat das Rote Kreuz lange eine beherrschende Stellung im Krankentransport und Rettungsdienst, im Osten hält es sogar nahezu das Monopol darauf. Teilweise übernimmt es dort auch die Seerettung. Dafür gibt es in der DDR keine Schwesternschaften, die Sozialarbeit wird weitgehend anderen Organisationen übertragen und der Suchdienst eher stiefmütterlich behandelt. Etlichen Tausend haupt- und ehrenamtlichen Suchdienstmitarbeitern im Westen stehen gerade einmal fünfzehn in der DDR gegenüber. Die Menschen sollen, so die offizielle Auffassung, nach vorne blicken und nicht zurück, sie sollen, so Ludwig, »Schluß machen« mit dem Streit um tote Seelen. Alljährlich am 8. Mai zeigt sich ein kleiner Unterschied: Während Dunants Geburtstag in Westdeutschland, wie in den meisten Ländern, als Weltrotkreuztag begangen wird, ist dieses Datum in der DDR für den »Tag der Befreiung« reserviert.

Eine Besonderheit im Osten ist die starke Präsenz in den Kombinaten und landwirtschaftlichen Produktionsgenossenschaften. Zwar obliegt dem Roten Kreuz auch in westlichen Großbetrieben vereinzelt der Gesundheitsschutz; insbesondere im Ruhrgebiet hat es seit den zwanziger Jahren Werksschwestern und Ambulanzen gestellt. Im Arbeiter-und-Bauernstaat wird diese Tradition nun systematisch ausgebaut. Schwerpunkte sind Prestigeprojekte wie das »Kombinat J. W. Stalin« in Stalinstadt (später Eisenhüttenstadt) oder das Kokskombinat »Schwarze Pumpe« in der Niederlausitz. Hauptbetätigungsfeld ist der Arbeitsschutz; auch bei Sportveranstaltungen, Kundgebungen und Übungen mit den Werkskampfgruppen kommen Rotkreuzeinheiten zum Einsatz.

Sie sollen dazu beitragen, »den Krankenstand zu senken, die Arbeitsproduktivität zu steigern und somit die Wirtschaftspläne zu erfüllen bzw. überzuerfüllen«. Für entsprechend vorbildliche Leistungen wird die Zentralwerkstatt Regis ausgezeichnet, ein Großbetrieb für Maschinenbau südlich von Leipzig. Bei 2500 Belegschaftsmitgliedern verfügt sie über vier Rotkreuzgruppen, die untereinander sogar Wettbewerbe veranstalten, wer die meisten Lose verkauft oder die beste Erste Hilfe leistet. An den Betriebsbegehungen nehmen stets auch Rotkreuzkräfte teil. Sie monieren, wenn ein Schweißer ohne Schutzbrille arbeitet, wenn ein Sanitätskasten fehlt, wenn ein Fluchtweg versperrt ist. Und wehe, ein Kumpel greift zur Flasche.

Zu den Pionieren der Rotkreuzarbeit im Osten zählen Horst und Helga Gäbler. Sie betreiben die Wetterwarte auf dem Fichtelberg, mit seinen 1214 Metern die höchste Erhebung der DDR. Schon 1950 wollten sie dort eine Unfallhilfsstelle einrichten, doch da galt das Rote Kreuz noch als verbotene Organisation. Erst sechs Jahre später wird ihr Vorhaben Wirklichkeit. Parallel dient die Wetterwarte als Zentrale des Bergret-

Helfer der betriebseigenen Rotkreuzgruppe im Stahlwerk Eisenhüttenstadt bringen einen verletzten Arbeiter zum Fahrzeug.

tungsdienstes. Damals ist das obere Erzgebirge noch Sperrgebiet – die Uranbergwerke der Wismut AG dienen als wichtigster Lieferant für die sowjetischen Atombomben. Nur nach strengen Kontrollen kommen Urlauber bis Oberwiesenthal. Dennoch gibt es im Winter verhältnismäßig viele Unfälle, die teilweise dem mangelhaften Material der Skiläufer geschuldet sind – »Da brach entweder das Holz oder die Knochen. Einmal hatten wir siebzehn Transporte an einem Wochenende«, erinnert sich die heute neunzigjährige Wetterwartin.

Den wannenförmigen Rettungsschlitten, »Akja« genannt, hatte ein sächsischer Wehrmachtssoldat bei Rentierzüchtern in Karelien kennengelernt. Mittels Seilen wird er von vier geübten Skifahrern zu Tal befördert; heutige Modelle kommen mit zwei Begleitern aus. An den Wochenenden unternehmen die Helfer Streifengänge rund um den Berg. Und granteln dann hinterher: »Ein schlechter Dienst heute – nicht einen Verletzten gefunden!« Der Bergrettungsdienst benutzt damals noch die Abkürzung »BRD«, so dass man in den Dokumenten schon zweimal hinschauen muss, ob nun der BRD des DRK oder das DRK der BRD gemeint ist. Später wird er deshalb in »Bergunfalldienst« umbenannt, sehr zum Missfallen der Mitglieder. Eine Rettung hat nun einmal mehr Nimbus als ein Unfall. In Lehrkursen bilden sie sich für die Arbeit am Berg fort. »Dort lernten wir auch das alpine Notsignal«, feixt Gäbler, »obwohl an einen Besuch in den Alpen natürlich nicht zu denken war.« Immerhin reicht der Blick an klaren Tagen quer über die Tschechoslowakei bis zum Bayerischen Wald. An anderen Tagen liegen die Wolken wie kalte Wickel um den Berg. Manchmal werden sie Zeugen seltener Naturerscheinungen wie Kugelblitz und Elmsfeuer. Als Helga Gäbler ihr drittes Kind erwartet, fallen Mitte Juni fünf Zentimeter Schnee, und die Hebamme kommt mit ihrem Leichtmotorrad kaum den Berg hinauf. Im Winter ist die Straße generell nicht befahrbar, Räumfahrzeuge gibt es noch nicht. Bergab geht es mit dem Holmenschlitten, bergauf zu Fuß. Ihre Einkäufe trägt die Wetterwartin im Rucksack hoch, und wenn eines der Kinder zum Arzt muss, transportiert sie es mit demselben Rucksack zu Tal.

Einmal sagt sich ausgerechnet zu Heilig Abend das Ehepaar Ulbricht an, das in Oberwiesenthal Urlaub macht und spontan die Wetterstation zu besichtigen wünscht. Helga Gäbler kredenzt selbstgemachten Hagebuttenwein und präsentiert nicht ohne Stolz den »höchsten Säugling« der DDR. »Ulbricht interessierte sich aber mehr für die Wand mit den Karl-May-Büchern. Doch die Lotte war doll. Die hat auch darauf gedrungen, dass die Angestellten der Wetterwarte Skistiefel bekamen. Er wollte erst nicht, aber zu Weihnachten konnte er es nicht abschlagen.«

Zu einer lohnenden Aufgabe für Helga Gäbler wird die Nachwuchsarbeit. Im Laufe der Jahre bildet sie an die dreihundert Schüler zu »jungen Sanitätern« aus und gewinnt mit ihnen manchen Wettbewerb. Die Kurse bieten eine breite Palette: Erste Hilfe, Hygiene, Bergung von Verletzten, Naturschutz, Orientierung, Verkehrserziehung. Dutzende der Teilnehmer ergreifen später medizinische oder soziale Berufe – und ein Gutteil bleibt dem Roten Kreuz als aktive Mitglieder erhalten.

Helmut Kleebusch aus Dessau ist ebenfalls seit den fünfziger Jahren dabei. »Damals hab ich mit Freude von den Alten gelernt. Nun bin ich selber alt, aber meine Erfahrung interessiert die Jungen kaum.« Mitunter kommt er sich vor wie ein Fossil aus einem anderen Zeitalter. Jahrgang 1937, entstammt er jener Generation, die noch etwas anderes kannte als nur die DDR. Die ihn prägenden Ausbilder kamen alle noch aus dem Krieg. »Die haben im Dreck gelegen und unter Beschuss Verwundete geborgen, die die Ärzte dann mit dem Stahlhelm auf dem Kopf im Zelt operierten. Das war das alte Rote Kreuz.« Heute, klagt er, sei die Gemeinschaft nur oberflächlich, man spräche sich auch nicht mehr als Kamerad an, und die Mitglieder erschienen statt in Uniform im Rollkragenpullover. Seinerzeit habe er vor allem nach sinnvoller Betätigung gesucht. »Beim Roten Kreuz ging es freier zu als in der stärker überwachten Kirche, aber weniger verbiestert als in den Kampfgruppen.«

Die DDR fordert von ihren Bürgern ausdrücklich, sich gesellschaftlich zu betätigen, bevorzugt in Massenorganisationen wie der FDJ oder dem FDGB oder eben dem DRK. Im Gegenzug winken Vergünstigungen bei Urlauben und Studienplätzen. Wer etwas für die Allgemeinheit tun will, aber einen Mindestabstand zum System wahren möchte, findet oft zum Roten Kreuz. Das kommt zumindest in Gesprächen mit altgedienten Mitarbeitern fast unisono zum Ausdruck: »Für die Basis war nicht die Politik ausschlaggebend, sondern dass man anderen Menschen helfen konnte«, berichtet etwa Wilfried Lammel, als Arzt langjähriger Vorsitzender des Kreiskomitees in Zittau. »Es herrschte ein starker Gemeinschaftssinn, man konnte sich auf die Leute verlassen.« Ähnlich beschreibt es Horst Zerna, Rotkreuz-Urgestein aus Cottbus: »Den meisten Mitgliedern ging es um eine sinnvolle Aufgabe, sie wollten etwas fürs Leben lernen. Der normale Bereich war undogmatisch.«

Diese Auffassung des Roten Kreuzes als einer unpolitischen Nische steht in scharfem Kontrast zur offiziellen Selbstdarstellung. Blättert man heute im Zentralorgan *Deutsches Rotes Kreuz*, so sticht in einem kaum glaublichen Ausmaß ideologische Agitation ins Auge. Da stehen seitenweise Hymnen auf Stalin, durchwirkt von Gedichten mit Titeln wie *Im Kreml ist noch Licht* oder *Ich preise den Sowjetmenschen*. Die Führungskader können nicht genug von ihren Besuchen in Moskau schwärmen: »Ich war in meinem Leben noch nicht so beeindruckt. Die Tränen lassen sich nicht zurückhalten. Oh, du herrliches Sowjetland, ihr herrlichen Sowjetmenschen, die ihr einen Lenin und Stalin hattet«, schreibt etwa Charlotte Eppinger, stellvertretende Vorsitzende des Zentralausschusses. Die Zeitschrift wird von den Funktionären selbst bestückt und gerät entsprechend langatmig und nichtssagend. Offizielle Losungen und Verlautbarungen nehmen breiten Raum ein, nur selten schafft es ein Bericht über die Arbeit der Basis ins Blatt. Wie alle Massenorganisationen wird auch das Rote Kreuz dazu benutzt, die kommunistische Ideologie in die Gesellschaft einzuimpfen. »Es ging in den ersten Jahren um eine prinzipielle Auseinandersetzung mit der irrigen Auffassung, daß das DRK der DDR eine unpolitische, neutrale und über den Klassen stehende Organisation sei«, erläutert Werner Ludwig. Charlotte Eppinger zieht am gleichen Strang: »Nicht selten versucht der Gegner, einen falschen Neutralitätsgedanken in unsere Organisation zu tragen.« Nach heutigem Verständnis eine krasse Missachtung elementarer Rotkreuzprinzipien. Auch wenn die sieben Grundsätze – Menschlichkeit, Unparteilichkeit, Neutralität, Unabhängigkeit, Freiwilligkeit, Einheit, Universalität – erst im Laufe der sechziger Jahre als unumstößliches Credo der Bewegung fixiert werden, so bilden sie doch seit den ersten Diskussionen der Gründerväter in wechselnden Kombinationen das ethische Fundament der Rotkreuzarbeit. Dass auch die zweite Diktatur auf deutschem Boden den Hilfsverein für ihre Zwecke zurechtbiegt, überrascht nicht. Doch Ludwig vertritt diese Auffassung auch 1989 noch unbeirrt in einem staatstragenden Doppelband über vierzig Jahre DDR. Wenige Monate später wird er zum Ehrenmitglied des Präsidiums im wiedervereinigten Deutschen Roten Kreuz ernannt. Ein Beispiel für die vorprogrammierten Widersprüche, die mit Prinzipien wie »Neutralität« und »Universalität« einhergehen.

Zu kaum einer Zeit dürfte die Vorstellung einer »unpolitischen Rotkreuzarbeit« so illusionär gewesen sein wie in den fünfziger Jahren. Der Kalte Krieg ist heißer Wettbewerb. Beide Systeme nehmen für sich in Anspruch, »der Freiheit«, »dem Frieden« und »der Humanität« zu dienen. Zum Brennpunkt gerät immer wieder Berlin, wo das Duell der Systeme wie in einer Arena stellvertretend ausgetragen wird.

Die erste große Erschütterung bringt der 17. Juni 1953, als sich der Unmut gegen den totalitären Staat in einem landesweiten Aufstand entlädt. In Berlin flüchten nach blutigen Zusammenstößen Tausende von Demonstranten vor den russischen Panzern und den Karabinern der Volkspolizei auf westliches Gebiet. Allein am Potsdamer Platz bergen West-Berliner Rotkreuzkräfte Dutzende von Toten und Verwundeten aus dem Niemandsland des Grenzstreifens. Als die Sektorengrenze abgeriegelt wird, können die abgedrängten Demonstranten nicht mehr nach Hause zurück. Binnen weniger Stunden macht das Rote Kreuz die leerstehenden Fabrikhallen der Heinkel-Flugzeugwerke einigermaßen bewohnbar. 1500 Menschen finden dort für die nächsten Tage Zuflucht. »Jeder erhielt seinen Strohsack, zwei nagelneue Decken, Bettwäsche,

»Östlicher Tabak, westliche Erbsensuppe«: Heim für Flüchtlinge aus der DDR in Berlin-Tempelhof.

Handtücher, Geschirr und Seife«, berichtet Dietrich Blos. »Sogar Zahnbürsten, die Geschäftsleute nach einem Aufruf über den RIAS in Sekundenschnelle als Spenden anlieferten, wurden verteilt.«

Dass das West-Berliner Rote Kreuz selbst eines solch massiven Andrangs Herr wird, ist kein Zufall. Die massenhafte Unterbringung und Versorgung geflohener Ostdeutscher bildet bis zum Mauerbau seine größte Aufgabe. Denn da die innerdeutsche Grenze schon Anfang der fünfziger Jahre abgeriegelt wird, ist nur West-Berlin noch als letzte Schleuse in den Westen offen. Allein 1953 schlagen sich 300 000 Flüchtlinge hierher durch. In aller Eile werden fast hundert Heime eingerichtet, in stillgelegten Fabriken, zerbombten Kasernen und früheren Zwangsarbeiterbaracken. Das Notaufnahmelager Marienfelde umfasst gar eine ganze Siedlung. Gut die Hälfte dieser Unterkünfte betreibt das Rote Kreuz. Blos schildert, wie seine Leute angesichts des Ansturms kurzerhand zu Hausbesetzern werden: »Ein anderes Mal nahmen wir Besitz vom ehemaligen Reichsversicherungsamt. Die Eingangstür war nicht mehr vorhanden. Die Lichtanlage funktionierte noch. Nach bewährtem Plan richteten wir uns ein, so daß wir noch am Abend fünfhundert Flüchtlinge unterbringen konnten. Als nach vier Wochen der Zustrom abebbte, verließen wir das Haus ebenso still, wie wir es in Besitz genommen hatten.« Dietrich Blos zählt zu den couragiertesten Köpfen des Deutschen Roten Kreuzes, und er verkörpert dessen Geist und Geschichte in beispielhafter Form: Als jugendlicher Helfer im Ersten Weltkrieg hat er in den Karlsruher Lazaretten noch Großherzogin Luise erlebt.

Gewöhnlich warten die Flüchtlinge schon um sechs Uhr morgens mit ihren wenigen Habseligkeiten und Hunderten von Kinderwagen vor der Meldestelle. Von dort werden sie auf die Heime verteilt, in denen sie meist einige Monate zubringen, bevor sie eine eigene Unterkunft finden oder, vielfach per Luftbrücke, nach Westdeutschland gebracht werden. Die Heime sind mit dem Notwendigsten bestückt: Bettgestelle, Strohsäcke, Decken. Auch ausreichende Verpflegung kann gewährleistet werden, wenngleich die Bewohner irgendwann des ewigen Eintopfs überdrüssig sind. Waschgelegenheiten und Toiletten dagegen reichen fast nirgendwo aus. Es gibt keine Privatsphäre, und es ist niemals still. Schreiende Kinder, streitende Erwachsene und gebieterische Lautsprecherdurchsagen vermengen sich zu einer Polyphonie der Unordnung. Das durchgemachte Leid, der Abschiedsschmerz, die beengten Verhältnisse – all das macht den Menschen schwer zu schaffen. Auch ist das Klima der Angst noch nicht überwunden: Spitzel mischen sich unter die Flüchtlinge, immer wieder werden Menschen gewaltsam verschleppt.

Die Flüchtlinge erleben ihre persönliche Stunde null: Es beginnt ein Leben im Transit, hinein in eine ungewisse Zukunft. Ein Lokalreporter beschreibt die Zustände im Rotkreuzlager Am Karlsbad: »Fünf Stockwerke übereinander. Und hinter jedem Fenster hängt Wäsche. In der Luft liegt die ganze Atmosphäre dieses Hauses: Menschenmasse, Strohsäcke, Schlafsaal, östlicher Tabak, westliche Erbsensuppe. Mütter gehen mit Schüsseln voll Windeln zur Waschküche, kochen dort nebenbei noch auf dem Gaskocher den Brei für die Flaschenkinder. Schweden

Archiv der Schicksale: die Zentrale Namenskartei des DRK-Suchdienstes in München.

Im Chaos des Krieges wurden unzählige Kinder von ihren Müttern getrennt. Der Suchdienst bearbeitete 300 000 Fälle.

Nachforschungen erbeten: In den langen Regalen stapeln sich Kartons mit Millionen von Suchanfragen.

Trotz Jahrzehnten erfolgreicher Arbeit – eine Million Schicksale werden wohl für immer ungeklärt bleiben.

Jede Karte ein Leben: Der Kindersuchdienst wurde einmal als »größtes humanitäres Detektivinstitut« bezeichnet.

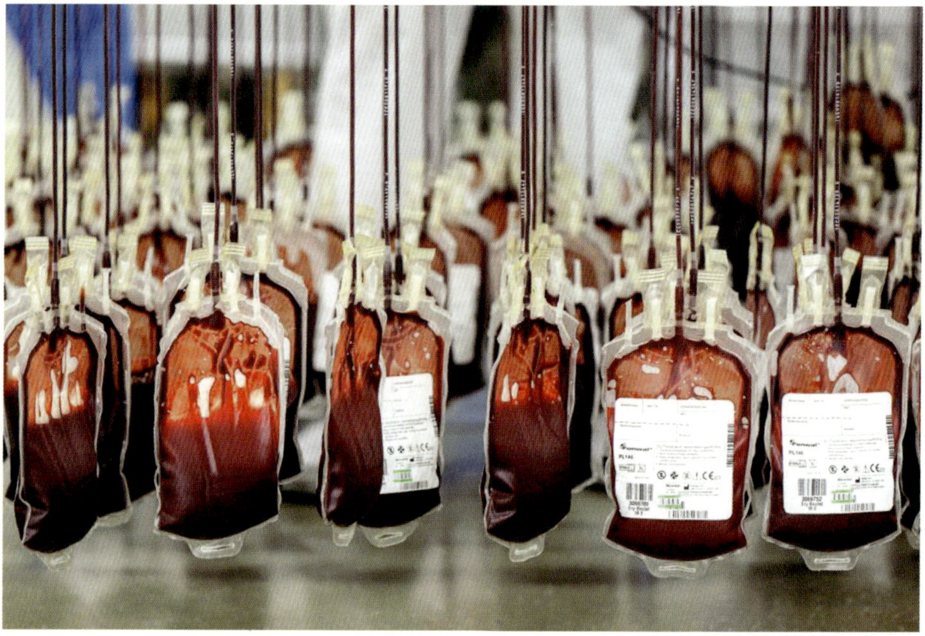

Das Produktions- und Logistikzentrum des Blutspendedienstes in Wiesentheid verarbeitet täglich zweitausend Vollblutspenden.

Die Produktion ist hochgradig automatisiert und auf dem neuesten Stand der Transfusionsmedizin.

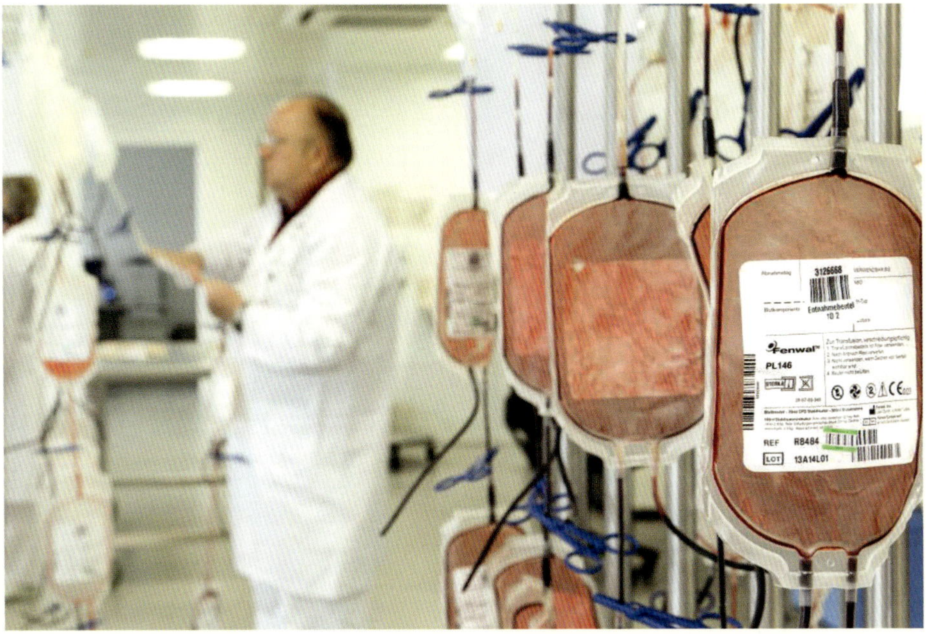

Zum Auftrennen des Blutes in seine Bestandteile nutzt man zunächst die schonendste aller Kräfte: die Schwerkraft.

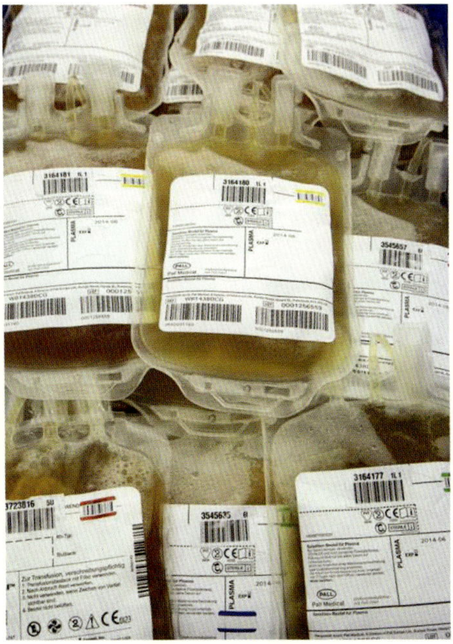

Im Tiefkühldepot herrschen optimale Bedingungen für eine Zwischenlagerung von Blutkonserven und -plasma.

Volle Kraft voraus: Ein Boot der Regensburger Wasserwacht läuft zu einer Übung auf der Donau aus.

Die Boote sind für den Einsatz unter widrigen Bedingungen konstruiert und werden regelmäßig gewartet.

Mann über Bord: In diesem Falle freiwillig, um die Kollegen in Übung zu halten und auch das Material zu testen.

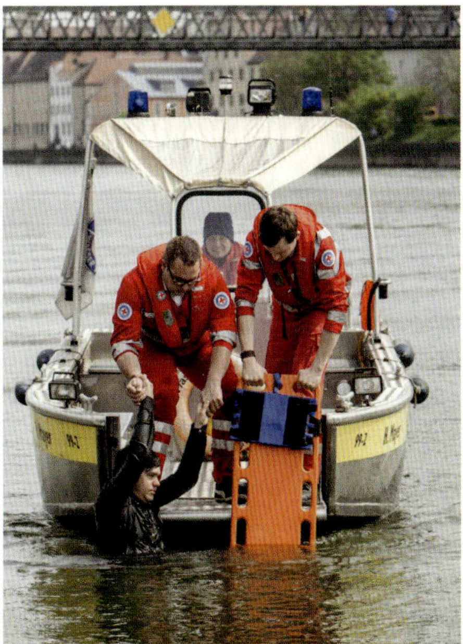

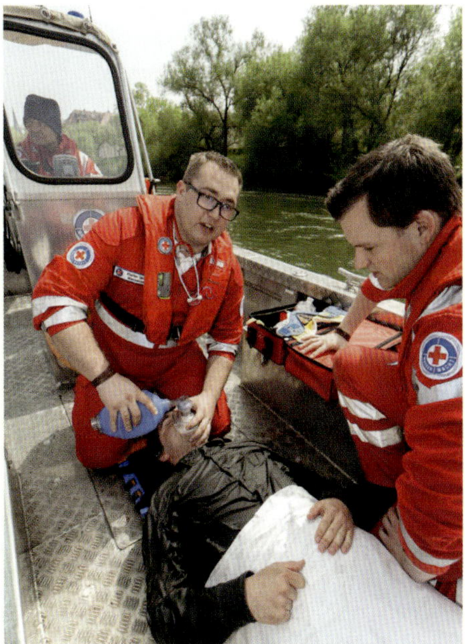

Über die heruntergelassene Bugklappe des Bootes kann der Schwimmer schonend an Bord geholt werden.

Die Bergwacht Hessen übt die Hubschrauberrettung eines Verletzten mit einem Bergesack.

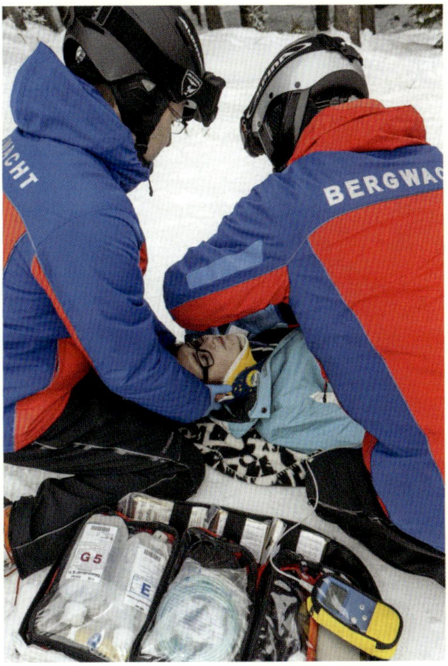

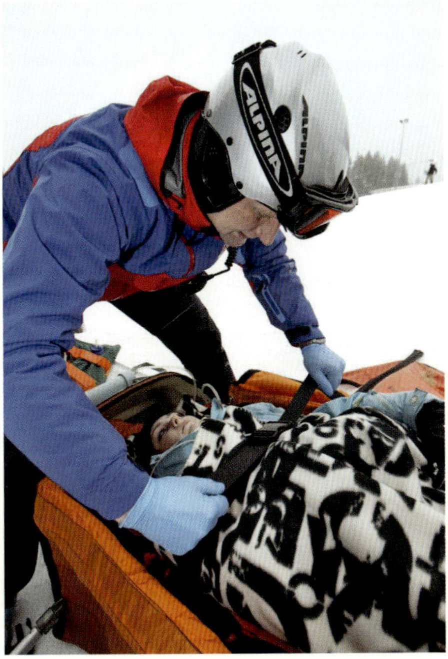

Im Winter herrscht Hochbetrieb bei den Bergrettern, wie hier in Oberhof (Thüringen).

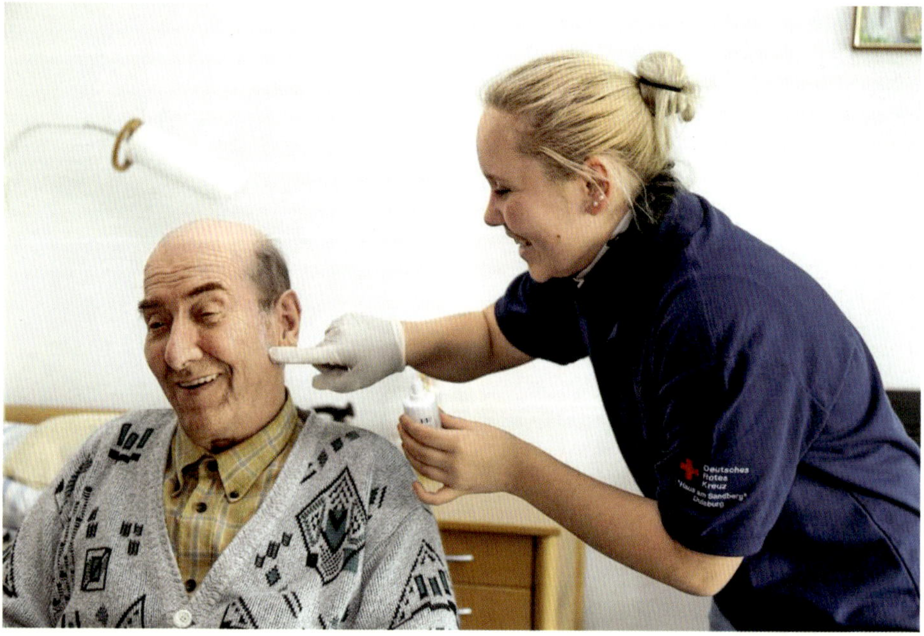

Betreuung kann Spaß machen: Szenen aus dem multikulturellen Seniorenzentrum des Deutschen Roten Kreuzes in Duisburg.

Hauptsache Energie – ob bei der Gymnastik, in der Trommelgruppe, beim stillen Gebet oder draußen im Garten.

Im Logistikzentrum am Flughafen Berlin-Schönefeld wird eine Hilfslieferung für Syrien zusammengestellt.

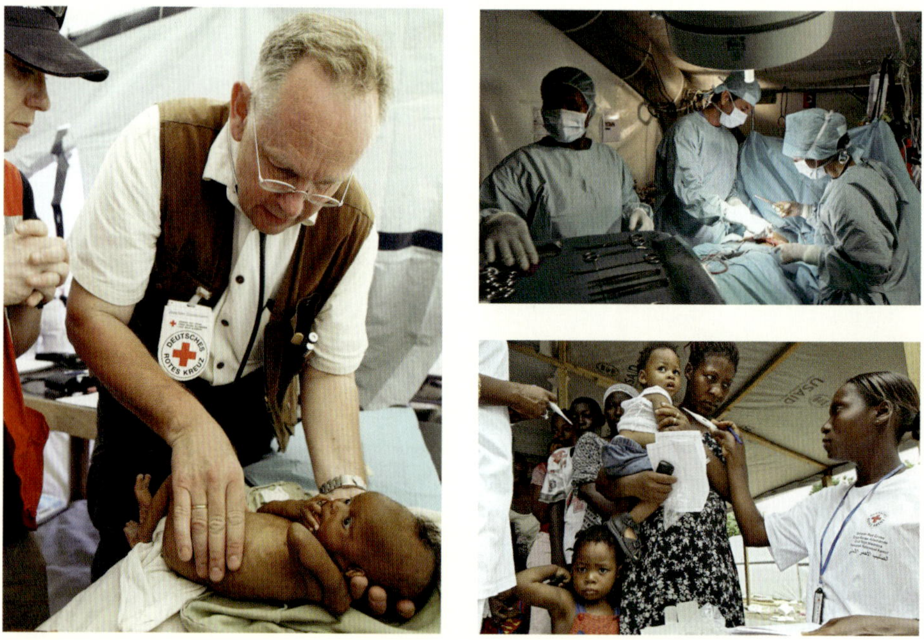

Nach dem schweren Erdbeben in Haiti im Januar 2010 bewährte sich das mobile Feldkrankenhaus des DRK.

2004 flüchteten Zehntausende aus dem Sudan ins Nachbarland Tschad. Rotkreuzorganisationen leisteten umfangreiche Hilfe.

Mehr als 300 000 Menschen wurden beim Erdbeben in Haiti verletzt. Ärzte des DRK halfen in einem internationalen Team.

Immer am Ball: Die Einsatzleitung bei einem Bundesligaspiel. Ärzte und Bereitschaftshelfer postieren sich möglichst nahe am Geschehen.

Bis heute bildet der Rettungsdienst eine der tragenden Säulen der Rotkreuzarbeit. Die Wagen sind mit modernster Technik ausgestattet.

Juniorenhelfer: Auf spielerische Art machen Mitglieder des Jugendrotkreuzes Grundschüler mit Erster Hilfe vertraut.

Im Klassenzimmer und auf dem Schulhof werden realistische Unfallsituationen nachgestellt.

»Ort für private Friedensgespräche«: Der Konzeptkünstler H. R. Fricker bittet im Zeichen des Roten Kreuzes zu Tisch.

hat schon ganze Serien von Kinderbetten geliefert, und selbst aus Indien und aus Tunis kommen Spenden.«

Ganz allmählich bessert sich die Ausstattung. Das Dunant-Heim am Askanischen Platz etwa erhält einen Duschraum, der abwechselnd Frauen und Männern zur Verfügung steht. Arztzimmer und Friseurstube werden eingerichtet und sogar ein Zwinger für die Hunde. Die Jugendlichen bekommen einen Klubraum mit Büchern, Radio und Tischtennis. Spielplätze aber gibt es in kaum einem Heim. Dafür rückt die fahrbare Spielkiste in einem großen, von einem Traktor gezogenen Anhänger an, bestückt mit Malkästen, Puppenstuben, Modellautos und Kaufläden. Die Kinder können sie eine Woche lang ausleihen und dann gegen neue Spielsachen eintauschen. Als der amerikanische Frauenklub dem Heim dazu noch neunzig Paar Rollschuhe schenkt, kennt die Begeisterung kein Halten mehr.

Flüchtlingsbetreuung, Heimkehrerfürsorge und Kinderhilfe – auf diese drei Felder konzentriert sich die Wohlfahrtsarbeit des DRK in den fünfziger Jahren. Die breite Palette, die sie einst zur Kaiserzeit und in den zwanziger Jahren umfasste, ist im »Dritten Reich« fast ausradiert worden. Ganz allmählich aber entwickeln sich aus den klassischen Nachkriegsaufgaben heraus neue Arbeitsbereiche, bis aus der »Fürsorgerin« die moderne »Sozialarbeiterin« wird.

Revolution in Ungarn

Das nächste Zeitbeben ereignet sich Ende 1956 in Ungarn, wo Hunderttausende gegen die stalinistische Gewaltherrschaft auf die Straße gehen. Die sowjetische Besatzungsmacht fährt mit Panzern auf und schlägt den Aufstand gewaltsam nieder. Es gibt mehrere Tausend Tote, über 200 000 Menschen fliehen in den Westen.

Von Bonn aus macht sich der DRK-Hilfszug auf den Weg nach Budapest. Ein Konvoi aus zwanzig Fahrzeugen, der ein komplettes Krankenhaus mit hundert Betten mitführt, dazu Ambulanzwagen, Blutplasma

Während des Volksaufstands in Ungarn 1956 passiert der Hilfskonvoi des DRK die österreichisch-ungarische Grenze im Burgenland.

und Medikamente, Küche, Notstromaggregat und Werkstattwagen. Der nach dem Vorbild eines motorisierten Bereitschaftslazaretts aus dem Zweiten Weltkrieg konzipierte Hilfszug ist autark und praktisch überall einsetzbar. Vorbei an umgestürzten Stalinstatuen fährt er schließlich in einer Schule für Sanitätssoldaten vor, in der die sechzig Helfer ein Lazarett einrichten. Im Operationssaal prangen Bilder von Lenin und Semmelweis. Alle Verbindungen in den Westen sind gekappt worden, nur dank des Funkwagens haben sie noch Kontakt zu Bonn: »Lazarett in Funktion ... heftige Schießereien ... keine Verluste«. Gisela Michalik, die als Schwester der Göttinger Werner-Schule dazugestoßen ist, berichtet: »Granatsplitter fliegen auf unseren Hof. Mit Sirenengeheul werden in ununterbrochener Folge Schwerverletzte gebracht. Es wird verbunden, operiert, sterilisiert und wieder vorbereitet. Panzer rollen vorbei.«

Faktisch handelt es sich um einen Kriegseinsatz. Der Roten Armee, die Budapest nun zum zweiten Mal besetzt, sind die unerwünschten Zeugen ein Dorn im Auge. Zwei Mitarbeiter werden gar in die Sowjetunion verschleppt, und Hermann Ritgen, der Leiter der Mission, hat mehrfach Gelegenheit, sein dickes Fell zu beweisen: »Immer wieder werden die Türen unseres Wagens aufgerissen, und die Mündungen von Maschinenpistolen kitzeln in der Rippengegend.« Schon nach zwei Wochen drängen die Russen die westdeutschen Helfer wieder aus Ungarn heraus. In den österreichischen Flüchtlingslagern hinter der Grenze aber sind einzelne dann noch monatelang im Einsatz. Aufgrund seiner einschlägigen Erfahrungen sind dem West-Berliner Roten Kreuz dort zwei große Camps anvertraut worden. In ihrem Gefolge zockelt nun auch die fahrbare Spielkiste drei Monate lang von Lager zu Lager. Allein in West-Berlin kommen bei Sammlungen 1,2 Millionen Mark und über zweihundert Tonnen Bekleidung zusammen – oft gespendet von Menschen, die selbst nur wenig haben. Auch die DDR schickt erhebliche Geld- und Sachspenden nach Ungarn, dazu ein Dutzend Krankenwagen. Da auch sie die Aufschrift »Deutsches Rotes Kreuz« tragen, wären sie von ihren westdeutschen Pendants nur schwer zu unterscheiden, würden nicht Transparente darauf hinweisen, dass hier eine »Solidaritätsspende für das sozialistische Ungarn« vorliegt. Im Winter kommen dann fünftausend ungarische Kinder zu einem Erholungsaufenthalt in die DDR. Darüber, und nur darüber, erscheint ein dürrer Bericht in der Mitgliederzeitschrift, der »die grauenvollen Tage der Konterrevolution und des faschistischen Terrors« nicht genug verdammen kann. Es wird eine ganze Generation dauern, bis die Länder des Ostblocks das eiserne Joch des Kommunismus abzuschütteln vermögen. Dann werden es die Ungarn sein, die Tausenden von DDR-Bürgern den Weg in den Westen ebnen und das Ende der Diktaturen in Osteuropa einläuten.

ATOM

KAPITEL NEUN

»Im Schatten der Mauer«

Zwischen Weltuntergang und Wiedervereinigung

Das Rote Kreuz nimmt die Politik hin
und kümmert sich um ihre Opfer.
CARLO SCHMID

Im Juni 1961 steigt die Zahl der ostdeutschen Flüchtlinge wieder spürbar an. Allein die vom Roten Kreuz in West-Berlin betriebenen Heime müssen siebentausend Neuzugänge aufnehmen. Der DDR-Ministerrat beschließt, »dem Treiben der westdeutschen Revanchisten einen Riegel vorzuschieben«. Am 13. August sperren NVA, Volkspolizei und Betriebskampfgruppen die Sektorengrenze und beginnen mit dem Bau der Mauer. Im Raum Berlin betreuen die Sanitätseinheiten des ostdeutschen Roten Kreuzes während dieser Zeit die Kampfgruppen – jene bewaffneten Milizen, die nach dem Arbeiteraufstand am 17. Juni 1953 geschaffen wurden, um künftig jedes Aufbegehren von unten im Keim zu ersticken. Insgesamt besteht das DRK der DDR diese »Bewährungsprobe« nach eigener Einschätzung gut, nur ganz vereinzelt kommt es zu »Unklarheiten« oder gar »Diskussionen«.

Der Haltung der Staatsregierung folgend, deklariert das Präsidium den Mauerbau als »friedenssichernde Maßnahme gegen den westdeutschen Imperialismus«, die »dem Menschenraub, der Agententätigkeit, der Währungsspekulation ein Ende bereitet«. Sie beweise, so Ludwig in

Übung der Luftschutzhilfsdienste von Deutschland, Frankreich und Luxemburg in Saarbrücken 1962. Zur Ausrüstung gehören Schutzanzüge, Gasmasken und Strahlenmessgeräte.

staunenswerter Dialektik, »daß die DDR derjenige Staat ist, der das Banner der Humanität hochhält«. Nur konsequent, dass Generalmajor Walter Breitfeld, stellvertretender Kommandeur der Grenztruppen, zum Vizepräsidenten des Roten Kreuzes ernannt wird. Der Ton der offiziellen Verlautbarungen verschärft sich, und die martialische Erregung wird bis an die Basis und bis an die Peripherie des Landes durchgedrückt. So führt das Kreiskomitee im erzgebirgischen Schwarzenberg binnen einer Woche drei Alarmübungen durch. Für gewöhnlich liegt solchen Übungen als Szenario ein schwerer Verkehrsunfall oder eine Explosion in einer Chemiefabrik zugrunde. Nun aber haben die Sanitätshelfer sich bei einem Tieffliegerüberfall, bei einem Luftangriff mit »radioaktivem Staub« und bei feindlicher Agententätigkeit mit heftigem Feuergefecht zu bewähren. Das Präsidium in Dresden ruft junge Rotkreuzhelfer zum Ehrendienst in der NVA auf. Der Jugendverband startet eine Kampagne gegen das Hören von Westsendern und erklärt seinen Mitgliedern: »In der DDR, von der der Frieden in Deutschland ausgeht, haben die guten Deutschen das Ruder fest in der Hand und steuern einem glücklichen Leben entgegen.«

Nicht alle jungen Leute scheinen jedoch davon überzeugt. Der achtzehnjährige Peter Fechter wird im August 1962 bei einem Fluchtversuch von drei Grenzsoldaten angeschossen und verblutet elend auf dem Todesstreifen. Einer von 38 Menschen, die an der Mauer bereits im ersten Jahr ihr Leben lassen müssen. Der Fall bewegt das Internationale Komitee zu einer diplomatischen Offensive; möglicherweise lösen die Bilder des hilflos verendenden jungen Mannes eine Art Castiglione-Reflex aus. In einer derart verfahrenen Situation, in der zwischenstaatliche Verhandlungen nicht mehr greifen, fungiert das Komitee traditionsgemäß als Mittler und Mahner. Doch trotz intensiver Gespräche mit Regierungs- und Rotkreuzvertretern beider deutscher Seiten kommen die Konsultationen über Lippenbekenntnisse kaum hinaus. Der Genfer Vorschlag eines »Hauses der Begegnung«, das von beiden Hälften des geteilten Berlin her zugänglich sein soll, wird ebenso abgelehnt wie die Initiativen zur Familienzusammenführung. Werner Ludwig argumentiert, die »Republikflucht« stelle kein humanitäres Problem dar, da die Betroffenen ja zurückkommen könnten. Für die auseinandergerissenen Familien sei das Rote Kreuz ohnehin nicht zuständig, da diese nicht durch einen Krieg voneinander getrennt worden seien. Aus Sicht der Machthaber im Osten erfüllt die Mauer jedenfalls ihren Zweck und bereitet der massenhaften Abwanderung gewaltsam ein Ende.

1963 schließt das Rote Kreuz sein letztes Flüchtlingsheim in West-Berlin. An Arbeit mangelt es dem dortigen Landesverband dennoch nicht. Im gleichen Jahr leistet er beim Besuch von John F. Kennedy den größten Sanitätseinsatz nach dem Krieg. Fünfhundert Helfer postieren sich entlang der Fahrstrecke und vor dem Schöneberger Rathaus. Darunter auch Gerhard Reusche, damals im Jugendrotkreuz aktiv: »Das war natürlich *die* Sache für uns – bis dahin hatten wir nur bei Seifenkistenrennen und Kreuzberger Kiezfesten mitgeholfen. Und nun konnten wir Kennedy, Brandt und Adenauer aus der Nähe erleben – für unsere

Beim symbolträchtigen Besuch von John F. Kennedy in West-Berlin an einem heißen Junitag des Jahres 1963 hat das Rote Kreuz einen Großeinsatz.

Leute wurde eine Rettungsgasse unter dem Balkon frei gehalten.« Wegen des Gedränges und der hohen Temperaturen haben viele Zuschauer Kreislaufprobleme, einige erleiden einen Hitzschlag. »Die Trage war permanent unterwegs«, erinnert sich Reusche. Insgesamt leistet das Rote Kreuz fast 900-mal Erste Hilfe, achtzehn Krankenwagen kommen zum Einsatz. Für die Bewohner der ummauerten Stadt wird der amerikanische Präsident zu einer fast messianischen Gestalt; allein vor dem Schöneberger Rathaus versammeln sich eine halbe Million Menschen. Der Jubel, mit dem Kennedy empfangen wird, lässt die Tiefe der Ängste erahnen, die mit der neuen Eskalationsstufe des Kalten Krieges einhergehen. Einige Monate später durchbrechen sowjetische Düsenjäger dicht über West-Berlin fortwährend die Schallmauer. Ganze Stadtviertel zucken zusammen, Fenster und Türen schlagen zu. In durchaus erregtem Ton bittet der West-Berliner Landesverband die Ost-Berliner Kollegen, auf »die zuständigen Stellen« einzuwirken: »Diese explosionsartigen Geräusche sind dazu geeignet, alte Menschen und auch Kinder erheblich zu belästigen. Bei nicht wenigen Krankheiten führt der Schreck zu akuten Anfällen. Säuglinge und Kleinkinder werden aus dem Schlaf gerissen.« Eine bezeichnende Episode aus den Tagen des Kalten Krieges – das Rote Kreuz legt gegen die Rote Armee Protest ein. Eine Antwort erfolgt nicht, doch immer dann, wenn sich in den Folgejahren der Deutsche Bundestag im Reichstag versammelt, donnern die Jäger wieder über den Tiergarten, um die Abgeordneten und die Bevölkerung einzuschüchtern.

Nachdem die Welt kurz zuvor während der Kubakrise nur knapp an einem Atomkrieg vorbeigeschrammt ist, setzt sich das »Gleichgewicht des Schreckens« als Dauerzustand fest. Der Klub der Atommächte wächst, immer neue, immer verheerendere Waffen werden auf beiden Seiten erprobt. Die Möglichkeit eines Atomschlags scheint realer denn je; beide Seiten haben Angst. In West wie Ost kommt dem Roten Kreuz beim Durchspielen der entsprechenden Szenarien eine wichtige Rolle zu. In der DDR laufen die Vorbereitungen zunächst unter dem Titel »sanitäre Verteidigung«, in der BRD als »Hausluftschutz«, später dann unter »Zivilverteidigung« beziehungsweise »Katastrophenschutz«. Hüben wie drüben schaffen die Orts- und Kreisorganisationen Geigerzähler und Strahlenschutzanzüge an und schulen spezielle Einheiten für den Ernstfall. Die Lehrmaterialien tragen Titel wie *Kurze Charakteristik der Kernwaffen* oder *Die Kunst, zu überleben*. Sie zeigen die Tendenz, die Folgen einer Atomexplosion zu verharmlosen und als beherrschbar anzusehen. So geht ein DDR-Handbuch aus dem Jahr 1965 von einer tödlichen Wirkung in einem Umkreis von anderthalb bis drei Kilometern aus. Im Radius von 150 bis 500 Metern würden Gebäude total zerstört, zwischen vier und zehn Kilometern dann nur mehr leicht. Diesen Kalkulationen mit der »Strahlenrechnungsscheibe« liegen »Kaliber« zwischen fünf und hundert Kilotonnen zugrunde. Die größten Nuklearbomben jener Zeit haben aber bereits eine Sprengkraft von sechzig Megatonnen.

Die Atomschutzprogramme sollen die Bevölkerung möglichst wenig beunruhigen. Vor allem im Westen finden sie daher als »Arbeit in der Stille« statt, in die nur »Fachkreise« eingeweiht werden. Die DDR behandelt das Thema offensiver. Da der Warschauer Pakt bei Kernwaffen unterlegen ist, wäre ein rhetorischer Schlagabtausch durchaus erwünscht. In der NATO, so heißt es, wären »des Teufels Generale« am Werk, sie beschritten »den Weg ins Nichts«. Auch im weltweiten Rotkreuzdiskurs spielt das nukleare Wettrüsten zu dieser Zeit eine bedeutende Rolle. Das DRK der DDR bringt sich dort aktiv ein. Überhaupt nutzt der junge Staat die internationale Rotkreuzarbeit, um außenpolitische Legitimation und Erfahrung zu gewinnen.

Im Rahmen des Zivilschutzes erfährt auch das Blutspendewesen in beiden deutschen Teilstaaten einen enormen Aufschwung. Ohne eine gut funktionierende Versorgung mit Blutkonserven hätte kein Bevölkerungsschutz einen Sinn. Nun werden flächendeckend die nötigen Einrichtungen geschaffen, und in der Gesellschaft soll eine dauerhafte Bereitschaft zur Blutspende geweckt werden. Ein Ergebnis dieser Entwicklung ist die zentrale Blutbank des Bayerischen Roten Kreuzes, die Anfang der sechziger Jahre im unterfränkischen Wiesentheid entsteht – buchstäblich weitab vom Schuss. Im Falle eines Atomschlags auf Nürnberg oder München sollte die Infrastruktur für Blutkonserven nicht gleich mit zerstört werden.

Die ersten Bluttransfusionen im größeren Stil waren während des Spanischen Bürgerkriegs erfolgt. Im Zweiten Weltkrieg hatte sich die Technologie noch in der Erprobungsphase befunden. Es war ein Privileg, Blut zu bekommen, weshalb die Angehörigen der SS es als Auszeichnung betrachteten, dass ihnen die Blutgruppe auf den Oberarm tätowiert wurde. Die Übertragung blieb allerdings eine riskante Angelegenheit, denn wichtige Parameter wie der Rhesusfaktor waren noch gar nicht erforscht. In den Nachkriegsjahren bekommt die Medizin die Transfusion dann immer besser in den Griff. Die erste Spende beim Roten Kreuz wird 1952 in Gelsenkirchen geleistet. Bald sind Blutkonserven nach Unfällen und bei Operationen nicht mehr wegzudenken, und so entwickelt sich das Blutspendewesen zu einer der Säulen der Rotkreuzarbeit in Ost und West. Der Spender bringt ein kleines sehr

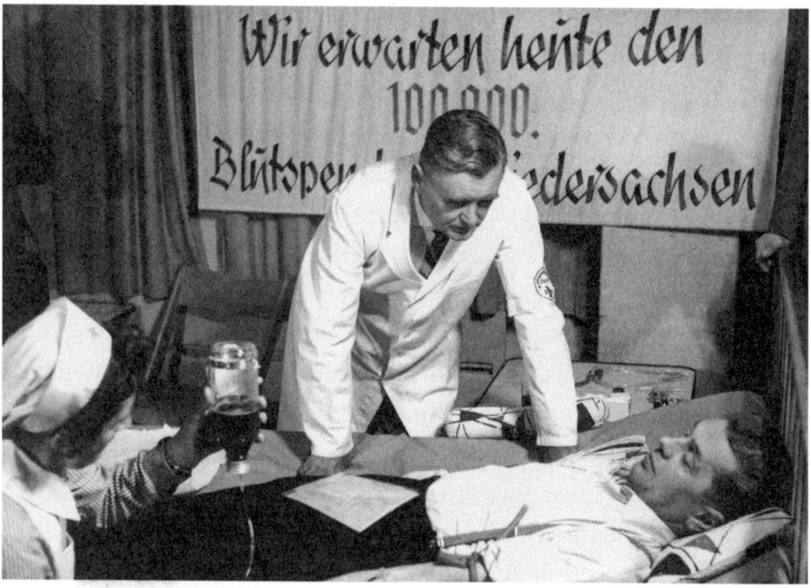

Durch Fortschritte in der Medizintechnik entwickelt sich der Blutspendedienst im Laufe der sechziger Jahre zu einem wichtigen Arbeitsfeld des Roten Kreuzes.

persönliches Opfer, das einem unbekannten Empfänger in einer kritischen Situation zugutekommen wird. Viele der Freiwilligen zelebrieren die Blutspende wie ein Ritual, das häufig auch in Gruppen vollzogen wird, etwa gemeinsam mit Arbeitskollegen oder dem Sportverein. Die Bauern im Berchtesgadener Land legen gar ihre Festtracht an, wenn sie zum Termin ins Kreiskrankenhaus fahren.

Eine verpasste Chance

1959 jährt sich die Schlacht von Solferino zum hundertsten Mal, vier Jahre später dann die Gründung des Roten Kreuzes, ein Jahr darauf schließlich die Genfer Konvention. Alle drei Anlässe bringen eine ganze Reihe von Büchern hervor. Werner Legère etwa, einer der meistgelesenen Schriftsteller der DDR und unverkennbar hugenottischer Abstammung, landet mit *Der Mann von Castiglione* seinen größten Erfolg. Rotkreuz- und Rothalbmondgesellschaften in aller Welt feiern die Jahrestage. Es wäre für das DRK in West wie Ost eine geeignete Gelegenheit, mit der Aufarbeitung der eigenen Rolle im »Dritten Reich« zu beginnen und darüber zu einem neuen Selbstverständnis als humanitäre Organisation zu finden. Doch eine kritische Auseinandersetzung findet nicht statt. Im Gegenteil: Anton Schlögel, Generalsekretär des bundesdeutschen DRK, hält ausgerechnet auf Herzog Carl Eduard eine Lobrede, der dem Ansehen des Roten Kreuzes als fanatischer Nationalsozialist schwer geschadet hat. Viele der problematischen personellen Kontinuitäten dienen Schlögel gerade als Beispiele für ungebrochene Rotkreuztradition, und als Kronzeugen zieht er Willy Heudtlaß heran, der als Chefreporter und Leiter der Presseabteilung mitverantwortlich für die Kriegspropaganda des DRK war und der bis in die siebziger Jahre als dessen Pressesprecher fungierte.

Auf die alten Seilschaften ist Verlass. Während des Krieges haben höhere Funktionäre »als Belohnung für erwiesene Gefolgschaftstreue« eine zusätzliche, »vom Führer verfügte Altersversorgung« zugesagt bekommen. In den sechziger Jahren fordern sie diese dann auch ungeniert ein. Allerdings nur beim westdeutschen Roten Kreuz, selbst wenn sie, wie Friedrich Wilhelm Brekenfeld, in der DDR leben. Im »Dritten Reich« einer der militaristischen Scharfmacher, hatte er das Rote Kreuz »als Kampforganisation gegen den kulturfeindlichen, zerstörenden Weltfeind«, den Bolschewismus, propagiert. Nach dem Krieg ließ er sich in Ost-Berlin nieder und brachte es zum Leiter der staatlichen Hygiene-Inspektion.

Parallelen zeigt der Fall des einstigen Vizepräsidenten des Roten Kreuzes in Bayern, Karl von Kraus. Nachdem er als SS-Offizier und Lebensbornarzt eine dreijährige Haftstrafe verbüßt hatte, eröffnete er zunächst eine Praxis in München. 1958 aber geht er überraschend in die DDR, die ihn als Überläufer willkommen heißt und ihm eine Klinik in Dresden zur Verfügung stellt. Nebenher arbeitet er auch noch für die Staatssicherheit. Die Korrespondenz über die Sonderbezüge füllt ganze Akten. Das Generalsekretariat lässt nichts unversucht, um sie den alten Kameraden oder ihren Angehörigen zu verschaffen – finanziert aus Spenden, Mitgliedsbeiträgen und staatlichen Zuschüssen für das Rote Kreuz.

Wäre es zu viel verlangt gewesen, mit ähnlicher Akribie die zwielichtige Rolle dieser Männer im »Dritten Reich« zu untersuchen? Hätte man vergleichbare Summen nicht auch den Hinterbliebenen ermordeter jüdischer Rotkreuzmitglieder zur Verfügung stellen können? Doch statt Selbsterkenntnis und Selbstreinigung bestimmen Selbstgerechtigkeit und Selbstentlastung den Blick auf die Vergangenheit. Auch darin weiß sich das Rote Kreuz mit der bundesdeutschen Nachkriegsgesellschaft einig. Hannah Arendt hat diese kollektive Verstocktheit treffend benannt – als »die Unfähigkeit, nachträglich dem zu begegnen, was Wirklichkeit war«.

Zum Symptom dieser Unfähigkeit gerät eine der befremdlichsten Institutionen der Nachkriegszeit, der sogenannte Warndienst West. Als in den sechziger Jahren in Frankreich und einigen anderen Ländern mutmaßlichen deutschen Kriegsverbrechern in Abwesenheit der Prozess gemacht wird, ermittelt der Suchdienst des DRK auf Geheiß des Auswärtigen Amtes deren Aufenthaltsort. Aber nicht, um sie ihrer Strafe zuzuführen, sondern um sie eben davor zu bewahren. In Tuchfühlung mit den Kameradschaften der Wehrmacht und der SS warnt der Dienst rund achthundert Beschuldigte vor Reisen in die betreffenden Länder. Für die Schweizer *Weltwoche* damals das »wohl trübste Kapitel deutscher Vergangenheitsbewältigung«. Es trägt nicht gerade zur Entlastung bei, dass Kurt Wagner, Leiter des gesamten Suchdienstes und stellvertretender Generalsekretär des Deutschen Roten Kreuzes, einst Vizedirektor einer nationalsozialistischen Elitehochschule war.

Mit gutem Grund steht die zweite große Nachforschungseinrichtung in Deutschland, der Internationale Suchdienst in Bad Arolsen, unter ausländischer Leitung. In den ersten Jahren wurden dort überhaupt keine deutschen Mitarbeiter eingestellt, danach nur solche, deren Vergangenheit zuvor eingehend durchleuchtet worden war. Denn dieser Suchdienst ist mit den direkten Opfern der nationalsozialistischen Verbrechen befasst: den Insassen der Konzentrationslager, den Zwangsarbeitern, den politisch Verfolgten, den verschleppten Kindern, den Abermillionen heimatlos gewordener Menschen. Zu Anfang wird der Suchdienst vom Flüchtlingshilfswerk der Vereinten Nationen betrieben, von 1955 bis 2012 steht er unter Federführung des Internationalen Komitees vom Roten Kreuz. Herzstück des Dienstes ist, ähnlich wie beim DRK-Suchdienst, eine riesige Begegnungskartei, in der die Anfragen von Suchenden und Gesuchten im Idealfall zusammentreffen. Auch hier füllen die Zettel die Kästen, die Kästen die Schränke, die Schränke die Hallen.

Anders als der stärker personenbezogene nationale Suchdienst trägt der internationale auch systematisch Quellenmaterial zusammen. Mit dreißig Millionen Dokumenten bildet er heute das weltgrößte Archiv über die Opfer des Nationalsozialismus. Hinzu kommt manch bewegendes Einzelstück: Die berühmte Liste von Oskar Schindler wird hier ebenso aufbewahrt wie 129 herrenlose Brieftaschen aus Dachau. Jeder Griff in einen der Karteikästen fördert unweigerlich ein Fallbeispiel der *tragédie humaine* zu Tage. Von Dobrinksi bis Dobrzen und von Janasauskas bis Janusch – siebzehn Millionen nie erzählter Geschichten aus

Neben Dokumenten werden in Bad Arolsen auch Effekten aufbewahrt – wie diese Brieftaschen, die Gefangenen bei der Einlieferung ins KZ abgenommen wurden.

einer unbarmherzigen Zeit. Jede verläuft anders, doch alle auf ihre Art unglücklich. Die Phalanx der Zettelkästen bezeugt, welch monumentales Chaos das »Dritte Reich« in Europa hinterlassen hat. Die Sisyphusarbeit der Suchdienste begleitet die Nachkriegsgeschichte als eine Art Hintergrundstrahlung bis zum heutigen Tag.

Eine Insel der Menschlichkeit

Kennedys Nachfolger Lyndon B. Johnson drängt Ludwig Erhard Mitte der sechziger Jahre zu einem deutschen Engagement in Vietnam. Da an einen Einsatz der Bundeswehr damals nicht zu denken ist, bietet die Bundesregierung als Kompromiss die Entsendung eines Hospitalschiffs an. In den Jahren zuvor sind mehrere Seebäderschiffe so konstruiert worden, dass sie bei Bedarf zu Lazaretten umgerüstet werden können. Dafür haben die Reedereien hohe Zuschüsse des Verteidigungsministeriums erhalten. Als nun, 1966, unerwartet ein humanitärer Ernstfall ansteht, wird die *Helgoland* zum Hospitalschiff umgebaut. Tanzsalon und Andenkenkiosk weichen Operationssälen, Röntgenabteilung, Zahnarztzimmer und Labor. Die Kühltruhe für die Butterfahrten muss fortan als Leichenkammer dienen. Es stehen 200 Betten für Kranke und Rekonvaleszente zur Verfügung, außerdem 65 Kabinen für die Seeleute und das medizinische Personal.

Die *Helgoland* wird vom Verkehrsministerium gechartert und vom Deutschen Roten Kreuz betrieben. Sie verfügt über eine ausgeklügelte Minenschutzanlage und ein ABC-Abwehrsystem, das einen gewissen Schutz gegen chemische Kampfstoffe oder radioaktiven Niederschlag bietet. Im September 1966 läuft sie ins Delta des Mekong ein, eskortiert von Kampfhubschraubern und etlichen Schnellbooten, deren Maschinengewehre auf jedes Bündel Treibholz feuern, da die Freischärler des Vietcong häufig Minen in schwimmenden Inseln verstecken. Zunächst wird das Schiff in Saigon stationiert, nach einem Jahr dann in Da Nang, einer Hafenstadt etwa in der Mitte des gespaltenen Landes.

Die erste Equipe besteht aus sieben Ärzten, zwanzig Schwestern, acht Pflegern und sechs technischen Mitarbeitern wie Röntgen- und Laborassistentinnen. Sie alle haben sich für sechs Monate verpflichtet. Über fünf Jahre hinweg kommen 122 Rotkreuzschwestern zum Einsatz, manche davon mehrmals, dazu gut fünfzig Ärzte sowie fast hundert Pfleger und technische Helfer. Fast alle sind jung und wenig lebenserfahren, dafür hochgradig politisiert. In Deutschland werfen die Studenten der Protestgeneration Steine und skandieren »Ho-ho-ho-Chi-Minh«.

»Es war eine verkehrte Welt«, befindet Ite Totzki, damals Anfang zwanzig und als Krankenschwester in der Unfallchirurgie tätig. »Die jungen Leute demonstrierten gewaltsam gegen Gewalt. Uns bot sich dagegen die Chance, selbst zu helfen – das war der richtige Weg.« Auch für Elisabeth Arkenberg gibt das konkrete menschliche Beispiel den Ausschlag: »Wir wollten den Vietnamesen zeigen, dass nicht alle Westler den Kurs der amerikanischen Regierung gutheißen.«

In Da Nang liegt die *Helgoland* mitten in der Stadt am Kai. Zusätzlich wird in zwei nahen Baracken noch eine Ambulanz eingerichtet. Das geschundene Land verfügt kaum über Ärzte, und zwei Kriege haben die koloniale Infrastruktur weitgehend zunichtegemacht. Das deutsche Schiff hingegen ist medizinisch bestens ausgestattet, es bietet zudem Duschen, einwandfreies Trinkwasser, beständige Elektrizität und nie versiegende Vorräte. Und es ist ein Ort, der nicht angegriffen wird, obwohl er mitten im Kampfgebiet liegt. Mit 2500 Flugbewegungen täglich ist die Luftwaffenbasis von Da Nang zu dieser Zeit der betriebsamste Flughafen der Welt. »Vom Schiff aus sahen wir manchmal fünf Düsenjäger losfliegen, aber nur drei kehrten zurück«, erinnert sich Totzki. Nachts beobachten sie den Raketenbeschuss und wissen, dass wenige Stunden später neue Verwundete eintreffen werden. Behandelt werden ausschließlich Zivilisten. Wobei es die Sicherheit des Schiffs erhöht haben dürfte, dass sich ab und zu auch Vietcong-Kämpfer unerkannt unter die Patienten mischen. Tatsächlich wird der Liegeplatz beim Beschuss der Stadt ausgespart, und als einmal doch versehentlich Granaten einschlagen und die Fenster bersten, entschuldigt sich wenig später ein Abgesandter im Namen des Vietcong. In manchen Nächten läuft die *Helgoland* dennoch vorsorglich aus und ankert bis zum Morgen auf Außenreede.

In der Mehrzahl der Fälle müssen Verletzungen behandelt werden, die sonst nur Kriegschirurgen kennen. Da ist der Junge, der mit einer Handgranate gespielt hat. Da der Verkehrspolizist, dessen Körper derart mit Bombensplittern gespickt ist, dass die Schwestern auch am dritten Tag noch welche rausholen. Da das Mädchen, dem ein Querschläger die Leber zerrissen hat und das wenige Tage nach der Operation schon wieder quietschfidel spielt. Da der Kriegsdienstverweigerer, der sich die Zehen abgetrennt hat, um nicht kämpfen zu müssen. Und da der Bauer, über dessen Dorf Napalmbomben niedergegangen sind. Die Chemikalie brennt sich immer tiefer ins Gewebe ein, bis auf die Knochen.

Auch die seemännische Besatzung steht den Helfern nach Kräften bei. Jürgen Arkenberg war damals zweiter Ingenieur: »Wir hatten ein fünfjähriges Mädchen mit Verbrennungen am ganzen Körper, es schrie in einem fort«, berichtet er, und noch heute muss er dabei schlucken.

»Das Kind wurde jeden Tag gebadet, damit die verkrusteten Verbände abgelöst werden konnten. Wir wussten, dass die Kleine nicht zu retten war. Schicksale wie das ihre haben mich an meine Grenzen gebracht.«

Glück und Unglück, Leben und Tod liegen an Bord oft dicht beieinander. Als eine von dreißig Ehen, die die *Helgoland* gestiftet hat, sind Jürgen und Elisabeth Arkenberg selbst ein Beispiel dafür. Viele dieser Verbindungen haben bis heute gehalten: die Krankenschwester und der Seemann, der Koch und die medizinisch-technische Assistentin, der Pfleger und die Dolmetscherin. Es ist bezeichnend für diese Umbruchszeit, dass in der Bordapotheke des Schiffes Antibabypillen mitgeführt werden. Und nicht weniger bezeichnend ist es, dass die Oberin diese Pillen wortlos entsorgt.

Würden die Helfer sich nicht auch der Freude am Leben hingeben, sie müssten wohl am Elend ihrer Patienten verzweifeln und könnten ihre Arbeit nicht mehr leisten. Und so enthalten die Erinnerungen dieser ungewöhnlichen Vietnam-Veteranen durchaus auch unbeschwerte, sinnliche Szenen. Sie schwärmen vom Zauber der Tropennächte, von Glücksmomenten mit einem Glas Wein oder einem Joint an der Reling, von den improvisierten Feiern in den engen Gängen, mit Songs aus dem Musical *Hair* vom Tonband. In freien Stunden bringt ein Kleinbus die Helfer zum Strand. Er ist unübersehbar als Rotkreuzfahrzeug gekennzeichnet, auch die Schwestern gehen nie ohne Dienstbluse an Land. Am Strand kommen sie manchmal mit amerikanischen Soldaten ins Gespräch. Einmal lädt Ite Totzki einen Bomberpiloten zu einem Rundgang auf die *Helgoland* ein. Der Anblick der zahlreichen Napalmopfer, darunter viele Kinder, bestürzt ihn. »Der Mann ließ sich schließlich nach Hause versetzen, der konnte nicht mehr kämpfen. Plötzlich hatten seine Bomben Gesichter«, erzählt sie. Angesichts des nicht enden wollenden Leids fühlt sich Totzki manches Mal an Dunants Erlebnisse in Castiglione erinnert: »Ich kann das so gut nachvollziehen. Er stand da und sagte sich: Das darf nicht wahr sein!« In dessen weltumspannendem Geist zu wirken, so die spätere Oberin der Lübecker Schwesternschaft, habe sie stets mit Befriedigung erfüllt. Gerade im

Das Schiff der guten Hoffnung: Die »Helgoland« dient während des Vietnamkrieges als schwimmendes Hospital.

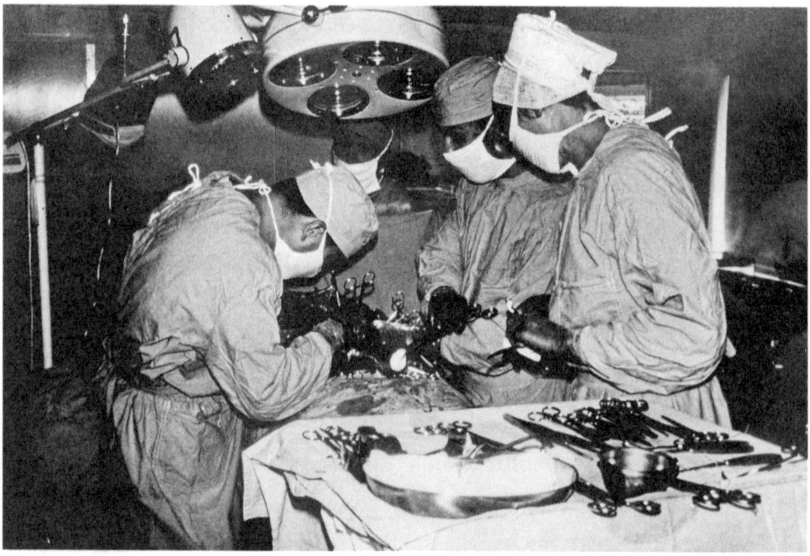

Über vier Jahre lassen deutsche Ärzte, Schwestern und Techniker Zehntausenden von Menschen wertvolle, oft sogar lebensrettende Hilfe zuteil werden.

Vietnamkrieg habe sie den Schutz des Roten Kreuzes als einen Segen erlebt, der mit Gold nicht aufzuwiegen gewesen sei. Freilich war auch Glück im Spiel – eine Haftmine hätte genügt, der Mission der *Helgoland* ein Ende zu setzen.

Wie seine Namenspatronin ist auch das Schiff eine Insel. Zwar hört der Funker regelmäßig *Norddeich Radio* und hält die Crew über das Weltgeschehen auf dem Laufenden, doch sonst bleibt sie weitgehend auf sich gestellt. Briefe nach Hause sind zwei Wochen unterwegs, es gibt kein Telefon an Bord. »Das war auch ein Schutz«, meint Ite Totzki. »Es hätte uns sehr belastet, hätten wir unmittelbaren Austausch mit unseren Familien gehabt. So mussten wir uns gegenseitig auffangen.«

Die Bilanz des Einsatzes, der bis Ende 1971 dauerte, ist beeindruckend: Auf dem 91 Meter langen Schiff wurden über 10 000 Operationen durchgeführt, 12 000 stationäre Behandlungen, 70 000 Erst- und 130 000 Mehrfachkonsultationen in der Ambulanz. Vereinzelt erreichen die »Helgoländer« heute noch Briefe dankbarer Patienten: »Sie gaben mir ein zweites Leben … Ihre Gesichter bleiben mir unvergesslich.« Gelegentlich finden sie sich auch im größeren Kreis zusammen, wie zu einem Klassentreffen. Der alte Elan ist dabei immer noch zu spüren. Und wenn es sein müsste, zögen sie glatt wieder los.

Ein Unglück kommt selten allein

Am Ostersamstag 1967 klingelt bei Schwester Anita Carstens kurz nach Mitternacht das Telefon. Dass die Rotkreuzschwester auch nachts gelegentlich zum Dienst ins Clementinenhaus in Hannover gerufen wird, daran ist sie gewöhnt. Doch sie traut ihren Ohren kaum, als der Arzt ihr für den Nachmittag einen Pockenkranken ankündigt. Im beginnenden Zeitalter der Fernreisen kehrt die Geißel aus dem Mittelalter nach Europa zurück – der Patient hat sich in Indien damit angesteckt. Binnen weniger Stunden muss eine Isolierstation für ihn, seine Frau und ein Dutzend anderer Personen eingerichtet werden, die nach seiner

Rückkehr Kontakt mit dem Kranken gehabt haben. Ein Arzt und eine Schwester werden sich ebenfalls in Quarantäne begeben. Carstens muss einen ganzen Trakt des DRK-Krankenhauses räumen lassen und in aller Eile vorbereiten. Sie legt ausreichend Bettwäsche und Patientenbekleidung bereit, schafft Berge von Einweggeschirr an, lässt Bad und Toilette so umbauen, dass die Abwässer desinfiziert werden können.

Dann fährt ein Krankenwagen vor. Mit Schutzkleidung und Atemmasken bewehrt, führen die Fahrer den Patienten direkt durch die Balkontür in sein Zimmer. Die übrigen Personen werden im Laufe des Tages eingeliefert. Anita Carstens hat für jeden ein Osternest vorbereitet, »um sie zumindest für einen Moment auf andere Gedanken zu bringen«. Dann wird das ganze Gebäude mit Seilen abgesperrt und mit Warnschildern umstellt. Das Pflegepersonal erhält ebenfalls Schutzkleidung und eine vorbeugende Impfung. Gut drei Wochen bleiben die Betroffenen nun eingeschlossen, nur durch das Telefon mit der Außenwelt verbunden. Auf einem Tisch am Absperrseil liegen Verpflegung, Spiele, Bücher und Zigaretten für sie bereit. Im Gegenzug deponieren sie dort ihre Wäsche, die separat gereinigt wird, und ihre Abfälle, die im Garten des Klinikums vergraben werden. Gleichzeitig muss der normale Betrieb im Krankenhaus weiterlaufen, auch wenn es nun von Presse, Polizei, Verwaltungsbeamten und Schaulustigen belagert wird. Immer wieder ereignen sich unerwünschte Zwischenfälle: Ein Schuljunge, der sich aus Neugier in den gesperrten Trakt geschlichen hat, wird erst nach langem Versteckspiel gefunden und kurzerhand nachgeimpft. Die Katze, die eines Tages aus dem Keller tapst, kommt nicht so glimpflich davon – sie wird vom Tierarzt eingeschläfert.

Nach drei Wochen ist der Spuk vorbei. Keine der Kontaktpersonen ist erkrankt, auch der Patient wieder genesen. Zwei weitere Wochen lang sind die Mitarbeiter damit beschäftigt, alle Zimmer aufzuräumen und zu desinfizieren, Gardinen und Vorhänge wieder anzubringen, damit dort neue Patienten einziehen können. Als Rotkreuzschwester Anita für ihre organisatorische und menschliche Leistung später das Bundesverdienstkreuz erhält, widmet sie es den Frauen aus der Waschküche, die, schon über sechzig Jahre alt, vierzehn Stunden täglich an den Maschinen und Mangeln gestanden haben.

In Ausnahmesituationen versuchen Helfer alles nur Menschenmögliche – und manchmal sogar noch etwas mehr. So auch Anfang 1968, als die südliche Ostsee einen katastrophalen Wintereinbruch erlebt. Die Küste der DDR ist besonders betroffen. Am Morgen des 11. Januar warten die Bewohner der Dörfer vergeblich auf Milch und Zeitung. Über Nacht hat ein starker Nordwestwind eingesetzt, der sich im Laufe des Tages zum Orkan steigert. Die Region, sonst durch vergleichsweise milde Winter geprägt, verwandelt sich in eine Tiefkühllandschaft. Die Weichen der Eisenbahn frieren ein, die Häfen müssen schließen, auf den Kanälen rumoren die Eisbrecher. Meterhohe Schneedünen blockieren Straßen und Schienen, ganze Autokolonnen stecken fest. Binnen Stunden sind Hunderte von Gemeinden ohne Strom. Die Monteure rücken schließlich mit Pferdeschlitten aus, um zumindest ein paar Leitungen und Schaltkästen reparieren zu können.

Einige Ärzte kommen in Kettenfahrzeugen der Armee zum Hausbesuch, Hebammen versuchen es mit dem Traktor. Auf Rügen kämpft sich eine Gemeindeschwester vier Stunden lang zu Fuß durch die Schneemassen, um Beistand bei einer Entbindung zu leisten. Denselben Weg bewältigt sie sonst in einer halben Stunde. Vor Wismar bleibt ein Rettungswagen mit einer hochschwangeren Genossenschaftsbäuerin im Schnee stecken. Nachdem ein Notruf abgesetzt wurde, macht sich ein Panzer auf den Weg, doch selbst er fährt sich fest. Woraufhin zwei weitere Panzer ausrücken, diesmal vorsichtshalber mit einem Arzt an Bord. Sie liefern die Schwangere schließlich wohlbehalten in der Klinik ab.

Eine ähnliche Odyssee haben auch die beiden Krankentransporteure zu bestehen, die sich in Greifswald gemeinsam mit einem Arzt und einem Pfleger aufmachen, um in einem nahen Dorf einen Patienten abzuholen. Unvermittelt geraten sie in einen heftigen Schneesturm. Die Sicht ist auf wenige Meter beschränkt. Immer wieder müssen sie den

Wagen freischaufeln. Um sich wenigstens notdürftig vor dem eisigen Wind zu schützen, vermummen sie sich mit Mullbinden und Dreieckstüchern. Nach sechs Stunden zeigt sich, dass alle Mühe umsonst war. Sie können weder vor noch zurück und müssen sich zu Fuß zum nächsten Dorf durchschlagen.

Drei Tage lang klingelt im Bezirksstab des DRK in Rostock unablässig das Telefon. Der Bahnhofsdienst schiebt im ganzen Land Überstunden, Helfer richten zahlreiche Notunterkünfte ein, und der Krankentransportdienst operiert bis über die Grenzen seiner Leistungsfähigkeit hinaus. In den Leitmedien der DDR aber wird der Beitrag, den das Rote Kreuz in dieser Krisensituation leistet, kaum erwähnt. Hier dominieren die staatlichen Organe und militärische Verbände: »Kampfgruppen in Kompaniestärke, Seite an Seite mit Sowjetsoldaten«, hätten die Winterschlacht entschieden, heißt es. Der heroische Kampf gegen die Naturgewalten wird zur Legitimation der Machthaber instrumentalisiert. Doch auch die rotkreuzeigenen Medien können dem Drang zur Propaganda nicht widerstehen: »In jenen Januartagen bewährte sich unsere sozialistische Menschengemeinschaft und handelte jedes Rotkreuzmitglied als Staatsbürger der DDR.« Als ob es einer ideologischen Rechtfertigung bedürfte, einander in der Not zur Seite zu stehen.

Manchmal müssen die Helfer des Roten Kreuzes auch in Friedenszeiten Geschehnisse bewältigen, wie man sie sonst nur aus Kriegen kennt, mit grausigen Verwüstungen und massenhaftem Tod. In einer gespenstischen Serie ereignen sich 1971 in Westdeutschland innerhalb eines halben Jahres vier schwere Zugunglücke. Besonders tragisch endet jenes bei Radevormwald im Bergischen Land. Auf eingleisiger Strecke rammt ein Güterzug einen Schienenbus mit sechzig Schülern, die sich auf der Heimreise von einer Klassenfahrt befinden. Welche Signale gegeben oder übersehen worden sind, ist nie geklärt worden. Doch kurioserweise werden die Rettungskräfte alarmiert, bevor der Zusammenstoß erfolgt: Als der Güterzug durch den Bahnhof donnert, weiß der Fahrdienstleiter bereits, dass das Verhängnis nicht aufzuhalten ist. Diese eine Minute Vorsprung erweist sich als Segen, denn dank des raschen Eintreffens der Retter überleben gut zwanzig Schwerverletzte. 46 Menschen kommen ums Leben, die meisten davon Kinder.

Als die am Bahnhof wartenden Eltern die Schreckensnachricht erfahren, eilen sie verzweifelt zur Unglücksstelle. Mit als Erste treffen Bereitschaftsführer Gerd Höbler und sein Sohn Bernd dort ein. »Wir gingen gerade von einem Erste-Hilfe-Kurs nach Hause, da sahen wir die Feuerwehr in heller Aufregung. Wir alarmierten noch ein paar Mann und fuhren sofort zur Unfallstelle«, rekapituliert der Vater. Von der Straße führt eine steile, nasse Böschung hinunter zum Bahndamm und dann weiter hinab bis zur Wupper. »Anfangs war alles noch dunkel, und das war wohl auch besser so«, erinnert sich der Sohn. Die meisten Opfer sind infolge von Genickbruch oder schwerer Kopfverletzungen zu Tode gekommen. Der fünfzehnjährige Bereitschaftsanwärter besucht dieselbe Schule wie sie; einige davon sind seine Freunde. »Mit dem Sohn des Platzwarts habe ich jeden Tag Fußball gespielt. Als wir ihn hochtrugen, fehlte ihm der halbe Schädel.«

Insgesamt kommen 160 Rotkreuzhelfer zum Einsatz. Sie fahren Verletzte in die umliegenden Krankenhäuser, suchen den Hang ab, packen bei den Bergungsarbeiten mit an und verpflegen die Hilfskräfte. Nachdem die Opfer in der Turnhalle aufgebahrt worden sind, betreuen die Helfer die Eltern, die ihre Kinder identifizieren müssen, und sie übernehmen die Totenwache. »Das war eigentlich schlimmer als unten am Wrack«, meint Gerd Höbler. »Da kam ein Ehepaar aus unserer Straße und suchte seine beiden Töchter – und wir wussten, sie sind tot.«

Tagelang steht die ganze Stadt unter Schock. Zur Beerdigung eine Woche später finden sich dann über zehntausend Menschen ein. Bernd Höbler trägt gemeinsam mit anderen Rotkreuzkameraden den Sarg seines Schulfreundes zu Grabe. Die Bereitschaft hat ein Notzelt aufgebaut, in dem an die vierzig Trauergäste behandelt werden müssen, zumeist Angehörige mit Kreislaufproblemen. »Wir haben getan, was wir konnten«, sagt Vater Gerd mit düsterer Stimme, während er in Gedanken noch einmal durch den zerfetzten Schienenbus geht. Beiden

Männern ist anzumerken, dass die Sinnlosigkeit und Endgültigkeit dieser Katastrophe bis heute auf ihnen lastet.

Das Thema Eisenbahn und Rotes Kreuz hat eine lange Geschichte und viele Facetten – die meisten davon sind erfreulicher. Zu den klassischen Arbeitsfeldern zählt in West wie Ost der Bahnhofsdienst. So wie viele andere Rotkreuzaufgaben hat er sich aus der ursprünglichen Kriegspraxis ins Zivilleben hineinentwickelt. Am Bahnsteig 1 des Frankfurter Hauptbahnhofs kümmert sich über dreißig Jahre hinweg eine Schwester mit dem wunderbaren Namen Cilly Sonnenstuhl um das Wohl der Reisenden. Angefangen hat sie in der desolaten Zeit unmittelbar nach Ende des Krieges, als die Dampfschwaden der Lokomotiven die gläsernen Hallen füllten: »Da kam einer zu uns, der war mager und verhärmt wie die anderen auch. Erst als er seine Personalien eintrug, sahen wir, daß es der Schauspieler Hans Söhnker war.« Während der Zeit des Wirtschaftswunders hat Sonnenstuhl die Elektrifizierung der Züge miterlebt, in den siebziger Jahren wird der Bahnhof in den Untergrund hinein ausgebaut.

Die Unfallhilfsstation ist in drei Schichten mit je zwei Schwestern besetzt; bei Bedarf rufen sie noch den Bahnarzt oder die Rettungswache. Wenn ein Passant angeheitert die Treppe herunterfällt, wenn zwei Streithähne nach einer Prügelei verarztet werden müssen, wenn ein Kind seine Finger in der Zugtür einklemmt – Schwester Cilly soll es richten. Durch ihre Tracht unübersehbar, eskortiert sie Schulklassen von Bahnsteig 3 zum Bahnsteig 18 und begleitet Kriegsversehrte vom Zug zur Straßenbahn. Sie hilft einem Reisenden, dem beim Nickerchen im Wartesaal die Schuhe abhandengekommen sind, und tröstet Kinder, die ihre Eltern im Gewühl verloren haben. Mit einem Wort: Schwester Cilly ist der gute Geist des Hauptbahnhofs. Für einen kurzen, manchmal auch kritischen Moment begegnet sie Menschen auf ihrer Reise durchs Leben. Die meisten wird sie niemals wiedersehen. Doch ab und zu schicken ihr dankbare Reisende hinterher Postkarten, dass sie gut angekommen sind.

Feuer einstellen!

In seltenen Fällen kann auch die Arbeit als Rotkreuzhelfer in Deutschland gefährlich sein. Am Nachmittag des 4. August 1971 bringen zwei Bankräuber in München achtzehn Menschen in ihre Gewalt. Ein Novum in der deutschen Kriminalgeschichte – der erste Überfall mit Geiselnahme. Er spielt sich unter den Augen Tausender von Schaulustigen ab. Sogar Franz Josef Strauß wird zufällig Zeuge, da er im gegenüberliegenden Restaurant gerade zu Abend speist. Hans Steinkohl ist dagegen in offizieller Funktion zur Stelle – als Münchens zweiter Bürgermeister wie auch als leitender Arzt des Roten Kreuzes. Acht Rettungsfahrzeuge und ein Hubschrauber stehen bereit. Nach einem siebenstündigen Nervenkrieg besteigt einer der Räuber das Fluchtfahrzeug – mit zwei Millionen Mark Beute und einer jungen Kassiererin als Geisel. Erst kurz bevor der Wagen startet, eröffnet die Polizei das Feuer. Salven aus Maschinenpistolen durchschlagen das Blech. Feuerpause. Reflexartig rennt Steinkohl los. Er weiß nicht, ob der Täter noch lebt, er weiß auch nicht, wie es um die Geisel steht. Er achtet weder auf die Menschenmenge noch auf die Scharfschützen und schon gar nicht auf die Journalisten. Er reißt die Beifahrertür auf, zieht die Frau heraus und schleppt sie zum Notarztwagen. Sie stirbt wenig später im Krankenhaus. Der Täter erliegt ebenfalls seinen Verletzungen, sein Komplize wird bei der Erstürmung der Bank festgenommen.

Steinkohls Eingreifen bleibt allen im Gedächtnis. War es tapfer oder tollkühn? Der Chirurg kann selbst nicht genau erklären, was in ihm vorgegangen ist. »Aber als Rotkreuzmann hat man einen inneren Zugang zu einer solchen Situation und versucht eben zu helfen.« Noch mit einer zweiten Initiative hat Steinkohl dann übrigens Schlagzeilen gemacht: als einer der Väter des Organspendeausweises.

Die siebziger Jahre sind eine seltsam widersprüchliche Zeit. Auf der einen Seite nehmen Kriminalität und Terrorismus bislang unbekannte Dimensionen an. Auf der anderen Seite blühen die Utopien von Subkultur, Alternativbewegung und Esoterik. Beim Thema Drogen berühren sich beide Bereiche. Den Konsumenten erscheinen sie als Verheißung, als ein Mittel der Befreiung oder auch nur der Flucht aus verhassten Zwängen. Für die Gesellschaft dagegen bedeuten sie ein gravierendes gesundheits- und sozialpolitisches Problem. Das sich damals kurz, aber markant auch in der Arbeit des Roten Kreuzes spiegelt. Aus einer Beratungsstelle in West-Berlin geht 1972 eine der ersten Drogenkliniken in Deutschland hervor. Kurioserweise trägt sie den Namen »Wilhelm Tell«, was dem Stil der Klientel wohl kaum entspricht. Oder sollte der Goldene Schuss gemeint sein? Die Ausstattung jedenfalls zeigt den Zeitgeist in Reinkultur: Knautschsessel und Sofas in poppigen Farben, die Wände von den Insassen selbst bemalt. Sie leben in einer Wohngemeinschaft mit ihren Betreuern. Alle versprechen sich viel von dem Projekt – schon deshalb, weil eine Institution wie das Rote Kreuz, die für Toleranz und Verschwiegenheit steht, sowohl bei den Suchtkranken als auch bei deren Angehörigen Vertrauen wecken sollte. Und so nimmt das Experiment seinen Lauf, mit hohen Zuschüssen, endlosen Diskussionen – und einem ernüchternden Ende. Die Patienten demolieren nicht nur die Einrichtung, sondern bringen auch die Therapeuten zur Verzweiflung. Nach wenigen Monaten schon ist »Wilhelm Tell« Geschichte.

Als ein Symptom der Zeit nimmt das Thema Drogen damals auch im Jugendrotkreuz breiten Raum ein. Das Generalsekretariat in Bonn bietet Broschüren sowie mehrere Kurzspielfilme über die Wirkung von Haschisch und LSD an. Man setzt auf Aufklärung und Dialog und ermuntert die Mitglieder, auf Gefährdete und Abhängige zuzugehen. »Das Image des Roten Kreuzes wird nicht darunter leiden, wenn bärtige und salopp gekleidete junge Menschen unter seinem Zeichen zusammenkommen, solange sie es ernst meinen.«

In der DDR stellen Rauschgifte ein allenfalls marginales Problem dar, konventionellere Drogen aber sehr wohl. Die niedrige Lebenserwartung und eine der weltweit höchsten Suizidraten spiegeln die Nöte der Gesellschaft. Doch obwohl das Rote Kreuz als Hauptorgan der medizinischen Volksaufklärung segensreich wirkt – diese Problematik spricht es kaum je direkt an. Schon die Symptome sind politisch brisant, die Ergründung der Ursachen tabu.

Stabile Seitenlage

Die Ära Honecker ist durch allmähliche Normalisierung nach außen und durch verschärften Druck nach innen gekennzeichnet. Unter Berufung auf das humanistische Anliegen des Roten Kreuzes startet das Ost-Präsidium 1973 nach dem Militärputsch in Chile eine Kampagne gegen das Vorgehen der Junta und fordert »die Wiederherstellung der Menschenrechte und die Freilassung der Inhaftierten«. Den Opfern der Gewaltherrschaft im eigenen Land oder gar in der Sowjetunion aber widmet es über fast vierzig Jahre hinweg nicht ein Wort.

In vielen Bereichen kontaminiert das Diktat der Politik die Rotkreuzarbeit. Dass die Nachwuchsausbildung im Osten der im Westen quantitativ wie qualitativ überlegen war, darüber herrscht heute in Rotkreuzkreisen weitgehende Einigkeit. Damals hätte man das nie eingeräumt. Bereits die Schüler werden systematisch als »junge Sanitäter« ausgebildet. Susanne Pohl kommt als Elfjährige in Bitterfeld mit einer solchen Arbeitsgemeinschaft an ihrer Schule in Kontakt. »Da konnte man etwas Nützliches lernen, und junge Burschen waren auch da, das hat uns interessiert.« Einmal die Woche erhalten sie Unterricht in Erster Hilfe und nehmen darin auch begeistert an Wettkämpfen bis hin zur Bezirksmeisterschaft teil. »Es war eine Art von Initiation, man erwarb Kenntnisse und Selbstvertrauen, das war durchaus prägend.«

Für die Beteiligten stehen die Hilfsbereitschaft und der weltanschaulich neutrale Rotkreuzgeist im Vordergrund. Dennoch geht die Gesundheitsausbildung, wie alle staatliche Jugendarbeit, mit ideologischer Beeinflussung und bei den männlichen Jugendlichen auch mit paramilitärischem Drill einher. Je nach Alter sind die »jungen Sanitäter« automatisch Mitglieder der Pionierorganisation »Ernst Thälmann« oder

»Seid bereit«: Im Rahmen des Unterrichts für »Junge Sanitäter« im DRK der DDR folgen diese Thälmannpioniere gespannt einer Filmvorführung.

der FDJ und tragen deren Uniform, ergänzt durch ihr eigenes Abzeichen. Ähnlich wie im »Dritten Reich« wird die für den langfristigen Machterhalt als besonders wichtig angesehene Jugendarbeit von der Partei monopolisiert. 1973 unterzeichnen Volksbildungsministerin Margot Honecker und Rotkreuzpräsident Werner Ludwig eine »Vereinbarung zur Durchführung der vormilitärischen Ausbildung und der Sanitätsausbildung an höheren Schulen«. Hierzu werden zwölftägige Lehrgänge während der Sommerferien ins Leben gerufen. Ziel ist es, »die Schüler zum unversöhnlichen Haß gegen die imperialistischen Feinde des Friedens und Sozialismus zu erziehen«.

Die Lektüre derartigen Schriftguts bereitet wahrlich kein Vergnügen, von einzelnen stilistischen Glanzleistungen abgesehen. Wer vermag schon einen sechsfachen Genitiv zu übertrumpfen: »Beschluß über die Dauer der Berufung der Vorsitzenden der Kommissionen des Präsidiums des DRK der DDR«. Insgesamt kontrastiert der Formalismus der Funktionäre mit dem Pragmatismus der Basis und die relative Abhängigkeit der hauptamtlichen Mitarbeiter von Partei und Staat mit der relativen Freiheit der ehrenamtlichen Helfer. Spricht man mit altgedienten ostdeutschen Rotkreuzkräften, versichern sie stets, dass die ideologische Agitation in der täglichen Arbeit keine große Rolle gespielt hätte. »Dann hätten die Leute auch gleich in die Kampfgruppen gehen können«, meint etwa Josefa Höhne. Fast vierzig Jahre lang arbeitete die heute 75-Jährige in der Materialverwaltung der Zittauer Robur-Werke, die vor allem Nutzfahrzeuge herstellten, darunter auch Krankenwagen. Der betriebseigene Sanitätszug umfasste dreißig Mitglieder, die für rund dreitausend Mitarbeiter zuständig waren; Höhne war stellvertretende Zugführerin. Sie verarztete den Dreher, dessen Finger der Schleifmaschine zu nahe gekommen waren, den Stahlarbeiter, der sich die Hand in der Härterei verbrannt hatte, die Sekretärin, die über Kopfschmerzen klagte, den Pförtner, der bei Glatteis ausgerutscht war. »Und im Sommer«, meint sie lachend, »hab ich jeden Montag Zecken rausgeholt.« Wer von ihr behandelt wurde, bekam nicht nur ein Pflaster, sondern einen Schuss Heiterkeit und Lebensmut dazu.

Als langjährige Ausbilderin im Betrieb kann sie den Lehrstoff noch heute problemlos abrufen: Verbandskunde, Wundversorgung, Wiederbelebung, Verätzungen »und natürlich die stabile Seitenlage, die kann man nicht genug üben«. In einem Schminkkurs hat sie Tricks zur »realistischen Unfalldarstellung« bei Übungen gelernt. Ein dünnwandiger Gummiball mit roter Tinte simuliert nach Zerplatzen eine Blutung, ein hervorstechender Kaninchenknochen eine offene Fraktur. Einmal sei eine Übung derart lebensecht geraten, dass eine zufällig vorbeikommende Ärztin prompt zu Hilfe eilen wollte. Zu ihrer Zeit habe es an Engagement nie gefehlt, meint Höhne. »Wir haben immer gern mitgemacht, hatten auch nie Schwierigkeiten, neue Mitglieder zu finden.« Heute bestimmten oft Desinteresse, Materialismus und Konsumismus das Bild, und wenn sie im Jugendklub für Blutspenden werbe, stelle sich kaum jemand zur Verfügung: »Da kann das Spender-Essen der Landfrauen noch so köstlich sein, viele wollen lieber Geld als Anreiz.« Eine Klage, die in West wie Ost zu hören ist: Die freiwillige Hilfsbereitschaft sei in früheren Generationen reichhaltiger vorhanden gewesen, der

Zusammenhalt stärker. Die Robur-Werke existieren längst nicht mehr, doch bis heute treffen sich die Sanitätshelfer zweimal im Jahr und lassen die alten Zeiten Revue passieren.

Alte Hüte, neue Welten

In den siebziger Jahren erreicht der Sozialstaat in der Bundesrepublik seinen Zenit. Damit geht ein nachhaltiger Ausbau der Wohlfahrts- und Sozialarbeit im Roten Kreuz einher. Das Spektrum reicht von Mütterkuren bis zur Krebsnachsorge und von der Nachbarschaftshilfe bis zur Fortbildung für Arbeitslose. Teilweise knüpft man dabei an Programme aus den zwanziger Jahren an, teilweise erobert man Neuland. Der Fahrdienst für Behinderte etwa, den das Rote Kreuz als freiwilliges Angebot initiiert, gestaltet sich derart erfolgreich, dass daraus ein gesetzlich verankerter Anspruch entsteht. Als der Kreisverband Gelsenkirchen mit zwei Kleinbussen einen ersten Modellversuch startet, muss manches noch improvisiert werden. Das dritte Fahrzeug verfügt dann schon über eine hydraulische Hebebühne und bietet Platz für drei Rollstuhlfahrer und zwei Begleiter. Die bequeme Fahrgelegenheit vergrößert den Aktionsradius der Betroffenen erheblich: »Wir können nun abends auch mal ins Theater fahren, können im Revierpark die Freizeitangebote in Anspruch nehmen, können Ämter und Behörden aufsuchen«, freut sich die Sprecherin einer Selbsthilfegruppe. Etwa achtzig Behinderte nutzen den Service; dank einer Vereinbarung mit der Stadt erhalten sie rund hundert Gratisgutscheine im Jahr. Bis heute zählen diese Fahrdienste zu den festen Angeboten der Kreisverbände.

In der Behindertenarbeit und im Gesundheitsbereich kommen in den siebziger Jahren verstärkt Zivildienstleistende zum Einsatz sowie Helfer, die ein Freiwilliges Soziales Jahr leisten. Für beide Gruppen bieten DRK-Einrichtungen vielseitige Betätigungsfelder. Trotzdem gilt die Sozialarbeit im Roten Kreuz zu dieser Zeit noch primär als »Frauenaufgabe«, da sie überwiegend den weiblichen Mitarbeitern untersteht.

1956 hat die Bergwacht die ersten Übungen mit Hubschraubern abgehalten. In den Siebzigern sind sie aus der Bergrettung schon nicht mehr wegzudenken.

Vor Deutschlands erster geriatrischer Tagesklinik in Frankfurt-Höchst hilft ein Zivildienstleistender einer alten Frau aus dem Kleinbus.

Bernhard Döveling wird entsprechend skeptisch beäugt, als er 1978 den Bereich Jugend und Wohlfahrtspflege im Generalsekretariat übernimmt. »Mit Strubbelkopf, Lederjacke und zerschlissenen Jeans, wie es sich damals gehörte.« Er erlebt diese Zeit als »einen Aufbruch zu neuen Ufern«. Ungewohnte Themen und Arbeitsfelder eröffnen sich, unkonventionelle Methoden werden ausprobiert. Darunter auch ein vom Roten Kreuz kaum je genutztes Medium: die Kunst. Zusammen mit renommierten Museen und mehreren Dutzend Künstlern initiiert Döveling zwei große Ausstellungen über »Heimatlose« und »Die Macht des Alters«. Die Resonanz ist groß, wenn es auch »wilde Diskussionen gab, wieweit das DRK berufen sei, mit Mitteln der Kunst zu operieren. Doch so konnten wir einem breiten Publikum die Thematik der sozialen Arbeit nahebringen.« Auch die von ihm mitangeregte Migrationsarbeit und die interkulturelle Öffnung des Vereins stoßen anfangs auf beträchtlichen Widerstand: »Wir sind ein deutsches Rotes Kreuz, hieß es, was haben wir mit Ausländern zu tun? Unser Einsatz für Flüchtlinge, Asylbewerber und ausländische Arbeitnehmer wurde gar unter Verweis auf die Neutralität des Roten Kreuzes in Frage gestellt. Migrationsbewegungen haben ja oft einen politischen Hintergrund, und man meinte, sich da heraushalten zu müssen.« Inzwischen aber bilden Integrationsangebote ein etabliertes Arbeitsfeld des DRK.

Die nachhaltigsten Veränderungen erfährt die Rotkreuzarbeit in den siebziger und achtziger Jahren allerdings nicht durch politische Prozesse, sondern durch Fortschritte in der Medizin, im Verkehrswesen und in der Kommunikationstechnik. Rettungsdienst, Berg- und Wasserwacht setzen immer häufiger Hubschrauber ein. Erstaunlich schnell gewöhnt man sich daran, dass ein Nothelfer herbeischwebt wie der Vogel Roch aus *Tausendundeiner Nacht*, seine kostbare Fracht aufnimmt und im Krankenhaus fast schon auf dem Operationstisch ablegt. Hinzu kommt der DRK-Flugdienst, der weltweit nach schweren Unfällen, bei lebensbedrohlichen Erkrankungen oder unzureichender medizinischer Versorgung hilft. Im Rettungswesen und in Krankenhäusern

Gruppenbild mit Jesus: Bei den Oberammergauer Passionsspielen betreuen Helferinnen des Roten Kreuzes viele Tausend Besucher am Tag, so auch 1970.

werden nun auch Zivildienstleistende eingesetzt, was eine günstigere Kalkulation ermöglicht. Entsprechend stärker wird die Konkurrenz, immer mehr Anbieter drängen auf den Markt, in der Notfallrettung, im Krankentransport oder bei der Betreuung von Großveranstaltungen.

Eine aber ist seit 1930 fest in der Hand des Roten Kreuzes: die Passionsspiele in Oberammergau. Das uralte, nur alle zehn Jahre stattfindende Mysterientheater scheint der Zeit nicht unterworfen. Obwohl es 1970, auf dem Höhepunkt der 68er-Bewegung und der Hippiezeit, denkbar anachronistisch anmutet, strömen so viele Besucher herbei wie in keinem Jahr zuvor oder danach: über eine halbe Million. Olga Margraf ist als örtliche Bereitschaftshelferin dabei. Jahrgang 1920, arbeitete sie mit achtzehn Jahren im ersten Kindergarten des Dorfes. Noch heute sprechen alte Männer sie auf der Straße mit »Griaß di, Tant' Olga« an. Seit 1930 hat sie kein Passionsspiel versäumt. Sie kann die Namen der Christusdarsteller lückenlos herunterbeten, und bei Bedarf gäbe sie eine verlässliche Souffleuse ab, hat sie doch die Texte der meisten Figuren im Kopf. Auch 1970 leistet sie über vier Monate hinweg mehrmals die Woche Dienst in der Freilichtbühne. Sechs Stunden zieht sich das Spektakel hin; alle zwei Stunden lösen die Helferinnen einander ab. Margraf postiert sich an einem der Treppenaufgänge zu den Tribünen. Während alle das Geschehen auf der Bühne verfolgen, hat sie das Publikum im Blick. Wenn irgendwo Unruhe aufkommt, eilt sie herbei, die Spucktüte griffbereit. Viele Zuschauer kippen einfach um: die Aufregung, der Föhn und dann noch die Geißelungen auf der Bühne. Einmal stirbt ihr ein Kollabierter unter den Händen weg; er wird im Aufenthaltsraum der männlichen Kollegen aufgebahrt. Im Großen und Ganzen aber, erinnert sie sich, seien die Spiele »harmonisch« verlaufen. Nur über die Schwalb Resl mokiert sie sich noch heute. Die hätte sie nämlich nach zwei Stunden ablösen sollen. Stattdessen habe sie bei den Sanitätern gesessen und geraucht.

»Es war nicht alles leicht, aber im Nachhinein war es von Wert.« Gedankenverloren kramt die rüstige Dame mit dem schlohweißen Haar in der Schachtel mit ihren Ehrenzeichen. »Wann s' an silbern Rand g' habt hat, wars scho a Beförderung.« Das letzte Ehrenzeichen hat sie erst vor Kurzem erhalten – für 75 Jahre Mitgliedschaft im Roten Kreuz. Über die Hälfte der gesamten Geschichte der Bewegung war sie im Einsatz. Natürlich auch bei anderen Großereignissen wie dem König-Ludwig-Langlauf oder dem König-Ludwig-Feuer. »Da wird man eingeteilt, und dann steht man da, bis man gebraucht wird«, beschreibt sie lakonisch die Arbeit der Bereitschaft. Auch beim Sammeln von Spenden hat sie immer fleißig mitgeholfen. Denn obwohl sich die Angebote im Gesundheits- und Sozialwesen teilweise selbst tragen und das Rote Kreuz auf staatliche Zuschüsse zählen kann, bleibt doch die Mittelbeschaffung durch kleine und große Sonderaktionen, durch Spendenbriefe und Tombolas, über die Zeiten hinweg ein wichtiges Finanzierungsinstrument. Ein Klassiker ist dabei immer noch der Rundgang mit der klimpernden Sammelbüchse. Der Saarländische Landesverband etwa ermahnt seine Mitglieder, höflich, aber bestimmt aufzutreten: »Sie sind nicht Bettler an fremden Türen, sondern Fürsprecher einer guten Sache.« Die zweimal jährlich stattfindende Haus- und Straßensammlung wird mit Nachdruck betrieben: »Kein Haus und keine Familie dürfen ausgelassen werden! Bei Abwesenheit erkundigen Sie sich beim Nachbarn. Termine notieren! Die Familie nochmals aufsuchen!« Mit einer Ausnahme: Angehörige des Jugendrotkreuzes sind beim Sammeln »von Straßenzügen fernzuhalten, in denen ihnen sittliche Gefahren drohen«. Auch Glücksbuden gehören nach wie vor zum Repertoire, und auf Basaren und Flohmärkten verkauft das Jugendrotkreuz selbstgebastelte Kerzenständer oder Steinmännchen. Jedes Jahr kommt eine Langspielplatte mit »Stars und Hits für das Rote Kreuz« heraus. Udo Jürgens singt *Ein Lied für alle, die einsam sind*, das Duo Cindy & Bert lässt *Rosen erblühen in Málaga*, und Marianne Rosenberg versichert: *Ich bin wie du*. Pro Ausgabe werden mehrere Hunderttausend Platten verkauft, zwei Mark fünfzig gehen an das Rote Kreuz.

Anfang der achtziger Jahre macht ein revolutionäres neues Medium von sich reden: Bildschirmtext. Noch läuft es nur im Testbetrieb mit fünftausend Teilnehmern in Düsseldorf und Berlin. Doch schon prä-

Der Circus Busch-Roland unterstützt die Losverkaufsstelle des Roten Kreuzes am Berliner Bahnhof Zoo. Wer drei Lose kauft, darf auf dem Kamel reiten.

sentiert sich das Rote Kreuz auf dreihundert Seiten und nutzt das Medium auch für eine Versteigerung. Hans Rosenthal moderiert zugunsten eines Heims für behinderte Kinder. Jedes Aufrufen der Spenderseite bringt 99 Pfennige; alle Gebote bleiben im Topf. Und so kommen im Wettstreit zwischen beiden Metropolen über tausend Mark zusammen, und vermutlich etliche ramponierte Fernbedienungen dazu.

Eine weitere wichtige Einnahmequelle bilden die Altkleidersammlungen. Recycling durch das Rote Kreuz hat eine lange Tradition; bereits während des Ersten Weltkriegs wurden in großem Stil Altglas, Altpapier, Bekleidung und Stoffreste gesammelt. Gebrauchte Kleidung war sowohl beim Donauhochwasser 1954 wie bei der Sturmflut in Hamburg acht Jahre später ein wichtiges Hilfsgut. In den achtziger Jahren gehört die Altkleidersammlung dann zu den geläufigsten Aktivitäten der Hilfsorganisation. Im Kreis Steinfurt im Münsterland etwa werden vorab Handzettel verteilt und 75 000 Plastikbeutel an die Haushalte abgegeben – Container sind noch nicht gebräuchlich. Über drei Tage hinweg rollt dann die Sammlung, einmal im Frühjahr und einmal im Herbst. Schüler tragen die Säcke am Straßenrand zusammen und wuchten sie auf die Lastwagen, die durch die Dörfer und Kleinstädte rollen. Tragbare Stücke kommen in die Kleiderkammer für Bedürftige. Ein Teil geht an die Katastrophenlager des DRK, in denen damals Kleidung für 60 000 Menschen vorrätig gehalten wird. Der größte Teil wird an gewerbliche Unternehmen verkauft, mit dem Erlös finanziert der Kreisverband Hilfsprojekte oder gemeinnützige Arbeit. Auch verschlissene Kleidung besitzt noch einen Restwert, sie wird zu Dämm- und Faserstoffen verarbeitet. Selbst wenn es pro Kilo nur ein paar Groschen oder Pfennige bringt – allein im Kreis Steinfurt kommen jedes Mal etliche Tonnen zusammen. Da sich die Branche als lukrativ erweist, treten bald auch andere Firmen und Organisationen auf den Plan.

Auf der internationalen Bühne sieht sich das Rote Kreuz ebenfalls zunehmend mit Wettbewerbern konfrontiert. Im Gefolge des Vietnamkriegs sind weltweit neue Hilfsgesellschaften entstanden. Viele fordern ein stärkeres politisches Engagement ein, sie empfinden die strikte Neutralität des Roten Kreuzes angesichts himmelschreienden Unrechts als ungenügend. »Unparteilichkeit ja, Neutralität nein«, gibt etwa Bernard Kouchner als Devise für die »Ärzte ohne Grenzen« aus.

Insgesamt wird die Auslandsarbeit in den siebziger und achtziger Jahren so stark ausgedehnt, dass das DRK zu dieser Zeit maßgeblich zur deutschen Entwicklungshilfe beiträgt. 1982 führt es in 45 Ländern Projekte mit einem Gesamtwert von 66 Millionen Mark durch: Gesundheitsstationen in Sri Lanka, Wiederaufbauhilfe in Uganda, Lager für afghanische Flüchtlinge in Pakistan, Krankenhäuser für Kambodscha, Aufbau des Blutspendewesens in Kolumbien und Ecuador. Der mit Abstand größte Posten freilich, fast die Hälfte der Gesamtsumme, geht in ein weit weniger exotisches Land: nach Polen.

Nach dem Streik auf der Danziger Leninwerft und dem Aufbegehren der unabhängigen Gewerkschaft Solidarność übernimmt das Militär dort die Macht und ruft Ende 1981 den Kriegszustand aus. Die ohnehin schon kritische Versorgungslage spitzt sich weiter zu, als es obendrein zu heftigen Überschwemmungen kommt. Dennoch lässt sich die überwältigende Hilfsbereitschaft in den westlichen Ländern durch die Notlage allein nicht erklären. Sie ist ein politisches Signal, ein symbolischer und mitunter auch romantischer Akt der Unterstützung, der Solidarität mit Solidarność. Die westlichen Regierungen vermeiden eine direkte Einmischung, um der Sowjetunion und der DDR keine Handhabe für einen Einmarsch zu geben. Ein breites Engagement der Öffentlichkeit aber ist durchaus erwünscht. Wie ein Mantra wiederholen Radio und Fernsehen das bis heute bestehende Sonderkonto des Roten Kreuzes: »41 41 41 bei allen Banken und Sparkassen«.

In der Bundesrepublik werden Hunderttausende von Hilfspaketen gepackt. In vielen Ortsvereinen falten Mitglieder des Jugendrotkreuzes die Kartons, bestücken sie wie am Fließband mit Seife, Waschmittel, Fleisch- und Fischkonserven, Zucker, Haferflocken, Kerzen, Streichhölzern. Bekleidung und Schuhe werden separat abgepackt, Milchpulver und Babynahrung ebenso. Als Nächstes stehen die Formalitäten an: Ladelisten, Devisenerklärungen, Visumsanträge. An der innerdeutschen

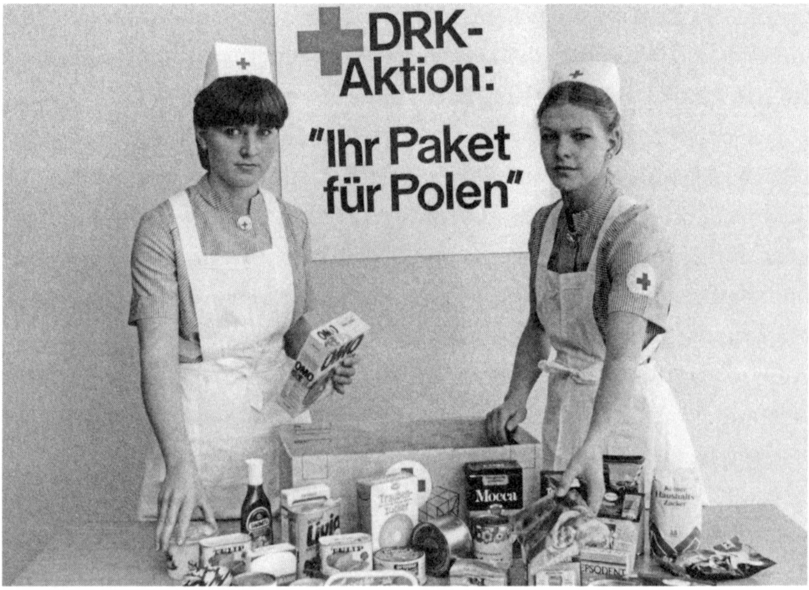

In Aktion: Rotkreuzschwestern präsentieren 1982 ein Standardpaket für die Polenhilfe, mit Lebensmitteln und Hygieneartikeln im Wert von fünfzig Mark.

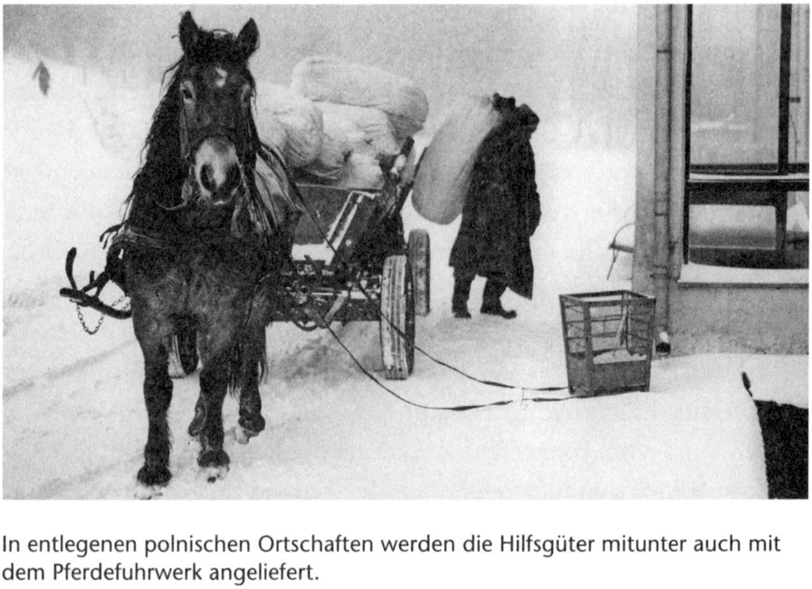

In entlegenen polnischen Ortschaften werden die Hilfsgüter mitunter auch mit dem Pferdefuhrwerk angeliefert.

Grenze und später nochmals an der Grenze zu Polen werden die Konvois viele Stunden lang aufgehalten, durchsucht, im Ungewissen gelassen. Immerhin dürfen die Hilfstransporte – und nur diese – noch ins Land. Das Polnische Rote Kreuz hat ein Verteilungsnetz aufgebaut, das jedoch unter Notstandsrecht nur bedingt funktioniert. Briefverkehr, Telefon- und Fernschreibverbindungen sind häufig unterbrochen.

Klaus Mittermaier, damals Abteilungsleiter beim Münchner Suchdienst, reist drei Monate lang als Delegierter des Internationalen Komitees durch Polen, um den weiteren Bedarf zu ermitteln und sicherzustellen, dass die Hilfsgüter Bedürftigen zugutekommen. Denn so sehr man sich auch um Transparenz bemüht, so landet vieles doch am Ende auf dem Schwarzmarkt oder gar in den Vorratslagern der Milizen. Mittermaier fährt 13 000 Kilometer durchs Land, besucht Krankenhäuser, Kindergärten und Altenheime. Vor den Ausgabestellen bilden sich lange Schlangen. Medizinische Basisartikel wie Spritzen, Binden, Operationsbesteck sowie Medikamente sind in vielen Kliniken und Apotheken knapp. Straßen und Autobahnen wirken wie leer gefegt, dafür müssen die Konvois zahlreiche Kontrollpunkte von Militär und Milizen passieren. Panzer sichern wichtige Kreuzungen.

Die Haltung des Regimes gegenüber den Hilfslieferungen ist zwiespältig. Einerseits sind sie willkommen, da sie die angespannte Versorgungslage entschärfen. Andererseits offenbaren die Kontakte mit dem Ausland die desolate Wirtschaftslage und das Ausmaß der Repression. Neben der Nothilfe betreut das Internationale Komitee teilweise auch die rund zehntausend internierten Regimegegner.

Von nennenswerten Hilfsaktionen durch das Rote Kreuz der DDR ist dagegen nichts bekannt. Mit Blick auf die Unzufriedenheit im eigenen Land wird Solidarność als »konterrevolutionäre Bewegung« verteufelt und das harte Durchgreifen der Militärregierung befürwortet. Reisen nach Polen werden untersagt. Über vier Jahre hinweg schweigt die Mitgliederzeitschrift die Ereignisse im Nachbarland tot, bringt dafür aber seitenlange Berichte über die »Vertiefung der brüderlichen Beziehungen« zur Demokratischen Volksrepublik Nordkorea im Rahmen eines

Freundschaftsbesuchs des Dresdener Präsidiums. Inklusive gemeinsamer Feier des 1. Mai und einer Pilgerfahrt zum Geburtsort von Kim Il Sung. Auch dem Tod des Genossen Leonid Iljitsch Breschnew, »eines genialen Führers, dessen ganzes Streben der Befreiung und dem Glück der Menschen galt«, erweist das Präsidium pflichtschuldig seine Referenz.

»Landschaften der Lüge«

Das grimmige Kräftemessen der Systeme nimmt seinen Fortgang. Der Kalte Krieg erlebt einen zweiten Tiefpunkt, eine neue politische Eiszeit setzt ein. Entsprechend schleppend gestalten sich die deutsch-deutschen Rotkreuzgespräche. Mal findet ein Jugendaustausch statt, mal treffen sich die Führungskräfte, doch die Ergebnisse sind bescheiden. Was nicht verwundert, liest man die Direktiven des Dresdener Präsidiums: »Der Charakter des westdeutschen Imperialismus und die zunehmende Gleichschaltung des westdeutschen Roten Kreuzes sind zu entlarven.«

Bereits in den fünfziger Jahren hatte es Anläufe zu einem gesamtdeutschen Rotkreuzgespräch gegeben; nach dem Mauerschock waren die Bemühungen zögerlich wieder aufgenommen worden. Angesichts der grimmigen Konfrontation der Militärblöcke betrachten es beide Seiten schon als Erfolg, dass die Konsultationen überhaupt stattfinden; die gemeinsame Geschichte und die Zugehörigkeit zu einer weltweiten Bewegung erleichtern den Kontakt. Dennoch bleibt das Verhältnis gespannt. Die Suchdienste belauern sich eher, als dass sie zusammenarbeiteten. Der größeren Erfolgsaussichten wegen fragen DDR-Bürger oft in München oder Hamburg an, was die gewollte Passivität des ostdeutschen Pendants bloßstellt. Viele ihrer Briefe werden ebenso als »Hetzpost« beschlagnahmt wie Todesnachrichten der westdeutschen Suchdienste. Dass mehr als eine Million Deutsche in sowjetischen Lagern ums Leben gekommen sind, rührt an ein ideologisches Tabu. Vom Schicksal der politischen Gefangenen in Bautzen oder Berlin-Hohenschönhausen nicht zu reden.

Zu Rivalitäten kommt es auch im Blutspendewesen. Gleich mehrfach beschwert sich das westdeutsche Rote Kreuz, dass ostdeutsche Blutkonserven die Preise verderben würden. Tatsächlich verkauft die DDR zur Devisenbeschaffung im großen Stil Blutplasma in westliche Länder. Nun hätten die Spender vermutlich nichts dagegen, dass ihr Blut einem Patienten in Basel oder Bremen zugutekommt. Nur wird dies aus politischen Gründen verheimlicht, oder die Werber machen ihnen gar weis, dass sie für Befreiungsbewegungen in der Dritten Welt spendeten. Problematisch sind auch die fehlenden Kontrollmöglichkeiten – bei Komplikationen mit einer Blutkonserve könnte der Ursprung kaum durch den Eisernen Vorhang hindurch zurückverfolgt werden, und es ist nicht auszuschließen, dass Spenden unter Zwang zustande gekommen sind, zum Beispiel in Gefängnissen oder bei der Armee.

Während der Staat im Verborgenen unerbittlich durchgreift, wird in der Öffentlichkeit jenes Gesellschaftsbild aufrechterhalten, das der Historiker Stefan Wolle als »die heile Welt der Diktatur« benannt hat. Bislang noch nicht untersucht ist dabei der Einfluss der Staatssicherheit auf das DRK der DDR. Eine systematische Durchdringung mit Agenten scheint erst Mitte der siebziger Jahre stattgefunden zu haben; oberster Dienstherr der Staatssicherheit im Bezirk Dresden ist damals Hans Modrow. Bis dahin hat man die »offiziellen Konsultationen mit dem Organ« sowie mit dem Zentralkomitee der SED für ausreichend gehalten. Werner Ludwig zeigt sich denn auch irritiert, dass sich nun eine weitere Kontrollinstanz Zutritt verschafft. Binnen weniger Jahre dringt der Geheimdienst »intensiv in das gesamte Geschehen ein«. Agenten arbeiten im Präsidium und im Generalsekretariat, bei der Mitgliederzeitschrift, in den Zentralabteilungen für Jugend, Gesundheitsschutz, Krankentransport und in der Personalabteilung. Die begehrten Auslandsreisen – nach Genf, zu befreundeten Rotkreuzgesellschaften, zu Konferenzen – werden besonders eingehend überwacht: 1982 sind fünf der neun Reisekader inoffizielle Mitarbeiter der Staatssicherheit.

Als einer seiner Söhne sich in den Westen absetzt, wird Ludwig verschärft beschattet und schließlich zum Rücktritt genötigt. Das System, dessen williger Repräsentant er dreißig Jahre lang war, wendet sich gegen ihn.

Schon der bloße Antrag auf Ausreise stellt eine symbolische Grenzüberschreitung dar und macht bislang unbescholtene Bürger zu Staatsfeinden. Nachdem in der Abteilung Krankentransport gleich acht »rechtswidrige Übersiedlungsersuche« gestellt wurden, gerät sie als »Sammelbecken kriminell-negativer Personen« verschärft ins Visier. Ein Funktionär des Bezirkssekretariats Dresden, der sich zur Ausreise entschlossen hat, wird stundenlang von drei Kadern in die Mangel genommen. Trotzig beruft er sich auf die UN-Menschenrechtscharta und die Schlussakte von Helsinki. Sowohl die Unerbittlichkeit des Systems wie die aufgeregte Widersetzlichkeit seines Opfers werden deutlich, aber auch dessen eigene Verflechtung mit dem Apparat. Insgesamt vermitteln die Stasi-Protokolle des Roten Kreuzes ein anschauliches Beispiel jener »Landschaften der Lüge«, wie der Bürgerrechtler Jürgen Fuchs sie beschrieben hat. Die engmaschige Überwachung erzeugt ein allgemeines Klima der Angst, der Untertänigkeit und der Unaufrichtigkeit. Dass die Spitzel keine produktive Arbeit für die Hilfsorganisation leisten, liegt auf der Hand. Das wirklich Enttäuschende an ihren Berichten ist jedoch deren Belanglosigkeit – nie fällt ein mutiges Wort, nie gerät jemand auch nur ansatzweise in Konflikt mit den Vorgaben des Regimes. Die Kreativität der Kader äußert sich in ganz anderen Bereichen, etwa in ihrem »Drang nach Valuta«: Vor Dienstreisen nach Genf stecken sie zu Hause Konserven ein, und mit den mühsam zurückgelegten Schweizer Franken kaufen sie ihren Ehepartnern dann im heimischen Intershop Geschenke.

Während in den offiziellen Darstellungen Eigenlob den Ton angibt, wird in den Berichten der Staatssicherheit paradoxerweise freimütig Kritik geübt. Unabhängig voneinander monieren mehrere Spitzel, der Apparat beschäftige sich vor allem mit sich selbst: »Es wurde eine Sitzung lang über das Anbringen eines Briefkastens gesprochen … Seit zwei Jahren stagniert die inhaltliche Arbeit … Sie verstecken sich hinter

Phraseologie ... Auch hat sich eine gewisse Selbstherrlichkeit breitgemacht.« Während die Staatssicherheit versucht, Maulwürfe »zur Informationsgewinnung beim West-DRK« unterzubringen, fürchtet sie gleichzeitig »ein Eindringen des Gegners« ins eigene Lager. Insbesondere den Suchdiensten der jeweils anderen Seite wird geheimdienstliche Tätigkeit unterstellt, vermutlich zu Recht. Sämtliche Westkontakte, ob offizieller oder privater Natur, werden überwacht, neu entstehende in aller Regel sabotiert, etwa durch Beschlagnahmung der Post. Bei allen deutsch-deutschen Konsultationen, ob in Dresden, in Bonn oder in der Ständigen Vertretung in Ost-Berlin – die Stasi sitzt stets mit am Tisch.

Vorhang auf!

Im Juni 1989 machen sich zwei Männer mit schweren Drahtscheren am Grenzzaun zwischen Ungarn und Österreich zu schaffen. Noch vor wenigen Monaten wären sie dafür verhaftet oder gar erschossen worden. Doch das Blatt in Osteuropa wendet sich. Die Solidarność-Bewegung hat wie ein Eisbrecher gewirkt, Gorbatschows Reformkurs die Fronten des Kalten Krieges auftauen lassen. Am Ende ernten Ungarns Außenminister Gyula Horn und sein österreichischer Kollege Alois Mock den Beifall ihrer Entourage und das ungläubige Staunen der Welt. Die Lücke im Zaun gerät zur ersten Laufmasche im Eisernen Vorhang, der bald immer durchlässiger wird.

Im August suchen über hundert DDR-Bürger Zuflucht in der bundesdeutschen Botschaft in Budapest. Als sie wegen Überfüllung schließt, werden weitere sechstausend Ausreisewillige provisorisch in Ferienlagern und Gewerkschaftsheimen untergebracht. Das Ungarische Rote Kreuz übernimmt gemeinsam mit den westdeutschen Kollegen sowie den Maltesern die Betreuung und Verpflegung. Die Diplomatie kommt auf Touren, und mit Hilfe des Internationalen Komitees können dann zumindest die in der Botschaft verbliebenen Flüchtlinge nach Wien ausgeflogen werden.

Zwischen west- und ostdeutscher Rotkreuzgesellschaft gibt es in dieser Phase keinen direkten Kontakt, beide stehen aber mit den ungarischen Kollegen in Verbindung. Am 7. September schließlich kündigt ein Fernschreiben aus Dresden den Besuch zweier Delegierter in Budapest an: »Das humanitäre Anliegen des DRK der DDR besteht darin, den in der Ungarischen Volksrepublik befindlichen Bürgern der DDR bei ihrer Rückkehr in ihr gesichertes soziales Umfeld behilflich zu sein.« Die Emissäre besuchen eines der Lager und verhandeln mit den ungarischen Kollegen. Immer wieder dringen sie darauf, Namenslisten der Flüchtlinge zu erhalten. Das Ungarische Rote Kreuz macht in der ganzen Affäre eine tadellose Figur. Listen? Welche Listen? Tatsächlich haben sich viele Flüchtlinge wohlweislich nicht registrieren lassen, um den DDR-Behörden keine Handhabe für Schikanen zu bieten.

Das Ungarische Rote Kreuz erklärt es seinerseits für wünschenswert, dass die Grenze dauerhaft geöffnet bleibt. Ähnlich spricht sich auch die Liga der Rotkreuz- und Rothalbmondgesellschaften aus, was die Dresdner Emissäre prompt als »Unterstützung negativer Kräfte« ansehen. Sie halten es umgekehrt für wünschenswert, »daß dieser Fluchtweg ausgeschlossen wird, um Schaden von der DDR abzuwenden«. Der Schaden besteht unter anderem darin, dass dem Staat Devisen in Milliardenhöhe entgehen. Bis dato wurde jeder ausreisewillige DDR-Bürger im Schnitt für 90 000 Mark von der Bundesrepublik freigekauft. Wären die 40 000 Menschen, die im Sommer und Herbst 1989 in den Westen fliehen wollten, tatsächlich zurückgekehrt, hätte sich ein gutes Geschäft mit ihnen machen lassen. Doch das Ungarische Rote Kreuz lehnt es unter Hinweis auf seine Neutralität ab, entsprechend auf sie einzuwirken. Am 11. September erlaubt die ungarische Regierung die Ausreise, und von Mitternacht an rollen Karawanen von Kleinwagen hinüber ins Burgenland. Insgesamt gelangen damals rund 20 000 DDR-Bürger über Ungarn in den Westen.

Parallel sammeln sich Flüchtlinge aus der DDR in der Ständigen Vertretung der Bundesrepublik in Ost-Berlin sowie in deren Botschaft in

Warschau. Ende August wird auch die Botschaft in Prag wegen Überfüllung geschlossen. Doch immer mehr Menschen drängen in den Garten des glanzvollen Barockpalais, überklettern in Scharen den Zaun oder schlüpfen durchs Tor. Manche haben sich monatelang auf eine Flucht vorbereitet, die meisten handeln kurz entschlossen, in der bangen Hoffnung auf einen glücklichen Ausgang. Für beide deutsche Staaten wie auch für die Tschechoslowakei eine unbequeme, schwer kontrollierbare Situation. Und für die Botschaftsmitarbeiter ein logistischer Alptraum. Zwar sind sie es gewohnt, einige Hundert Gäste auf rauschenden Empfängen zu bewirten. Aber die kampieren anschließend nicht alle im Garten.

Deutsche Rotkreuzhelfer haben bereits Stockbetten und Großzelte aufgebaut; die Bundeswehr schickt tonnenweise Verpflegung. Nur: Wer soll kochen? Der Kreisverband Euskirchen entsendet seine schnelle Eingreiftruppe. Auch wenn die beiden Lastwagen und der Kleintrans-

Tausende von DDR-Bürgern flüchten sich im September 1989 in die bundesdeutsche Botschaft in Prag, um ihre Ausreise in den Westen zu erreichen.

porter mehr als nur fünf Brote und zwei Fische mit sich führen, sollen Angelika Schmitz und ihre Kollegen ein beinahe biblisches Wunder vollbringen. Besser als jeder pathetische Fernsehbericht zeichnen ihre Tagebucheinträge die Fieberkurve der Ereignisse nach:

19. September, 12 Uhr: Anruf, ob einsatzbereit als Köchin nach Prag – 13 Uhr: Zusage – 16 Uhr: Paßbilder machen lassen – 17 Uhr: einsatzbereit.

22. September, 8 Uhr: Erste warme Mahlzeit aus dem Feldkochherd, bisher Selbstversorgung der Betroffenen. 14 Uhr: Kasseler + Püree + Sauerkraut + Joghurt für ca. 650 Personen. Im Garten Stimmung wie auf einem Campingplatz.

23. September, 12 Uhr: Serbische Bohnensuppe + Mettwurst + Joghurt für ca. 700 Personen. Da keine Kühlung vorhanden ist, stoßen wir den Joghurt möglichst schnell ab. Stündlich Neuankömmlinge.

24. September, 12 Uhr: Grüne Bohnensuppe + Kasseler gewürfelt + 2 Joghurt für ca. 800 Personen. 13 Uhr für 100 Personen nachgekocht. Sprüche: Habt ihr BiFi? Habt ihr Fanta Mango?

25. September, 12 Uhr: Gulasch + Püree + 2 Joghurt, ca. 1200 Essen ausgegeben. Die Ordnung löst sich langsam auf, die Selbstversorgung morgens und abends bricht zusammen.

26. September: Frühstück für uns fällt aus. Keine Zeit! 13 Uhr: Erbsensuppe + Knackwurst + 2 Joghurt, ca. 1300 Essen. Wir sind zum Schlafen in den Aufenthaltsraum der Putzfrauen umgezogen. Hoffentlich kommt morgen die zweite Küche! Leere Konservendosen finden reißenden Absatz als Tellerersatz, Joghurtbecher als Tassenersatz.

27. September: Frühstück für uns fällt wieder aus. 12 Uhr: Pichelsteiner + Schweinefleisch + 1 Joghurt für Kinder, ca. 1550 Personen. – 20 Uhr: Dienstende. Küche zu. Warme Getränke hingestellt für 1600 Personen. Um 22 Uhr kommt die zweite Küche. Dritte Küche angefordert und 15 000 Essen mit Getränken.

28. September: Nachts erste große Müllaktion wegen Seuchengefahr. Gestern wurde für uns ein Büro ausgeräumt, ca. 20 m^2, dort stellen wir 3 x 3 Etagenbetten auf und 3 Matratzen.

29. September: Um 11 Uhr kommt die dritte Küche an. Sie wird sofort aufgestellt und in Betrieb genommen. Ca. 4000 Portionen.

30. September, 12 Uhr: Erbsensuppe + 1 Joghurt. – 19 Uhr: Rede von Herrn Genscher. Verabschiedung an der Pforte mit Getränk, Schokolade, Obst. Am nächsten Morgen haben alle Flüchtlinge das Lager verlassen.

1. Oktober, 14 Uhr: Sauerkraut + Püree + Kasseler für zehn neue Flüchtlinge. Lange Tafel im Hof, gemütlich gegessen einschließlich Botschafter nebst Gattin. – 17 Uhr: Das Eingangstor geht auf, wir werden von 500 Flüchtlingen überrascht. – 24 Uhr: Dritte große Müllaktion gestartet.

2. Oktober, 12 Uhr: Ravioli + Joghurt für ca. 3000 Personen. Vierte Küche angefordert. Schichtdienst in den Nachtstunden.

4. Oktober, 12 Uhr: Suppe querbeet, was erreichbar war. Ca. 10 000 Personen. – 2 Uhr: Ausreise abgeschlossen. Die Botschaft wird nicht leer, da schon neue Flüchtlinge kommen.

5. Oktober, 14 Uhr: Übergabe Lager und Küche an neue Mannschaft. Zu Fuß in die Stadt, alle Verantwortung und Anspannung ist abgelegt. Gemeinsames Abschiedsessen in der Stadt.

6. Oktober, 18 Uhr: Grenzformalitäten erledigt, wieder in Deutschland. Erste Nacht in einem Bett geschlafen, mehrere Stunden in Ruhe und zusammenhängend.

Rudolf Seiters, der heutige Präsident des DRK, ist damals als Kanzleramtsminister während der wochenlangen Verhandlungen über eine Ausreise federführend. Gemeinsam mit Außenminister Hans-Dietrich Genscher fliegt er schließlich nach Prag, um den Flüchtlingen die erlösende Nachricht zu überbringen. Trotz Dauerregen wird es ein Freudentag. »Vom Balkon aus blickte ich auf die großen Zelte im Botschaftsgarten, in denen die zur Flucht fest entschlossenen DDR-Bürger Unterschlupf und Versorgung gefunden hatten«, erinnert er sich. »Das war mein Schlüsselerlebnis mit dem Roten Kreuz. In einer so schwierigen Situation war dessen Hilfe von unschätzbarem Wert.« Nach Genschers Ansprache tauscht Seiters sich mit Flüchtlingen und Helfern aus. Viel Zeit bleibt nicht, denn nun muss die Aufnahme der Flüchtlinge an der Grenze vorbereitet werden. In drei Schüben werden sie mit Sonderzügen evakuiert; die ersten verlassen Prag noch in derselben Nacht. Das SED-Regime besteht darauf, sie in einem weiten Umweg quer durch die DDR nach Bayern zu leiten, um den Besitzanspruch an seinen Bürgern vorzuführen und ihre Ausreise als »Ausweisung« deklarieren zu können. Mitarbeiter der Staatssicherheit ziehen während der Fahrt die Pässe ein. In den folgenden Tagen bemächtigen sie sich auch der etwa 1500 Autos, welche die Flüchtlinge in Prag zurücklassen mussten. Wie bei einem erbitterten Scheidungskrieg legt die Staatsmacht es darauf an, die Abtrünnigen bis zum Schluss zu demütigen.

Bei der Durchreise kommt es im Dresdener Hauptbahnhof, aber auch entlang der Strecke zu Massenaufläufen und chaotischen Szenen. Im oberfränkischen Hof, der ersten Station auf bundesdeutschem Gebiet, erwarten dreihundert Helfer die Züge. Neben dem Roten Kreuz und anderen Hilfsorganisationen sind auch Grenzschutz, Zoll und Feuerwehr im Großeinsatz. Notunterkünfte werden eingerichtet, und mit der Menge an ausgegebener Suppe könnte man ein ganzes Schwimmbecken füllen. Der Suchdienst übernimmt die Registrierung der Neuankömmlinge und hilft in den folgenden Monaten bei der Familienzusammenführung. Der Überschwang der westdeutschen Bevölkerung manifestiert sich in einer Flut von Hilfsgütern. Nachdem alle versorgt sind, bleiben auf dem Bahnhof noch sechzehn Gepäckwagen übrig, überbordend vor Kleidung und Sachspenden. Die Neuankömmlinge schwanken zwischen Euphorie, Erschöpfung und buchstäblich grenzenloser Erleichterung. Die meisten fahren schließlich weiter zu Verwandten, Freunden oder zu Aufnahmelagern im Hinterland.

Die unerhörten Ereignisse fachen die politische Diskussion in der DDR kräftig an. Das dortige DRK stellt sich weiter unbeirrbar hinter das Regime. Am 19. Oktober 1989 geht ein Fernschreiben an alle Bezirksverbände: »Das Büro des Präsidiums erklärt im Namen seiner 1,2 Millionen Mitglieder sein uneingeschränktes Vertrauen zur Partei.« So viel Bevormundung ist dann aber selbst altgedienten Genossen zu viel. Ein »runder Tisch des Roten Kreuzes« soll organisatorische Reformen auf den Weg bringen. Auf allen Ebenen wird leidenschaftlich diskutiert. Die Dokumente jener Wochen zeugen von starker Erregung und widerstreitenden Empfindungen zwischen Hoffnung und Resignation. Enttäuschte Mitglieder kündigen die Gefolgschaft, Reformer bringen sich in Position, unterdrückte Mitarbeiter verschaffen sich Luft: »Angst war es, die uns lähmte, hinter ihr stauten sich Mißtrauen, Wut, Selbstverleugnung.« Das Vertrauen in die Führung schwindet zusehends: »Sie zeigen sich nicht in der Lage, sich mit dem ehrlichen humanistischen Gedankengut Zehntausender freiwilliger Mitglieder zu identifizieren.« Auch die Geheimpolizei mischt weiter mit. So erstattet ein langjähriger Spitzel am 31. Oktober Bericht über das »Vorhaben, im DRK der DDR eine Wende herbeizuführen«. Nachdem er sich »mit den Spitzen der Opposition« abgesprochen hat, rät er seinen Auftraggebern, »sich auf den Zug vorn draufzusetzen«. Er persönlich erachte »eine Wende für unbedingt notwendig«.

Dann öffnen sich, zur Verblüffung der ganzen Welt, die ersten Schleusen in der Berliner Mauer. Menschenmassen fluten hin und fluten her, und für ein paar kostbare Tage gerät die ganze bisherige Weltordnung aus den Fugen. Auch entlang der innerdeutschen Grenze werden nun täglich neue Übergänge geöffnet. Daraufhin erlebt das DRK der DDR Mitte November einen seiner größten Einsätze. Das Präsidium und die Nachrichtenagentur ADN kündigen über zehntausend rückkehrwillige Ostdeutsche an, die im Westen unter einem »akuten sozialen Notstand« litten. In Schleiz, in Probstzella, in Marienborn – überall entlang der 1400 Kilometer langen Grenze werden Auffanglager vorbereitet. Hunderte von Rotkreuzhelfern richten Großraumzelte, Feldküchen und Waschräume ein. Krankenhäuser werden in Alarmbereitschaft versetzt, eine Armada von Bussen steht parat, der Hilfszug rückt aus, um als mobile Unfallstation zu dienen. Bereitschaftshelfer bringen Windeln und Spielsachen in die Kasernen, die als Notquartiere dienen sollen. Ein Sprecher des Präsidiums versichert, die Wiedereingliederung werde

»so unbürokratisch wie möglich erfolgen«. Doch niemand nimmt das Angebot in Anspruch. Ein Fehlalarm im Tohuwabohu der unmittelbaren Wendezeit? Eine Fata Morgana, die die vorausgehenden Hilfsaktionen der Westseite spiegelverkehrt abbilden soll? Oder eine gelungene Agitation der alten Garde?

Der Bahnhofsdienst, der in der DDR praktisch durchweg vom Roten Kreuz betrieben wird, meldet in diesen Wochen dagegen Hochbetrieb. Das ganze Land scheint unterwegs, alle wollen den Westen besichtigen, Verwandte besuchen und das begehrte Begrüßungsgeld abholen. Eine der größten Stationen befindet sich in der Haupthalle des Bahnhofs Berlin-Lichtenberg. Für die Nacht zum 12. November 1989 verzeichnet das Dienstbuch dort 306-mal soziale Hilfe und 71-mal medizinische Hilfe. Sechzig Mütter mit 82 Kindern werden betreut, dazu 26 Rollstuhlfahrer. Die Zahl der Patienten mit Schwächeanfällen übersteigt die der bereitstehenden Liegen. Auch die nächsten Wochen über herrscht für den Bahnhofsdienst landesweit Ausnahmezustand, bis der Ansturm ganz allmählich abflaut. Zögernd gewöhnen West und Ost sich aneinander. Mit jedem Besuch und jeder Reise wächst das Wissen über die andere, unbekannte Seite ein kleines Stück.

Für die beiden Rotkreuzgesellschaften beginnt nun die aufregende Phase der Wiederannäherung. Wie in Erich Kästners Roman *Das doppelte Lottchen* begegnen sich zwei Geschwister, die einst gewaltsam auseinandergerissen wurden, nach vierzig Jahren wieder. Und stellen verdutzt fest, wie ähnlich sie einander sind. Sie haben die gleichen Aufgaben übernommen und zeigen den gleichen Habitus; Uniformen und Abzeichen entsprechen sich. Die gemeinsamen Wurzeln reichen tiefer, als es den Beteiligten bewusst war. Immer wieder heißt es im Rückblick, beide Seiten hätten von Anfang an die gleiche Sprache gesprochen. »Die Einigung geschah nicht vom hohen Ross herab, das war ein Erfahrungsaustausch auf Augenhöhe«, erinnert sich Horst Zerna, damals DRK-Bezirkssekretär in Cottbus. Es ist eine Fusion bei laufendem Betrieb. Aus vierzehn Bezirken formen sich fünf ostdeutsche Landesverbände; nur die Vereinigung

Der Präsident des DRK, Prinz zu Sayn-Wittgenstein (mit Abzeichen), übergibt im Februar 1990 medizinisches Material an das Bezirkskrankenhaus Potsdam.

der beiden Berliner Verbände zieht sich noch etwas länger hin. Auf Orts-, Kreis- und Landesebene entstehen außerdem Patenschaften. Auch wenn sich für die ostdeutschen Rotkreuzkräfte sehr vieles ändert und für die westdeutschen nur wenig, verglichen mit anderen Bereichen verläuft der Zusammenschluss ihrer beiden Gesellschaften bemerkenswert konstruktiv. Ein Meilenstein ist die Delegiertenkonferenz im April 1990, bei der vierhundert Rotkreuzvertreter aus ganz Ostdeutschland die Weichen für die Zukunft stellen. Einer von ihnen ist Christoph Brückner, Professor für Arbeitshygiene in Jena. »Es war ein außerordentlicher Tag. Morgens um sieben fuhr ich los, und abends um neun war ich, zu meiner eigenen Verblüffung, Präsident des DRK der DDR.« Zehn Stunden lang wird leidenschaftlich debattiert. Botho Prinz zu Sayn-Wittgenstein, damals Präsident des bundesdeutschen DRK und als Beobachter zugegen, ist sichtlich fasziniert. So viel Demokratie habe er noch nie erlebt, meint er. Den beiden Präsidenten bleiben nur wenige Monate bis zur Wiedervereinigung. »Eigentlich«, bekennt Brückner, »war das gar nicht zu schaffen, aber irgendwie gelang es doch.«

WASSERWACHT
H. Mayer
99-2
Regensburg

KAPITEL ZEHN

»Zurück in die Zukunft«

Der Weg ins 21. Jahrhundert

Der edle Mensch kennt keine schönere Pflicht als die, zu helfen,
mit allem, was er hat, und allem, was er kann.
SOPHOKLES, *KÖNIG ÖDIPUS*

Gotthard Krause erlebt die Zeitenwende als Krankentransporteur in Zittau. Dreißig Jahre zuvor hat er beim Roten Kreuz angefangen, das damals im gesamten Kreis nur über zwei Fahrzeuge verfügte, dazu für das Lausitzer Bergland über einen Geländewagen mit dem schönen Namen »Garant«. Vier Kinder half Krause in voller Fahrt zur Welt zu bringen, einmal sogar Zwillinge. »Anfangs hatten wir praktisch nichts, noch nicht mal sterile Handschuhe, nur die Sanitätstasche und zwei Schienen. Wir hatten auch keine Ausbildung in Geburtshilfe. Nun lag die Frau vor mir – und patsch!, war das Kind auch schon da. Vielleicht hat ja die harte Federung geholfen …« Obwohl die Krankenwagen teilweise in den Zittauer Robur-Werken hergestellt wurden, wo seine Rotkreuzkameradin Josefa Höhne im Sanitätszug war, gab es häufig Probleme mit den Erzsatzteilen. »Wir mussten ja alles selbst reparieren. Auch unsere Hebebühne haben wir selbst gebaut, da wechselten wir dann nach Feierabend die Achsen.« In den achtziger Jahren standen im ganzen Land etliche Hundert Rettungswagen still, nur weil keine Keilriemen zu bekommen waren. So bequem das Monopol der »Schnellen

Motorboot der Wasserwacht Regensburg bei einer Fahrt auf der Donau.
Schon 1883 organisierte sich hier die erste »Wasserwehr« im Roten Kreuz.

Medizinischen Hilfe«, wie der Rettungsdienst in der DDR hieß, in mancher Hinsicht war, konnte sie doch infolge Mangelwirtschaft ihren Auftrag oft nur eingeschränkt erfüllen.

Als nach der Wende der Partnerverband aus Villingen-Schwenningen den Zittauern ein Rettungsfahrzeug schenkt, muss Krause sich erst einmal mit der Ausstattung vertraut machen. »EKG, Schockgeber, die ganze Elektronik – wir hatten ja nur Sauerstoff und Lachgas.« Er bildet sich zum Rettungssanitäter weiter und muss sich wie alle Autofahrer im Osten an die stärkeren Maschinen gewöhnen – »Bei uns war hundert schon die Höchstgeschwindigkeit gewesen.« Auch die Konkurrenz bedeutet eine Umstellung: »Nun drängten andere Anbieter auf den Markt; das kannten wir ja nicht. Aber da herrschte in den meisten Gemeinden Konsens: Das Rote Kreuz bleibt!«

Entlang der Transitstrecken kommen nach dem Fall der Mauer »fliegende Notarztwagen« zum Einsatz – umgerüstete sowjetische Militärhubschrauber, die außer Arzt und Helfer auch einen Feuerwehrmann mit Bergungsgerät an Bord nehmen können. Da die Autobahnen immer stärker frequentiert werden und die Zahl der schweren Unfälle steigt, besteht akuter Bedarf. Doch wegen der alliierten Lufthoheit können diese Hubschrauber in Berlin nicht landen. Infolge der unterschiedlichen Funkfrequenzen kommt es auch am Boden zu Blockaden: Rettungsfahrzeuge aus Berlin können nicht im Umland eingesetzt werden und umgekehrt. Selbst in solch technischen Details hallt noch das Echo des Weltkriegs nach.

Die Umbruchszeit wirkt sich auf alle Bereiche der Organisation aus. So wird etwa das vielbeschworene »Ausbluten des Ostens« im Blutspendewesen unmittelbar anschaulich. Anfang 1990 melden Ost-Berlin und das Umland einen dramatischen Rückgang der Blutkonserven. Scharen bewährter Spender wenden sich nun an West-Berliner Kliniken oder andere Einrichtungen, die harte Währung dafür bieten. Während die Rotkreuzstellen in Ost und West traditionell unbezahlte Spenden propagieren.

Der Suchdienst erfährt eine unerwartete Renaissance. Der Fall des Eisernen Vorhangs führt zu Massenverschiebungen, wie Mitteleuropa sie zuletzt bei Kriegsende erlebt hat. Entsprechend hoch ist die Zahl der Menschen, die ihre Angehörigen aus den Augen verloren haben. Andere wiederum wollen gar nicht gefunden werden: In etwa 40 000 Fällen liefern ausbleibende Unterhaltszahlungen den Anlass für die Suche. Auch tragikomische Schicksale sind darunter, wie der Fall jenes Saisonkellners, nach dem sechs Frauen mit insgesamt fünf Kindern fahnden. Vereinzelt melden sich auch Kinder von Regimekritikern oder »Republikflüchtlingen«, die in Umerziehungsheime gesteckt oder zwangsweise zur Adoption gegeben worden waren.

Zugleich schnellt die Zahl der Aussiedler aus Osteuropa in die Höhe, denen der Suchdienst beim Nachweis der deutschen Volkszugehörigkeit und bei der Familienzusammenführung hilft. Endlich erhält der Dienst nun auch Zugang zu russischen Archiven, so dass viele Tausende Kriegsschicksale vervollständigt werden können. Auch Unterlagen zu den sowjetischen Speziallagern und den frühen DDR-Gefängnissen werden freigegeben; so lässt sich nicht nur der Verbleib von 123 000 Inhaftierten aufklären, sondern auch Einblick in die Mechanismen des kommunistischen Herrschaftssystems gewinnen. Der ehemalige Suchdienst der DDR wird dem Standort München zugeordnet.

Parallel halten aktuelle Konflikte die Mitarbeiter in Atem, vor allem die Jugoslawienkriege. Gemeinsam mit dem Internationalen Komitee übermittelt der DRK-Suchdienst dabei rund 400 000 Familiennachrichten. Der Postverkehr ins belagerte Sarajewo läuft praktisch komplett über das Rote Kreuz. Einige Jahre später sorgt der Kosovokrieg erneut für Hochbetrieb in den Büros und Callcentern des Suchdienstes. Zehntausende von Flüchtlingen gelangen nach Deutschland und versuchen von hier aus, Auskunft und Kontakt zu ihren im Kosovo gebliebenen Angehörigen zu bekommen. Als dann im Jahr 2000 die Stiftung zur Entschädigung ehemaliger Zwangsarbeiter geschaffen wird, werden die Suchdienste mit Anfragen aus Osteuropa schier überschwemmt, da sie am ehesten Nachweise über deren Einsatz erbringen können. Im

Jahr darauf zieht das Generalsekretariat des Roten Kreuzes von Bonn nach Berlin, womit ebenfalls eine gewisse Gewichtsverlagerung nach Osten einhergeht.

Café Augenblick

Seit der Wiedervereinigung verfügt das Rote Kreuz nun wieder in ganz Deutschland über eine breite Palette von Arbeitsfeldern. Einige der wichtigsten sollen im Folgenden exemplarisch vorgestellt werden. Die Wohlfahrts- und Sozialarbeit etwa, die in der DDR eine untergeordnete Rolle spielte, zählt heute in beiden Landesteilen zu den Kernbereichen der Verbandsarbeit. Das umfangreiche Leistungsangebot wirkt beinahe wie ein Werkzeugkasten für gesellschaftliche Probleme. Bis in die Gegenwart hinein trägt das Rote Kreuz die Signatur seiner Zeit, spiegelt die jeweiligen Erfordernisse, Moden und Probleme.

So engagiert sich die Organisation seit Anfang der neunziger Jahre verstärkt auch für besonders benachteiligte Gruppen wie Menschen mit Behinderung, Obdachlose oder psychisch Kranke. In Berlin-Steglitz arbeitet Ingrid Gandert 1990 ehrenamtlich für den Besuchsdienst des Roten Kreuzes. Eines Tages wird ihr ein mit HIV infizierter Mann vorgestellt. Er weiß selbst erst seit Kurzem um seine Gefährdung; auch für die Betreuerin und den DRK-Sozialdienst bedeutet Aids damals noch Neuland. Zu einer Zeit, als manche noch befürchten, schon »beim Händeschütteln oder Anhusten angesteckt zu werden«, bemüht sich Gandert, so normal, aber auch so aufrichtig wie möglich mit ihrem Schützling umzugehen. »Wenn man nur Angst verbreitet, gibt man keine Lebenshilfe.« Bewusst organisiert sie Zerstreuungen: Einkaufsbummel, Besuch in einem Straßencafé oder Kino. Seiner Familie hat der Mann sich nie offenbart, nur wenige Freunde sind eingeweiht, und so wird Gandert bald zur Vertrauten. »Dabei werde ich schon mal in den Arm genommen und gedrückt, was mir neuen Elan gibt. Es ist nicht so, daß ich nur gebe. Ich bekomme auch.«

Gesellschaftliche Tabuthemen waren und sind für eine Massenorganisation nur schwer integrierbar. Als das Magazin des Jugendrotkreuzes 1992 eine Titelgeschichte über »Verliebte Jungs – Schwule im JRK« bringt, ist die Aufregung groß. »Das Jugendrotkreuz wirbt für Sexualität«, tönt es entsetzt aus Präsidium und Präsidialrat, man wittert gar »Kinderpornographie«. Immerhin kann die Redaktion so eine lang anhaltende Diskussion erreichen, und mediale Aufmerksamkeit dazu. Hilfsprogramme, die mit Drogen, Sexualität, Schwangerschaftskonflikten oder eben Aids zu tun haben, gehören ebenfalls nicht gerade zu den Säulen im Repertoire des Roten Kreuzes. Sie sind intern nicht unumstritten und bleiben häufig episodisch; lediglich die Schwangerschaftsberatung hat sich zumindest in Ostdeutschland auf Dauer erhalten.

Alten- und Pflegeheime zählen dagegen zu den klassischen Schwerpunkten im Sozialbereich; gut fünfhundert betreibt der Verein bundesweit. Eines davon ist das 1997 eröffnete multikulturelle Seniorenzentrum »Haus am Sandberg« in Duisburg. Unter seinen rund hundert Bewohnern finden sich Türken, Kroaten, Spanier und Holländer, drei Viertel aber sind Deutsche. Damit liegt der Ausländeranteil nur geringfügig höher als in der Stadt; dennoch gilt das Heim als Pionierprojekt. Geschäftsführer Ralf Krause hat es mit aufgebaut. Manchmal muss er in seinem Büro etwas lauter werden, denn gegenüber geht mal wieder die Post ab. Zehn Heimbewohner klopfen, pochen und rasseln, was das Zeug hält. Zu verdanken ist diese Trommelgruppe Herrn Edmond Eduard Abiba. Der Hüne aus dem Kongo wurde eines Tages von der Stadt eingewiesen. Man weiß nicht allzu viel über ihn, er spricht kein Deutsch und hat keine Angehörigen. Doch seit die Betreuer es mit französischen Chansons versuchten, blüht er regelrecht auf. Einmal die Woche besucht ihn nunmehr eine Trommeltherapeutin, und mittlerweile stimmen auch etliche andere Bewohner mit ein.

Vom Baustil her könnte das Heim auch ein Tagungshotel sein, mit seinen großen Fenstern und dem lichtdurchfluteten Atrium, das sich über drei Etagen erstreckt und das sie »die Kö« nennen – sehen und gesehen werden. Jeden Dienstag finden sich ein Dutzend Heimbewoh-

Das türkische Frühstück im multikulturellen Seniorenzentrum Duisburg ist zu einer Institution geworden.

ner, Mitarbeiter und Besucher zum türkischen Frühstück ein. Ein fröhliches Picknick im Wohnbereich, mit Suppe, Spinat, Oliven, Käse auf die Hand und türkischem Tee. »Heime sind in der Türkei fast noch ein Tabu«, erklärt Necla Altinok. Die gelernte Hebamme ist seit einigen Jahren im Ruhestand und hilft ehrenamtlich am Sandberg. »Bei uns werden die Alten zu Hause gepflegt. Wenn es doch unvermeidbar wird, dann sagen sie ›Vater ist auf Reha‹. Sie sagen nie ›Vater lebt im Heim‹, aus Angst vor Gesichtsverlust.«

Sabahaddin Egin hat den Schritt gewagt, wagen müssen. »Computer kaputt«, seufzt er und klopft sich an die Stirn – Schlaganfall. Auch sein Deutsch hat nachgelassen. Wie heißt dieses Wort noch mal? Na egal, jedenfalls erinnert er sich noch an die frühen Jahre: »Ab nach Deutschland – drei Tage und Nächte im Zug.« Mit fünfundzwanzig fing er in Oberhausen als Maschinenschlosser an. »Ich wohnte im Arbeiterheim, wollte ja nur ein paar Jahre bleiben.« Vier Jahrzehnte ist das inzwischen her. Und dann fällt es ihm doch noch ein – Demenz! Demenz, das war das Wort. Deswegen ist er hier.

Ralf Krause betrachtet seine Schützlinge als seine besten Lehrer. »Eine mediterrane Mentalität hilft in einem solchen Haus« – Geschmeidigkeit statt Perfektion, Geselligkeit statt Pedanterie. Als er mit einem griechischen Bewohner Verständigungsprobleme hatte, ging er kurzerhand ins nächste griechische Lokal und bat um Hilfe. Woraus dann eine liebenswürdige Nachbarschaftsbeziehung entstand. Kommunikation ist für Krause überhaupt der Schlüssel zum Erfolg. Bevor sein Team anfing, führte es Teegespräche mit den Alten in der Moschee: Was stellt ihr euch vor? Wie soll so ein Haus aussehen? Sie sprachen auch mit den künftigen Nachbarn, die das Heim nicht haben wollten, die schon die dröhnenden Rufe eines Muezzins befürchteten und Grillorgien im Park. Inzwischen herrscht beste Nachbarschaft. Einer der Wortführer des Widerstands hilft nun aus freien Stücken mit und kehrt jeden Tag in der Cafeteria ein.

Als Jugendlicher hat Krause einmal ein Mofa frisiert, wofür er vom Richter zu dreißig Stunden Sozialdienst in einem Pflegeheim verdonnert wurde. »Das war eine Mischung aus Bunker und Gefängnis, bewohnt von lebenden Toten. Das hat mich dermaßen aufgeregt, dass ich mir vorgenommen habe, es anders zu machen.« Heute sieht er sich als »hofierter Rebell«. Das Haus hat sich zu einem Vorzeigeprojekt entwickelt, belegt es doch, dass kulturelle Vielfalt auch im letzten Lebensabschnitt als Bereicherung erlebt werden kann. Dass es über türkische Zeitungen, Bücher und Fernsehkanäle verfügt, versteht sich von selbst. Der muslimische Gebetsraum ist nach Mekka hin ausgerichtet, er liegt gleich neben dem christlichen Andachtsraum. Bei Festen sitzen Bewohner und Besucher manchmal auf orientalische Art auf Kissen im Partyzimmer und schmauchen Wasserpfeife. Jeden Mittwoch bietet das Heim ein dreistündiges Betreuungsprogramm für Demenzkranke und deren Angehörige. Es trägt den schönen Namen »Café Augenblick«.

In dem Maße, in dem staatliche Versorgungsleistungen zurückgegangen sind, haben ehrenamtliche Ergänzungsangebote an Bedeutung gewonnen. Ob sie im Jugendklub mitarbeiten, Migranten betreuen, ältere Menschen besuchen oder in der Notfallnachsorge »Erste Hilfe für die Seele« geben – das Rote Kreuz bietet ehrenamtlichen Helfern ein breites Betätigungsfeld. Darüber hinaus wirkt es seit vielen Jahren als Träger für Programme im Freiwilligen Sozialen Jahr sowie für den neu geschaffenen Bundesfreiwilligendienst.

Mit 167 Wohnheimen und 25 Werkstätten bildet auch die Behindertenarbeit ein wichtiges Tätigkeitsfeld. Zu den größten Einrichtungen zählt das Sozialwerk Bernkastel-Wittlich an der Mosel, das 560 behinderte Menschen betreut. Die Arbeitsangebote reichen von der Schlosserei bis zur Pferdehaltung. Sogar zwei Weingüter gehören dazu, die auch einen »Cuvée Henry Dunant« anbieten und einen »Rosé 1859« (»ein besonderes Jahr«). Das ausgesprochen vielfältige Profil ist all diesen Einrichtungen gemeinsam. Die Werkstätten bieten eine breite Palette verschiedenster Handreichungen und Dienstleistungen, die dem Leistungsvermögen der Behinderten angepasst sind und zugleich ein Mindestmaß an Rentabilität versprechen. In Potsdam etwa zerlegen die Mitarbeiter Elektroschrott, tüten Schrauben für Möbelhäuser ein, erledigen Massenpostversand, drucken Prospekte. Andere Gruppen stecken Lamellen in die Lüftungsdüsen für Autos oder bestücken Übungspäckchen für die Erste-Hilfe-Ausbildung mit Binden und Kompressen. Alles Dinge, bei denen man nie darüber nachdenkt, durch wessen Hände sie gegangen sind.

Immer wieder müssen die Werkstattleiter skeptische Kunden erst überzeugen: Ja, die Menschen sind behindert – ihre Arbeit aber ist es nicht. Wie in jedem anderen Unternehmen zählen hier Qualität, Termintreue und Verantwortungsbewusstsein. Nicht jeder eignet sich für alles: Ein Rollstuhlfahrer kann keine Lasten heben, ein Analphabet keine Bücher sortieren. Doch was Gewissenhaftigkeit, Fleiß und manuelle Fähigkeiten angeht, so die Betreuer, seien Behinderte mindestens so tüchtig wie Nichtbehinderte.

Steffi Taubert und Luise Zahlmann arbeiten in der beliebtesten Abteilung: der Küche. Zwar werden die Hauptmahlzeiten für die 185 behinderten und die 45 nichtbehinderten Mitarbeiter geliefert, doch für das Hauswirtschaftsteam bleibt immer noch genug zu tun. Sie bereiten das Frühstück zu, backen Kuchen für das schicke »i-Café« (»ein Café der besonderen Art«), das sie in einer nahen Plattenbausiedlung betreiben, und sie übernehmen das Catering für Veranstaltungen: »Kartoffelsalat, Nudelsalat, Kanapees, Obstplatten, Käseplatten, Keksplatten …«, führt Zahlmann auf. Wie allen hier ist es ihr wichtig, nicht nur beschäftigt zu sein, sondern gebraucht zu werden. Arbeit bedeutet Anerkennung und strukturiert den Tag. »Wenn grad mal keine Aufträge da sind, ist die Laune auch gleich hin. Dann schimpfen die Mitarbeiter auf die Küche: der Tee ist kalt, der Pudding ist alle.«

Meist aber ist die Stimmung ausgesprochen gut. Die Arbeit holt die Behinderten aus der häuslichen Isolation und Passivität heraus. »Ich war einfach zu jung, um zu Hause zu sitzen«, bekräftigt auch Steffi Taubert, die meist mit dem Fahrrad zur Arbeit fährt. Ein gutes Drittel der Belegschaft lebt dagegen im angeschlossenen Wohnheim, einzeln oder paarweise. Die Anlage liegt idyllisch in einem Waldstück, auf einem früheren Gelände der Ufa, auf dem das leicht entflammbare Zelluloid in Bunkern gelagert wurde. Aus dem Feuerlöschteich sprudelt heute eine Fontäne. Der lachsfarbene Neubau verfügt über breite, rollstuhlgerechte Türen und Flure, geräumige Lagerhallen und flexibel umbaubare Produktionsräume. Im Werkstattladen verkaufen die Behinderten selbstgefertigte Keramik, Blumenampeln, Vogelhäuschen und Filzhüte. Und natürlich die Weine der Kollegen von der Mosel.

Mit allen Wassern gewaschen

Bereits in der Kaiserzeit betrieb das Rote Kreuz 451 »Kinderbewahranstalten«, darunter auch die in Swinemünde. Erst als in den siebziger Jahren das Zölibat für die Schwestern fiel und die Sozialarbeit generell einen Aufschwung nahm, konnte diese Tradition in einem ähnlichen Umfang fortgeführt werden. Zunächst oft nur für die Kinder der Mitarbeiter gedacht, öffneten die Kindertagesstätten ihre Türen bald auch für die Nachbarschaft, und heute betreibt das DRK 1300 davon. Seit 1993 verfügt auch die Lübecker Schwesternschaft über eine Kita, die in der Beletage des hochherrschaftlichen Mutterhauses residiert. Die einstigen Schwesternzimmer wurden in einen Bewegungs- und einen Werkraum, ein Traumzimmer mit Matratzenhöhle, einen Krabbelbereich und eine Künstlerstube umfunktioniert. In der Mini-Küche können die Kleinen selber köcheln, Erdbeeren und Kartoffeln kommen aus dem eigenen Garten. Zweimal im Jahr legen sie bei jedem Wetter eine Waldwoche ein. Kinder mit unzureichenden Deutschkenntnissen erhalten gezielte Förderung, aber auch alle anderen werden zweisprachig stimuliert, gibt es doch einen Erzieher, der nur Niederdeutsch mit ihnen spricht. Dass die Einrichtung aufgrund des Schichtdienstes vieler Rotkreuzmitarbeiter von sechs Uhr früh bis neun Uhr abends geöffnet hat, macht sie auch für ähnlich beanspruchte Berufsgruppen attraktiv.

Zum spezifischen Rotkreuzprofil gehören Erste-Hilfe-Spiele. »Der Teddy braucht Hilfe«, heißt das Programm des Jugendrotkreuzes, bei dem die Kinder das Anlegen von Verbänden oder das Absetzen eines Notrufs üben. Mit Wundschminke und Verbänden präpariert, können sie es kaum erwarten, bis die Erzieherin wieder hereinkommt und ganz entsetzt ausruft: »Was ist denn mit unseren Kindern passiert?«

Mit den Helfern der Wasserwacht hat sich eine besondere Zusammenarbeit entwickelt: Sie gewöhnen die Kinder im Therapiebad des benachbarten Krankenhauses ans nasse Element. Im Sommer statten diese den Wasserrettern dann einen Gegenbesuch ab, draußen am Priwall, dem Lido von Lübeck. Der derart weitläufig ist, dass als Rettungsfahrzeug ein Quadbike zum Einsatz kommt. Wo heute die Strandläufer hinüber nach Mecklenburg traben, ohne es recht zu merken, war vierzig Jahre lang die Welt zu Ende: Die innerdeutsche Grenze machte die Halbinsel in der Travemündung faktisch zur Insel. Nachts schallte das Gebell der Kettenhunde herüber, und ab und zu ging eine Mine hoch. Die beiden Wachtürme sind längst verschwunden, der kastenförmige Holzturm der Wasserwacht aber ragt noch immer auf. »Nie wieder geteilt«, prangt auf einem Gedenkstein.

Bei der Wasserwacht ist die Nachwuchsarbeit traditionell stark ausgeprägt. Bei der dienstältesten »Wasserwehr« Deutschlands etwa, die 1883 in Regensburg gegründet wurde, sind siebzig Kinder und Jugendliche aktiv. Zusätzlich zum Schwimmtraining findet alle zwei Wochen eine Gruppenstunde im Lehrzentrum unweit des Westbads statt; die Donau schimmert durchs Fenster. Mal steht Erste Hilfe auf dem Programm, mal Knotenkunde, mal Naturschutz. Mit sechzehn können die Junioren dann in den aktiven Dienst eintreten und die entsprechenden Fachausbildungen machen: Wasserrettung, Sanitätsdienst, Sprechfunk, Rettungstauchen. Im Sommer besetzen die Helfer an den Wochenenden zwei Stationen an der Donau und eine an einem Weiher. Das Spektrum der Notfälle reicht vom Wadenkrampf bis zum Herzinfarkt. Alle paar Monate müssen sie jemanden aus dem Fluss fischen. Die einen fallen vom Fahrgastschiff, die anderen springen von der Steinernen Brücke. Neulich erst wollte eine Spaziergängerin ihren Hund retten und musste dann stark unterkühlt an der Kaimauer geborgen werden.

Auch wenn die Stationen nicht besetzt sind, geht das Boot acht bis zehn Minuten nach einem Notruf vom Steg. Im Winter steht es mit vorgeheiztem Motor bereit. Horst Happach, der Leiter der Ortsgruppe, ist im Büro von einer Batterie von Funkgeräten umgeben, vor der Tür stehen die Rettungsrucksäcke Spalier, prall bepackt mit Medikamenten, Spritzen, Sauerstoff, Atemsonde und Halskrause. Hochwassereinsätze gehören für die Wasserwachten entlang der Donau zur Routine. Sie bringen Ärzte, Hilfspersonal und Material zum Einsatzort und evakuieren umgekehrt Bewohner, die vom Land aus nicht mehr erreichbar sind. Jedes Mal sind einige darunter, die ihr Eigentum partout nicht im Stich lassen wollen und die Happach dann zu überzeugen versucht: »Es wäre jetzt an der Zeit. Es handelt sich nicht nur um Sachwerte – es handelt sich um Ihr Leben.« Die Namen der Unbelehrbaren schreibt er sich auf. »Da wissen wir dann schon, wo wir als Erstes wieder hinmüssen.« Der letzte Großalarm im Juni 2013 lief glimpflich ab. Fünf Tage lang sicherten die Schnelleinsatzgruppen der Wasserwacht vor allem die Helfer der Feuerwehr und die Installation der Hochwasserwände. Die hielten den Fluten stand, weshalb die Stadt weniger als sonst in Mitleidenschaft gezogen wurde. Dank frühzeitiger Räumung gerieten auch kaum Menschen in Gefahr.

Einen Höhepunkt der Jugendarbeit in der Wasserwacht bilden, wie zuletzt in Neu-Ulm, die jährlichen Landesmeisterschaften. Aufgeteilt in drei Altersstufen, messen sich dort 180 Kinder und Jugendliche in dreißig Teams. Sie übernachten auf Tragen und Luftmatratzen in einer Schule, in der dann auch die Übungen zur Ersten Hilfe stattfinden. An mehreren Stationen werden die jungen Helfer mit nachgestellten Unfällen konfrontiert. Zwei Schüler mimen jeweils die Verletzten. Während ältere Jugendliche sie instruieren (»Zwei Beachvolleyballer sind zusammengeprallt und liegen benommen am Boden«) und hingebungsvoll schminken (»Hämatom linke Schläfe, blaue Lippen, Blässe im Gesicht«), warten die Prüflinge ungeduldig vor dem Klassenzimmer. Dann kommen sie ohne Umschweife zur Sache. Sie setzen den Notruf ab, bringen die Verletzten in Seitenlage, entfalten die Wärmefolie. Um die Opfer bei Bewusstsein zu halten, binden sie sie in ein Gespräch ein:

»Was ist dein Lieblingstier?«

»Meine Katze.«

»Wie sieht die aus?«

»Schwarz.«

»Und wie heißt sie?«

»Mir ist schwindlig …«

Die Retter reden auch dann noch unablässig weiter, als die Verletzten programmgemäß das Bewusstsein verlieren. Beide überleben. Zum Abschluss erfolgt die Auswertung durch die Betreuer, mit viel Ermunterung und ein paar kleinen Kniffen fürs nächste Mal.

Am Nachmittag steht im Hallenbad der Wettstreit der Wasserratten an. Staffelrennen auf fünf Bahnen: Das Becken brodelt, die Kinder schwimmen wie die Fischotter. Mal mit Flossen, mal leicht bekleidet, um einen Notfall zu simulieren, mal durch Reifen tauchend, mal einen Ertrinkenden schleppend. Ein Brüllen und Tosen erfüllt die Halle, die Mitstreiter feuern ihre Teams an, auch Schiedsrichter, Zeitnehmer und

Betreuer fiebern mit. »Bleibt dran, Leute!« Sie kraulen, als gälte es das Leben. Und im Ernstfall gilt es das ja auch. Bei der Siegerehrung gibt es dann viel Lob für alle. Als die Organisatoren fragen, was man denn in Zukunft besser machen könnte, lautet die erste Antwort: »Noch mehr Wettbewerbe!«

Zusätzlich zu diesen klassischen Wettbewerben, die in West wie Ost immer schon populär waren, sorgt speziell das Jugendrotkreuz seit den neunziger Jahren auch mit großen Kampagnen für Impulse in der Nachwuchsarbeit. In Abstimmung mit den entsprechenden Leitgedanken des Internationalen Komitees und der Föderation, der früheren Liga der Rotkreuz- und Rothalbmondgesellschaften, waren die ersten derartigen Aktionen dem Kampf gegen Landminen und gegen Kindersoldaten gewidmet. 2012 startete eine Kampagne für den Klimaschutz. Unter dem Motto »Klimahelfer. Änder' was, bevor's das Klima tut« sollen Jugendliche in ihrem jeweiligen Umfeld aktiv werden und sich mit der Problematik des Klimawandels und der Klimaanpassung auseinandersetzen.

Die Kampagne läuft bundesweit über mehrere Jahre. Passend zum großen Jubiläum des Roten Kreuzes 2013 hat sich das Jugendrotkreuz in Thüringen vorgenommen, 150 Bäume zu pflanzen – einen für jedes Jahr. Was, wie André Günther in Stadtroda erfahren hat, gar nicht so leicht zu bewerkstelligen ist. »Man darf nicht einfach irgendwas irgendwo hinpflanzen. Der Baum muss ins Stadtbild passen, Schattenwurf und Wurzelwuchs sind zu bedenken, alle möglichen Vorschriften zu beachten.« Schließlich wurde dem vier Meter hohen Birnbaum ein idyllisches Plätzchen am Ufer der Roda zugewiesen. Zum internationalen »Tag des Baumes« am 25. April gruben Mitglieder des Jugendrotkreuzes unter Anteilnahme der Presse und örtlicher Honoratioren ein Pflanzloch aus, setzten das noch etwas spillerige Bäumchen ein, schütteten Erde nach und gossen an. Auch wenn es sich vorwiegend um einen symbolischen Akt gehandelt habe, berichtet Günther, hätten sie doch alle das Gefühl gehabt, »der Natur etwas Gutes zu tun«, und damit auch den Menschen als einem Teil der Natur. Bäume spenden Schatten, verbrauchen Kohlendioxid, regulieren das Klima und erhöhen das Wohlbefinden. In ganz Thüringen haben seither derartige Baumsetzungen stattgefunden, mal mit Unterstützung der Landesforsten, mal mit Nachhilfe einer Baumschule, begleitet von themenbezogenen Spiel- und Bildungsangeboten für Kinder und Jugendliche. Das Spektrum reicht von einfachen Experimenten bis zur Online-Aktion und vom Klima-Quiz bis zum Selbsttest: Wie klimafreundlich ist unsere Schule? Wie klimafreundlich lebe ich? Zwei Helfer haben dem Roten Kreuz auch gleich noch ein Geburtstagsständchen geschrieben – nach der Melodie von *Mein kleiner grüner Kaktus*.

Keine besonderen Vorkommnisse

Mit 160 000 ehrenamtlichen Helfern bilden die Bereitschaften heute die größte Gruppe innerhalb des DRK. Sie unterstützen den Rettungsdienst, betreuen Blutspendetermine und stehen für folgenschwere Unglücksfälle bereit. Zu den klassischen Aufgaben gehört auch der Sanitätsdienst bei Fußballspielen, Autorennen oder Popkonzerten. Eine der größten Massenveranstaltungen ist jedes Jahr der Karneval in Köln.

Am Rosenmontag ist Isabel Diener früh um halb sieben auf den Beinen. Die Medizinstudentin kam einst als Patientin zum Roten Kreuz – mit einem Wespenstich. Inzwischen führt sie selbst eine Einsatzeinheit. Die Zelte der Unfallhilfsstelle blähen sich zu Füßen des Doms im Wind; an den umliegenden Kreuzungspunkten haben sich Vierertrupps der Bereitschaften postiert, junge, engagierte Leute zumeist, die, abgesehen von den Besatzungen der Rettungswagen, alle ehrenamtlich tätig sind. Die Betroffenen werden zunächst in der Unfallhilfsstelle behandelt, schwere Fälle übernimmt dann der Rettungsdienst.

Anfangs bleibt noch Zeit für einen Plausch mit den Kollegen, auf den Straßen ist es noch ruhig. »Das Beste am Dienst ist die Gemeinschaft«, meint die Zugführerin, »sie macht selbst langweilige Arbeiten reizvoll.«

Die Mitglieder halten auch privat Verbindung, machen Fahrradtouren und Grillabende. Wobei sie auch die Einsätze als »eine Art von Freizeit« ansehen, als Hobby und Berufung zugleich.

Allmählich strömen immer mehr Schaulustige an die Strecke, die Tribünen füllen sich. Tarzan trifft Ölscheich, Nofretete küsst Wikinger. Isabel Diener trägt es mit Gleichmut, dass sie alle naslang auf ihre tolle Verkleidung als Sanitäterin angesprochen wird. Dann heißt es: »Zug in unserem Abschnitt.« Getragen von einer Woge des Jubels, kriecht der kilometerlange Lindwurm durchs Zentrum. Die Sinne taumeln, das Auge findet nirgendwo Halt im Gewühl. Umzugswagen, Tanzgruppen, Reiter und Musikkapellen ziehen vorbei, Wolkenbrüche aus Konfetti und Kamellen regnen aufs verzückte Publikum nieder. An der Unfallhilfsstelle bleibt es lange ausgesprochen ruhig, lediglich ein Schwächeanfall und ein paar Passanten mit flauem Gefühl in der Magengegend finden sich ein. Doch plötzlich entsteht Bewegung, die Helfer im Zelt machen sich bereit: »Was Chirurgisches kommt!«

»Liegend?«

»Nein, kann wohl noch laufen.«

Eskortiert von zwei Helfern, tappt der Unglücksrabe auch schon heran: ein Gardist in der schmucken Dragoneruniform der Blauen Funken, sichtlich lädiert und mit blutüberströmtem Gesicht. Er wirkt wie ein Soldat, der direkt aus der Schlacht zum Verbandsplatz wankt; tatsächlich wurde die Karnevalsgesellschaft einst 1870 während des Kriegs gegen Frankreich gegründet. Doch den Jecken hat kein Artilleriegeschoss getroffen, sondern eine Schokoladentafel, wie sie die Karnevalisten von den Prunkwagen in die Menge werfen. Die Bereitschaftshelfer haben ihn aus dem Zug gefischt, er selbst hat die Platzwunde im ersten Schock gar nicht bemerkt.

Aus Sicht der Einsatzleitung kann der Umzug als ein wohlvorbereitetes Chaos betrachtet werden. Sie sitzt fernab in einem Bürohaus, Tür an Tür mit dem Festkomitee. Ordnungsamt, Bundesbahn, Feuerwehr, Polizei und Hilfsorganisationen arbeiten eng zusammen, der Karneval würde die Kapazitäten einer einzigen Institution übersteigen. Mehr als fünfhundert Ehrenamtliche sind beteiligt. Eine spezielle Software verknüpft die einzelnen Bereiche. Ein Assistent führt online das Einsatztagebuch, so dass alle angeschlossenen Stellen auf dem neuesten Stand sind. Lange trägt er nur Routine-Informationen ein, ansonsten »keine besonderen Vorkommnisse«. Abgesehen von einem Fernsehmoderator, der mit Kreislaufproblemen kämpft, oder einem Polizisten, der seine Finger im Absperrgitter eingeklemmt hat. Dann allerdings laufen drei Notfälle fast gleichzeitig ein. Der erste (»Jecke von Taxi erfasst«) ist noch kaum eingegeben, da läuft schon der zweite auf (»Attacke mit Pfefferspray«). Wenig später melden die Sanitäter in einem unmittelbar an der Strecke gelegenen Haus einen Herzinfarkt. Der Rettungswagen kann nicht vorfahren, daher tragen sie den Mann zur nächsten freien Straße. Die Verständigungskette ist streng hierarchisch: Die Einsatzleitung kommuniziert mit den Abschnittsleitungen, die ihrerseits mit den Unterabschnitten, die wiederum mit den Truppführern. Von dort gehen Nachrichten auf dem gleichen Weg zurück nach oben. Nach einem Funkspruch des Rettungswagens tippt der Assistent wenig später den lakonischen Nachtrag zum dritten Notfall ein: »Exitus.«

Am Nachmittag wechselt Isabel Diener ins Szeneviertel rund um die Zülpicher Straße. Früher war das Rote Kreuz dort nur mit einem Krankenwagen präsent. Doch dann explodierte eine Fritteuse in einem Dönerladen, und seither ist doch eine stärkere Präsenz erwünscht. Vor einer Kirche haben zehn Helfer ein geräumiges Behandlungs- und Ruhezelt aufgebaut, dazu einen kleinen Aufenthaltsraum für sich selbst. Indem sie die minder schweren Fälle an Ort und Stelle behandeln, entlasten sie Leitstelle, Krankenhäuser und Rettungsdienste.

Die häufigste Notsituation ist die Frage nach einer Toilette. Die Helfer dolmetschen auch mal oder leisten Kostümhilfe mit Heftpflaster, puhlen Ohrstöpsel heraus und verarzten leichte Blessuren. Sie gehen aber auch selbst hinaus ins Getümmel und durchkämmen die Seitenstraßen. Meist brauchen sie nicht lange zu suchen, bis sie eine »hilflose Person« aufgabeln – einen apathischen jungen Mann etwa, der stark alkoholisiert in einem Hauseingang hockt. Er ist benommen, aber noch ansprechbar, und so geleiten sie ihn zur Ausnüchterung ins beheizte Zelt. Im Jahr zuvor haben sie dagegen einen bewusstlosen Mann gefunden, der mit Verdacht auf K.-o.-Tropfen sofort ins Krankenhaus kam. Bis drei Uhr nachts sind Isabel Diener und ihre Kollegen auf den Beinen. Sie haben durchaus ihren Spaß am Rosenmontag, auch ohne Alkohol und Drogen.

Am nächsten Morgen zieht die Einsatzleitung Bilanz. Eine Frau wurde von einem Pferd getreten, als sie Pralinen vom Boden aufheben wollte. Ein Betrunkener sprang nackt in den Rhein und konnte nur mit knapper Not geborgen werden. Insgesamt sind rund 350 Rettungseinsätze angefallen, erfreulich wenig angesichts von einer Million Teilnehmern. Der Sprecher der Feuerwehr betont: »Ohne den Einsatz der ehrenamtlichen Hilfskräfte würde es den Karneval in der Form, wie ihn alle kennen und die meisten lieben, nicht geben.«

Draußen in der Halle

Seit sie sich in den neunziger Jahren dazu durchrang, Frauen aufzunehmen, hat auch die Bergwacht keine Nachwuchsprobleme mehr. Und seit sie kürzlich in Bad Tölz ein weltweit einmaliges Simulationszentrum in Betrieb genommen hat, ist die Ausbildung noch attraktiver geworden, und sicherer und billiger dazu. Anfangs hat man die Bayern freilich für verrückt erklärt: Hallentraining am Hubschrauber sei so sinnvoll wie Trockenschwimmen für die Wasserwacht. Doch mittlerweile übt nicht mehr nur allein die Bergwacht in dem zwanzig Meter hohen Hangar, auch Feuerwehr, Polizei und Seilbahnbetreiber aus halb Europa nutzen die Anlage. An einem halben Dutzend Stationen können sie die Bergung eines Gleitschirmfliegers aus einem Baum ebenso nachstellen wie die Evakuierung eines Sessellifts.

Wie eine tonnenschwere Marionette hängt ein ausgemusterter Hubschrauber an Seilen unter einem Portalkran. Nur dass der Puppenspieler das Luftfahrzeug per Fernbedienung kreuz und quer durch die Halle schickt. Die Rotoren wurden amputiert, sonst aber ist alles so wirklichkeitsnah wie möglich. Vorne sitzt der Pilot, hinten kauert der Helfer an der Winde. Blitzende Leuchtdioden imitieren die Sonneneinstrahlung, Ventilatoren machen tüchtig Wind. Über Lautsprecher dröhnt das Crescendo der Turbinen. Verständigung ist nur über Funk und durch Handzeichen möglich.

Bislang war die Bergwacht beim Hubschraubertraining abhängig vom Wetter und von den Betreibern, jede Übungsstunde kostete viel Geld. Nun kann sie ihre Leute effizient und sicher ausbilden, schont obendrein die Umwelt und stört nicht die Ruhe in einem stillen Tal. In der lichtdurchfluteten Halle fühlt man sich draußen und drinnen zugleich. Durch die transparenten Folienwände schweift der Blick über die Kirche von Gaißach ins Isartal. Ein Bussard streicht vorbei. Zwanzig Teilnehmer sind gekommen, um einen Teil der Eignungsprüfung für die mehrjährige Ausbildung zu absolvieren. Verteilt auf mehrere Stationen, nesteln sie an ihren Monturen, justieren die Rettungsgurte und gehen die Abläufe nochmals durch: Einsteigen im Schwebflug, Einsteigen bei einer Kufenlandung überm Grat. Hochziehen per Winde, Abseilen per Winde.

Nicht wenige haben für ihr Engagement ein Vorbild in der Familie. Wie Reinhold Boiger, 33, Bauingenieur aus Kochel. »Mein Opa war als Sanitäter im Roten Kreuz. Er hat immer die Uniform in Ehren gehalten und von dramatischen Einsätzen erzählt.« Beim Klettern wie auch bei der beruflichen Sicherheitsausbildung hat Boiger gemerkt, dass er in Notsituationen einen klaren Kopf behält. Neben ihm macht sich Andrea Wunder aus Oberammergau bereit. Die 27-Jährige arbeitet in einem Bergsportgeschäft. Ihr Urgroßvater war in der Region ein legendärer Skilehrer, dazu Bereitschaftsleiter im Zweiten Weltkrieg. Für sie steht das gemeinsame Unterwegssein in den Bergen im Vordergrund. »Ich bin keine Samariterin, hab keine Flügel hintendran«, stellt sie klar.

Für Nadine Giraud, Angestellte eines Pharmaunternehmens in Penzberg, geht es darum, »etwas Sinnvolles zu tun und einen Dienst für die Gesellschaft zu erbringen«. Viele Teilnehmer kommen aus Dörfern, wo die Auswahl an Aktivitäten naturgemäß beschränkt ist. Der einen war der Trachtenverein zu konservativ, dem anderen die Feuerwehr zu militärisch. Die Bergwacht aber hat ein modernes, sportliches Image, einen gewissen Nimbus, und man trifft dort gute Bergsteiger und Skifahrer. Von denen jeder weiß, wie schnell man in Not geraten kann. So begann die Bewegung einst ja auch, als Selbsthilfeorganisation der Alpinisten.

Gut zwei Stunden lang proben die Teilnehmer die immergleichen Abläufe, damit jeder Handgriff verinnerlicht wird. In flinkem Turnus wird hier ein Retter abgesetzt, dort ein Verletzter aufgenommen. Am Schräghang packen drei Kollegen Reinhold Boiger wie eine Mumie in den Bergesack. Ein vierter befestigt eine Halteleine an dem Menschenbündel, um ein Kreiseln und damit ein Rotationstrauma während des Hochziehens zu verhindern – auf bairisch einen Drehwurm. Der Hubschrauber zieht ganz leicht hoch, der Sack landet wie von Zauberhand auf den Knien von Nadine Giraud, und dann kann die Himmelfahrt beginnen. Während das Luftfahrzeug in die entgegengesetzte Ecke der Halle saust, schweben die beiden fünfzehn Meter über dem Boden dahin, als sei es das Normalste von der Welt. Schließlich wird die Halteleine gelöst, Patient und Retterin in den Hubschrauber gehievt, und dann bleibt nur noch eines: »Tür zu und ab zum Krankenhaus!«

Segen zu mehren

»Gott zu Ehren, Krankheit zu wehren, Schwestern zu lehren, Segen zu mehren«, so bestimmte eine Inschrift am Hauptportal die Mission des Clementinen-Krankenhauses in Hannover. Darüber lag wie ein spirituelles Cockpit die Kapelle als Herzstück des Hauses. Die Gründerin, Freiin Olga von Lützerode, war eine fromme Frau. Im Krieg gegen Frankreich legte sie 1870 die Armbinde mit dem Roten Kreuz an, »mit etwa denselben Gefühlen, wie sie das Herz eines Kreuzritters erfüllten«. In einem Lazarett in Frankfurt an der Oder bändigte sie hundert Soldaten fast im Alleingang. Danach wirkte sie am Berliner Augusta-Hospital, bevor sie 1875 in Hannover ihre eigene »Krankenpflegerinnen-Anstalt« sowie die Schwesternschaft Clementinenhaus gründete und bei der Kaiserin persönlich die Zulassung erbat. Sie brachte ihr eigenes Vermögen ein, organisierte aber auch Spenden. So vermachte etwa Wilhelm Busch dem Haus einen Teil der Tantiemen aus *Max und Moritz*. 1887 konnte dann der gediegene gelbe Backsteinbau bezogen werden. Die Ausstattung war hochmodern und umfasste auch einen hydraulischen Fahrstuhl, der die Kranken mitsamt ihren Betten aufnahm. Diese fortschrittliche Orientierung ist dem Haus bis heute geblieben. Manche Operationen sind medizinisch so avanciert, dass sie per Video nach China übertragen werden. Der Clou des Saals aber ist, dass er wie eine Manschette um den denkmalgeschützten Schornstein des alten Kesselhauses herumgebaut wurde. Diese kuriose Kombination wirkt wie ein Sinnbild für die lange Reise des Roten Kreuzes vom 19. ins 21. Jahrhundert.

Die Chronik des Hauses bildet die Geschichte der Organisation wie im Zeitraffer ab: Im Kaiserreich gehören Clementinenschwestern zu den ersten Pflegerinnen in den Kolonien. 1914 schwärmen an die sieb-

DRK-Schwestern scharen sich um die Begründerin des Clementinenhauses in Hannover, Olga Freiin von Lützerode (links vorne sitzend, um 1910).

zig von ihnen an alle Fronten aus, bis hin nach Konstantinopel. Die zwanziger Jahre bringen bauliche Erweiterungen und eine Modernisierung des Berufsstands. Neben den klassischen Krankenpflegerinnen gibt es nun auch eine Pfortenschwester, eine Büroschwester, eine Nähschwester und eine Bauschwester, welche die Handwerker beaufsichtigt. Dann halten Hitlergruß und Hakenkreuz Einzug. Scheint das wichtigste Ereignis 1937 noch die Erhöhung des Taschengelds gewesen zu sein, so werden ihnen 1938 schon die Dienstränge der Wehrmacht eingetrichtert. Im Zweiten Weltkrieg machen Clementinenschwestern den Tunesienfeldzug ebenso mit wie die Belagerung von Leningrad. Im März 1945 wird das Haus durch Bomben zerstört, wochenlang hausen Personal und Patienten in einer Ruine ohne Fenster und Türen, ohne Gas und Wasser. Zahlreiche Flüchtlinge nächtigen auf den Notbetten im Bunker. Dann ist der Krieg zu Ende und mit ihm auch die Naziherrschaft. Mit dem Zahnarztbohrer meißeln die Schwestern die Hakenkreuze aus ihren Broschen. Für zehn von ihnen steht nur ein Mantel zur Verfügung. Mit dem immergleichen Faden passen sie die Länge an, je nachdem, wer aus dem Haus geht.

Der Wiederaufbau geschieht zügig. Die sechziger Jahre manifestieren sich in Gebäudetrakten aus Waschbeton, aber auch im gesellschaftlichen Wertewandel: hier noch stramme Hierarchien und abendliches Choralsingen, dort persönliche Freiräume und erste Eheschließungen. Dennoch plagen die Hannoveraner Rotkreuzschwestern Nachwuchssorgen, so dass Schwestern aus Korea und Hebammen von den Philippinen geholt werden, später auch aus Polen.

Nach 1989 hält eine neue Zeit Einzug. Und mit ihr ein neuer Geist, der sich auch in der äußeren Erscheinung niederschlägt. Tracht und Haube weichen der »Imagekleidung«, die 1992 auf dem Bundeskongress des Verbandes der Schwesternschaften in Hannover vorgeführt wird: dunkler Hosenanzug oder Kostüm, weiße Bluse und seidenes Halstuch mit Rotkreuzemblem. Die neue Garderobe für die rund 22 000 Frauen, die den 33 Schwesternschaften vom Roten Kreuz angehören.

Heute präsentiert sich das Clementinenhaus als moderne Stadtteilklinik mit zweihundert Betten und vierhundert Mitarbeitern, und als eines von rund fünfzig Krankenhäusern des DRK. Sabine Schipplick, langjährige Oberin der Schwesternschaft Hannover und frühere DRK-Generaloberin, hat sich über Jahrzehnte hinweg in der Verbandsarbeit und der Gesundheitspolitik engagiert. Sie hat die Schwesternschaften sowohl als berufliche Interessenvertretung wie auch als »Verantwortungsgemeinschaft« verstanden und im zunehmenden Wettbewerb um die Patienten auf »eine weitere Professionalisierung der Pflege durch berufsbegleitende Fortbildung« gesetzt. Von Anfang an diente das Clementinenhaus auch als Ausbildungsstätte; Agnes Karll, eine international einflussreiche Reformerin des Pflegewesens, hat hier gelernt. Diese Tradition setzt die angegliederte Krankenpflegeschule bis heute fort. Neben den beruflichen Inhalten werden auch klassische Rotkreuzthemen vermittelt, etwa die Geschichte der Bewegung, die Grundsätze und die Entwicklung des humanitären Völkerrechts. Das Fortbildungsprogramm reicht vom Konfliktmanagement bis zur Sterbebegleitung. Spezialgebiete wie die besonderen Angebote für Patienten mit Fettleibigkeit oder das Zentrum für minimalinvasive Chirurgie geben dem Haus zusätzliches Profil. Wo früher bis zu zwölf Patienten in einem Raum untergebracht waren, finden sie heute freundliche Einzel- und Doppelzimmer vor, mit WLAN-Zugang und breitgefächertem Speisenmenü. Freiin Olga, die erste Oberin der Clementinen, würde staunen, wie weit ihr Werk gediehen ist.

»Ein ganz besonderer Saft«

Besonders anschaulich wird der Trend zur Technisierung und Professionalisierung der Rotkreuzarbeit im Blutspendewesen. Das im Jahr 1962 gegründete Produktions- und Logistikzentrum in Wiesentheid zählt heute zu den avanciertesten Einrichtungen seiner Art in der Welt. Es wäre für jeden Science-Fiction-Film ein attraktiver Drehort – ein Labor, das aus der Zukunft kommt.

Täglich werden in Bayern rund zweitausend Vollblutspenden geleistet und noch in der Nacht in das stille unterfränkische Dorf gebracht. Die Nachtschicht nimmt die kostbare Fracht in Empfang und gibt den Fahrern im Gegenzug fertig aufbereitete Blutkonserven für die Heimatstandorte mit. Dieses Karussell dreht sich jahrein, jahraus. Würde es auch nur für wenige Tage anhalten, bräche die Blutversorgung zwischen Passau und Lindau zusammen. Die Produktion beginnt um drei Uhr nachts; das Blut muss binnen eines Tages verarbeitet werden. Parallel erfolgt anhand einer Probe die Virenuntersuchung im Labor. In der ersten Halle beaufsichtigt ein Dutzend »Werker«, wie die Mitarbeiter hier heißen, den Weg des Blutes durch die Verarbeitungsstationen. Achtzig Blutbeutel, von denen jeder knapp einen halben Liter enthält, baumeln als seltsames Mobile an einem Gestell. Betörend rot, stechen sie sofort ins Auge, bergen sie doch einen unvergleichlichen Stoff – das Medium des Lebens. Mit Hilfe der Schwerkraft werden die weißen Blutkörperchen hier herausgefiltert. Mit Strichcodes versehen, wandern die Beutel anschließend in die Zentrifugen, die wie eine Batterie von Wäschetrocknern aussehen und bei fünftausendfacher Erdbeschleunigung die roten Blutkörperchen vom Plasma trennen. An der nächsten Station werden die einzelnen Bestandteile in schwindelerregendem Tempo vollautomatisch gewogen, etikettiert und sortiert. Die Technik stammt bezeichnenderweise aus der Fleischindustrie.

Eine Atmosphäre der Konzentration und Präzision erfüllt die Räume, begleitet vom leisen Piepen der Elektronik und dem Zischen der Hydraulik. Es ist eine Welt in Weiß und Rot, andere Farben treten kaum in Erscheinung. Klinisch weiß glänzen Wände, Laborkittel und Geräte, beleuchtet von farbneutralem, überirdisch hellem LED-Licht, das eine zuverlässige Beurteilung des Plasmas ermöglicht. Dazwischen dann die satten Farbtupfer der Blutbeutel: Schwarzrot und dickflüssig die Erythrozyten, wässrig orange das davon abgeschiedene Plasma. Wie in einer Szenebar, die nur Johannisbeer- und Maracujasaft im Angebot hat. Dazwischen fallen vereinzelt kiwigrüne Plasmabeutel ins Auge – wenn die Spenderin die Mini-Pille nimmt.

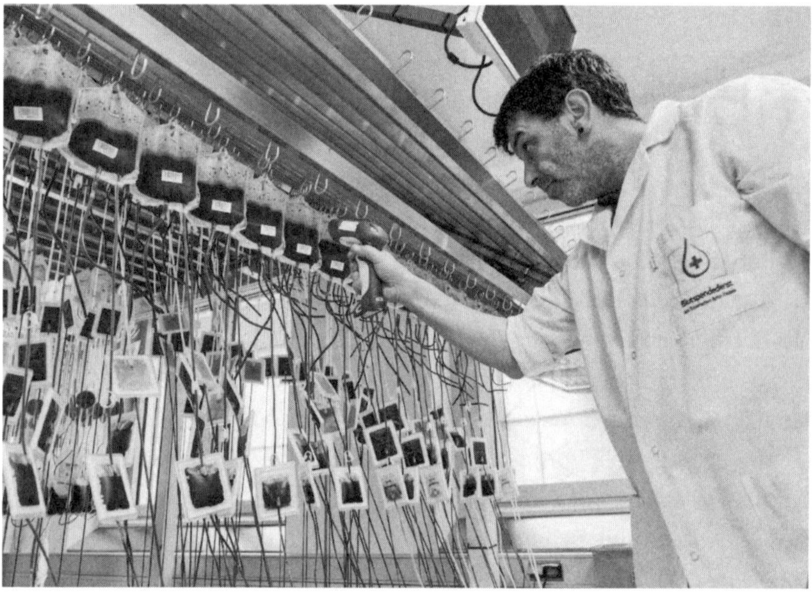

Das Blutspendezentrum des Bayerischen Roten Kreuzes in Wiesentheid: Im ersten Arbeitsschritt werden die weißen Blutkörperchen herausgefiltert.

Nach einigen weiteren Stationen werden die Komponenten schließlich im Tiefkühllager deponiert. Da dessen sibirische Kälte keinem Menschen zuzumuten ist, walten hier Roboter auf Schienen. Wie mechanische Butler sausen sie durchs Spalier der Hochregale, beladen große Tabletts mit Blutkonserven, übergeben sie im Hauptgang an einen anderen Gleiter, der sie durch eine Schleuse nach draußen schiebt, wo Werker in wohltemperierten Räumen sie schließlich transportfertig machen. Das Karussell dreht sich weiter.

Bundesweit betreuen die Dienste des DRK 3,5 Millionen Vollblutspenden im Jahr. Das Plasma ist zwei Jahre lang haltbar, die roten Blutkörperchen nur etwa sechs Wochen, immerhin doppelt so lange wie vor sechzig Jahren, als die Transfusionsmedizin im großen Stil begann. Anfangs wurde das Blut noch von Hand in Glasflaschen gefüllt, die auch vom Milchmann hätten stammen können. Herzoperationen, Krebstherapien und Unfallchirurgie wären heute ohne Blutpräparate nicht vorstellbar. Große Blutbanken wie Wiesentheid dienen zugleich als Puffer für Notfälle. Wobei nicht jede Katastrophe einen erhöhten Bedarf nach sich zieht. Nach dem Zugunglück bei Eschede 1998 etwa wurden die Abnehmer mit Blutspenden schier überschüttet. Tatsächlich benötigte man jedoch weniger Blut als im Normalbetrieb, da die umliegenden Krankenhäuser Routineoperationen zurückstellten. Dafür kam es einige Monate später zu Engpässen, da merklich weniger Leute spendeten als sonst – mit der Begründung, sie wären ja erst kürzlich zur Ader gelassen worden.

Im Jahr darauf sorgte ausgerechnet der Blutspendedienst des bayerischen Landesverbandes für den größten Rotkreuzskandal der Nachkriegszeit. Über Jahrzehnte hinweg hatten der Landesgeschäftsführer, der Chef des Blutspendedienstes sowie weitere führende Mitarbeiter krumme Geschäfte getätigt und sich von Zulieferfirmen schmieren lassen. Am Ende liefen mehr als dreißig Verfahren wegen Untreue, Bestechung und Geldwäsche. Der Schaden betrug mehrere Millionen Euro; die beiden Hauptangeklagten mussten für rund fünf Jahre ins Gefängnis. Die unglaublichsten Verbindungen kamen ans Licht, bis hin zu Waffenschiebereien und Raketen für Saddam Hussein. Es kam zu zahlreichen Austritten, auch die Bergwacht erwog, sich komplett aus dem skandalumwitterten Verband zu lösen.

2007 machte der Kreisverband Aachen Schlagzeilen, weil dessen Geschäftsführer drei Gehälter bezog und vier pompöse Dienstwagen fuhr. Auch in Berlin geriet das Rote Kreuz immer wieder in Verruf, etwa durch die Insolvenz des Landesverbandes 2001 oder durch den Klinikskandal neun Jahre später, bei dem durch falsche Abrechnungen ein Schaden von elf Millionen Euro entstanden sein soll. Die Ermittlungen kulminierten in einer der größten Razzien in der Geschichte der Stadt. Diese Häufung von Affären geht mit der Expansion des Roten Kreuzes im Gesundheits- und Sozialwesen einher, dessen undurchschaubares Dickicht ein günstiges Milieu für Korruption bildet. Werden derartige Vorgänge publik, so tauscht man die Verantwortlichen aus und stellt ihre Verfehlungen als bedauerliche Einzelfälle hin. Angesichts von 140 000 hauptamtlichen Mitarbeitern ist die Zahl der bekannt gewordenen Vergehen tatsächlich erfreulich gering. Aber schon wenige Skandale vermögen die tadellose Arbeit der großen Mehrheit in Misskredit zu bringen, treffen sie doch die Achillesferse des Vereins: seine Glaubwürdigkeit. Wie jede Hilfsorganisation, die sich zu einem beträchtlichen Teil aus Spenden finanziert und von ehrenamtlicher Arbeit lebt, steht und fällt das Rote Kreuz mit seinem guten Ruf. Das mag zu einem Teil auch seine Schwierigkeiten im Umgang mit der Vergangenheit erklären. Als der Schweizer Historiker Jean-Claude Favez 1988 die erste große Studie über die unrühmliche Rolle des Internationalen Komitees bei dessen Kooperation mit dem »Dritten Reich« vorlegte, reagierte das Genfer Hauptquartier sauertöpfisch und selbstgerecht. Bis heute beruft sich das Rote Kreuz im Umgang mit totalitären Systemen auf diplomatische Verschwiegenheit und auf die Notwendigkeit von Zugeständnissen, um zumindest im Stillen Gutes bewirken zu können.

Die Erfahrungen im »Dritten Reich« können als Paradebeispiel für das Dilemma im Umgang mit Schurkenstaaten aller Art dienen. Christian Tomuschat, einem der renommiertesten deutschen Völkerrechtler, sind solche Zwangslagen aus seiner internationalen Arbeit vertraut. »In Menschenrechtsfragen ist das die Standardargumentation, dass man auch mit üblen Mächten zusammenarbeiten muss, um Schlimmeres zu verhüten. Was aber, wenn es sich nicht verhüten lässt? Im Fall Deutschlands standen am Ende sechs Millionen ermordeter Juden, und das Rote Kreuz hat hartnäckig dazu geschwiegen.«

Als weltweite Organisation, die ein Mandat der Menschlichkeit auszuüben beansprucht, muss das Rote Kreuz strengere Maßstäbe an sich selbst anlegen als ein Versicherungskonzern oder ein Sportverband. Aus Angst vor Spendenverlusten und Mitgliederschwund wich es derart unbequemen Fragen lange aus und betrieb lieber positive Imagekampagnen. Doch Reklame ist noch keine Ethik. Immerhin entstand im Laufe der neunziger Jahre auch intern ein stärkeres Problembewusstsein, und schrittweise wich die institutionelle Amnesie dem grundsätzlich schmerzhaften Prozess der Selbsterkenntnis. Parallel erschienen wichtige wissenschaftliche Vorarbeiten, und schließlich rang das DRK sich dazu durch, eine umfassende Studie über die Organisation im Nationalsozialismus in Auftrag zu geben. Sie erschien 2008; seither liegt eine breite Grundlage zur Diskussion vor, und die Wogen haben sich geglättet.

Seit Kurzem verfügt die Organisation über einen Ort, der geradezu danach verlangt, diese Fragen zur Sprache zu bringen. Auf Burg Vogelsang in der Eifel öffnete 2011 eines von mittlerweile sechzehn deutschen Rotkreuzmuseen seine Pforten. Den Burgen des Deutschen Ritterordens nachempfunden, war die Anlage eines der größten Bauvorhaben des NS-Regimes; Architekt Clemens Klotz machte dort zumindest seinem Namen alle Ehre. Er schuf ein martialisches Idyll mit Wachturm, Sportanlagen, Thingstätte, wuchtigen Wohnquartieren und sechzehn Bunkern. In der Reichsschulungsburg sollte die neue Elite für Partei und SS herangebildet werden und zugleich eine Weihestätte des Nationalsozialismus entstehen.

Keiner der jungen Männer konnte jedoch seinen Abschluss machen, sie mussten alle in den Krieg. Manche ihrer Namen sind nun in unheilvoller Weise in ihre alte Hochschule zurückgekehrt: als Vermisste in den Suchdienstbüchern, die im Rahmen der Ausstellung präsentiert werden. Nach dem Krieg wurde das Gelände als belgischer Truppenübungsplatz genutzt. Erst seit einigen Jahren ist es wieder zugänglich, romantisch im Herzen des Nationalparks Eifel gelegen. Was tun mit einem solchen Erbe? Auch wenn das Museum im Gesamtkonzept nur ein Element unter vielen ist, besitzt es doch exemplarische Funktion. Indem es an einem prominenten Täterort Grundwerte wie Humanität, Neutralität und Universalität installiert, könnte es zu dessen Entgiftung beitragen, könnte dem kriegerischen, herrschsüchtigen Geist des Ortes einen menschlichere Botschaft entgegensetzen.

»Sofern es überhaupt ein ›Bewältigen‹ der Vergangenheit gibt, besteht es in dem Nacherzählen dessen, was sich ereignet hat.« So hat Hannah

Arendt das Erinnern als historische Aufgabe verstanden. Vor diesem Hintergrund erstaunt es, dass die Geschichte des DRK in der DDR noch in keiner Weise aufgearbeitet ist. Während Parteien, Medien, Hochschulen und öffentlicher Dienst sich nach der Wende mit den übernommenen Altlasten auseinandergesetzt haben, wollte das Rote Kreuz bislang nicht daran rühren. Die familiäre Harmonie und der gelungene Einigungsprozess sollen nicht durch unbequeme Fragen gestört werden. Der stalinistische Furor der Anfangsjahre, die Rechtfertigung der Mauer, »die gute massenpolitische Überzeugungsarbeit« bei gleichzeitigem hartnäckigen Schweigen zu elementaren humanitären Fragen – all diese Themen harren noch der Diskussion. Die Durchdringung durch Partei und Geheimdienste ist ebenso wenig untersucht wie deren mögliches Fortwirken nach der Wiedervereinigung. Wie viele inoffizielle Mitarbeiter der Staatssicherheit übernommen worden sind, ist ungeklärt geblieben. Auch dass hauptamtliche Stasi-Mitarbeiter später auf Landes- und Kreisebene im Roten Kreuz unterkamen, wird nur unter der Hand weitererzählt. Solange die Institution sich derart grundsätzlichen Fragen nicht stellt, so lange wird sie in ihrer weltweiten humanitären Arbeit berechtigten Vorbehalten begegnen.

Retter in der Not

Die Annalen der Auslandshilfe verzeichnen zwei besonders aktive Zeitalter: Zum einen die Jahre um 1900, als das Rote Kreuz sich wie eine Fremdenlegion der Sanitäter an Kriegsschauplätzen von Südafrika bis Sibirien hervortat. Und zum anderen die Phase von Mitte der fünfziger bis Ende der siebziger Jahre, als es im Sog des Wirtschaftswunders eine Vielzahl großer Einsätze absolvierte, wie sie heute kaum mehr finanzierbar wären. Im Kalten Krieg kam vielen dieser Missionen eine politische Signalwirkung zu. Besonders augenfällig war dies 1956 beim Aufstand in Ungarn, als beide deutsche Staaten ihren Hilfszug schickten, den großen, für alle Eventualitäten ausgerüsteten Lkw-Konvoi, dessen Untereinheiten an verschiedenen Standorten stationiert waren. Einen letzten dramatischen Höhepunkt brachte 1988 das Erdbeben im damals noch sowjetischen Armenien, bei dem das westdeutsche Rote Kreuz mehrere Hundert Helfer und Teile seines Hilfszugs entsandte, das ostdeutsche sich hingegen demonstrativ zurückhielt, da die Entfremdung vom großen Bruder unter Gorbatschow bereits offenkundig war.

In der Folge lösten flexiblere Konzepte das teure und personalaufwendige Hilfszugsystem ab. Ihren sichtbaren Ausdruck findet diese Entwicklung in dem 2006 eingerichteten Logistikzentrum am Flughafen Berlin-Schönefeld. Es ist das Expeditionszimmer des Deutschen Roten Kreuzes, Depot, Garage und teilweise auch Schaltstelle für Missionen aller Art. Eine große Cargo-Halle wurde als Palettenlager ausgebaut, aus dem heraus die Ausrüstung im Baukastenprinzip zusammengestellt wird. Sie reicht von elementaren Hilfsgütern wie Wasserkanistern und Decken bis hin zum kompletten mobilen Krankenhaus. Bei dem es sich eigentlich um eine ganze Zeltstadt handelt, abgepackt in kleine Einheiten, die notfalls auch von ein paar starken Männer getragen werden können. Es vermag hundert Patienten am Tag zu versorgen und einen Einzugsbereich von 30 000 Menschen abzudecken. Mit Labor, Apotheke, Röntgenmodul und Operationszelt ausgestattet, verfügt es über ein halbes Dutzend medizinischer Fachbereiche. Inklusive Kreißsaal und Mutter-Kind-Station – denn Kinder werden immer geboren.

Binnen weniger Stunden können in Schönefeld Startpakete für mehrere Tausend Menschen zusammengestellt werden. In den Regalen stapeln sich Zelte, Plastikplanen, Kochgeschirr, Moskitonetze, Windeln, Seife, Nägel, Pflanzenöl, Waschpulver und Klopapier. Für die Wasseraufbereitung stehen Filter, Pumpen, Leitungen und zerlegbare Tanks bereit, um bis zu 40 000 Menschen mit Trinkwasser zu versorgen. In der benachbarten Fahrzeughalle warten Unimogs, Lastwagen, Geländefahrzeuge und Krankenwagen mit unerschütterlicher Geduld auf den nächsten Einsatz. Sie haben das Lenkrad mal links und mal rechts, um auch für Missionen in Indien oder Neuseeland gerüstet zu sein. Zum technischen Arsenal gehören Generatoren, eine fahrbare Lichtanlage und fünfhundert Bautrockner, die nach der Elbeflut 2002 angeschafft wurden und elf Jahre später wieder gute Dienste geleistet haben.

Internationale Kooperationen sind für Rotkreuzgesellschaften von Beginn an Routine gewesen. Mark Hofmann hat bei zahlreichen Einsätzen erfahren, wie hilfreich es sein kann, durch diese weltweite Familie überall ein Entree zu haben: »Man kommt in ein fremdes Land und hat doch sofort ein Netzwerk an der Hand, mit dem man arbeiten kann.« Wobei in seinem Fall noch eine zweite Gemeinsamkeit hinzukommt: die Leidenschaft für Hunde. Hofmann hat die Rettungshundestaffel des Iranischen Roten Halbmonds mitaufgebaut. Bis zum Jahr 2000 verfügte das gebirgige, erdbebengefährdete Land über keinerlei eigene Rettungshunde, gelten Hunde in islamischen Ländern doch als unrein und werden nicht als Haustiere gehalten. Das DRK dagegen hat seit 1895 reiche Erfahrungen mit sogenannten Gebrauchshunden gesammelt, schon im Ersten Weltkrieg wurden sie in großer Zahl bei der Suche nach verwundeten Soldaten eingesetzt. Dank der Zusammenarbeit gibt es nun auch im Iran über hundert ausgebildete Hundeführer in allen Provinzen, und sie kommen häufiger zum Einsatz, als ihnen lieb sein kann. Allein beim großen Erdbeben von Bam retteten sie fast siebzig Menschen das Leben. Auch Hofmann und sein Hund wurden von der Ausbildung weg mehrfach zu Einsätzen gerufen. »In Shiraz hatte sich ein fast unmerkliches Beben ereignet. Trotzdem war ein vierstöckiges Haus eingestürzt; die Bausubstanz ist oft schlecht. Dank der Hunde konnten wir die Verschütteten rasch orten.«

Die Ausbildung der Spürnasen erstreckt sich über zwei Jahre hinweg. Sie umfasst Flächen-, Trümmer- und Lawinensuche, Gehorsamstraining und Gewöhnung der Tiere ans Fliegen und ans Baggerfahren. »Trotz der kulturellen Unterschiede haben wir in der Arbeit rasch zusammengefunden«, berichtet Hofmann. Helfen zu wollen ist ein universelles Bedürfnis, das über alle Differenzen hinweg verbindet. Zahlreiche iranische Kollegen waren bereits auf Gegenbesuch in Deutschland, haben auch im Trainingszentrum der Bergwacht in Bad Tölz schon mit ihren Tieren geübt. Das Logistikzentrum in Schönefeld erfreut sich ebenfalls starken Interesses, insbesondere die Trinkwasseraufbereitung und die medizinische Versorgung im Katastrophenfall.

Seinen ersten Großeinsatz erlebte das Feldkrankenhaus 2008 nach dem verheerenden Erdbeben im chinesischen Sichuan. Dank der gut organisierten Unterstützung durch das Chinesische Rote Kreuz war es in nur fünfzig Stunden funktionsbereit – für Thomas Moch, der es als Arzt mitentwickelt hat, ein stiller Triumph. »In Dujiangyan wurden wir dringend benötigt. In dieser Großstadt waren alle Kliniken zerstört, die Bevölkerung hauste noch im Freien.« Das Notkrankenhaus wurde auf einer Schnellstraße am Stadtrand errichtet, wo es sowohl zu Fuß wie auch mit dem Auto gut erreichbar war. Die plane Fläche bot gewisse Vorteile – doch wie verankert man Zelte auf einer Autobahn? Sie bohrten schließlich Dübel in den Asphalt.

Für die Trinkwasseraufbereitung war Johann Keppeler aus Augsburg zuständig, Elektromeister im Vorruhestand und seit 45 Jahren beim Roten Kreuz. Zufällig kam er genau an seinem Geburtstag in Dujiangyan an. Private Belange zurückzustellen, daran ist er gewöhnt. Einige Male hat er sogar schon seinen Jahresurlaub auf einen Einsatz verwendet. »Nur Sonnenschein im Reisebüro zu buchen wäre doch langweilig. Natürlich gibt man viel, aber man bekommt noch mehr zurück.« Das deutsche Team bestand nur aus etwa zehn Helfern. Der Löwenanteil konnte den chinesischen Kollegen überlassen werden, an die das Krankenhaus dann auch bald übergeben wurde. Dass die Ausrüstung nach getaner Arbeit im Land verbleibt, ist Teil des Konzeptes.

Die Mission fand zu einem kritischen Zeitpunkt statt. Nach Meinungsverschiedenheiten in der Tibetfrage waren die deutsch-chinesischen Beziehungen auf einem Tiefpunkt angelangt. Daher war dem Auswärtigen Amt daran gelegen, die schlechte Stimmung zu verbessern. Tatsächlich erfuhr das deutsche Engagement viel Anerkennung, und zahlreiche chinesische Sender und Zeitungen berichteten darüber. Achthundert Patienten wurden jeden Tag ambulant behandelt. Anfangs waren noch einige Knochenbrüche und Quetschungen darunter, doch bei derartigen Einsätzen geht es weniger darum, die unmittelbaren

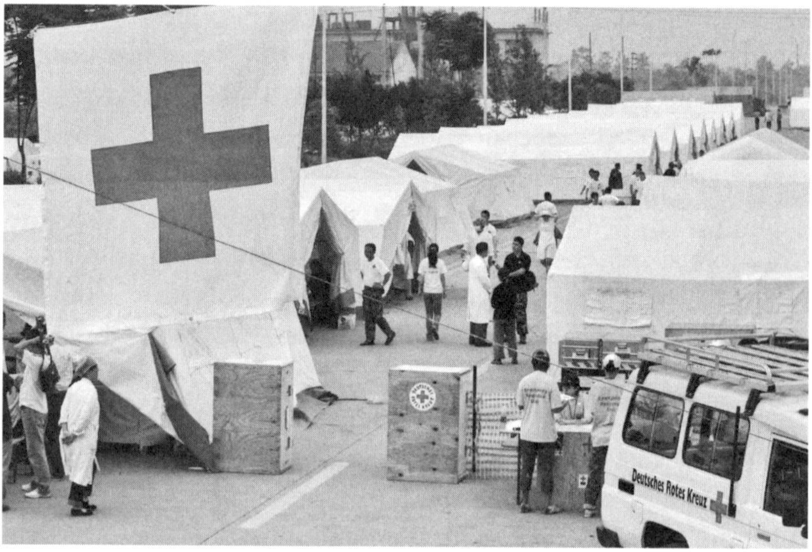

Im Mai 2008 erschüttert ein schweres Erdbeben die chinesische Provinz Sichuan. Das mobile Krankenhaus des DRK sichert die Grundversorgung der Bevölkerung.

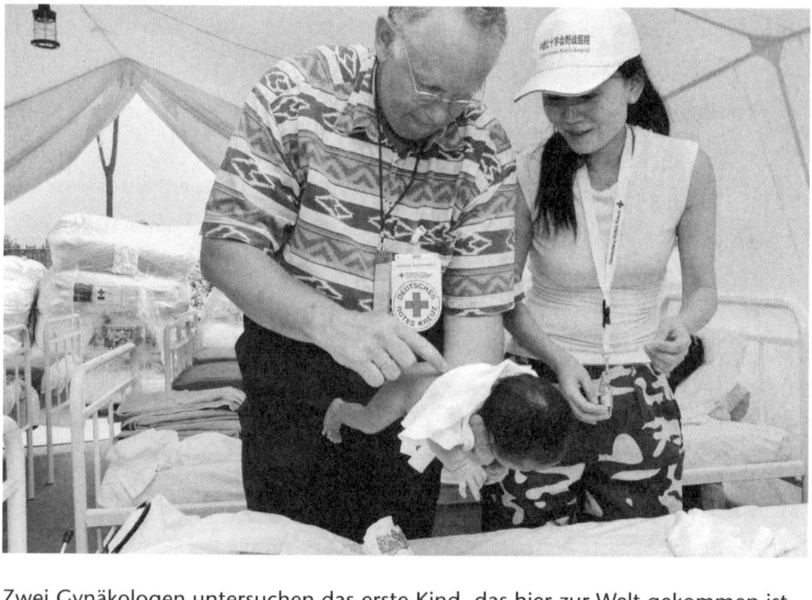

Zwei Gynäkologen untersuchen das erste Kind, das hier zur Welt gekommen ist. Es erhält den Namen Fang Zhong-De (»China-Deutschland«).

Opfer zu behandeln. »Selbst bei optimaler Organisation können wir das Krankenhaus erst eine Woche nach einem Beben in Betrieb nehmen«, erklärt Moch. »Hauptaufgabe ist es, die zerstörte Infrastruktur zu ersetzen und außerdem Folgeschäden wie etwa Seuchen zu begegnen.« Die erste Operation überhaupt war ein Kaiserschnitt. Die glücklichen Eltern nannten ihren Sohn Fang Zhong-De, China-Deutschland.

Während das Rote Kreuz in Katastrophenfällen allgemein willkommen geheißen wird, sieht es sich bei Einsätzen in bewaffneten Konflikten zunehmenden Gefahren ausgesetzt. In den letzten Jahrzehnten häuften sich vor allem in islamischen Ländern und Regionen die Probleme, in denen zugleich auch die meisten dieser Konflikte zutage traten. Ein trauriger Höhepunkt ereignete sich 1996 in Tschetschenien, wo zwanzig Delegierte im Auftrag des Internationalen Komitees unweit von Grosny ein kleines Krankenhaus führten. Nachdem sie bereits mehrfach bedroht worden waren, drangen in der Nacht auf den 18. Dezember Attentäter ins Haus ein und richteten fünf Schwestern und einen Techniker hin. Ein Schweizer überlebte schwer verletzt, drei Deutsche blieben mit viel Glück unversehrt. Wer auch immer den Auftrag zu diesem Anschlag gegeben hatte, erreichte sein Ziel – das Rote Kreuz zog aus Tschetschenien ab.

Seit osmanische Soldaten 1876 die serbischen Ambulanzen beschossen, brechen derartige Spannungen immer wieder auf. Während des Umsturzes in Libyen wurden ausländische Rotkreuzhelfer von den Rebellen zunächst ausdrücklich aufgefordert, ihr Emblem beizubehalten, vertrauten sie ihnen doch eher als den Vertretern des einheimischen Roten Halbmonds, von denen sie glaubten, dass sie mit Gaddafi unter einer Decke steckten. Bald aber geriet die Internationale der Helfer unter Beschuss. Nachdem innerhalb von drei Monaten fünf seiner Einrichtungen angegriffen worden waren, zuletzt mit Raketen, zog das Internationale Komitee sich weitgehend aus Libyen zurück. Doch auch Ambulanzen des Libyschen Roten Halbmonds wurden beschossen und sieben Helfer des Iranischen Roten Halbmonds entführt. Reihum warfen alle Beteiligten einander Missbrauch des Zeichens vor. Die Rebellen beschuldigten die Regierung, Hubschrauber mit Rotkreuzemblemen als Minenleger einzusetzen. Militante Islamisten bezichtigten die Hilfsorganisation, Bibeln zu verteilen. Schon als deutsche Ärzte hundert Jahre zuvor mit dreihundert Kamelen durch Tripolitanien gezogen waren, begegneten ihnen ähnliche Reflexe: »Es war den unwissenden, fanatischen Wüstenbewohnern nicht beizubringen, daß sie das rote Kreuz als unverletzlich zu betrachten hätten«, heißt es in einem zeitgenössischen Bericht.

Auch in Afghanistan wird der Status des Schutzzeichens immer prekärer. Sowohl die amerikanischen Streitkräfte als auch die Bundeswehr übermalen inzwischen die Kennzeichnung ihrer Sanitätseinheiten. Sind diese doch zu einem bevorzugten Angriffsziel geworden, zum einen wegen des verhassten, christlich konnotierten Symbols, zum anderen zur Schwächung des Gegners, dessen Soldaten ohne Sanitäter einen schweren Stand haben. Der letzte blutige Zwischenfall ereignete sich im Mai 2013, als vier Selbstmordattentäter ein Regionalbüro des Internationalen Komitees stürmten, das daraufhin sein Engagement im Land drastisch reduzierte. Fremdenhass, religiöse Verblendung und demonstrative Menschenverachtung drohen den minimalen zivilisatorischen Konsens zu zerstören, auf dem jede Möglichkeit zur Hilfe beruht. Die Helfer werden selbst zur Zielscheibe. Der Kern der Genfer Konvention, die Unverletzlichkeit der Sanitätskräfte, steht damit infrage. Die Kraft des Schutzzeichens und mit ihr die Autorität des Völkerrechts scheint im Schwinden begriffen.

Krieg und Frieden

Mit der Nachbesserung der Konvention 1949 glaubte man, auch das klassische »Kriegsrecht« überwunden zu haben, das in der Folge immer mehr zum »humanitären Völkerrecht« mutierte, auch weil das einfach besser klang. Doch einmal mehr hat sich der Traum vom Fortschritt der Menschheit nicht erfüllt. Allein in den neunziger Jahren tobten weltweit rund achtzig bewaffnete Konflikte, die Millionen von Menschen das Leben kosteten und Abermillionen ins Unglück stürzten. Zumeist handelte es sich dabei um innerstaatliche Auseinandersetzungen: Bürgerkriege, ethnische und religiöse Feindseligkeiten, Autonomiekämpfe. Waffengänge zwischen einzelnen Staaten dagegen sind selten geworden. Während der Krieg sein Wesen wandelt, droht der ehrwürdige Begriff der Humanität sich zu verselbstständigen. So wurde gar die Bombardierung Serbiens durch die NATO als »humanitärer Krieg« gerechtfertigt. Auch der »Krieg gegen den Terror«, der staatliche Gewalt überall und jederzeit zulässt, fällt in diese Kategorie.

Der Weg durch die Geschichte hat gezeigt, dass das Rote Kreuz nur so menschlich sein kann wie das System, in das es sich einfügen muss. Weit davon entfernt, eine Insel reiner Nächstenliebe oder eine übergeordnete moralische Instanz zu bilden, wird es vielmehr selbst zum politischen Akteur, der sich in einem schwierigen, manchmal schier unmöglichen Umfeld zu behaupten sucht. Auch wenn es nicht ungern als eine humanitäre Supermacht wahrgenommen wird, ist es doch Spielball weit mächtigerer Kräfte und Interessen. Von Beginn an war es aufs Engste mit den herrschenden Eliten verknüpft. Heute sind die Hierarchien flacher, aber die Bindungen nicht weniger eng. In seiner großen Studie über *Die humanitäre Vernunft* konstatiert der französische Arzt und Soziologe Didier Fassin: »Man beobachtet zugleich eine Humanisierung der Politik wie eine Politisierung der Hilfsorganisationen.« Ehemalige Minister würden an die Spitze von Hilfsgesellschaften berufen, umgekehrt machten frühere Spitzenfunktionäre als Politiker Karriere. Der prominenteste Fall in Frankreich war Bernard Kouchner, Mitbegründer der »Ärzte ohne Grenzen«, später Gesundheits- und schließlich Außenminister.

Seine bemerkenswerte Fähigkeit zur Anpassung und Selbstregulierung ermöglichte es dem Roten Kreuz, über 150 Jahre hinweg erfolgreich zu bestehen. Aus der Genfer Gemeinnützigen Gesellschaft ist eine Globale Gemeinnützige Gesellschaft entstanden. Zwangsläufig ruft der

Erfolg auch Nachahmer auf den Plan. »Humanität« ist zu einem begehrten Etikett und auch zu einem Modewort geworden. Manchmal handelt es sich nur um eine Masche, die dubiose Geschäfte mit dem Mäntelchen der Menschenliebe kaschieren soll. Je mehr Hilfsorganisationen um Spenden und Fördermittel konkurrieren, desto mühevoller wird die Finanzierung, desto wichtiger auch die zugeschriebene Seriosität. 150 Jahre weltweiter Erfahrung sind da ein starkes Argument.

Nicht selten bildet sich eine eigentümliche Kombination aus Konkurrenz und Partnerschaft heraus. Auch die Bundeswehr führt beispielsweise im großen Stil humanitäre Missionen durch, bisweilen zusammen mit Rotkreuzkräften, etwa nach der Tsunami-Katastrophe oder den großen Hochwassern in Deutschland. Befürchteten die Gründer der Organisation ursprünglich, von den Militärs als Eindringlinge vergrämt zu werden, so sorgen die Hilfsorganisationen sich heute, dass das Militär und andere staatliche Institutionen in ihr Gehege eindringen. Nur ungern teilt der kleine Bruder sein Revier mit dem großen, auch wenn ihre Verbindung unlöslich ist.

Dank des langen Friedens, dessen sich zumindest Westeuropa seit dem Zweiten Weltkrieg erfreut, sind die Ursprünge des Roten Kreuzes auf dem Schlachtfeld etwas aus dem Blick geraten. Hinzu kommt, dass alles Militärische heute nicht gerade populär ist. Weshalb zum Beispiel die Fürsorge für Veteranen und deren Familien, die nach den beiden Weltkriegen noch eines der Hauptarbeitsfelder bildete, heute nicht mehr ins Auge gefasst wird – während etwa das Amerikanische Rote Kreuz sie zu seinen wichtigsten Aufgaben zählt. Aufgrund von Einsparungen bei der Bundeswehr kommt es zu engeren Kooperationen beim Blutspendedienst und bei der Ausbildung medizinischer Assistenzberufe; hinzu kommen beratende Gespräche. Gemeinsame Übungen mit dem Sanitätsdienst der Streitkräfte aber werden allenfalls noch auf örtlicher Ebene abgehalten; im Rahmen der Neukonzeption der zivilmilitärischen Zusammenarbeit hat sich der Kontakt allgemein reduziert. Zwar nennt das im Jahr 2008 beschlossene DRK-Gesetz die Unterstützung des Sanitätsdienstes der Bundeswehr weiterhin als eine der zentralen Aufgaben. Doch wie die Rotkreuz- und Rothalbmondbewegung insgesamt, so ist auch das DRK in den letzten beiden Jahrzehnten auf größere Distanz zur militärischen Sphäre gerückt. Auch wenn es seinen Sonderstatus als »freiwillige Hilfsgesellschaft der deutschen Behörden im humanitären Bereich« betont, um sich von Nichtregierungsorganisationen abzugrenzen, behält es sich doch ausdrücklich vor, Einsätze abzulehnen, wenn sie den Grundsätzen der Unparteilichkeit und Neutralität zuwiderlaufen. Inwieweit seine Kräfte daher bei einer militärischen Mobilmachung wirklich zur Verfügung stünden, ist schwer vorherzusagen. Man kann nur hoffen, dass der Beistandsfall möglichst lange nicht eintritt. Es wäre fatal, wenn es eines Tages hieße: »Nach erfolgreicher Friedenstätigkeit wendet das Deutsche Rote Kreuz sich nunmehr wieder seinen angestammten Kriegsaufgaben zu.«

Der Spagat zwischen humanistischen Idealen und militärischen Erfordernissen hat die Geschichte der Hilfsorganisation von Beginn an geprägt. So bemerkte Louis Appia einst auf einer schwungvollen Rede zum dreißigjährigen Bestehen in Genf: »Die freiwillige Hilfsbereitschaft und der gebieterische Militarismus sind zwei entgegengesetzte Ströme, rein logisch widersprechen sie einander.« Es sei denn, die Widersprüche würden mit Hilfe eines übergeordneten guten Willens überwunden, des Willens zur Barmherzigkeit. Dann könne eine solche Menschheitsorganisation »ein klein wenig Gutes bewirken, wo die Kämpfe zwischen den Staaten so viel Schlimmes hervorbringen«. Doch hat man nicht schon davon gesprochen, dass keine Kriege mehr geführt würden? Auch wenn Appia diese Vorhersagen als weltfremden Wunsch erkennt – die Sehnsucht danach bewegt ihn gleichwohl: »Wir wüßten nicht, was wir lieber täten! Dann würden wir unsere Fahne wie ein Museumsstück ins Arsenal unseres Rathauses überführen.« Dort, unter den Arkaden des Zeughauses, könnte sie dann den ausgemusterten Kanonen Gesellschaft leisten, schräg gegenüber vom Haus Henry Dunants, in dem alles seinen Anfang nahm.

Dank

Sie mußte sehr große Gefühle mobilisieren, geradezu schlechthin große, und wo findet man die am ehesten? Dort, wohin alle Welt sie verlegt: im historischen Geschehen.

ROBERT MUSIL, *DER MANN OHNE EIGENSCHAFTEN*

Dank an die Bücher

Eine gut sortierte Bibliothek ist wie ein opulenter Garten, durch den zu flanieren man nie müde wird. Das Rote Kreuz hat über anderthalb Jahrhunderte hinweg eine schwindelerregende Fülle an Literatur hervorgebracht. So begierig ich vieles auch gelesen habe, konnte es doch nur eine Erkundungsbohrung durch die mächtigen Schichten der Überlieferung sein. Nachfolgend einige Empfehlungen zur weiteren Lektüre.

Das stärkste Buch zur Lebensgeschichte Henry Dunants ist nach wie vor jenes hellsichtige Porträt, das Martin Gumpert 1937 in der Emigration geschrieben hat: *Dunant – der Roman des Roten Kreuzes.* Von den neueren Biographien eröffnet *Rotes Kreuz und Weiße Fahne* von Dieter und Gisela Riesenberger den besten Zugang. Hans Amman hat vor allem Episoden aus der Heidener Zeit Dunants beleuchtet. Zuletzt widmeten sich Yvonne Steiner und Corinne Chaponnière ausgiebig dieser faszinierenden Gestalt. Spaziergängen mit Roger Durand verdanke ich mannigfache Inspiration über den Geist von Genf.

Ulrich Ladurner hat in *Solferino* einen reizvollen Selbstversuch unternommen und der »kleinen Geschichte eines großen Schauplatzes« nachgespürt. Tom Buk-Swienty hat kürzlich die *Schlachtbank Düppel* rekognosziert und dabei auf exemplarische Weise Grauen und Faszination eines Krieges lebendig werden lassen.

Für die Verstoßung Dunants aus dem Genfer Paradies haben die Biographen Rache genommen. Während die Literatur über ihn noch immer anschwillt, liegt zu Gustave Moynier nur eine einzige größere Darstellung vor, die von Jean de Senarclens. Wer sich auf die Schnelle mit beiden Figuren bekannt machen will, dem seien die handlichen Bändchen der Forschungsgruppe »Genève humanitaire« empfohlen: Roger Durand hat Henry Dunant porträtiert, François Bugnion dessen Verehrer und Kontrahenten Gustave Moynier.

Was die Geschichte des Internationalen Komitees angeht, so besticht bis heute das epische Plädoyer von Pierre Boissier aus den sechziger Jahren: *De Solférino à Tsoushima*. Nach dem frühen Tod des Autors hat André Durand dann den zweiten Band übernommen: *De Sarajevo à Hiroshima*. Eine komprimierte Darstellung aus völkerrechtlicher Sicht hat kürzlich Daniel-Erasmus Khan vorgelegt. Nicht mehr ganz einfach zu bekommen, aber jede Mühe wert ist die von Michael Neumann herausgegebene Reihe über den Friedensnobelpreis, den die Rotkreuz- und Rothalbmondbewegung insgesamt dreimal erhalten hat.

Das Standardwerk über *Das Deutsche Rote Kreuz* hat Dieter Riesenberger vorgelegt – ein gewaltiges Geschichtspanorama, leidenschaftlich recherchiert und gekonnt erzählt. So manches Mal fiel mein Stolz auf eine rare Ausgrabung in sich zusammen, wenn ich nach neuerlicher Lektüre feststellen musste, dass er sie längst vorher gefunden hatte. Widmete er sich dem großen Ganzen, so haben sich andere Autoren in akribischer Kleinarbeit der Orts- und Regionalgeschichte des Roten Kreuzes von Altenburg bis Zweibrücken angenommen. Es wird höchste Zeit, sich bei der gern geschmähten Zunft der Heimatforscher und Lokalchronisten zu bedanken. Ihr Endprodukt mag sich zuweilen etwas unförmig ausnehmen – ihr Rohstoff aber ist pures Gold. Eine unerschöpfliche Quelle bilden auch die verschiedenen Rotkreuzzeitschriften quer durch die Epochen. Sie wirken wie ein funkelndes Spiegelkabinett, in das man schnell hineingezogen wird und dann kaum mehr herausfindet.

Zur Geschichte der Organisation im »Dritten Reich« liegen inzwischen zahlreiche Studien vor. Bahnbrechend war die Arbeit von Jean-Claude Favez, der in *Une mission impossible?* vor allem die Beschwichtigungspolitik des Internationalen Komitees untersucht hat. Horst Seithe brachte dann Anfang der neunziger Jahre auch die Diskussion über *Das Deutsche Rote Kreuz im Dritten Reich* ins Rollen. Später haben unter anderem Peter Poguntke und Markus Wicke zum Thema publiziert. Birgitt Morgenbrod und Stephanie Merkenich erarbeiteten schließlich eine umfassende Monographie über *Das Deutsche Rote Kreuz unter der NS-Diktatur.*

Einen faszinierenden Einblick in die Realitäten der Nachkriegsjahre gewähren die Erinnerungen von Dietrich Blos: *Das Berliner Rote Kreuz 1945 – 1976*. Diese spannende Zeit dürfte in den nächsten Jahren zunehmend ins Blickfeld der Forschung geraten. Zu Einzelaspekten wie der Schwedenspeisung, der Schweizer Kinderhilfe oder der Kinderluftbrücke sind bereits reizvolle Publikationen erschienen. Zur Geschichte der Bergwacht in Bayern hat Gerhard Opperer sen. eine zweibändige Chronik der Bergrettung in Bayern vorgelegt, einen kolossalen Steinbruch über das alpine Rettungswesen.

Der Suchdienst ist seiner Natur nach ein literarisches Medium, versucht er doch, fragmentierte menschliche Schicksale zu einer linearen Erzählung zusammenzufügen. Kurt W. Böhme hat in den sechziger Jahren in *Gesucht wird* Einblick in diese Detektivarbeit gegeben. Jede Fallgeschichte liest sich wie ein Krimi. Abgesehen von dem großen DDR-Kapitel bei Dieter Riesenberger gibt es zur Geschichte des DRK der DDR bislang keine umfassende Darstellung. Die Masterarbeit von Gordon Teubert über *Das DRK im Osten* hat jedoch gezeigt, wie lohnend die Beschäftigung mit diesem Thema sein kann.

Es fällt auf, dass sich die großen Intellektuellen quer durch die Zeiten kaum für das Rote Kreuz erwärmen konnten, so dass es geistesgeschichtlich ungleich weniger ins Gewicht fällt als gesellschaftsgeschichtlich. Dafür war die Basis umso produktiver. Während die Rotkreuzliteratur früher ein regelrechtes Genre bildete, das bis in die dreißiger Jahre in Blüte stand, dominierten in den letzten Jahrzehnten die Diskurse der

Historiker. Nur gelegentlich waren zumindest in anthologieartiger Form auch Originaltöne zu vernehmen. In den sechziger Jahren erschien *Der Ruf der Stunde* als ein Lesebuch der Schwesternschaften, und zuletzt haben Birgit Panke-Kochinke und Monika Schaidhammer-Placke eine Dokumentation der Kriegskrankenpflege zusammengestellt: *Frontschwestern und Friedensengel*. Immer wieder habe ich daher nach Zeugnissen aus erster Hand gefahndet: Tagebücher, Erlebnisberichte, Erinnerungen von Zeitzeugen. Manche sind in gedruckter Form erschienen, andere finden sich in schwer entzifferbarer Handschrift in den Archiven. Ihre Verfasser – zu zwei Dritteln Frauen – wurden zu meinen wichtigsten Verbündeten, deren kostbare Erlebnisse es mir möglich machten, zumindest einen kleinen Auszug aus den ungeschriebenen Memoiren des Roten Kreuzes zu geben.

Neben dem Archiv des DRK-Generalsekretariats in Berlin habe ich zu einzelnen Themen auch im Archiv des IKRK in Genf nachgeforscht, beim ITS in Bad Arolsen, im Münchner Institut für Zeitgeschichte sowie in der Behörde des Bundesbeauftragten für die Stasi-Unterlagen.

Dank an die Menschen

Bücher sind immer Gemeinschaftsarbeiten, und ohne die Unterstützung vieler Menschen wäre auch dieses Werk nie zustande gekommen. Was die Recherchen angeht, gilt mein besonderer Dank den Rotkreuzmuseen, insbesondere den Häusern in Beierfeld, Berlin, Burg Vogelsang, Castiglione, Genf, Heiden, Hofheim, Luckenwalde, Nürnberg, Regenstauf und Zittau. Ihnen und ihren Hütern habe ich viele angeregte Stunden zu verdanken. Eine Übersicht über die Standorte, wie natürlich über die vielfältigen Aufgaben und Angebote des Deutschen Roten Kreuzes überhaupt, gibt dessen Homepage (www.drk.de).

Das Buch wurde durch die GlücksSpirale sowie durch die Allianz Deutschland AG und die Volkswagen AG unterstützt, die offiziellen Partner des DRK im Jubiläumsjahr. Unbezahlbar war die fachliche Unterstützung durch das Deutsche Rote Kreuz. Ich hatte Zugang zu allen Beständen und Abteilungen. Dr. Petra Liebner hat die Idee auf den Weg gebracht und stand mir mit bemerkenswerter Ausdauer und Kompetenz zur Seite. Brigitte Hiss und Jörg F. Müller haben das Buch mitinitiiert. Jörg F. Müller hat es fotografisch begleitet, während Brigitte Hiss und Annette Samaras die Bildredaktion übernommen haben. Beim engagierten Team der DVA war das Werk dann in besten Händen.

Neben den im Text namentlich erwähnten Gesprächspartnern möchte ich mich bei einer Reihe von Menschen herzlich bedanken, deren tatkräftige Unterstützung das Buch vorangebracht hat und ohne deren Zuspruch und auch gelegentlichen Einspruch ich wohl nicht über die Runden gekommen wäre: Roland Ampenberger, Elisabeth und Jürgen Arkenberg, Maria Grazia Baccolo, Fabrizio Bensi, Prof. Helmuth Berking, Hans-Peter Beyer, Elisabeth Börner-Gleis, Prof. Christoph Brückner, Erhard Bus, Prof. Giulio Busi, Dr. Karl Demmer, Isabel Diener, Jane Dulfaqar, Richard Dunant, Monique Dunant-Dedye, Roger Durand, Lisa Eder, Martina Egen, Hanna Fischer, Dr. Vincent Frank-Steiner, H. R. Fricker, Helga Gäbler, Günther Geiger, Ines Große, Hildegard Hagemann, Dr. Volker Hartmann, Wolfgang Hennig, Günther Herold, Gerhard Hofbauer, Mark Hofmann, Josefa Höhne, Heiko Jünger, Johann Keppeler, Helmut Kleebusch, Edith Kohl, Uwe und Dr. Wilfried Lammel, Dr. Petra Lidschreiber, Giulia und Luigi Lonardi, Gotthard Krause, Ralf Krause, Olga und Juliane Margraf, Anja Martin, Walter Mayr, Dr. Jürgen-Michael Meier, Christina Meinlschmidt, Dr. Thomas Moch, Achim Müller, Sten Nadolny, Tobias Nowoczyn, Dr. Kaspar von Oppen, Gerhard Opperer jun., Peter Ossowski, Herta Radike, Lydia Rath, Heinrich Rehberg, Alexandra Rieger, Christian Schad, Prof. Silke Schauder, Sabine Schipplick, Prof. Rainer Schlösser, Angelika Schmitz, Maria Schnellmann, Katja Schöberl, Dr. Volkmar Schön, Harald-Albert Swik, Prof. Daniel Thürer, Prof. Christian Tomuschat, Ite Totzki, Hans-Joachim Trümper, André Uebe, Pater Angelus Waldstein, Holger Wolandt, Prof. Hui Wu, Horst Zerna, Rolf Zimmermann.

Bildnachweis

Archiv Bergecho / DRK: 319 o.; Atlantic / DRK: 148, 154 u., 227; M. Blum / DRK: 306; Boissonas / DRK: 48; Borchert / DRK: 225; D. Bruschewski: 319 u.; dpa: 292; DRK: 21, 22, 33 o., 55, 67, 70, 75 u., 82, 87, 93, 101, 104, 111, 120, 123 l., 128, 130, 132 o., 132 u., 136, 138, 146, 154 o., 160, 163, 167 r., 176, 186, 192, 195, 200 l., 200 r., 205, 210 l., 217 l., 221, 258, 274, 290, 298, 316, 326, 372 o.; DRK-Schwesternschaft Clementinenhaus e. V.: 360; Edelmann / DRK: 84; M. Eggers-Adler / DRK: 270 u.; K. Friedrich / DRK: 212, 237, 255 o.; A. Grohs / DRK: 167 l., 171, 172, 178; H. Hahn / DRK: 251; H. Hoffmann / DRK: 206; W. Heudtlass / DRK: 255 u., 270 o.; S. Huang / DRK: 372 u.; IKRK: 64, 247; Ilop / DRK: 282; ITS: 302; E. Kind / DRK: 243; Mathieu-Görg / DRK: 159; O. Margraf: 321; O. Metelmann / DRK: 275; J. F. Müller / DRK: 4, 6, 10, 33 u., 42, 43, 51, 340, 346, 364; Photo-Union / DRK: 156; G. Piper / DRK: 210 r., 229; H. Radike: 262; Rotkreuzmuseum Berlin: 295, 323; W. Schade / DRK: 75 o.; W. Schröder/ DRK: 333; R. Sennecke / DRK: 116, 181; Société Henry Dunant, Genf: 12, 123 r.; S. Spiegl / DRK: 339; Stirtz / DRK: 277; I. Stölting / DRK: 217 r.; ullstein bild: 31; Verlag Scherl / DRK: 151; P. Wittig / DRK: 238, 287
Farbbildteile: alle Fotos Jörg F. Müller / DRK, mit Ausnahme von Jugendrotkreuz: Mario Andreya / DRK; Ausland Haiti: Stefan Trappe / DRK; Ausland Darfur: Thomas Grabka / DRK; Bundesliga: DRK Kreisverband Gelsenkirchen
Die Aufnahmen in Babelsberg entstanden mit freundlicher Unterstützung der Universität Postdam.

In einigen Fällen konnten die Rechteinhaber nicht ermittelt werden. Berechtigte für Honoraransprüche wenden sich bitte an den Verlag.

Die *Covermotive* zeigen Schwestern beim Broteschmieren für Soldaten am Bahnhof Potsdam während des Ersten Weltkriegs (oben) und 1800 ehrenamtliche Helfer, die zum 150-jährigen Jubiläum des DRK ein rotes Kreuz vor dem Brandenburger Tor bilden. Die Abbildung auf *Seite 4* zeigt Utensilien und Dokumente von Henry Dunant, die im Museum Heiden aufbewahrt werden. Das Foto auf *Seite 6* zeigt eine Zypressenallee in Solferino, die vom Dorf zum Beinhaus hinaufführt.

MIX
Papier aus verantwortungsvollen Quellen
FSC® C014496

Verlagsgruppe Random House FSC® N001967
Das für dieses Buch verwendete FSC®-zertifizierte Papier *Munken Premium Cream* liefert Arctic Paper Munkedals AB, Schweden.

1. Auflage

Deutsches Rotes Kreuz
150 Jahre Aus Liebe zum Menschen.

Das Buch entstand mit freundlicher Unterstützung von Allianz Deutschland AG und Volkswagen AG, den Partnern des DRK im Jubiläumsjahr.

Allianz

Projektkoordination: Dr. Petra Liebner, Deutsches Rotes Kreuz
Bildredaktion: Firma Bildarchivare, Berlin
Lektorat und Satz: Heike Gronemeier, München
Lithografie: Lorenz & Zeller, Inning a. Ammersee
Karten: Peter Palm, Berlin
Druck und Bindung: GGP Media GmbH, Pößneck
Printed in Germany
ISBN 978-3-421-04987-2

www.dva.de

Mitteleuropa 1914
Skagerrak
KGR. DÄNEMARK
Nordsee
Sonderburg
Dublin
KGR. GROSSBRITANNIEN UND IRLAND
Hamburg
KGR. NIEDERLANDE
Amsterdam
London
DEUTSCHES
Dünkirchen
KGR.
Brüssel
BELGIEN
Cherbourg
LUXEMBURG
Compiègne
Luxemburg
Paris
Verdun
Stuttgart
Bodensee
Basel
Heiden
Bern
SCHWEIZ
FRANKREICH
Genf
Lyon
Magenta
Solferino
Bordeaux
Marseille
KGR. SPANIEN
Barcelona
0
100
200
300km